中央民族大学"一带一路"语言研究系列丛书

国家语委"十二五"科研规划重大项目"中国跨境语言现状调查研究"

总主编◎戴庆厦

缅甸的民族及其语言

戴庆厦 等◎著

中国社会科学出版社

图书在版编目（CIP）数据

缅甸的民族及其语言/戴庆厦等著. —北京：中国社会科学出版社，2018.10
ISBN 978-7-5161-7903-1

Ⅰ. ①缅… Ⅱ. ①戴… Ⅲ. ①民族志-缅甸-研究②缅语-研究
Ⅳ. ①K337.8②H421

中国版本图书馆 CIP 数据核字（2016）第 063119 号

出 版 人　赵剑英
责任编辑　任　明
责任校对　王佳玉
责任印制　李寡寡

出　　　版　中国社会科学出版社
社　　　址　北京鼓楼西大街甲 158 号
邮　　　编　100720
网　　　址　http://www.csspw.cn
发 行 部　010-84083685
门 市 部　010-84029450
经　　　销　新华书店及其他书店

印刷装订　北京君升印刷有限公司
版　　　次　2018 年 10 月第 1 版
印　　　次　2018 年 10 月第 1 次印刷

开　　　本　710×1000　1/16
印　　　张　23.25
插　　　页　2
字　　　数　418 千字
定　　　价　98.00 元

本书作者

中央民族大学：戴庆厦　乔　翔　曹美爱

北京语言大学：朱艳华

解放军外国语学院：蔡向阳

云南师范大学：彭　茹

云南民族大学：岳麻腊

湖北师范学院：王　玲

渤海大学：杨媛媛

北京华文学院：李春风

目　录

第一章 绪论

《缅甸的民族及其语言》这个研究成果，是国家语委"十二五"科研规划重大科研项目"中国跨境语言现状调查研究"的子课题成果之一，是由《缅甸的民族及其语言》课题组集体完成的。

为了便于读者对全书主题内容的理解，在绪论这一章里简要介绍一下立题缘由和研究价值、调查方法、调查问卷及有关标准说明三个问题。

第一节 立题缘由和研究价值

中国的民族及语言研究，需要从跨国民族及语言的研究中汲取养分和提取借鉴。为此，中央民族大学"985"创新工程从 2008 年开始，就已开始进行"中国跨境语言"的调查研究。2010 年，由中央民族大学戴庆厦教授主持的"中国跨境语言现状调查研究"课题，被批准为国家语委"十二五"科研规划重大科研项目。从 2011 年起，该课题组开展了泰国、老挝、蒙古、哈萨克斯坦等国的跨境语言研究，已完成的子课题有《泰国万伟乡阿卡族及其语言使用现状》、《泰国拉祜族族及其语言使用现状》、《泰国优勉（瑶）族及其语言》、《老挝克木语及其使用现状》《哈萨克斯坦维吾尔族及其语言》等八个项目，已出版专著 5 部，另有 6 部即将出版。"缅甸的民族及其语言"是这一项目的最后一个子课题，其成果列入中央民族大学"一带一路"语言研究系列丛书出版。

缅甸是一个多民族、多语言的国家，民族、语言的种类繁多，特点复杂，被称为"东方民族博物馆"。缅甸又是一个具有丰厚的历史传统文化底蕴的古国，多种文化世世代代凝聚了各民族的智慧，陶冶了各民族的情操。但这样一个丰富多彩的语言文化富矿，长期以来由于各种原因的限制，人们对它的开发和认识还相当有限，有大量尚未被认识的领域等待民族学家、语言学家去开采。缅甸的民族及其语言的研究，是我国跨境民族及语言研究的一个不可缺少的内容。对缅甸的民族和语言的研究，意义和价值至少有以下几点：

一、缅甸的民族及语言具有多样性和复杂性的特点，对它进行科学的、精细的挖掘、整理和研究，必将丰富世界的民族学、社会学、语言学、历史学、宗教学的科学宝库，填补过去未知的领域。

二、缅甸的上百种民族使用汉藏语系、印欧语系、南岛语系、南亚语系等多个语系的语言，这些语言特点迥异，还有一些未被记录、未被研究过的新语言。由于历史上人群不断发生变动，民族分化和民族融合不断发生，在语言、文化上呈现出许多不同于他国的特点和规律，这对语言学学科的建设，特别是汉藏语系语言学科的建设，都有着重要的理论意义和应用价值。

三、在全球进入现代化建设的新时期，由于人口的迁移、族际婚姻的增多、强势民族和弱势民族竞争的加剧，缅甸的民族关系和语言关系出现了一些过去未有过的新问题、新矛盾。科学地认识缅甸的民族及其语言的特点、民族关系和语言关系的特点、民族发展和语言演变的走向等问题，必然能为认识现代化进程中多民族国家语言关系的特点和规律，以及如何解决现代化进程中多民族国家的语言关系，提供宝贵的借鉴。

四、缅甸有众多的华人，华人的语言生活存在不同的类型、不同的特点。长期以来，华人的母语使用和语言兼用随着社会的变迁、政体的更迭，出现了各种变化，甚至有过"大起大落"的变动。在当前，随着中国经济的不断强大，以及与周边国家的友好关系不断加强，华文教育已出现不断升温的趋势，形势看好。因此，科学地认识缅甸华人语言生活的特点和演变规律，不仅是缅甸华文教育发展的需要，而且对国际华语教育以及海外汉语的研究，都有其特殊的价值。

随着国家交往的加强，科学研究的深入，人们对缅甸民族及其语言研究重要价值的认识在不断提高。中国"一带一路"倡议的提出，为缅甸的民族及其语言的研究提供了新的契机。"缅甸的民族及其语言"的课题，正是在这样的形势下启动的、实施的。

2013 年 10 月，"缅甸的民族及其语言"课题正式立项。立项之后，立即开始了紧张的前期准备工作，包括课题组人员的选定、任务分工、文献查阅、器材准备、调查计划制订等方面，还在北京对中央民族大学、北京外国语大学的缅甸留学生做了调查。

12 月 15 日，课题组从北京出发到达缅甸曼德勒，在曼德勒完成调查任务后，又前往仰光、东枝等地调查，进行了为期 25 天的缅甸语言田野调查。课题组全体成员，不辞劳苦，努力工作，至 2014 年 1 月 20 日，基本上完成了既定的工作计划。

由于缅甸民族多，特点复杂，研究基础薄弱，加上过去我们没有到缅甸做过实地调查，缺乏在缅甸做跨国语言调查的经验，所以在制订计划时我们形成了这样一个共识——要从缅甸的实际和我们的条件来安排我们的计划，"摸着石头过河"。而且认为，对缅甸的民族及语言的调查，不是一次就能完成的，而需要做多次的实地调查才能取得比较实在的认识。为此，对这次调查的任务，我们只确定在曼德勒、仰光、东枝三个点上，主要是了解缅甸的缅族、克钦族、勃欧族、果敢族以及华人的语言使用情况，并了解形成这种现状的原因和条件。有条件的就多做一些，没有条件的就少做一些。我们的追求是，多获取一些前人没有记录过的语料，能为他人提供一些新的语言现象，不求全面性和系统性。至于我们所向往的多民族分布的密支那邦，由于缅甸国内战事原因，要到实地做调查，条件还不成熟，只能等以后再去。但我们还从迁至其他地区的曾长期居住在密支那邦的克钦人那里，以及从在曼德勒、仰光等地和在中国求学或打工的密支那邦克钦人那里，了解到一些克钦邦的情况。

课题组在缅甸的友好访问受到各界热情接待。12月17日缅华网报道了课题组访问曼德勒福庆孔子课堂的新闻，题目是《中国语言学专家学者团到访曼德勒福庆孔子课堂》。报道中说："中央民族大学、北京语言大学的语言学家一行8人，16日上午8:30访问曼德勒福庆孔子课堂。在福庆学校校长、孔子课堂中方主任、副校长及相关教师的带领下，代表团一行首先参观了孔子课堂教学楼、办公楼及'缅中文化展览室'，学者们对展出的缅甸文化十分感兴趣，纷纷赞扬'文化展'的魅力。随后在'集思阁'会议室举行座谈会。李校长介绍了福庆孔子课堂的办校方针。他说，福庆不仅将汉语教学国际化影响力推广辐射至整个缅北，同时还将教学模式由普通型转向研究型与社会功能型，为促进缅中友好关系添砖加瓦，做最大的努力。课题组领队戴庆厦教授高度赞扬了福庆的发展模式，并介绍了此次访缅的主要目的，即对汉藏语系语言进行考察研究的同时，将对缅甸文化的方方面面，加以深入了解研究。戴教授说，《中缅两国是唇齿相依的友好邻国，此次语言学者赴缅一行，以缅甸语言文化作为研究课题，必将有利于中缅友好关系的发展。学者团的目的与福庆孔子课堂主要办校方针及宗旨相吻合，因此相信此次语言学者一行，定能碰撞出一些成果之火花。"

随后，课题组到东枝市勃欧人、茵达人、果敢人的村寨，调查了他们的语言文化、社会历史、族源变迁等情况，参加了各民族的春节联欢晚会，了解了当地的民情民风和民族关系。我们到仰光后，立即到克钦人、印度人、缅人、华人等的居住区，调查了他们的语言文化、社会历史、族源变迁等情况。一路收获很大，每天都有新的认识。

第二节 调查方法设计

这次调查，我们在以往的经验和方法的基础上，尽量根据缅甸的实际，确定适合该国的调查方法。主要有以下几个：

一 个案调查法

个案调查法，是指选择有代表性的点和问题进行深入、微观的记录、描写，并从个案调查中提取、归纳出规律和认识。经摸索和酝酿确定了以下个案：缅族及其语言使用现状、克钦族及其语言使用现状、曼德勒的华人及其语言使用现状、果敢族及其语言使用现状、勃欧族及其语言使用现状、掸邦的茵达族及其语言、仰光印度人的语言使用现状、缅甸人英语水平调查研究等。经过这些个案的实地调查，我们深深体会到做跨境语言调查研究必须做一个个的个案调查，因为它能使我们对某个地区、某个问题获得比较系统、深入的认识，而不至于停留在表面的、简单的认识上。

二 第一线调查法

跨境语言调查和语言结构调查一样，语言事实是第一性的，由事实形成的观点、理论是第二性的。所以，科学严谨的跨境语言调查研究，必须到语言生活第一线，通过与群众面对面地接触调查该地的语言文化。我们课题组在20多天的调查过程中，始终强调必须深入群众的语言生活的第一线，到活生生的各种语言使用环境中，获取第一手的真实材料。只有在真实、可靠的语料基础上，才有可能得出科学的、可信的结论。

如调查组为了了解缅甸的华文教育，来到曼德勒福庆语言电脑培训学校参观学习。调查组全体成员一进入学校，就感觉出一股浓浓的中国文化气息：汉字、对联、福建同乡会馆……。在校长的陪同下，课题组成员参观了学校的教学楼、办公楼及"缅中文化展览室"等。展览室展出的缅甸古代的牛车、乐器、金丝屏风……，件件都是珍品。参观完博物馆后，在学校的会议室李校长给调查组介绍了学校的情况和办学经验等，还简单介绍了缅甸华文学校的发展概况。随后部分成员又对该校的幼儿园教师和孩子们进行了访谈，了解了缅甸学龄前儿童的语言教育。通过第一线参观、访问，课题组对缅甸的华文教育有了初步的感性认识，这对下一步的华文教育调查提供了很好的基础。

调查组还前往缅甸克钦浸礼会中心参观调查。克钦浸礼会曼德勒分会会长 Nhkum Naw Tawng 和中心秘书 Rev. Maran Awng Gam 带领我们参观了克钦族创制文字百年纪念碑、纪念克钦文创制 100 周年目瑙桩遗址，以及在修建中的教学楼等。之后我们又应邀到中心秘书家中做客。我们不仅了解了浸礼会会长和秘书家的语言使用情况，缅甸克钦人的生活、教育、历史等情况，还获得了一些关于缅甸克钦人的珍贵的克钦文资料，包括基督教协会的专刊、小学课本、初中课本、克钦语词典等。随后，我们又返回教堂，调查曼德勒克钦大学生的语言情况。我们了解到，曼德勒的克钦族为了保持本族的语言及传统，每周周末都会来这里参加由基督教协会主办的克钦语、礼仪、生活、经商、农业等义务培训课程。参观后，我们又向30 余位学生进行了语言使用情况的调查。学生们得知我们是从北京来的，纷纷表示愿意去中国学习深造。

为了深入了解缅甸的华文教育情况，课题组全体成员还参加了东枝兴华学校"高中第 11 届、初中小学第 33 届毕业暨颁奖典礼"。在会上，我们看到了全校师生喜气洋洋地欢聚一堂，唱校歌、毕业歌，表达了自己对祖国、对华文的热爱。缅甸东枝兴华高级中学历届董事会、校领导和教师为了中华文化世代相传，不让自己的民族之根丢失，为了保持和发展中缅胞波的情谊，在极其困难的条件下坚持华文教育，学生从最初的三四百人发展到现在的一千多人，教学质量不断提升，对外影响不断扩大。兴华学校是一面光彩夺目的旗帜，其文明助人之风气、勇敢创业之精神，不惧困难之意志，值得中国人认真学习。课题组还向学校赠书和捐款，表达课题组对华文教育的关心和支持。

三　人物访谈法

根据调查计划的任务，选取有代表性的人物进行面对面的访谈，能够直接获得许多有用的、真实的、生动的信息。多年的经验告诉我们，面对面的促膝访谈是跨境语言调查的一个好办法。因为，通过具体人物访谈所获取的各种情况、各种认识，具有文献价值。但要做好对外国人的访谈，必须注意方式、方法。在访谈之前，我们都向被访者讲清来意、重要性及要求，疏通情感，所以当被访者了解了来意后都能主动配合，把他们知道的情况和真实的想法毫无顾虑地告诉我们，使我们得到许多宝贵的信息。一些被访者很乐意给我们介绍他们所在地区的社会、文化、语言等情况，还把他们家族的语言使用情况和语言使用的变迁写给了我们，对"缅甸华人的身份认同"、"祖国和祖籍国的区别"、"华文教育面临的挑战"、"缅族与非缅族的关系"等问题发表了自己的看法。

如：曼德勒克钦族文化会秘书长与我们交谈时，他介绍了曼德勒克钦族的来源及目前的分布特点和生活、学习状况，使我们加深了对克钦族的认识，特别是使我们感到缅甸克钦族族的语言使用及宗教信仰的变化值得关注。我们还应克钦文化会秘书长 L，Yawng Htang 的邀请，来到曼德勒克钦族基督教教堂参加一个克钦族婚礼，这次婚礼较多地展示了缅甸克钦族的语言使用情况和风俗、宗教情况，使我们学习到许多知识。我们亲眼看到他们是怎样把传统文化与现代基督教婚礼交融在一起，形成别具风格的缅甸克钦人现代婚礼。

又如，课题组成员与曼德勒前理事长李璜珀先生及现任理事长黄鹏飞先生访谈，并对他们的家庭语言的使用情况做了调查，还了解到了福庆宫的历史、任务，曼德勒华人的迁徙史，以及他们在缅甸的生活情况。

四　现场观察法

语言在使用中才能真正体现出其特点和价值。特别是语言的使用功能和使用活力，必须通过现场的使用才能显露其特点。所以，我们在调查中一直强调：必须深入群众语言生活的第一线，细心观察语言的活力及表现。在调查中应尽可能主动地走进语言社区，仔细观察他们是如何使用语言的。一旦发现新现象，必须及时记下，不要让鲜活的语言现象失去。

例如，在缅甸居住着一个勃欧族人群，缅甸称"侗族"，过去许多人认为他们说的是侗语，我们对此有疑问。为了对勃欧族有更清晰的认识，了解勃欧人、勃欧语的情况，课题组当天就深入勃欧人村寨，入户调查了两家语言使用、日常生活和教育情况等；到勃欧人的集市了解勃欧人的日常生活、人文状况以及市场的语言使用情况等。通过交谈，了解到了他们族群的创世神话。我们还到曼德勒著名的塔林，了解了塔林的历史，以及与缅甸人、勃欧人、印度人之间的关系，还品尝了勃欧族饭菜。

又如，果敢族学生的语言使用情况，课题组一位懂缅语的成员到曼德勒福庆语言电脑培训学校，听取了果敢学生的缅文课，掌握了果敢人的缅语水平，及青少年目前语言生活面临的问题。一些成员还对缅文班的果敢学生进行了语言使用情况的调查，获得了果敢学生缅语能力、学习动因等方面的新材料。

现场观察，能够帮助我们了解到许多有用的信息。比如：课题组参加了仰光克钦族星期日的大学生聚会，了解了缅甸克钦族大学生在一起时的语言使用情况、不同支系对支系语言的选择、缅语和克钦语的互补关系、语言问题与民族问题的关系等。

我们还专程去东枝果文中学参观学习。东枝果文中学的校方热情接待了我们。赵秀兰校长介绍了学校的建校历史和师资情况。她说，东枝果文中学由果敢文化会于 1985 年建立，总校在腊戌，全称"果敢汉族语文学校"，东枝果文学校是分校。东枝果文学校现在校学生 965 人，教师 26 人。随后我们又参观了果敢文化会。文化会成立于 1970 年，会员 180 多人，总部在腊戌，属于民间组织性质，政府认可，负责与政府打交道，参与政府活动。之后，果敢文化会的歌舞队还特意为课题组表演了果敢人的"打歌舞"。当天下午，课题组在校长的陪同下深入东枝郊区的果敢村寨——德庞碧村，了解果敢人的生活状况和语言状况，还去了寨子的小学——果光小学参观。

五　综合判定法

跨境语言的形成有其复杂的因素。其中有语言方面的，也有非语言方面的；既有现时的，又有历史的；既有个人因素，又有民族、地区的因素；既有静态的，又有动态的；等等。所以，在面对一个复杂的现象时，不能只根据一个因素去判断，而应综合各种有关的因素做综合观察。如分析缅甸华人的母语变迁，既要看到不同地区（云南、福建、广东等）、不同时间的来源对母语特点和演变的制约，还要看到缅甸社会人文、政体的变化对母语生存和发展的影响，还要分析他们的语言观念的特点和变化。

如果不做综合分析，只是就事论事，就难以得出切合实际的结论。

六　录音和语音实验

跨境语言调查去之不易，对调查的语料必须要有专人录音，对其中重要的语音特征还应在当地做实验，求出初步结论。如：我们对缅语、克钦语、勃欧语、果敢语的基本词汇都做了录音，还对缅语、果敢语的声调，以及缅语、勃欧语的弱化音节特点做了语音实验。这些语音实验材料，我们把它当作珍贵材料保存。

第三节　有关调查标准的说明

一　400 词表制定的标准

为了在较短时间里能有效地测试出调查对象的语言能力，我们根据缅甸的社会人文、语言的特点设计了"词汇能力 400 词测试表"。我们用了这个词汇表，测试了克钦人、勃欧人的母语能力，以及克钦人、华人、果敢人的缅语能力。

这 400 词是从最常用的词汇中挑选出来的。包括自然现象类的如"天、地、太阳、月亮、星星、风、雨、火"等；动物类的如"马、牛、狗、猪、公鸡"等；植物类的如"花、草、根、叶子、水稻、玉米、棉花、芝麻"

等；身体部位类的如"眼、鼻子、耳朵、头、嘴、唇、牙齿"等；人物称谓类的如"祖父、祖母、父亲、母亲"等；动词类的如"看、吃、喝、咬、说、读、闻、抬、拉、站、走、跑"等；形容词类的如"大、小、深、浅、长、短、厚、薄、轻、重、多、少、白"等；数词类的如"一、二、三、十、百、千、万"等。

400 词的语言能力区分标准定为 A、B、C、D 四级。即脱口就能说出的为 A 级；想一想才说出的为 B 级；经提示后才想起的为 C 级；经提示仍不知道的为 D 级。

测试一人一般需两小时左右的时间，母语能力较强的一小时内就能完成。

二　调查问卷设立的标准

为了掌握缅甸不同民族在不同场合的语言使用情况，包括家庭内部、不同场合、与不同对象交流的语言使用情况，以及不同年龄段的语言观念等信息，我们还设计了一些调查问卷备调查时使用。主要有《不同场合语言使用情况调查表》、《家庭内部语言使用情况调查表》、《语言态度和语言观念调查问卷》、《语言使用情况入户调查表》。

这些问卷可根据不同民族、不同地区的情况做必要的改动。

三　语言文字能力分级的标准

为了掌握不同地区、不同年龄段的语言能力的差异，我们制定了语言文字能力的等级划分标准。分为三个等级：熟练、略懂、不会。具体划定标准为：① 熟练：听、说能力俱佳；日常生活中能够自如地运用该语言进行交际。② 略懂：听、说能力均为一般或较差，或听的能力较强，说的能力较差。③ 不会：听、说能力均较为低下或完全不懂。

第二章　缅甸社会人文概况

第一节　行政区划及人口分布

缅甸联邦共和国（简称"缅甸"）位于东南亚的西北部。东部、东北部、东南部分别与老挝、中国、泰国接壤，西北部与印度、孟加拉国相邻，西南濒临孟加拉湾，东南为安达曼海。面积 676 581 平方千米。首都是内比都，之前是仰光。

缅甸设 7 个省、7 个邦和一个联邦特区，省、邦同级。缅甸的主体民族是缅族，其他民族均为少数民族。人口以少数民族为主的称为邦，如掸邦的主要人口为掸族。人口以缅族为主的则称为省。省邦下设县，县下设镇区，镇区下设村组。14 个省邦是伊洛瓦底省、勃固省、马圭省、曼德勒省、实皆省、德林达依省、仰光省、钦邦、克钦邦、克耶邦、克伦邦、孟邦、若开邦、掸邦。共 65 个县，330 个镇区，13747 个村组①。

缅甸的人口约 5028 万（2014）。其中，伊洛瓦底省、勃固省、仰光省、实皆省、曼德勒省、掸邦共有人口约 3568 万，约占缅甸人口总数的 69%。

缅甸的华人按照祖籍的不同可以分为滇籍、闽籍、粤籍华人。缅北地区的华人大部分为滇籍华人。

仰光是缅甸第一大城市，位于缅甸南部。以前是缅甸的首都，现在为仰光省的省会，也是全国经济、文化和交通中心，素有"和平城"之称。仰光是缅甸的"工业之都"，吸收了全国三分之一的就业人口。曼德勒（又称"瓦城"）是缅甸第二大城市，著名古都，曼德勒省省会。位于缅甸中部，背靠曼德勒山而得名。内比都为缅甸首都，位于缅甸中部，为总统直接管辖的特别行政区。缅甸各省邦行政区划见表 2-1：

---

① 钟智翔、尹湘玲、扈琼瑶、孔鹏：《缅甸概论》，世界图书出版公司 2012 年版，第 23 页。

表 2–1

地图	No.	旗帜	行政区	首府	面积（km²）
	1		伊洛瓦底省	勃生	35138
	2		勃固省	勃固	39404
	3		马圭省	马圭	44820
	4		曼德勒省	曼德勒（瓦城）	37024
	5		实皆省	实皆	94625
	6		德林达依省	土瓦	43343
	7		仰光省	仰光	10171
	8		钦邦	哈卡	36019
	9		克钦邦	密支那	89041
	10		克耶邦	垒固	11733
	11		克伦邦	巴安	30 383
	12		孟邦	毛淡棉	12297
	13		若开邦	实兑	36778
	14		掸邦	东枝	155801

第二节　民族及其源流

一　缅甸民族的种类

缅甸是东南亚民族、语言情况最为复杂的国家之一。关于缅甸民族种类的说法不一，主要有以下四种说法：①

第一种说法认为缅甸国内民族一共有 13 个较大的族群，包括 135 个支系。

英国殖民时期曾对少数民族语言做过统计和普查。1931 年英国驻印度普查局统计了各语言的母语者人数，试图以语言为标准来划分缅甸的民族，把缅甸的民族数划定为 135 个。缅甸独立以后，缅甸政府仍沿袭这一划分法和结论。但 1931 年人口普查对民族的分类不够科学，把一些不同的民族列为一个民族。例如，把崩龙族和佤族列为一个民族；把克钦邦的傈僳族、

---

① 贺圣达，李晨阳：《缅甸的民族种类和各民族现有人口》，《广西民族大学学报》2007 年第 1 期。

日旺族都列入克钦族。而且调查也不仔细，对一些边远地区的民族并未详尽调查或并未调查。因此，13 个族群、135 个支系的说法只能作为参考。表 2–2 是当时缅甸政府公布的 13 个族群的名称和支系情况：

表 2–2

民族名称	英文名称	支系数
缅族	Burmese	16
克伦族	Karen	17
掸族	Shan	11
孟族	Mon	1
崩龙—佤	Palaung—Wa	11
克钦族	Kachin	9
彝—摩梭	Lolo—Musho	12
钦族	Chin	45
萨克族	Sak	6
姆卢族	Mro	1
马来族	Mala	2
那伽族	Naga	2
曼（芒）族	Man	2
合计	13	135

第二种说法是，缅甸有 42 个民族。

这种说法是缅甸学者鸣乃在 1960 年发表的《缅甸的民族及其民族分布》一文中提出来的。作者在 20 世纪 50 年代用了 5 年的时间，到联邦各地进行深入调查，初步了解到在缅甸联邦大约有 42 个大小不同的民族。国内的一些著作也沿用了这一说法。他提出的 42 个民族的分布情况如下：

一是分布于缅甸中部地区的藏缅语支民族。缅族（Burmese）、马如-阿即族（Maru-Azi）、葛杜（建都）-葛兰族（Kaolu-Kanun）、德努-当约族（当罗族，Daru-Trawng）、若开族（阿拉干、Arakan）、茵莱族（Inlar）、土瓦族（Tawei）、约-当达族（Yau-Taiong）。

二是分布于东部的藏缅语支民族。细-盘族（Si-Pang），包括有细-盘、摩梭（Mosho）、日旺（Rawang）；傈傈（LoLo），包括傈傈、傈僳（Lishaw）、约英（YawYin）、拉祜（Lahu）、贵（Kui）和高（Kaw）。

三是分布于西部的藏缅语支民族。主要有克钦族、钦族、鲁羡族和那伽族。克钦族共有五大支，即马日（Marit）、拉妥（Latawi）、拉焕（Lahaing）、英贡（Inkhone）和马然（Ma-ran）。还有卡库（Khatkhu）、高黎（Canori）和杜兰（Duang）等支系。钦族居住于缅甸西北部，分为南部钦族、中部钦族和北部钦族，每一部分的钦族又都有若干个支系（如南部钦族就有 10 多个），共有 40 多个支系。鲁羡族散居于钦族地区。那伽族居于缅印边境，主要分为逊曼拉那伽、塔干那伽、山那伽、海密椰那伽等支系。由于地区阻隔，交通不便，各部那伽又分为许多支系，其中海密椰那伽就可以细分出 49 个不同的支系。

四是孟-高棉（吉篾）语支。主要有苗瑶语族（Miao-Yiao）、明-茜语族Ming-Khyairg）、佤-崩龙语族（Wa-Palawing）和孟族。除孟族外，其他每个语族中又有若干支系。

五是汉泰或泰汉语支，主要有克伦语族（Karen）、掸语族（Shan）。克伦族可分为"平原克伦"和"山区克伦"，掸语族的分支更多。

鸣乃对缅甸民族虽做了较深入的调查，也提出了以语系划分民族的分类法，但仍存在不少需要进一步分辨商榷之处。如：他把缅族和缅族的分支茵莱等族并列；有的民族归类不当（如把傈僳、拉祜等民族都归入"傈僳族"，把苗-瑶语族列入"孟-高棉语支"；所谓"汉泰语支"的提法也是不科学的（应为壮-泰语支），而且还把属于藏缅语的克伦语族列入"汉泰语支"，也缺乏科学根据。总之，鸣乃先生"缅甸有 42 个民族"的说法，还不能反映缅甸民族种类的实际情况。

第三种说法是，缅甸大约有 50 个民族。

中国出版的一些关于缅甸和关于东南亚民族和文化的著作采用了这种说法。这一说法综合了 G. H. 卢斯等西方学者的看法，认为按"语言"来划分民族，缅甸有 120 个左右的民族，但是如果根据地区、服饰和生活习惯等来划分，缅甸民族只有 50 多个，包括孟、缅、若开、掸、钦、克钦等较大而明显的民族。但是，这一说法并没有明确列出缅甸有多少个民族。

第四种说法是目前缅甸官方的说法。

20 世纪 80 年代以来，缅甸官方文件以及政府官员的讲话中提到缅甸的民族时，都说"缅甸有 135 个民族"，使得这种说法流传甚广。这种说法源于 1983 年缅甸进行人口调查时划定的民族表。根据这种划分法，缅甸境内的民族被分成 8 个大族，各大族再分为若干族支，共 135 个民族。这里所说的"135 个"，实际上是包括了各民族的支系，这 135 个民族如下：

1. 克钦族支共 12 种。即克钦（Kachin）、克尤（Kayo）、德朗（Dalaung）、景颇（Gyeinphaw）、高意（Gawyi）、克库（Kakhu）、杜茵（Duyin）、玛育/劳高（Mayu/Lawgaw）、耶湾（Yawan）、拉希/拉漆（Lashi/Lachit）、阿

济（Azi）、傈僳（Lihsu）。

2. 克耶族支共 9 种。即克耶（KayIn）、泽仁（Zayein）、巴叶/格约（Paye）、克延/勃当（Karan/Padaung）、玛努玛诺（Manu-manaw）、茵达莱（Yintale）、茵多（Yindaw）、给扣（Geikho）、给巴（Geiba）。

3. 克伦族支共 11 种。即克伦（Kayin）、白克伦（Kayinphyu）、勃雷底/勃雷齐（Paleiti/Paleipwa）、孟克伦（Monkayin）、色郭克伦（SakawKayin）、德雷勃瓦（Taheipwa）、勃姑（Paku）、木奈勃瓦（Mawneipwa）、勃外（Bwe）、勃瓦（Mpowa）、勃克伦（Pokayin）。

4. 钦族支共 53 种。即钦（Chin）、梅台（Metai）、克岱①（Kathe）、萨莱（Hsalai）、克林都鲁些（Kalintaw-Lushe）、克米（Kami）、奥瓦克米（Aw-Wakami）、润挪（Khawno）、康梭（Khaungso）、康塞钦（Khaunghsain Chin）、卡瓦西姆（Khwahsim）、孔立/西姆（Khunli/Hsim）、甘贝（Ganbe）、贵代（Gweite）、阮（Nywan）、西散（Hsisan）、辛坦（Hsinhtan）、塞丹（Hsaintan）、扎当（Zataung）、佐通（Zohton）、佐佩（Zophei）、佐（Zo）、赞涅/赞尼亚（Zanhnyat/Zanniyat）、德榜（Tapaung）、铁定（Tihtein/Tedim）、德赞（Teizan）、达都（Tado）、多尔（Tawr）、定姆（Dim）、岱/茵都（Dain/Yindu）、那伽（Narga）、丹都（Tandu）、玛茵（Mayin）、勃南（Panan）、玛甘（Makan）、玛乎（Mahu）、米延/玛雅（Miyan/May-ar）、米埃（Mi-e）、门（Mwin）、鲁鲜鲁些（Lushain-Lushe）、雷渗（Leimyo）、林代（Linte）、劳都（Launt-htu）、莱（Lain）、莱佐（Lainzo）、巴金姆/玛尤（Parkim/Mayo）、华尔诺（Hwarlngo）、阿努（A-nu）、阿南（A-nan）、乌布（U-pu）、林杜（Lyintu）、阿休钦（in）、养突（Yaunghtu）。

5. 缅族支共 9 种。即缅/巴玛（Bamar）、土瓦（Dawe）、丹老（Beit）、约（Yaw）、耶本（Yabein）、克都/孔姑（Kadu/Konku）、格南（Ganan）、萨隆（Hsalon）、蓬（Phon/Phun）。

6. 孟族支 1 种。即孟（Mon）。

7. 若开族支共 7 种。即若开（Yakhain）、克曼（Kaman）、卡密（Khamwi）、岱乃（Dainnet）、缅玛基（Mayamargyi）、缪（Myo）、德（Thet）。

8. 掸族支共 33 种。即掸（Shan）、云/老（Yun/Lao）、桂（Kwi）、频（Phyin）、达奥（Tha-o）、萨诺（Sanaw）、勃雷（Palei）、茵（ln）、宋/散（Son/Hsan）、卡姆/克木（Khamu）、果/阿卡-意果（Kaw/Akha-I-kaw）、果敢（Kokant）、坎地掸（Khanti Shan）、贡/孔（Gon/Khun）、刀尤（Taungyo）、德努（Danu）、伯朗/崩龙（Palaung）、苗（Myaungzi）、茵加（Yingya）、茵奈（Yinnet）、

---

① "克岱"旧译为"卡随"。

小掸（Shankalay）、大掸（Shdngyi）、拉祜（Lahu）、仿拉①（Lwela）、茵达（lntha）、艾对（Aittwe）、勃欧/东都（Pa-o/Taungthu）、傣仿（Tainlwe）、傣连（Tainlyam）、傣龙（Tainlon）、傣雷（Tainlei）、迈达（Maintha）、木掸（Mawshan）。

　　但是，如果从学术上考察，这一划分和一般通行的民族划分的方法有很大的不同。至少存在以下几个问题：一是没有按各民族所属的语系语族来划分。二是不同语系的民族被划入一个民族中，例如，属南岛语系马来语族的塞隆族被划入了藏缅语的缅族支，孟-高棉语族的佤族被划入了壮泰语的掸族支。三是把缅甸民族划为克钦、克耶、克伦、钦、缅、孟、若开和掸八大族，再从这八大族中分出若干族支，但在一些民族的归类上，并没有充分的说明依据。例如，把傈僳族划入克钦族的支系，把崩龙、阿卡（哈尼）、果敢（缅北果敢地区汉族后裔）划入掸族，等等。四是缅甸的一些少数民族，如瑶族，还不见于这 135 个少数民族之中。五是久居缅甸的中国人（华族）和印度人（印度族），人数不在少数，都已成为当地民族，但不见于所列 135 个民族中。六是把一个民族内的不同支系视为不同的民族。如钦族本为一族，在上述民族表中却分为 53 种。因此，如果从学术上考察，"缅甸有 135 个民族"之说，应该说还存在比较大的问题。

　　从上面我们可以看到缅甸民族状况的复杂性。区分和确定缅甸民族的种类和数量，其基础性的工作应该是全面系统的民族学、语言学调查，并在大量调查的基础上，做进一步的科学分析。但在过去，从未对缅甸的民族和语言进行过系统、全面的调查，以致对缅甸究竟有多少个民族，各民族语言状况如何，一直没有一个清楚的认识。这是因为缅甸在殖民统治时期还不具备全面普查民族的条件，而独立后的半个多世纪中缅甸内战不断，从 20 世纪 50 年代初到现在，一直有相当广大的地区主要是少数民族地区处于割据、半割据的状态，加上缅甸经济、文化的落后，根本无力进行全面、系统、科学的民族和语言调查。限于各方面条件的制约，本书只是在前人研究的基础上，运用科学的关于民族分析的理论，对已掌握的关于缅甸民族的资料，尽可能做一个比较全面的分析，从而提出自己的看法。

二　缅甸民族的族源

　　史前时代，缅甸境内生活着旧石器时代的原始居民。20 世纪以来，考古工作者分别在伊洛瓦底江流域及掸邦高原等地先后发现了大批旧石器时代原始居民的生产生活用具。与东南亚其他地区的原始居民一样，他们进

---

① "仿拉"即佤族。

化缓慢，后来逐渐为其他古代民族所取代。在中国有史记载之前，从中国往缅甸和东南亚其他地区的民族迁移早就开始了。

缅甸史学家波巴信认为最先进入缅甸境内的民族是息蛮–马来人。他们从北方进入缅甸，给缅甸的原始居民带来了新石器时代的文明。息蛮–马来人为原始马来人部落，与我国的濮越民族集团有关。他们原来居住在中国云南到越南北部一带。其南迁分东、西两路，其中西路从云南沿萨尔温江、湄公河、红河进入中南半岛。在沿西路南迁的部落群中，一部分人沿萨尔温江抵达掸邦高原和伊洛瓦底江流域。这些人后来被称作息蛮–马来人。他们进入缅甸的时间可能在公元前 17—15 世纪。其后，由于濮系民族的西移和南迁，息蛮–马来人在缅甸境内停留了三四个世纪之后，顺马来半岛南下，进入马来半岛和南洋群岛，只在丹那沙林沿海岛屿中有少量的遗留，这些人后来发展成为摩钦族。

随后进入缅甸的民族是濮系的孟高棉人。苏联考古学家在对中南半岛上的考古发掘进行充分研究后认为，公元前 2000 年左右曾有大批原住在中国西南地区的孟高棉部落南迁中南半岛。他们以湄南河流域为中心，在湄公河、湄南河流域创造了辉煌的古代文明。这支讲孟高棉语的民族是东南亚稻作文化的先驱，其进化程度远高于邻近的其他民族。由于人口的增加，技术的先进，在新石器时代的后期就开始了扩张。他们中的一部分沿湄公河到达今老挝、柬埔寨境内，成为古吉篾人的先民，另一部分往西越过多纳山脉在公元前 10 世纪左右进入萨尔温江三角洲地区成为古孟人的先民。而居留于滇西南的濮人则从先秦到近代一直没有大规模的迁移，只是偶尔在局部有所扩散，进入缅甸境内，成为跨境民族如佤、德昂、克木等族的先民。

先秦时期，缅甸北部和中国西南地区活跃着不同于百濮的一支民族。《史记·大宛列传》云"昆明之属无君长，善寇盗……然闻其西可千余里有乘象国，名曰滇越"。滇越是百越最西的一支，以腾冲为中心。汉武帝时代（公元前 2 世纪）滇越就被认为是一个国家了，其形成年代不应晚于公元前 3 世纪。东汉时史籍中不再有滇越之称，而代之以掸。掸就是滇越。当时掸国以缅北为中心，地跨中缅印三国，成为一强大的部落联盟。魏晋以来掸人被称为僚、鸠僚、骆、濮或闽越。唐宋时又被称为金齿、银齿、茫蛮、白衣等。6 世纪时掸有了较大发展。10 世纪末他们建立了以今瑞丽江地区为中心的勐卯国。当时掸人已遍及伊洛瓦底江上游和掸邦高原了。1283 年随着元军在江新的胜利，掸人从高原山地开始散布于伊洛瓦底江两岸，进入平原地区。古掸人部落后来发展成为今掸、老、泰、傣、阿洪等民族。

缅甸现今民族中讲藏缅语的民族占到缅甸总人口的近 90%。据考证，这一系民族来源于我国古代的氐羌族群。氐羌是中国上古三大族群之一，源于青海河曲。滇中氐羌南下时间甚早，可能在公元前 10—5 世纪就已开始南下。史书所载氐羌大规模地南迁则在战国时期。不同时期南下的氐羌部落相会于云贵高原，发展成为今藏缅语民族的核心。《后汉书·西羌传》载汉代羌人已是"凡百五十种"。比较大的羌人集团有河湟羌、牦牛种越西羌、白马种广汉羌、参狼种武都羌、蜀汉徼外羌等。这一时期先缅人亲属民族如纳西、阿昌等的先民和先缅人开始从羌人集团中分化出来，并与其他部落相融合。其中蜀汉徼外羌的最南支可能在公元前 2 世纪就已越过滇越地区进入伊洛瓦底江流域了。1958—1963 年缅甸考古工作者在马圭省东敦枝镇对古代骠人遗址毗湿奴进行了 6 次发掘获得了大量的一手材料。据碳 14 测定毗湿奴城建于公元 1 世纪。吴佩貌丁对骠文进行研究后认为骠语是一种藏缅语。这说明古代氐羌人在西汉时就已活跃于缅甸境内了。而缅甸主要民族缅族的先民此时仍在川西牦牛羌中，其亲属民族则应包含于叟、昆明夷等部落中。南北朝时期，缅系亲属民族开始从昆明夷中分化成祁鲜、寻传、裸形蛮、磨些、顺蛮、施茫等部落。隋唐以后这些部落先后进入缅甸境内成为钦、阿昌、阿击（载瓦）、那加、纳西、傈僳等缅系亲属民族的先民。汉时先缅人部落白狼夷已开始有别于其他牦牛羌部落了。唐代，唐-南诏天宝之战后先缅人部落白狼夷离开了其原在川西雅州一带的家园，沿民族走廊南下。9 世纪时到达怒江、澜沧江、伊洛瓦底江上游一带。9 世纪中叶先缅人通过恩梅开江和萨尔温江之间的地带在骠国灭亡后出现在缅甸中部叫栖地区。后在向全缅推进的过程中先缅人部落又发生了分化与融合，形成缅、若开、东友、茵达、土瓦、丹老、德努、约等缅系民族。

三　缅甸各民族概况

如果主要以语言谱系来分类，那么，缅甸的语言可以分别归入三大语系五大语族，即汉藏语系的藏缅语族、壮侗（或侗泰）语族和苗瑶语族，南岛语系的马来语族，南亚语系的孟-高棉语族。

其中讲藏缅语的民族有缅、若开、钦、克钦、克伦、克耶、刀都、茵莱、东友、德努、若开、约、土瓦、丹老、阿击（载瓦）、马友（浪速）、勒期、迈达（阿昌）、篷、阿昌、傈僳、独龙、那加等族，约占全国总人口的近 90%；讲壮侗语的民族有掸族等，约占总人口的 8%；讲苗瑶语的民族有苗族和瑶族，占总人口的 0.03%；讲孟高棉语的民族有孟、佤、布朗、克木等族，占总人口的 2.8%；讲南岛语的有马来族、摩钦族，占总人口的 0.05%。除讲苗瑶语的民族是近一两百年从中国迁入的外，其他各族在缅甸都有了上千年的历史。史学界认为缅甸几乎所有的民族都是从中国迁入的。占缅甸人口的 99%以上的藏缅语支民族、壮侗语支民族、孟高棉语支民族的先民与古代生活在我国西南地区的民族集团有着历史上的渊源关系。

缅甸的民族中，有许多与中国是跨境的同一民族，中国对这些民族的划分以及民族名称的确定与缅甸政府及传统习惯不同。但为了尊重缅甸国家的习惯和认识，以下的分类和名称，尽可能使用缅甸的说法。实在需要说明的，另加补充。

（一）藏缅语族群

这一族群的人口占了缅甸总人口的 90%左右，包括了众多的民族，分布地区广，情况复杂。缅甸属于藏缅语族的民族为以下六大语支的 30 多个民族。

1. 缅语支民族

一般认为缅甸境内的缅语支语言可分为缅语、缅语方言群和主要分布于缅北克钦邦伊洛瓦底江上游恩梅开江、迈立开江两大支流两岸山区的阿击/载瓦语（Atsi）、马鲁/浪速语（Maru）、勒期语（Lashi）、迈达/阿昌语（Maingtha）、篷（Hpon）等保留了大量的古缅语特征的缅语支语言群。缅语支民族至少应包括缅族、说缅语方言的茵莱族、东友族、德努族、若开族、约族、土瓦族、丹老族和说其他缅语支语言的阿击族（载瓦）、马鲁族（浪速）、勒期族、迈达族（阿昌）、篷族等众多的民族（或支系）。其中土瓦、丹老是否是有别于缅族的独立民族，学界还有不同看法，可以进一步探讨。而阿击族（即中国景颇族的载瓦支系）、马鲁族（即中国景颇族的浪速支系）、勒期族（即中国景颇族的勒期支系）的语言都属于缅语支语言。中国和缅甸的景颇族（缅甸又称"克钦族"）都把载瓦人、浪速人、勒期人视为景颇族中的不同支系，即当成一个民族看待。缅甸政府 1983 年颁布的"民族表"中则将它们视为克钦族的支族（支系）。本书按缅甸 1983 年颁布的"民族表"将缅甸境内的阿击族、马鲁族、勒期族列入说缅语支语言的族群。

（1）缅族。缅族是缅甸人口最多的第一大民族，一般认为缅族的人口占缅甸总人口的 68%，当在 3500 万左右（2014 年）。缅族在全缅各地均有分布，其中伊洛瓦底江中下游地区是缅族人口最集中的地区。缅族在缅甸 7 个省的人口比重中占绝对优势，在 7 个少数民族邦中也有广泛分布。缅族是缅甸的主体民族，在缅甸的政治、经济、文化、教育各个领域都起着主导作用。

缅族人属蒙古人种东南亚分支，个头不高，肤色呈棕色。缅族起源于古代氐羌集团，是中国古代羌人部落的南下分支。西汉至隋唐时期生活在川藏甘交界地带及其以南地区的白狼羌，是最初的原始缅人。白狼羌为战国前后南下的牦牛羌部落的一支，分布在今川西一带，历史上曾多次慕义归化内属，且曾独立立国。东汉初年起，白狼羌就与中原王朝有过联系。隋唐时白狼（羌）为吐蕃所灭，"其地没于吐蕃"。唐蕃战争使得白狼人从7世纪中叶起便开始了其流离失所的生活。白狼人或内迁中原，或臣服吐蕃，或南逃滇中。内迁和臣服者最终均为汉藏两族所同化，南逃滇中的白狼人在洱海一带生活了约半个世纪后，由于蒙舍诏的统一八诏行动和唐与南诏的天宝大战而无法安生，于8世纪初继续南下，沿伊洛瓦底江、萨尔温江、太平江、瑞丽江河谷通道于9世纪前后进入缅甸境内。9世纪中叶，白狼-先缅人陆续集中到了缅甸中部叫栖一带，并在叫栖附近建立了11个村庄。早期的缅人（古白狼羌人）带有游牧型经济文化特征。他们在吸收了骠、孟文化成为农耕民族后，发展成为先缅人。先缅人在叫栖生活一段时间后，开始向伊洛瓦底江迁徙，在伊洛瓦底江边建立起了蒲甘城，并由此向缅甸其他地区扩张，与其他民族融合，逐步发展壮大起来。缅族在先缅人时期是以游牧为业的，进入缅甸后由于生活环境的改变，加上受孟族、骠族影响，从9世纪起就开始从事耕作，转为农耕民族。农耕型文化的确立与否成为判断缅人与先缅人的标准。经济文化类型的转换对缅人的风俗习惯影响很大。1044年阿奴律陀建立了缅甸历史上第一个统一的王朝蒲甘王朝。1057年阿奴律陀南攻直通，迎来了佛经，确立了佛教的国教地位，使缅族社会发生了根本性的变化。

（2）茵达族。茵达人讲的语言是一种缅语方言，它流行在缅甸掸邦西南部地区、良瑞盆地、茵莱湖周围的大小村庄以及东枝一带。有些茵达人还散居于克耶邦。茵莱湖地处北纬20.35度，东经96.57度，海拔700多公尺，湖长约26千米，最宽处达11千米，湖的深度4米至7米，面积72.2平方千米。茵莱湖周围的居民有209000多人，茵达人占三分之二，有137000多人。其余为掸族、勃奥族、东友族和德努族人。湖上共有176个村子，共有人家9600多户。湖周围共有260个村子，共有6700多户人家。有的小村子只有10户人家，大的村子则有500多户人家。80%以上的居民以渔业为生。种植业主要种植稻米、大麦、小麦、黍类、土豆、花生、豇豆、葫芦、南瓜、黄瓜、蒜，以及橘子、西瓜、香蕉、木瓜、菠萝、杧果、草莓等水果。手工业有生产茵莱丝绸、手织挎包、打铁、铸铜、制作金银首饰等。茵莱湖中还有两种吸引外来游客的奇观，一是渔人直立船头用单脚划船，二是湖上"浮岛"园艺。居民将湖上的浮萍集中在一起，盖以浮土形成漂浮在湖面上、大小不一、可以移动的土地。居民在一块块"浮岛"上种植各种农作物，如西红柿、黄瓜、豆类等。

茵达人的来源说法不一。一说是，蒲甘王朝时期阿朗悉都王（公元 1112年即位）率军巡视全国时，来到茵莱地区，将土瓦军士（亦有人说是弟兄两人）派驻于该地，从此繁衍生息。茵达话中至今还有很多土瓦方言词汇为证。其他证据还有，茵莱湖心塔里供奉的五尊佛像原是供奉在国王御舫里的佛像，茵莱湖西岸王舫村的佛塔以及帕雅康垒村附近的佛塔均为阿朗悉都王所建。另外，良瑞以西有大河，至今仍留有"御舫"码头和"御舫归"码头等遗迹。茵达人来源的另一说法是，古藏缅人迁徙到缅甸后，逐渐分成东、中、西三支向不同方向继续迁徙，形成茵达、土瓦、若开分支。因此，若开、土瓦、茵达三种方言有许多共同的词汇。也因此，掸族人称茵达人为"茵达缅人"。茵达人绝大多数信仰佛教，乐器、音乐、舞蹈方面保留较多的古风。服装为上身穿戴与缅甸人相同，头上戴包头或扎毛巾，下身穿戴类似掸族，主要为折腰土布裤。

（3）东友族（也有译作"刀尤"的）。东友族分布在东枝市一带的高原地区，包括昂班镇区、良瑞镇区、彬朗镇区和彬德亚镇区。当地海拔1300—1400 公尺。山上林木很少，多为秃山。东友人自称为"东莱"。按居住地区分为：亚独东友（或称邦西人，主要居住在贝拉地区、彬德亚一带）、彬独东友（或称邦东人，主要分布在彬德亚以东七山山脉外的迪塞宾、地业比亚、茵百勒、伯松等村庄一带）。还有一种是"南芒东友"（又称"大东友人"，主要分布在良瑞以南，达曼康一带）。一些东友族与德努族、勃奥族、茵达人混居在一起。在东枝茵莱湖以西的山区也有东友族聚居。东友族有自己的服饰，妇女穿黑色开襟长褂，包包头。结过婚的女子脚腕上戴铜环，穿衬裙；未婚女子脚腕上戴银环。东友族男子上穿代本（缅甸族穿的正式礼服上装外套，像中国的马褂，无领），下着黑色掸族肥腿裤。东友族虽因居住地区不同，有不同的名称，但是风俗习惯、文化传统和民族特点、习性都相同。都信奉佛教，有优良的尊老习俗，民风朴实、善良、热情，乐于助人，有协作精神。凡有争纷，一般请族长、老人出面解决。仲裁不服才提请"觉"（村长）或上一级领导"特孟"（乡长）解决。东友族最大的节日是"达德摆"，相当于缅族的泼水节。东友族的过年，比缅甸族的泼水节时间长，一般从缅甸族泼水节的新年的第一天开始一直延续到缅历二月十五日为止，约一个半月。各村安排日子轮流过节。东友族在过年时，没有泼水的习俗，大都是献香火、供鲜花拜佛，抬着佛像游街。一个村子过节，周围村子的锣鼓队都到该村支援。轮到别村过节，该村的锣鼓队也要去帮忙，称为"还情"。

关于东友族的来源有各种说法。传说在若开国王山达杜里亚在位时期，乔塔摩佛降临该国，国王请求乔塔摩佛留下佛像化身，于是佛留下了摩诃穆尼像让大家朝拜。后来山达杜里亚王去世，投胎于曼德勒，一向崇拜摩诃穆尼佛的若开人知道佛像施主降临曼德勒，纷纷跟随来到曼德勒，但是由于若开人的穿着与曼德勒人不同，国王不许他们在京城曼德勒居住，因此他们只得住到现在的山上，由此认为"东友民族始于若开"。

可是，东友族老人说东友族原是缅甸族阿朗西都王（公元 1112 年即位）在巡视缅甸时，一群随从看到掸邦南部平原地区适合种植业，就向国王请求恩准他们留在当地。国王当时就同意他们留下，从此，东友族就在那里落地生根，繁衍生长。

也有些学者认为，阿奴律陀（公元 1044 年即位）时期，在报岗一次战斗中，曾经俘虏过许多若开人，后来将他们囚于现在的东友地区，并限令他们在东友山脉一带生活，并规定了他们的穿戴和发型。从那以后，若开人就在该地生活，成了东友人，因此有"东友民族始于若开"一说。

（4）德努族。德努族说的语言是缅语的一个方言。德努族主要分布在缅甸中部与掸邦西部接壤的地区，北自抹谷、抹眉、眉苗、迈隆、瑙雀、亚梢，南至瑞武、彬德亚（班达亚）、贝拉、喜河、昂班、卡劳、东枝及茵莱地区。传说中彬德亚镇区始建于缅历 1103 年（公元 1741 年），据 1982 年人口调查时统计，德努族人口为 46052 人，目前估计在 10 万人左右。德努人在当地与东友、勃奥、布朗等民族混居，是少数民族中人口最多的一个。2010 年德努族聚居的育瓦昂、彬德亚（班达亚）设德努自治区。德努族自称"特努人"，民族起源有多种说法，有的说是缅甸南方的缅族的一支迁徙到此发展起来的，也有说是山区克伦族的一支，还有一说法是德努族属于掸族的一支。另有一说是德努人居住在缅族和掸族交界地区，可能是缅掸两族通婚后产生的后代。还有传说是阿朗帕耶率军攻打暹罗后胜利回国，为了保障后方的安全，在现在德努族生活的地区留下了弓箭队做后卫，从此产生了德努族人。

比较可靠的说法应该是，德努族是缅族的一个分支，与缅族起源相同。从语言上看，德努方言是缅语的一个方言，这是肯定无疑的。德努方言中保留了部分古缅语词汇是一个证据。从服饰来看，德努族男子头上戴包头，上身着装类似缅族，大都穿"代本"（类似中国的马褂，无领），下身着掸族裤。女子留长发披在背后，服装类似缅族式样。风俗习惯也类似缅族，父亲为一家之主，亲属称呼也与缅族相同。

德努族生活的地区，以农业为主。主要农作物为稻米、烟叶、茶叶、菠萝及各种豆类。德努族主要信仰佛教，与缅族一样，都要为男孩举办出家剃度和女儿穿耳眼的仪式。德努人婚礼与缅族一样，有闹洞房的习俗。德努人有团结互助的习惯，一家有事，全村人会来帮忙，某村举办集会，庆典，邻村也会来人帮忙。德努族人重视文化教育，在德努民族聚居地区如昂班、格洛、东枝、贝拉、彬德亚、勃山等大城镇有较多的公立高中学校。上大学的人较多，整个民族的文化水平也较高。德努族人善于经商，经营园艺事业时善于利用科学技术，因此生活水平相对较高。

（5）若开族。若开族是缅甸的第四大民族。现在的人口数在 150 万以上，约占缅甸总人口的 3%。若开族主要分布在缅甸西部的若开邦以及钦邦南部的个别地区。若开邦面积有 2 万多平方千米。地形狭长，北接钦邦，西临孟加拉湾，东接若开山脉。地形北部宽阔，南部狭长。由于山脉延伸入海，境内河流多为由北向南注入孟加拉湾。沿海地区多岛屿，有仰别、曼昂、若艾等较为有名的大岛。

若开族共有 5 个支系：若开、仰别、曼昂、昌达、丹兑。这五大支系分别分布于实兑地区、仰别岛、曼昂岛、加拉丹河流域、丹兑地区。若开邦境内还有一些操孟加拉语、信仰佛教、风俗习惯类似于若开族的民族，分别是德人、岱乃人、缪人、缅玛基人。缅甸政府认为他们与若开族同源，是若开族的支系。

若开族没有独立的语言，使用的是缅语的一种方言——若开方言。若开方言是缅语方言中比较重要的一种方言，下分 5 种次方言，相互之间可以通话。它较多地保留了古缅语的特征，特别是语音方面。南部次方言受到其他方言影响，变化较大，语音特点接近仰光话；北部次方言保留古缅语的成分较多，对研究缅语的历史有重要的价值。若开族使用的文字为标准缅文。

有些历史学家认为，公元 9 世纪缅族进入缅甸后，向西越过若开山脉来到若开地区，发展成为今天的若开民族。若开人属于蒙古人种南亚类型，人体特征与缅族相近。从人类学的角度来看，现代若开人应是古若开人与缅族融合后形成的。古若开人是雅利安人与黄种人的后裔，他们于公元前 20 世纪从印度东北地区迁入若开境内，文化上带有雅利安文化特征。古若开人曾依照雅利安人的制度、文化模式在若开境内建立过多个古代王朝。9 世纪，随着古缅人在伊洛瓦底江流域的发展壮大，有一支部族开始从安-敏巫、洞峡-卑谬通道越过若开山脉进入若开境内，与当地的原住民阿利雅人融合。蒲甘王朝建立后，阿奴律陀王征服了若开，缅人大量涌入，加上佛教在若开地区影响日盛，缅人与古若开人的融合加快。历史上，若开地区曾经是一个独立的城堡国家——丁尼亚瓦底为中心的地区。1785 年缅王孟云臣服若开，半数居民（其中大部分为伊斯兰教徒）逃到了孟加拉的吉大港地区，使得若开地区的佛教徒人口比重大幅度上升，文化习俗更加趋同于缅族，从而完成了从古若开人到现代若开人的历史转变，成为一支完全缅化了的民族。

若开族以农业为主，农作物有稻谷、玉米、芝麻、花生、豆类等。部分从事渔业生产、饲养业、捕鱼业以及晒盐、木材、矿业、纺织业和手工业等。

宗教信仰以小乘佛教为主，少部分人信仰伊斯兰教、印度教、基督教和多神崇拜。

（6）约族。约族的语言是缅语的一种方言。约族所在地区位于缅甸西部山脉地带，地处北纬 20.45—21.55°，东经 94—94.15°。北接格里镇区、东邻孟育瓦镇区、堡镇区和社漂镇区，南靠塞都德耶镇区，西连钦族专区。南北长 300 多千米，东西宽 75 千米，面积约有 3298 平方千米。它是介于蚌东蚌雅山和钦山之间的盆地。1996 年与马圭省的甘果镇区、提林镇区、索镇区合在一起，组成甘果县。包括甘果、提林、索镇区在内的约地区，人口大约有 10 万。90%的是农民，其余 10%的为政府公务员、林场的职工。约地区分南约、北约两个部分。南约有索镇区，北约有提林镇区和甘果镇区。发源于西边钦山的由南向北流的密达河是当地区重要的交通要道。由于穿过崇山峻岭，河道曲折，水流湍急，雨季只能通航小舟。密达河在格丽瓦市附近流入清敦河。约羌河是索镇区一条重要的河流，由西向东流，发源于钦山山脉，这是放流伐木的河道。发源于东边的蚌雅山的河流大多数为小溪，只有到雨季才能用来放流木筏。约地区主要居民是缅族，还有少数被认为是缅族先民的"山地民"，有些地区混居着部分钦族人。"山地民"原先信仰鬼神，现在也都信仰佛教。

缅甸《联邦文化刊物》第 2 卷第 4 期记载了一个有关于"约地区"来源的神话传说：当佛祖涅槃后，佛历 72 年时，中洲地方的王子阿萨达答在底瓦达僧底挑唆下谋杀了国王达比达拉王，其后传到第五代纳伽达塔王继位。当时人们反对弑父孽子的后代当政，推举杜都纳伽大臣为王，并将弑父的孽子的后代全部逐出国境。纳伽达塔王的三个儿子与原来的王亲国戚、随从们请 500 僧侣一起迁到雅扎久国的东南边的一个地方居住。他们与原来的居民掸族、格都族、卡开等族共同生活。后来，大哥匝拉米嘎王笼络了其他民族，占据了发源于底里巴博大山的楠伽邑河一带，建立了王城阿里玛雅城，建立了"约那嘎"国。后来，"那嘎"两字消失，成为现在的"约地区"。

约地区雨量充足，年降水量有 1300—2400 毫米。主要以农业为主，种植稻米、豆类、芝麻、花生和粟类。经济作物为柚木、儿茶树、花梨木、铁木和各种竹子。农业经济主要以旱地为主，靠牛和人力。虽然有煤矿、石油，由于交通不便，无法开采。儿茶生产曾经有一段蓬勃发展的历史，后来逐渐衰弱。粮食作物也仅仅够本地区消费。主要的手工业是家庭纺织业，驰名全国的约笼旗（缅甸人穿的筒裙）是约地区的名牌产品。约地区土布，是有名的产品，现在甘果市及周围的乡村几乎家家户户都在发展纺织业。

主要交通工具为小车，速度慢，运输量不大。当地只有两个机场，一是甘果镇区的甘果机场，二是索镇区的焦途机场。

（7）丹老族。丹老族说的语言是缅甸南部丹老地区的一种缅语方言。丹老地区位于北纬 12.29°，东经 98.36° 处，包括东丹老和西丹老两个镇区。它处在缅甸南部狭长的丹那沙林（颠拿沙廉）省的中间偏南沿海地区，是丹那沙林省十个镇区中的两个镇区（其余八个镇区为土瓦、兰龙、耶漂、底岳羌、卜宾、布洛、底拿沙廉、果当）。依山面海，背靠东边的丹那沙林山脉，西边面临的是孟加拉湾。丹老地区沿海有 800 多个岛屿。丹老镇区面积为 3839 平方千米，人口约 20 万（1962 年）。主要民族为缅族，除丹老族外，还有少量马来族、摩钦族（塞隆族）。当地人大部分信仰佛教。

关于"丹老"名称的来源，据一些学者考察，丹老原是"马芮/ma reit/"，是泰语地名。"马/ma/"在泰语是动物"马"，"芮/reit/"在泰语是"桩子"，合在一起是"拴马的桩子"的意思。估计在古代是驿站，表示可以下马住店之意。也有些学者认为，古缅文中有"边缘"一词，其后一词素是"mreit"，丹老是"边缘城市"的意思。也有学者认为是外国人借丹老群岛上摩钦族（塞隆族）的族名"maw king"，称该地为"陌经"，后来逐渐变成"马贵/mergui/"。

（8）土瓦族。土瓦族说的语言是一种缅语方言，是以土瓦市为中心的土瓦镇区的通用语言。土瓦市是丹那沙林（颠拿沙廉）省的省会，地处北纬 14.5°，东经 98.12°。土瓦镇区北接寨克米镇区，南联丹老镇区，东边与泰国接壤，西临孟加拉湾。镇区由德耶羌、老隆、耶漂、土瓦四个小镇区组成。土瓦镇区面积为 8541 平方千米。人口有 40 多万。南北长 225 千米，东西宽 75 千米。镇区地处狭长的沿海地区，地势东高西低。沿海地带山礁林立，盛产燕窝，给土瓦人民带来了可观的经济收入。土瓦镇区内有两座山，敏摩莱卡山海拔 2200 米，牛峰山海拔 2000 米。北有土瓦河，南有颠拿沙廉河。离城市 15 千米的海上，有亨载、貌摩干、兰龙三个群岛。由于临海，为土瓦带来了丰富的雨水。土瓦市的西北，有一个极为优良的海滩，是夏季避暑胜地。市区的北边有土瓦古城。

土瓦镇区主要经济为农业、园艺种植业、橡胶种植业、纺织业以及矿业。镇区蕴藏着丰富的铅、锌、钨矿。橡胶种植和开矿业成为该地主要经济项目。山区林木茂密，盛产槟榔、肉桂、蓖麻、椰油、榴莲、山竹果、菠萝。土瓦镇区目前尚未有铁路，主要交通为公路、水运、航空。水运工具有气垫船和小汽轮，可通达毛淡棉、仰光、丹老及缅甸最南端的新兴城市果当。但是，由于气候尤其是雨季的暴雨和风浪的限制，海上和空中的交通受到很大的影响。土瓦地区生活着缅甸人、印度人、中国人、克伦人和孟族人。分别信仰佛教、基督教及穆斯林教。

　　土瓦名称的来历，据老人们讲，由于土瓦周围环山，一面临海，因此人们称此城为"山围城"（taun wain），后来语音逐渐变化，逐渐变成"土瓦"（thu waa）。另外也有老人说，缅历 912—942 年，罕达瓦底为王的莽应龙在位时期，以武力扩展疆土，得知该地盛产锌矿，并能炼出优质兵器，故到该城购买大量兵器，因此称该城为"达外"（意即"买刀"）。还有一说是：蒲甘国王那拉勃底在位时期，因为食邑丹那沙林的侯昭贝漂造反，国王在讨伐的凯旋途中，在土瓦半岛的海滨建了"当归城"（daunt kwe myot）做行宫。后来，"当归城"（daunt kwe myot）这一名称逐渐变成"当克外"（daunt kha we）、"当外"（daunt　we）、"塔外"（tha we），最后变成"土瓦"（tha we）。在土瓦城史中还有如下记载：缅历 276—357 年、438—491 年时期，泰国的掸族和缅甸掸邦的掸族曾占领过该城，由于当时土瓦是大量藤条输出的城埠，掸语称"达万"（意即"藤埠"），随着历史的变迁，"达万"变成了"土瓦"。

　　（9）篷族。篷族人生活在克钦邦密支那镇区的辛波以南伊洛瓦底江峡谷地带。1964 年以前居住于伊洛瓦底江峡谷东边的南和、郭麻、勒玛（从北到南）等村庄，1964 年政府合并村庄的时候篷族人迁居到伊洛瓦底江峡谷西边的辛波、明达、耶那彬龙、曼雷、多彬龙、彬多、曼京（从北到南）等村庄。篷族是一个处于消亡的民族，能讲篷语的人愈来愈少。篷族人口，据 1958 年缅甸著名学者吴佩貌丁记载，有 700 人左右，目前只有几十个人。这是因为 1964 年政府合并村庄之后篷族人被分散到不同的村庄，与外人交际时使用的是掸语或缅语。

　　篷族被称为"篷、傣篷、傣捧"，文献中有"Hpun，Hpôn，Hpwon，Phon，Pön，Phön，Phun "等多种写法。从 1931 年起，正式写法为 Hpun。按照篷族人的说法，篷族包括大篷、小篷两个支系。也有认为篷族包括篷佩（或称蒙第篷、梅棹篷）、篷萨蒙（或称蒙翁篷）两个支系。一些学者认为篷方言可分为北部方言（密支那镇区的明达、耶那彬龙、曼雷、多彬龙、彬多、曼京等村庄）、南部方言（八莫镇区的一些村庄）。

　　篷语保留了古缅语的特征。篷族属于藏缅语族的民族，来源于中国古代的氐羌族群的藏缅系民族，后逐渐向南方迁徙，在 7 世纪时越过掸邦高原南下，到达缅甸中部并定居下来。篷族由于留在了伊洛瓦底江峡谷地带，没有跟随缅族的主体继续南下，后来一直处在掸族的包围中，以致民族特点与缅族的相似性越来越少，但语言上仍保留了大量的古缅语特征。

2. 克钦语支民族：克钦族、属克钦语支的各族、独龙族

（1）克钦族。据估计，克钦族的人口在 150 万左右，约占全缅人口的 3%。主要分布在克钦邦、掸邦和实皆省，在印缅边境和中缅边境也有分布。

克钦族属蒙古人种东南亚分支，人体特征与缅族相近，是一支与古缅人有着渊源关系的亲属民族。缅甸的克钦族与我国云南的景颇族同属一个民族。"克钦"是他称，自称为"景颇"。

缅甸的克钦族为外来迁徙民族。至今克钦族中仍有其祖先居住在"木转省腊崩"（平坦的山顶）的传说。相传，克钦人的祖先大约在 7 世纪开始由西藏东部青藏高原沿横断山脉南迁，8 世纪时已定居于高黎贡山一带。11 世纪，他们沿恩梅开江、迈立开江逐渐迁入今缅甸境内。克钦族进入缅甸境内之后，又分两路向南迁移。一路从孙布拉蚌沿着南部山地迁移，尔后又向西南方向迁移；另一路则沿着三角地带的山脉，从恩梅开江沿岸南下并逐渐定居下来。15 世纪克钦族再次南迁，开始与缅族、掸族接触，接受缅甸文化。克钦语属于汉藏语系藏缅语族景颇语支。克钦族中操景颇语的人数最多。克钦文字为 19 世纪末美国浸礼教会传教士创制，后几经完善，现已固定成型。

克钦族的传统社会形式为村社制，政权为头人、山官、土司掌握。克钦族是一个以农耕为主的民族。主要有农业、畜牧业、矿产、林业以及家庭手工业。克钦族的农业分为平原种植、山坡旱地种植和梯田种植三种。平原和梯田种植比较固定，主要作物为水稻、玉米、豆类、麦子、甘蔗等；山坡旱地种植较为粗放，多以刀耕火种、轮歇丢荒的方式进行，主要作物为旱稻、玉米以及套种的瓜果蔬菜。克钦族人饲养牛、猪、鸡等动物。饲养的目的主要不是为了生计，而是为了满足婚丧嫁娶和敬神的需要。克钦人在历史上信仰鬼神和万物有灵，近代大多数人转为信仰基督教和天主教。克钦人性格强悍、豪爽倔强，有助人为乐的美德。

（2）属克钦语支的各族。按照缅甸政府 1983 年颁布的"民族表"，克钦族支有 12 种，包括克钦、克尤、德朗、马友、勒期、景颇、高意、克库、杜因、玛育、耶湾、傈僳等。上述民族表中的这些民族是视为克钦族的支系，还是作为单独的民族，多有不同看法，学术界分歧不小。国际学术界一般认为，上述民族中的傈僳族属彝语支，与中国的傈僳族为同一民族，尽管在克钦邦受到克钦族的影响，但不应视为属于克钦族或克钦族支系；马友、勒期在语系上则属缅语支。

（3）独龙族。缅甸独龙族的人口非常少，被认为已接近于消亡。他们

与中国境内分布于云南怒江州贡山独龙族怒族自治县的独龙族是跨境民族。过去，独龙人没有统一的族称，往往以其居住的地区或河流作为自己的名称，如"独龙"、"迪麻"等。"俅人"、"俅曲"、"曲人"是过去汉族对他们的称谓。独龙族有自己的语言，无文字。过去多靠刻木结绳记事、传递信息。独龙语属汉藏语系藏缅语族。

独龙族自古生活在崇山峻岭之中，条件恶劣，交通闭塞，所以社会发展较为迟缓，生产力水平低下，尚保存着原始社会末期父系家族公社特征。经济以刀耕火种的粗放农业为主，采集和狩猎还占有相当大的比重。与傈僳族、怒族等代代交好。他们保持着路不拾遗、夜不闭户的良好社会道德风尚，极少发生盗窃现象。

3. 钦语支的钦族或钦语支各族

钦族一向被视为支系较多的一个民族。关于钦族支系的数量，有 43 种、40 多个、53 支、20 多支等多种说法。还有的学者认为，钦族语言如果再仔细区分有将近 100 多种，其中主要的有 40 多种。缅甸 1983 年颁布的《民族表》则说"钦族支有 53 支"，不过其中包括的那伽族，其实语言、风俗习惯都有异于钦族，显然不能属于"钦族支"。其余 52 支，是否都可视为单独的民族，也还没有达成共识。《缅甸百科全书》在介绍钦族时说，[①]"有许多钦语支人，按照所说语言，可以再分为两个分支，即摩尼补罗地区的卡随和普通钦两大支，普通钦还可以分为老固基钦、北部钦、中部钦和南部钦"。该词条还介绍了 20 多种支钦人的称谓及人数。

钦族人口约有 150 万，占缅甸总人口的 3%。钦族多居住在缅甸西部山区，主要分布在钦邦、实皆省、马圭省、勃固省和若开邦。其居住的地区山高林密、交通不便，因而形成了众多的支系。钦族虽然支系众多，但语言差别却不大。钦语属于汉藏语系藏缅语族景颇语支。钦族各支系的语言大多为钦语方言。27 支的北部钦主要操铁定、法兰、哈卡三种方言；11 支的中部钦主要讲哈卡和敏达两种方言；南部钦主要讲卡米方言和若开语。各支系仅在用词、语音上有一些差异。

一般认为，钦族的祖先是藏缅人，最初生活在青藏高原的东部，后逐渐向南迁移，于 4—8 世纪时进入今缅甸境内。相传钦族的祖先为古代缅甸的帕人，中国史书称为"祁鲜蛮"。他们最先到达伊洛瓦底江上游地区，后来又沿缅甸西部的山脉南迁。钦族在南迁的过程中，除一小部分进入平原地区之外，绝大部分生活在缅甸西部山区。

钦族以村寨为基本的政权管理单位，村长是村寨政权的掌握者。村寨

---

① 缅甸翻译文学协会：《缅甸百科全书》，缅甸文学宫出版社 1968 年版，卷 2，第 389 页。

的首任村长是整个寨子最初的建立者，只要不遭到多数村民的反对，一般可以世袭。钦族村寨中还有数位德高望重的长者协助村长处理寨中事务。村长主要负责本寨的行政管理、司法审判、本寨的发展以及各种社会事务。村长之上还有头人。头人在铁定地区称为"欧比"，法兰地区称为"米欧"，敏达地区和马都比地区称为"鲁基"，巴列瓦地区则称为"道曼"。在敏达地区和马都比地区，村长之下还设有"拉比"（类似于"十户长"）协助村长管理村务。村民除了向他们上缴粮食和猎物之外，还要提供无偿劳役。缅甸独立后废除了钦邦的土司制度，村长也改由村民选举产生。

钦族的经济比较落后。主要有种植业、渔猎、养殖业、林产业和手工业。种植业是主要的经济产业，以旱地种植为主，也有平地种植、河滩种植、庭院种植和梯田种植等。旱地种植主要采用砍林烧荒、丢荒轮耕等传统的种植方式，主要农作物有玉米、小米、旱稻、豆类、小麦等；平地种植的有稻谷、玉米、芝麻，还种桑养蚕；河滩种植的有烟草以及和烟草套种的蔬菜；庭院种植的有蔬菜以及香蕉、榴莲、橘子、咖啡等。钦族人饲养的牲畜主要是大额牛，另外还有水牛、黄牛、猪、羊、鸡、狗等。大额牛多半用于祭祀或在举办婚丧仪式时用来作为牺牲和待客菜肴。钦族的手工业分为传统手工业和现代手工业两种。传统手工业有雕刻、制陶、编织、纺织、制盐和石刻。渔猎是钦族人的副业。钦族人酷爱打猎，他们把打猎与宗教、社会事务、村寨经济以及政治联系在一起，在获得猎物后都要进行庆祝和祭祀活动。钦山区的大部分民众都相信万物有灵，还信仰基督教；平原地区的钦族人多信奉佛教。钦族有尊老爱幼的传统美德，乐于助人，一人有难众人帮忙、一家遭灾全寨相助。对公益事务，诸如开荒、修渠、建庙、建校等，多以义务劳动的形式来完成；而对于个人的事情则相互换工。

4. 彝语支或南部彝语支的阿卡（哈尼）、高族（阿卡-伊高族）、拉祜族、傈僳族

（1）阿卡族。阿卡是哈尼族的一个支系。自称"爱尼"或"阿卡"。阿卡族是个跨境民族，分布在中国云南省南部（中国称"哈尼族"）、缅甸东北掸邦、老挝北部、越南西北部和泰国。阿卡语属汉藏语系藏缅语族彝语支。他们的祖先靠打猎为生。阿卡人根据服装、语言和习俗不同分为三个支系：黝倮阿卡人、倮咪阿卡人、帕咪阿卡人。这三个支系的语言虽然有差异，但彼此可以听懂。阿卡语没有文字，他们的历史是靠贝玛记忆的传说一代一代传下来的。

阿卡族的人口 1897 年有 2.2 万人，1931 年增加到 4 万人，1931 年以后又有大批阿卡人到达缅甸，1980 年估计已有 6 万人，现在估计达 8 万—10

万人。他们都认为自己的祖先来自中国的云南，在 100 多年前因为贫穷和躲避战乱迁入缅甸，后又因为战乱迁入泰国。

阿卡族主要信仰土地神，认为万能的神阿婆米耶创造了天神和许多其他神，给这些神以力量，让他们保卫太阳、月亮、地球与阿卡人的祖先及其后代、他们的牲畜和庄稼。阿卡人原来是和神住在同一个世界，后来分开了。俗人住在上面的世界和村庄，神灵住在下面的世界和森林。但近代有很多人转为信仰基督教。

（2）伊高族（高族或阿卡-伊高族）。缅甸的伊高族（高族）与我国的哈尼族是同一民族，约有人口 6 万，主要聚居在掸邦东部景栋一带，与掸、傈僳等民族杂居。伊高族原居住于中国云南，后沿湄公河流域南迁，从掸邦东部景栋地区进入缅甸。伊高语属于汉藏语系藏缅语族彝语支，没有本民族文字。盛行祖先崇拜，每个村寨大都祭祀山神、土地神、村寨神和祖先神。随着佛教和基督教在当地的传播，现已有一部分人改信佛教或基督教。伊高族过去以刀耕火种为主，擅长使用弓箭。目前已部分种植水稻，种植水平有了一定程度的提高。

1989 年，原缅共 815 军区司令林明贤（缅文名字为吴赛林）率部脱离缅共，成立了掸邦东部同盟军。掸邦东部同盟军控制区的主体民族是伊高族。缅甸中央政府将该部辖区定为掸邦东部第四特区，掸邦东部同盟军目前控制着云南省西双版纳州境外的中缅边界 213—244 号界桩、南垒河以北的地区。辖区位于掸邦高原东北部，面积 4952 平方千米，居住着伊高族、掸族、崩龙族、缅族、佤族等 13 个民族，人口约 74000 人。伊高族是当地的主要民族，约占总人口的三分之二。该部控制国境线 288.5 千米，平均纵深约 40 千米，辖区分为勐拉、南板、萨洛三个行政区，共 401 个村庄，总部设在勐拉。

（3）拉祜族。拉祜族是跨境民族，源于古代青藏高原的氐羌部落，历史上曾与傈僳族、纳西族先民一起聚居于今四川西南部至云南西北部一带，以后逐渐南迁。《缅甸百科全书》[①]认为缅甸的拉祜族是很早以前由萨尔温江北部迁徙到今天掸邦高原的孟萨、孟班和景栋附近的。

拉祜族分为拉祜纳（黑拉祜）、拉祜西（黄拉祜）两个支系，其中拉祜纳的人数较多。掸族称为"么梭"。主要分布在掸邦东部的孟东、孟萨、孟布枝、孟平、孟北、孟保、孟加、孟翁、孟延、孟弄、孟林、北登尼、腊戍、果敢和佤区的部分地区。90%的人口信仰佛教，同时大部分还相信神灵。民居中，长辈居住的房间里常放有神龛和佛龛。近代，有少一部分人信仰

---

① 缅甸翻译文学协会：《缅甸百科全书》，缅甸文学宫出版社 1968 年版，卷 10，第 338 页。

基督教。拉祜语属于汉藏语系藏缅语族彝语支。拉祜族原来没有文字。20世纪初，在中缅边界地区传教的外国传教士曾设计过用拉丁字母拼写的拉祜文，但使用范围不广。

缅甸的拉祜族至今还采用刀耕火种、游耕游种的生产方式，普遍种植罂粟。粮食作物以旱稻和玉米为主。现在缅甸拉祜族的人口在 10 万左右。

5. 那伽语支的那伽族

那伽族是一个跨境民族，生活在缅印边境一带。主要分布在印度阿萨姆邦、那加兰邦、曼尼普尔邦和缅甸的西北山区，总人数不下 50 万。在缅甸境内，那伽族有 10 余万人。

那伽族生活在缅甸西北部的实皆省坎迪县，主要包括坎迪镇区、宏玛林镇区、雷希镇区、腊黑镇区、南云镇区等地区。坎迪县位于实皆省最西北部，在北纬 25°21′—26°35′ 之间，东经 95°2′—96°12′，面积 3165.45 平方英里，占实皆省的十一分之一。坎迪县地势海拔最低处 410 英尺，最高处 11150 英尺。

2010 年 8 月 20 日缅甸成立那伽自治区，下辖雷希、腊黑、南云三个镇区，首府位于腊黑镇。由于山势险峻，气候恶劣，交通不便，那伽族大小各支系自成一体，各支都有自己的居住地区和村落，每个村落都有其独特的方言。因此，有人认为那伽族可分为数量庞大的支族或民族。那伽人近几十年来由隔离分散渐趋于统一，目前中外学术界都倾向于把"那伽"视为一个民族。

那伽人属蒙古人种南亚类型，从外表看，那伽人的体质一般比较健壮，肤色黄，前额宽。那伽族没有文字，信仰万物有灵，基督教对其也有一定影响。由民主选举的长老会管理本村事务。通常用赌咒发誓的办法判断是非，裁决纠纷。社会发展不平衡，大都保留氏族组织，部分地区已有阶级分化。家庭是那伽社会的基本单位。实行一夫一妻制，同一氏族的婚姻是不允许的，被视为乱伦。实行长子继承制。

那伽族主要从事农业，种植水稻及杂粮，大部分仍处于刀耕火种阶段，同时从事采集和渔猎业。居民开垦小块坡地，种植稻谷。那伽渔民以使用麻醉剂捕鱼著称。

按照古时的规矩，那伽青年结婚前都要加入"莫隆加"（Moronga，又称"男子宫"），在这里接受各种教育，如学习文化、农作物栽培、音乐舞蹈以及宗教知识等，如今这一组织大多已经解体。

6. 克伦语支民族

克伦语支民族，包括克伦族、克耶族以及与克伦、克耶族联系较为密切的民族（这些民族的形成可能同克伦族、克耶族与孟高棉民族的联系交往有关），如以长脖子妇女著称的勃欧族（巴当族）以及茵波（又译"茵多"）、勃姑、勃外、巴泽仁、格可（又译"格哥"、"给扣"）、格巴（又译"给巴"）、因达礼（又译"因达莱"）、玛努马闹（又译"马努玛诺"）等民族。

（1）克伦族。克伦族是缅甸的第二大民族，克伦族的人口，估计占缅甸总人口的 8%—10%，如果以 8%计，为 410 万；以 10%计，则达 500 万。由于克伦族集中居住的克伦邦长期陷于内战之中，不少克伦人迁往泰国，8%的估计可能更为接近实际情况。克伦族主要分布在克伦邦和伊洛瓦底江三角洲地区，在孟邦、丹那沙林省、仰光省、勃固省、克耶邦等省邦也有分布。

克伦族有三大支系：斯戈克伦（缅克伦）、波克伦（孟克伦）、布维克伦。三大支系中斯戈克伦人数最多，波克伦次之，布维克伦人数最少。斯戈克伦和波克伦主要分布在东吁以南地区，也被统称为南部克伦；布维克伦分布在东吁以北地区，也被称为北部克伦。南部克伦根据居住的地域范围又可以分为东部分支和西部分支两类。克伦族的各个支系在语言、风俗习惯上小有差别。斯戈克伦与缅族相处的时间较长，受缅族的影响较大，也被称为缅克伦；波克伦受孟族影响较大，孟化程度高，也被称为孟克伦。

克伦族有自己的语言，克伦语属于汉藏语系藏缅语族克伦语支。克伦语与缅语、钦语等语言有亲属关系。克伦语语序为主谓宾结构，有声调，是一种孤立语。克伦语有两大方言群：当都-波方言群、帕拉奇-斯戈方言群。各方言群内部又分次方言和土语。波方言和斯戈方言是较为通用的两大次方言。克伦文是拼音文字，早期的克伦文由西方传教士创制，后几经完善，现已固定成型。

克伦人属于蒙古利亚人种，族源来自中国。据斯戈克伦的口头文学记载，克伦族先民早期居住在澜沧江上游，过着游牧生活。按克伦人的纪元他们南迁的时间为公元前 739 年。从克伦语的语言系属分析，古克伦人应该是中国古代氐羌民族集团中较早南下的一个支系。他们可能在公元前 8 世纪或更早时间离开黄河上游地区，沿氐羌走廊南下，在公元前 3 世纪左右抵达滇北川西一带，成为叟、昆明夷部落中的一支。公元前 109 年滇王投降入汉巂，昆明夷不服，起而反叛，遭杀戮数万，进而引起部分昆明夷部落南迁。他们沿湄公河与萨尔温江之间的河谷缓慢南下，在公元 7—8 世纪从萨尔温江抵达央米丁、东吁东部一带。根据蒲甘朝檀桑塔碑推断，斯戈克伦可能早在 8 世纪就已进入伊洛瓦底江西岸敏布地区七县种植农作物。9 世纪上半叶南诏摧毁骠人国家和南部孟人国家弥臣时，克伦族的先民继续南下，最远抵达了丹那沙林的土瓦、墨吉地区。但大部分克伦人却在萨尔温江下游和伊洛瓦底江三角洲地区定居下来。他们与居留地的不同民族接触融合，发展成为克伦族的不同支系。

克伦族是农耕民族，平原地区的克伦人以种植水稻为主，农产品有大米、甘蔗、花生、芝麻、槟榔、咖啡、胡椒、烟草等；山地克伦人以旱地种植和饲养牲畜为主，部分克伦山民也狩猎。平原地区的农民以木制农具和牛进行耕作，灌溉较为普遍；山区农民至今仍沿用原始的刀耕火种和每年转耕的生产方式。

（2）克耶族。克耶族人口，1980年估计为16万，占全缅总人口的0.5%。以这个比例计，2014年当在25万人左右。克耶族主要分布在克耶邦和克伦邦，人种上属于蒙古人种东南亚分支。其人体特征与克伦族相似，是一支由古克伦人发展而来的民族。克耶族原称克伦尼，1951年10月5日缅甸政府根据其本民族的意愿改为现称。

克耶族有八大支系：克耶、嘎巴、盖可、克洋、博耶、玛努玛诺、因博、因德莱。各支系均有自己的语言。克耶语属于汉藏语系藏缅语族克伦语支。

历史上克耶族除盖可人外，其他各支系都实行土司世袭制度。以前，克耶邦分为甘陀罗瓦底、保拉克、杰坡奇、农帕累、南莫康五个土司区，后因南莫康、农帕累两土司后继无人，遂与保拉克合并，成为三个土司区。每个土司区设立一土司署。保拉克土司区设治于保拉克；甘陀罗瓦底土司区设治于垒固；杰坡奇土司区设治于帕努梭。

克耶族的经济行业有农业、渔业、狩猎、畜牧业和家庭手工业，以农业为主。克耶族的农业分为两类：一类是固定农业，多集中在平坝地区，主要作物有水稻、玉米、小麦、花生、豆类，耕作方式与掸族、克伦族相似；另一类是山区迁徙农业，其特点是耕作粗放、技术落后，大部分仍为刀耕火种，主要作物为旱稻、花生、豆类、土豆、玉米、甘薯等。

克耶族地区的土地属家庭私有，用树枝和竹子作为地界。克耶族喜欢选择休耕若干年的山地耕种。盖可人在伐木开荒前要杀鸡卜卦，认为吉利方可动手，否则必须另选新地。嘎巴人的土地属村寨公有，土地也只种一年，下一年就要另选新地，因此他们的寨子往往随所选土地而迁徙。克洋人有租种山地的习惯，常以换工的方式进行协耕。

克耶族的文化上深受掸族的影响。居民多信奉佛教、基督教和万物有灵。克耶族有互帮互助的传统，尤其热衷各种宗教活动、社会活动以及村寨公益劳动。

（3）勃欧族。勃欧族是一个与克伦族相近的民族。由于勃欧族原来大多在山上居住，因而也称作"当都"，意为"山地人"，"勃欧"是其自称。目前总人口约45万。主要居住在缅甸东部边境地区、掸邦的南部、中部和西部，中心地区是萨尔温江下游一带和掸邦南部的达通奈；此外，在下缅甸的吉坎湄县、直通县，以及东吁县、勃固县、帕安县，克耶邦和大其力镇区也有勃欧族居住。2010 年缅甸政府设勃欧自治区，下辖合崩、希赛、彬朗三个镇区。

缅甸南部的直通县是勃欧族的故乡。按照缅甸神话传说，被阿奴律陀俘虏到蒲甘的直通国王摩努哈就是勃欧族人。由于国王被抓，亡了国的勃欧族民众向北迁移到掸邦南部，建立了由勃欧族人任土司的领地。蒲甘碑文中有"当都"的记载，表明蒲甘时期勃欧族与缅族有联系。主要以农业耕种为生。勃欧族的语言与克伦语相近。虽有自己的文字，但能读懂者极少。勃欧族信仰佛教，但也普遍信奉村神、守家神等神灵。勃欧族男子服饰与掸族男子相似，勃欧族妇女穿着与克伦族女子相近。勃欧族婚丧嫁娶习俗与缅甸其他民族大同小异。

此外，藏缅语中还有一些语支尚未确定的民族，如怒族、米佐族、塞克族、塔曼族等。因缺乏调查材料，有关这些民族的介绍暂缺。

（二）侗泰语族泰语支族群

这一族群的人数仅次于藏缅语族民族。按照《缅甸百科全书》的说法[①]，缅甸侗泰语族泰语支的民族有掸族、孔族、鲁族、暹罗族（泰族）、坎地掸、德耶族、保族（佬族）。至于缅甸《民族表》中列出的"掸族支 33 种"，前文已指出划分有所不妥，尤其是把一些孟-高棉语系以及藏缅语族的民族也划入了"掸语支"。

掸族是缅甸的第三大民族，一般认为他们占缅甸人口的 8%—10%，如果以 8% 计，为 410 万，以 10% 计，则超过了 500 万。掸族主要分布在掸邦、克钦邦、克耶邦、克伦邦和实皆省。掸族多沿河流平原而居，主要从事水稻种植业。掸族自称为"泰"，与我国的傣族、泰国的泰族、老挝的老族、印度的阿洪族是同源民族。缅甸的掸族又分为大掸、小掸、汉掸（傣）、坎底掸、缅掸、木掸、桂掸、泰泐（水傣）、普通掸等支系。掸族属蒙古人种南亚类型，有自己的语言。

掸族源于汉武帝时代生活在中国西南地区、缅甸北部和印度东北部阿萨姆地区的滇越。滇越是百越的一支，以腾冲为中心，是先秦时期百越西移部落与当地土著民族融合发展而成的一个民族。滇越在汉武帝时就被认为是一个国家。根据其分布区域推断，滇越在形成之初可能就是一个跨境而居的民族。东汉以降，滇越先后被称为掸、僚、鸠僚、骆、濮或闽越、金齿、银齿、茫蛮、白衣等。公元前后掸族以缅北为中心，地跨中、缅、

---

① 缅甸翻译文学协会：《缅甸百科全书》，缅甸文学宫出版社 1968 年版，卷 8，第 402 页。

印三国，成为一个强大的部落联盟国家。10 世纪末，掸族建立了以瑞丽江地区为中心的勐卯国。当时掸族已经遍及伊洛瓦底江上游和掸邦高原。随着元朝军队在缅北的胜利，掸族开始散布于伊洛瓦底江两岸，并把钦族人赶出了钦敦江上游地区。1296 年掸族三兄弟问鼎缅甸中部地区，建立了邦牙、实皆两个王国。1364 年掸族建立了阿瓦王朝，开始进入平原地区，在缅甸历史上扮演了重要的角色。

掸族是一个农业民族，千百年来一直过着自给自足的生活。95%以上的掸族人口信仰佛教。由于受佛教的影响，掸族与缅族、孟族在文化上有着惊人的相似，成为缅甸文化传承的主体民族之一。掸族勤劳勇敢，有着强烈的团结互助意识，性情温和、热情好客、乐于施舍，把行善积德、追求来世幸福当成人生的最高目标。

掸语属于汉藏语系壮侗语族壮傣语支。掸语有三种方言：（1）以景栋为中心的东部方言泰泐话；（2）以腊戍为中心的北部方言泰那话；（3）以东枝为中心的掸语普通话泰篷话。在掸语的各个方言中还存在着许多次方言。掸语的基本语序是：主语+谓语+宾语。修饰语位于中心词之后；指示词要后置；词汇以单音节词根为基础，有大量的缅语和巴利语借词。掸文是一种拼音文字，源于印度文字体系。现行的掸文字母表中有 20 个辅音字母、多个元音符号和声调符号。掸文的历史较为悠久，其创制的时间大约在蒲甘晚期。掸文的外形与缅文相近，可能是在孟缅文字的基础上改造而成的。掸邦东部泰泐方言区使用的文字为泰痕文，即经典傣文。

（三）苗瑶语族群

这一族群是缅甸汉藏语系诸民族中人数最少的民族，包括苗族和瑶族两个民族，是最晚进入缅甸的民族。苗族人口约在 1 万人以上；瑶族要更少一些。

（四）南亚语系的孟-高棉语族群

这一族群包括孟族、佤族、崩龙族（德昂族）、布朗族、卡姆族（克木人）五个民族，人口最多的是孟族。

1. 孟族。孟族是缅甸的第五大民族，缅甸政府认为孟族人口约 100 万，但有的孟族领袖认为有 400 万。这两个数字如此悬殊，可能是对确定孟人的标准不同。

孟族是缅甸最为古老的民族之一，主要分布在孟邦、克伦邦、丹那沙林省、勃固省、仰光省。孟族多居住在平原地区，从事水稻种植。历史上孟族曾建造过大型的水利灌溉工程，是东南亚水稻种植的先驱。孟族地区出产的水稻品种多、质量好。孟族擅长庭院种植。其他经济作物有水果、橡胶等，制盐业、家庭手工业也是较为重要的经济行业。

孟族有自己的语言，孟语属于南亚语系孟高棉语族孟语支。孟语一度在缅甸影响很大，缅文字母便是依据孟文字母创制的。孟语的基本语序为主语+谓语+宾语，各地孟语有方言分歧。孟文是一种拼音文字，由 35 个基本辅音与元音的上下加字或前后加字相拼而成。孟文字母产生的时间较早。据文字学家考证，孟文由产生于公元前 3 世纪印度阿育王时期的南印度帕瓦那字母演变而成，4 世纪后孟文被大量地应用于碑铭。

孟人来源于先秦时期活动于我国西南地区的百濮民族集团。据苏联考古学家的研究，早在公元前 20 世纪就有大批原居住在华南、西南地区的孟高棉部落南迁，他们以湄南河流域为中心，在中南半岛上创造了辉煌的古代文明。这支讲孟高棉语的民族在当时有着较其他民族更为先进的文化。新石器时代后期，古孟高棉人为了部落的发展，开始在中南半岛上扩张。他们中的一支沿湄公河抵达今老挝、柬埔寨境内，成为古吉蔑人的先民。另一支在公元前 10 世纪左右进入萨尔温江地区，后来发展成为孟族。历史上孟族曾有过自己的国家。据孟文碑铭推断，孟族在今泰国境内曾建立堕罗钵底、南奔等孟人国家，在今缅甸境内曾建立过直通、郎迦戍、白古、勃生等孟人国家。缅族进入今缅甸境内之前，孟族曾占有缅甸中部、南部的广大地区，后因缅族、掸族的进入以及速可泰的迅速崛起，其国土面积日益缩小，最后只得退居到以直通为中心的狭小地区。如今孟族大部分与缅族杂居，且逐步为缅族所同化。

孟族笃信佛教，是缅甸最早接受佛教的民族。他们性格平和，长幼有序，有敬老爱老的传统。古代孟族文化发展较为先进，孟文化曾深刻地影响到缅甸文化的发展方向和发展进程，是缅甸主流文化的源泉之一。

2. 佤族。佤族是中缅边境的跨境民族，源于中国古代的百濮族群，历史上就居住在以阿佤山为中心的滇西南到缅甸北部一带。佤族在缅甸境内主要分布于掸邦东部、东北部的佤区，即北纬 22°10′—23°50′、东经 97°70′—100°60′，分为北佤区和南佤区两部分。

缅甸独立后，从 1954 年开始，将佤区、果敢、孟伦三区合并为掸邦东北特别县，首府设在北佤区的霍班。1962 年，缅甸政府又将掸邦东北特别县改为滚弄县，滚弄县分为霍班和孟卯两个分县，下辖霍班、滚弄、公建、孟卯、班外、纳潘、曼潘、班延 8 个镇区。1989 年 4 月，以赵尼莱、鲍有祥为首的佤族部队脱离缅共，成立佤邦联合军。经谈判缅甸中央政府承认其对辖区的治理，并将其辖区定为缅甸掸邦第二特区（佤联军一般自称为"佤邦"），掸邦第二特区下辖 4 县 3 特区。在民族自治问题上佤联军与政府的分歧很大，缅甸政府一直坚决反对其成立与缅甸省、邦行政级别相当的"大佤邦"。缅甸于 2010 年依据新宪法举行了多党制全国大选，根据新宪法在行政区划上设有佤族自治州，分为两个县，下辖霍班、孟卯、班外、纳潘、曼潘和邦康六个镇区。

佤邦联合军的实际辖区是由南、北两部分组成的。北面地区位于缅甸掸邦东北部，在北纬 22°—23°，东经 98°—00°，东北面与中国云南省临沧地区的耿马县、沧源县，普洱市的澜沧县、西盟县、孟连县，西双版纳州的勐海县接壤。北面与缅甸第一特区（果敢）相连。南面与缅甸掸邦第四特区和中央政府控制区相邻。西面至缅甸第二条大江——萨尔温江（怒江），与滚弄、当阳等城镇隔江相望。北面地区辖三县两特区：勐冒县（原名北佤县）、勐波县（原名景北县）、温高县（原名南佤县）、邦康特区、南邓特区。面积约 1.7 万平方千米，人口约 40 万。南部地区设南部地区管理委员会（原名景南县、勐阮县）。南部地区（即南部军区辖区）与泰国接壤，面积约 1.3 万平方千米，人口约 20 万。南部佤区和北部佤区之间隔着掸邦第四特区和中央政府控制区。佤邦的领导人绝大多数是佤族。

佤区是一个多民族杂居的地区，这里居住着佤、拉祜、掸、克钦、汉、缅、克伦、傈僳、崩龙等 16 个民族。其中佤族人口最多，占总人口的 70% 左右，其次是拉祜族和掸族。佤区 80% 的人口为农业人口。

佤族大多居住在山区，塔定、囊秋湖周围、山同、宋嘎洛曼等地是他们的主要聚居区。此外，还有部分佤族居住在孟伦和景栋地区的山林中。缅甸佤族一般自称为"佤"，掸族称他们为"佤"或"伤拉"，官方则统称为"佤族"。

佤语属于南亚语系孟高棉语族佤语支。历史上没有文字，20 世纪 30 年代，英美传教士创立了佤族拼音文字，但流传不广。缅甸佤族与中国佤族语言基本相同，北佤区和南佤区的佤族在语言上有方言差异。缅甸佤族大多能讲掸语。

缅甸佤族的社会发展水平较低，1967 年以前仍处于原始社会末期向封建社会初期过渡的时期。由世袭的山官、头人统治，整个佤族地区由几十个大大小小的部落组成。佤邦是一个极度封闭的地区，交通落后，经济落后，难以通过与外界的正常贸易满足生存需求。整个佤邦的平地坝子仅占佤邦土地总面积的 1%，老百姓种植的旱稻、芋头、瓜豆只能维持半年的生计，粮食不能自给，使得生活在这一区域的百姓一度普遍靠种植罂粟为生。

3. 崩龙族。崩龙族自称"德昂"，其他民族称为"崩龙"。崩龙族为中缅边境的跨境民族，在中国称德昂族。其先民原居住在中国西南地区，唐朝时称为"朴子蛮"，元、明、清时称为"蒲蛮"。隋唐以后，文献记载有所谓"濮人"、"扑子"、"朴子"、"扑"、"蒲满"、"蒲人"等名称。唐宋时期，"濮人"受南诏、大理政权统治，元代中期以后开始大规模南迁。崩龙族与佤族同源，被合称为崩龙-佤分支。崩龙族的人口 1955 年估计约有 10 万，经过近半个世纪的发展，目前已不下 20 万。分布在克钦邦的密支那、昔董、八莫，实皆省的抹谷和掸邦的孟密、果塘、当拜、西保、腊戌、登尼、葛鲁、滚弄、果敢等地。多居住在气候寒冷的掸邦山岭地区，主要集中在掸北地区南山一带。多以种植茶叶为生。据考证，德昂族的先民——濮人，是世界上最先种植与改良古茶树的民族，现在云南与缅甸掸邦的优良茶树，就是他们栽培、改造过来的。2010 年缅甸政府依据新宪法设崩龙自治区，下辖南山、曼东两个镇区。

崩龙族社会是原始的公有制社会。他们以血缘为纽带、以亲族为单位建立村寨，不与其他民族杂居，村寨多建于边远的高山上。崩龙族习惯于一个家族共住在一幢长方形的大房子内。屋里一般可住同一家族的 5—12 个家庭。大房子里有隔墙，将房子隔成若干小房间。每户家庭住一间，每家均设有火塘。整个集体户中，年纪最大、威望最高的男子为一族之长。崩龙族习惯于游耕游种，流动性较大。

崩龙语属于南亚语系孟高棉语族崩龙语支，方言差别大，没有自己的文字。崩龙人普遍兼用掸语。

4. 布朗族（山岛族）。缅甸布朗族人口约 5 万。布朗族是中国西南历史悠久的一个古老土著民族，属南亚语系孟高棉语族布朗语支。无文字。有着极为丰富的口头文化，保留有鲜明特征的民族语言、服饰、歌舞、风俗习性。根据历史文献记载，永昌一带是古代"濮人"居住的地区，部族众多，分布很广，很早就活动在澜沧江和怒江流域各地。"濮人"中的一支可能就是现今布朗族的先民。西汉王朝在云南设置益州郡，下辖惜唐（保山）、不韦（保山以南）等县，濮人活动的地区就纳入了西汉王朝的郡县范围。在西晋时，永昌濮人中的一部分向南迁移到镇康、凤庆、临仓一带。唐代称"朴子蛮"，元代称"蒲人"，明清称"濮满"、"苞满"等。唐宋时期"濮人"受南诏、大理政权统治；明朝设顺宁府，以蒲人头人充任土知府。后来原居于云南南部的部分蒲人发展为现在的布朗族。

5. 克木族。克木族一个跨境而居的民族。主要分布在中国云南省、缅甸、老挝、越南和泰国。克木族属蒙古人种南亚类型，属于"百濮"群体之一，使用克木语，属南亚语系孟高棉语族，克木人没有文字。克木人有克木、克比之分。相传历史上也曾建立过王国，但最终被傣族征服而沦为奴隶。

克木社会至今仍保留着氏族社会的痕迹。克木人信仰鬼神，祭供祖先，崇拜图腾。每个克木人都有自己的图腾崇拜，同一图腾姓氏的人不能结婚。每个村寨都祭"官鬼"，一般是在大树下摆一块画有人像的石头，每年一月、二月开发坡地之前，搭一棚子举行祭祀仪式。每个家庭供有祖先灵位，一般在夜间祭祖。祭祖时，人们要模仿本族图腾（如虎或鸟）的动作。图腾制度的存在，对规范克木人的通婚范围有很重要的作用。克木人采用外婚制，一夫一妻，保存母系氏族残余，男子到女家的情况很普遍，婚礼大多在女方家举行。招婿之风盛行，舅父在家中具有重要地位。克木人严禁近亲结婚，若有违反，男女均被视为"猪狗"，要举行仪式以示惩戒。

克木人主要从事旱地农业，过去耕作方法是刀耕火种。多住山坡，村寨稀疏。长期过着游耕生活，以玉米、薯类和豆类为主食。主要农具为打塘点种长达 5 米的尖棒，尖棒一端包铁尖，另一端装响器。播种时，在"乐声"中边跳舞边掘塘。运输工具主要是大型背篓。

（五）南岛语系马来语族群

这一族群是缅甸三大语系诸民族中人数最少的。有塞隆族（摩钦族）和马来族。缅甸南岛语系的民族，仅生活在缅甸最南端丹那沙林省的沿海地区。塞隆族主要居住在缅甸丹那沙林省丹老县海滨周围的丹老群岛上，他们没有固定的住所，以一种叫作"格榜"的小船在海上流动，以捕鱼、采集珍珠燕窝为生。主要生活地区是布柄镇区的浪比尊岛和勃罗镇区的洞尊岛。"塞隆"是缅族人对他们的称呼，自称"摩钦"，即"渔夫"之意。马来族大多居住在沿海狭小平原和河谷地带。据 20 世纪 70 年代末的统计，塞隆人约 4000 人，马来族约 10 000 余人。

此外，华人久居缅甸，人数多达 80 万以上，实际上形成了华族。此外，缅甸还有大约 30 万印度、巴基斯坦、孟加拉国移民的后裔，以及数十万无法统计也未列入估计的少数民族人口。

以上按语系语族对缅甸民族进行分类，以基本确认的民族为单列的民族。这样，缅甸的民族共有 50 多个，语言和方言有 100 多种。其中汉藏语系藏缅语的民族 34 个，侗语族泰语支的民族约 10 个，苗、瑶语族的民族 2 个，南亚语系孟高棉语族的民族 5 个，南岛语系马来语族的民族 2 个。这里之所以说"大约"，是因为缅甸民族的情况极为复杂，而且没有经过全面系统科学的普查，对上述视为单列民族的有些民族，在事实上是否可作为单列的民族，还需要进一步调查研究，才能得出完全符合实际的结论。

第三节　缅甸的经济

一　缅甸经济概况

缅甸拥有丰富的自然资源，具有优越的天然环境。森林面积共 3000 多万公顷，国土森林覆盖率高达 50%左右；拥有多种矿产资源，如锌、钨、锡等，石油和天然气储量极大，水系丰富；宝石和玉石在世界上属于多产国。

缅甸的经济由于社会动荡多变没有得到繁荣发展，1987 年被联合国列为世界上最不发达的国家之一。各历史时期的执政政府和殖民政府以巩固统治为最终目的，未能大力开展经济建设，造成缅甸经济一直处于落后的局面。

农业是缅甸国民经济的基础，具有悠久的历史。2010 年缅甸的农业劳动力人口为1890万，约占全缅甸总就业人口数的70%。共有可耕地面积8470万英亩，主要作物可分为粮食作物、豆类作物、制油作物、工业原料作物和果蔬。其中粮食作物占主导地位，主要包括水稻、小麦、玉米、高粱等。水稻种植面积最大，占全部农作物播种面积的45%。

缅甸的工业主要包括石油和天然气开采、小型机械制造、纺织、印染、木材加工、制糖、造纸等粗放型经济部门。全国共有 18 个工业区，9849 家工厂，从业人口数约 174 万。缅甸的工业主要依靠能源开发，其中石油和天然气占绝大部分，并少量利用煤炭。缅甸的石油产量较高，在满足国内消费需求的同时大量出口。2010 年平均每天产出 7.6 万桶石油。石油制品产量逐年上升，主要包括汽油、柴油、液化气和航空汽油等。天然气的产量一直稳步上升，出口天然气是缅甸经济创造外汇储量的主要来源，2010年出口天然气外汇值约 26 亿美元。缅甸的发电业较为落后，主要依靠水力发电，因此电力供应不足，从而极大地制约了缅甸的经济发展。近年来，缅甸正加大与周边国家的合作，吸引外资投资国内电力工业，以提高发电量。

缅甸的第三产业以旅游业和交通运输业为主。缅甸素有"佛塔之国"的美称，全国共有大小佛塔 10 万多座，是东南亚的佛教圣地。佛塔多、寺庙多、和尚多是缅甸佛教文化的三大特色。发达的佛教文化和优美的自然风光为缅甸吸引了大量的游客。缅甸的旅游正处在建设和发展阶段，近年来，缅甸政府在积极保护文化古迹的同时，正在调整政策大力扶持旅游业的发展。交通运输业与旅游业互相支撑，国内主要大中城市和旅游景区均开通航线。铁路、公路、水路是人们日常出行的主要方式，铁路和公路相对落后，大量路段处于在建状态。

二　缅甸农业的现状与前景

农业是缅甸经济最重要的组成部分，其发展状况直接关系到缅甸国民经济的发展和政治稳定。豆类产品和橡胶制品是缅甸重要的出口创汇产品。缅甸政府积极调整农业体制改革，大力扶持农业发展，通过调整土地政策，扩大种植面积。[①]通过粮食收购向市场化方向发展等方法，对缅甸的农业体制进行改革，并取得了显著成绩，主要表现为农作物种植面积的增大、农田水利设备的完善、稻谷产量的稳步提高、农作物多样化种植出口。

缅甸的农业发展也存在一些不利的条件：一是交通运输基础设施较为落后，大量的粮食无法及时配送到各地。伊洛瓦底江三角洲是粮食的主要产地，需要将粮食从南部运输到全国各地，但各省邦内的公路系统很不完善，直接影响粮食的配送效率，从而影响粮食的供给。二是粮食的加工技术较为落后。由于收获的粮食缺乏成熟的加工技术，不能及时地烘干、脱粒，大量的粮食被损耗。与泰国、越南相比，缅甸的稻谷加工业比较落后，大米出口价格明显低于泰国、越南的出口价格。

缅甸农业的发展仍具有广阔的前景。首先，国内仍有大面积的未开发利用的土地，可耕种土地面积具有极大的开发潜力。其次，与周边国家的农业合作仍有很大空间。在全世界粮食危机的大背景下，缅甸优厚的粮食资源吸引了大批寻求农业合作的邻国，主要有中国、泰国、韩国、印度等。

三 缅甸的对外贸易

贸易是缅甸国民经济的第二大部门，在整个国民经济中的地位仅次于农业。缅甸的经济贸易主要包括国内贸易和对外贸易。其中，对外贸易为缅甸贸易的主体，主要依靠粮食和自然能源的开发和出口。主要出口产品为天然气、大米、豆类、木材、宝石和玉石等。农林产品是政府创收外汇的主要来源，在出口经济中占主导地位。由于加工生产的需要，缅甸的工业生产原料需要从国外进口，包括燃油、化工产品、工业零件和五金产品等。21世纪以来，缅甸的进出口贸易一直保持顺差，贸易额逐年增长。

缅甸的进出口贸易国多数为亚洲国家，如泰国、新加坡、印度、中国香港、中国、马来西亚、日本、印度、孟加拉国和东盟等。进口贸易份额的90%来自东盟，出口贸易份额的70%面向东盟。

缅甸的对外贸易还包括边境贸易。自1988年实行边贸开放政策以来，边境贸易的发展受到缅甸与周边国家关系的影响。进入21世纪以来，缅甸与周边国家关系较为稳定，边境贸易恢复活跃发展。目前，缅甸边境

---

① 孙志坚：《缅甸农业发展现状与前景初探》，《南宁职业技术学院学报》2011年第16期。

地区共设立了近 20 个边贸站。主要与中国、泰国、孟加拉国和印度开展
边贸来往。

缅甸与中国的边境贸易具有悠久的历史。从云南滇池经永昌、畹町到
缅甸勃生的一段"西南丝路",是中缅边贸的开端。[①] 20 世纪 80 年代以来
为了促进中缅边境贸易的发展,云南省制定了积极有效的边贸方针,提倡
边贸自主,鼓励边贸商以个体方式寻求商机,从而大大促进了中缅边贸的
进出口总额。由于中国和缅甸民族同源,世代友好,边贸经济关系甚为密
切,边贸方式灵活多样,主要有边民互市贸易、边境小额贸易、边境地方
贸易、边境民间贸易等。但发展中的中缅边境贸易还面临一些困难,如个
别商人偷工减料、价格不断上涨、管理比较混乱、资金规模较小等。中缅
边境贸易仍具有广阔的发展空间和巨大的潜力,需要中缅双方共同努力,
加大合作。缅甸与泰国的边境贸易主要集中在大其力、妙瓦底、高东定这
三个通商口岸。缅甸与印度的边境贸易主要依靠木材制品、橡胶制品、药
品、建材的出口,年边贸交易额约为 1.5 亿美元。缅甸与孟加拉国的边境贸
易主要在若开邦的通商口岸进行,由于进出口作物具有极大的相似性,经
贸互补性较低,边贸交易额较低。

四　缅甸经济发展前景

缅甸的经济发展面临着一些挑战:缅币大幅升值阻碍了出口贸易和国
内生产生活成本;政府预算减少影响基础设施更新;西方国家对缅甸进行
经济制裁;政府致力于稳定政局,不能全力发展经济。

2011 年新政府提出了未来缅甸经济的发展目标:"建设更为发达的农业
和现代化的工业、促进经济共同发展。"并制订出相应的"五年经济发展计
划",努力实现扩大对外贸易、建立工业和经济特区、加强油气资源的国际
合作。政府通过加强宏观调控,进一步加强与国际市场的接轨,提高就业
人口的数量,改善经济环境,更新基础设施,大力鼓励私营企业的发展,
促进技术转让,努力实现经济的稳定发展。

缅甸的经济一直依靠自然资源和能源,缺少先进的技术和科学手段,
从而极大地限制了经济的发展。缅甸应在大力发展国民经济本身的同时,
加强科技研发或引进先进技术,缅甸的经济将迅速实现飞跃发展。

---

① 陈菲:《中缅边境贸易的过去、现在及未来》,《国际贸易问题》1995 年第 8 期。

第四节　缅甸的历史

一　王朝更迭时期

（一）蒲甘王朝

公元 10 世纪以后，缅族的势力日益增大，蒲甘王朝是缅甸历史上第一个统一的王朝。蒲甘当时的首领率领大军亲征直通、南诏、若开等地，开始了统一缅甸的战争。缅甸统一以后，阿奴律陀王兴修水利、大力发展农业，不断增强国力，并通过发展宗教进一步维护其统治地位。通过修建佛塔，建造佛寺，传播佛教教义，确立了小乘佛教在缅甸的主体地位。蒲甘王朝成为当时东南亚的佛教中心，极大地促进了宗教和文学的繁荣。蒲甘王朝经历了江喜陀、阿朗西都等几代君王，进入全盛时期。到了梯罗明罗王即位时期，全缅范围内过度修建寺院，极大地消耗了财政，国库空虚，导致整个王朝的经济处于崩溃边缘。落后的经济导致边远地区各族小王国对中央统治的不满，他们各自发展经济增强势力。这一切使得蒲甘王朝进入衰落时期。同时，王室的奢侈淫乱也加速了蒲甘王朝的灭亡。元朝与蒲甘王朝之间的战争最终导致蒲甘王朝国内动乱，最终走向灭亡。

（二）阿瓦王朝和勃固王朝

蒲甘王朝灭亡以后，缅甸的北部和南部陷入了不同的统治。缅甸的北部即上缅甸由掸族和缅族联合统治，建立了阿瓦王朝；缅甸的南部即下缅甸由孟族统治，建立了勃固王朝。还有一部分在锡当河流域建立了东吁王朝；另外还有独立的若开王朝。四个王朝割据争战的状态一直持续了两个半世纪。其中阿瓦王朝和勃固王朝的战争持续了 40 余年，从而掸族和孟族的势力被极大削弱。持续的战乱使各王朝的实力大幅衰退。

（三）东吁王朝

连年的战争使阿瓦王朝和勃固王朝迅速濒临灭亡。位于中部的东吁王朝没有受到战争的牵连，缅族人积蓄了足够的力量。阿瓦王朝和勃固王朝持续争斗时期，大量的佛教高僧逃亡到东吁，为东吁带来了佛教经典，进一步加强了东吁王朝的政治稳固。东吁王朝经过明吉瑜、莽瑞体、莽应龙等几代君王的更迭实现了缅甸历史上的第二次统一。除若开地区以外，缅甸南北部重归东吁王朝的统治。统一的局面持续不久，缅甸内部由于不满好战的统治者爆发了大规模的暴乱。此时西方的殖民者也伺机侵略缅甸，1600 年缅甸再次进入了分裂的局面。良渊王先后统一北方和掸邦地区，收复南方失地，从葡萄牙殖民者手中夺回沙廉、马都八等地，占领了缅甸的大部分疆土，实现了缅甸的第三次统一，进入了良渊王朝。良渊王朝几经跌宕。早期注重休养生息、恢复国力、弘扬佛教、大力改革，一度繁荣。后期国力衰退，各地纷纷自治。西方殖民势力伺机而入，英国、荷兰、法国等陆续侵略缅甸。同时，缅甸南部的孟族组织军队发动了大规模的起义。外敌内乱中的良渊王朝不久便走向了灭亡。

（四）贡榜王朝

孟族人的起义推翻了良渊王朝统治的同时，缅族首领也发起了反抗孟族的运动。率领群众起义军很快控制了伊洛瓦底江和阿瓦地区，建立了贡榜王朝，建都瑞波新城。雍籍牙先后平定了缅甸北部，随后南征，占领了孟族人的领地，一统南北，实现了缅甸历史上的第四次统一。贡榜王朝统治时期，缅甸国力极大恢复。统治者在政治稳定的同时，发展农业生产、促进商业贸易、鼓励发展佛教和文化教育。贡榜王朝的一系列有效改革，使得贡榜王朝时期的缅甸出现繁荣。然而，贡榜王朝统治期间，缅族人和孟族、掸族、若开族等民族之间仍存在着较深的矛盾。同时，西方列强进驻缅甸，英国、法国等殖民者纷纷在缅甸设立贸易交易点，实施经济侵略。殖民者试图利用民族矛盾，弱化缅甸本族人的统治。英国侵略者伺机制造争端，于1824年发动了第一次侵略战争。

二　殖民统治时期

英法等西方列强的大肆入侵，最终导致了贡榜王朝的灭亡，缅甸由此进入了殖民统治时期。1824年英军连续两次发兵入侵缅甸，占领仰光并一直北上，最终逼迫缅王签订了《杨达波条约》。缅甸向英国割地、赔款，英国占领了沿海地区，并建立贸易基地，加紧掠夺缅甸经济。肆无忌惮的掠夺引起了缅甸人民的强烈不满，缅王宣布《杨达波条约》无效，各地掀起反英运动。英军登陆缅甸南部沿海地区，占领仰光、勃固等地，并且英军迅速占领整个缅甸，将勃固作为其殖民地。英国的两次侵略战争极大地消耗了缅甸的国力，加重了人民的经济负担，阶级矛盾日益深化。为了保住北部的统治，统治者试图在北部实施改革，并迁都曼德勒。但改革引起了内部的反对，最终以失败告终。法国借机瓜分缅甸利益，与缅甸签署条约，力图实现法国在缅甸的经济掠夺。英国于《缅法条约》生效前发动了第三次侵略战争，将缅甸北部地区列为英国领地。至此，整个缅甸全部沦为英国殖民地。

英国在缅甸建立殖民统治之后，大肆剥削缅甸人民，实行经济掠夺和垄断。缅甸的主要经济命脉全部被英国殖民者掌控，自然资源过度开采，民族企业被猛烈地打压，传统文化遭到严重的破坏。这就引起了缅甸人民的强烈不满，一些知识分子开始寻求民族独立的道路，自发建立了缅甸佛教青年会，以宗教社团的名义组织反对帝国主义的爱国运动，以保护民族语言和传统佛教文化，唤起民族意识、促进民族解放。

三 获得独立时期

在国际民族独立运动的浪潮中，缅甸民族独立运动进入了新时期。由缅甸佛教青年会这一力量逐步联合各地爱国团体和爱国人士，成立了"缅甸人民团体总会"，在全国掀起了爱国主义运动。仰光大学爆发了大规模的罢课，抵制殖民主义教育制度。全国学生罢课，大规模地反对帝国主义殖民统治。在反帝的浪潮中，各地兴办学校，传播爱国主义思想，讲授缅甸的语言文学和历史。仰光的工人也举行了大规模的罢工，各民族地区的人民也纷纷掀起了反英运动，甚至很多爱国僧侣也不忍英国殖民者的统治，发起并领导了民族斗争。长期的压迫和剥削引起了农民的反抗，民族意识高涨促使了缅甸历史上大规模的农民起义。农民的起义引起了当局的恐慌，指使军队进行镇压。农民起义虽然没有持续多久，但进一步推动了反英运动的发展，唤醒了全缅甸民众的觉醒。

缅人协会的成立，提出了"缅甸是我们的国家、缅文是我们的文字、缅语是我们的语言；热爱我们的国家"的口号。缅人协会领导了仰光大学的第二次学生大罢课，大量的学生领袖加入了缅人协会，各地学生建立了紧密的联合。缅人协会还组织了大规模的石油工人罢工，掀起了反英统治的罢工浪潮。缅人协会的成立使缅甸的民族运动成为有组织、有纲领的规模性运动，极大地促进了民族独立事业的发展。

缅人协会迅速发展壮大。协会的主要领导人在试图请求大国支援，脱离英国殖民的过程中，轻信日本帝国主义的谎言，试图借助日本的军事力量打击英国势力。缅甸独立军和日本军方采取合作的方式，在日本进攻缅甸期间，独立军辅助日本军队攻打英军。日本全面占领缅甸后并没有解放缅甸，而是开始了另一段殖民统治。日本的统治迅速遭到了缅甸独立军和爱国力量的打击，经过无数次的大小斗争，缅甸人民终于将日本侵略者驱逐出去，获得了暂时的独立。

英国不久便卷土重来，重新发起侵略战争，试图采用各种手段占领缅甸，重新统治缅甸的政治和经济命脉。缅甸人民极力反抗，爱国力量不断与英国殖民势力进行抗争。1947年，自由同盟领导人取得了各民族代表的同意，决定缅甸本部与各少数民族地区同时宣布独立，建立缅甸联邦政府。

英国殖民者竭力阻止，并通过武力压制，但并没有阻挡缅甸独立的脚步。1948 年 1 月 4 日，缅甸正式宣告独立，缅甸联邦政府正式成立，苏瑞泰任首位总统，吴努任总理。

四 动荡起伏时期

缅甸虽然取得了民族独立，但政治上并不稳定，执政者几经变换，国家政策几经变化。经历了政府的重大改组；举行多党大选，召开国民大会；民族间停止内战，协商和解；改变政策，发展经济；重新进入国际舞台等重大事件。[①]

在 20 世纪末由维护法律治安委员会掌权执政，该委员会具有临时政府的性质。执政以来对外宣称四大发展方向：健全法制安定繁荣；交通舒畅强化基础设施；人民富裕发展经济；实行大选议会选举。

缅甸维护法律治安委员会以后简称为恢委会。它成立后解散了原议会和政府，推行新政的同时自身内部成员不断发生重大变化，人员编制不断扩充，其中军人逐渐掌握了实权部门，最终于 1997 年 11 月 15 日突然宣布解散法律治安委员会，由 19 位高级将领组成的和平与发展委员会继续执政缅甸。

缅甸在两届委员会执政期间艰难地逐步实现多党大选，召开全民大会。初期缅甸国内政党林立，而后经历了两个委员会的铁血政策与政治斗争等原因，缅甸国内只剩下几个大党，其中民族民主联盟最为壮大。其领导者为缅甸国父昂山将军的女儿昂山素季。缅甸国内的各党派均受到临时政府的打压与迫害，包括昂山素季，长期被软禁，但最终释放。随着缅甸国内民主进程的推进，1993 年 1 月 9 日缅甸召开了以制宪为目标的缅甸国民代表大会，参会人员数量空前，所代表的阶层范围广泛。但是由于会议期间代表们分歧很大，未能实现任何实际的决策。政府与反对党的矛盾一直未能解决。缅甸政府于 1993 年 9 月 15 日以群众团体名义成立了一个缅甸联邦巩固发展协会，成立以来发展迅速，现有成员 1200 万余人。该政党是与反对党对抗的主要力量。

缅甸两届委员会临时政府的主要功绩是基本结束缅甸的内战，实现民族和解。临时政府通过围剿与谈判等手段迫使 18 支反政府武装中的 17 支最终与临时政府签订了和平协议。剩余的武装力量不足以威胁国家安全，为缅甸的发展提供了良好的稳定环境。

缅甸临时政府推行对外开放的政策，努力发展经济，但由于缅甸发

---

① 李谋、姜永仁编著：《缅甸文化宗论》，北京大学出版社 2002 年版。

展晚，基础薄弱，加之国内外环境动荡，所以至今缅甸仍然未能摆脱经济困境。

　　缅甸临时政府执政期间打破了断绝与他国外交的政策，初期仅仅关心少数几个跟自身利益直接相关的国家，主要精力在国内。随着国际社会的风云变幻，现今的缅甸已逐步走向国际社会。

第三章 缅甸的语言及语言政策

第一节 缅甸的语言

一 缅甸的语言种类

缅甸是一个多民族国家，民族的多样性决定了语言的多样性。缅甸是东南亚民族、语言情况最为复杂的国家之一。研究缅甸民族问题的学者C. M. 埃利克斯就说过："在其他任何地区，都没有如此多样的民族，或如此多的语言和方言。"缅甸从未进行过系统、全面的民族和语言调查，在缅甸究竟有多少个民族，各民族语言状况如何，是一个一直没有完全弄清楚的问题。原因主要是：缅甸在殖民统治时期还不具备全面普查民族的条件；独立后的半个多世纪中缅甸内战不断；从 20 世纪 50 年代初到现在，一直有相当广大的地区主要是少数民族地区处于割据、半割据的状态；加上缅甸经济、文化的全面落后，根本无力进行全面、系统、科学的民族和语言调查。

鉴于语言在民族识别、民族分类中的特殊重要性，对缅甸的语言分布状况进行梳理、分类，帮助我们了解掌握缅甸民族状况，是十分必要的。

缅甸是个多语种国家，有 100 多种语言和方言。如此众多的语言和方言如何归属、分类，不少学者都提出了自己的看法，其中比较有代表性的是缅甸学者吴佩貌丁，他认为缅甸境内的语言可以分别归入三大语系、六大语族，即汉藏语系的藏缅语族、克伦语族、泰汉语族和苗瑶语族，南岛语系的马来语族，南亚语系的孟-高棉语族。吴佩貌丁的分类如表 3-1：

表 3-1

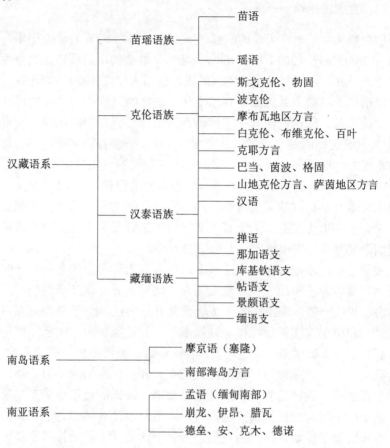

缅甸学者波巴信则认为缅甸的藏缅语族语言可分为骠语支、帖语支、那加语支、钦语支、克伦语支、缅语支、彝语支、藏语支。他还对缅语支进行详细分类，认为可分为古缅语群、缅语方言群、缅语。（见表 3-2）

表 3-2　　　　　　　　　　缅甸境内的藏缅语

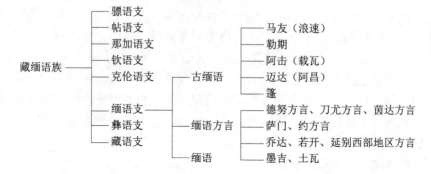

二　全国通用语——缅语

缅甸联邦位于中南半岛的西部，国土总面积为 67.6 万平方千米。缅甸有约 5028 万国民（2014 年），68%为缅族。缅族的母语缅语是当今缅甸社会的主导语言，是缅甸各民族的共同语，使用人口在 4000 万以上。

缅语属于汉藏语系藏缅语族缅语支，是藏缅语族中使用人数最多、分布最广的语言。缅语的研究在汉藏语系历史比较研究中的地位非常重要，它与 7 世纪创制的藏文一起，是藏缅语族语言里保存古文献最多、历史价值最重要的两种语言。缅语有丰富的历史文献资料可提供研究。公元 1 世纪时中国古籍中就有关于上古缅语《白狼歌》的记载；在 12 世纪初，缅甸就有用拼音文字记载的大量碑铭、陶片文、贝叶文等。从蒲甘王朝至今，用缅文记载的历史文献极为丰富，文献资料是研究语言历史的宝贵材料，为我们研究缅语历史提供了得天独厚的条件。

关于缅族的族源问题，说法颇多，至今尚未取得一致意见。一般的意见认为，缅族源于中国古代西北氐羌人，他们在公元前几个世纪居住在中国青海、甘肃一带，大约在公元 2 世纪初开始南迁，公元 7 世纪左右，再从澜沧江和萨尔温江流域经掸邦高原南下，到达缅甸中部叫栖一带定居下来，后来由于人数增多，于是逐渐向各地疏散，最终形成今日缅族的格局。

除缅族外，以缅语为母语的民族还有若开族、达努族、刀尤族、茵达族、土瓦族等，现在孟族也大部分改用缅语。缅语的使用范围东起掸邦高原，西至钦山脉，北抵克钦邦的八莫，南至丹那沙林缅泰边境。伊洛瓦底江流域和沿海平原地区是缅语使用最为集中的地区。孟加拉国东部吉大港地区也有 2 万余人使用缅语。

缅语随着缅族的迁徙和发展，形成不同的方言和次方言，根据缅语的分布情况来分，缅语可分为四大方言区：东部方言区、中部方言区、西部方言区和南部方言区。中部方言区即沿伊洛瓦底江流域的平原和三角洲地区，主要方言为仰光-曼德勒方言，这是缅语的主体部分，现代缅甸标准语是指以仰光语音为标准音，以中部方言为基础方言，以现代文学名著为语法规范的现代缅语。东部方言区是指中部方言区以东的地区，这个方言区包括茵达方言、东友方言、德努方言。西部方言区包括若开方言、约方言。南部方言区包括土瓦方言、丹老方言。各方言之间比较显著的差别是语音上的差异，但存在着整齐的语音对应规律。词汇也有差异，但构词规律及许多基本词汇差别不大。语法特点基本一致，在句子结构上无多大不同，差别主要是虚词使用的不同。

现代缅语的主要特点有：

1. 语音方面，在塞音、塞擦音上有清浊两类（浊音出现频率小）；双唇和舌根部位上有腭化与非腭化的对立；鼻音、边音有清化和非清化的对立；无复辅音声母；塞音韵尾只有一个-ʔ，无鼻音韵母，但有鼻音化元音；有复合元音韵母；声调只有三个基本调和一个变调。

2. 在语法方面，以虚词和词序为主要语法手段，兼有少量的内部屈折和重叠形式。声母的内部屈折形式主要用来表达使动和自动范畴，声调的屈折可以用来表达人称的宾格和领属格。缅语的基本语序是：主语+宾语+谓语，主语与宾语因为有助词作标志，位置可以颠倒，但是谓语总在句子的最后位置并有助词跟随表示动作的时、态、体等语法范畴。修饰语一身孕在中心语之前，有时也可颠倒，修饰语在前时一般需要加助词。句子中各成分之间的各种语法关系和感情色彩主要通过助词来表现。

3. 词汇方面，词可分单纯词和合成词两类，单音节词占多数，多音节词较少，多音节词中大多数是双音节词，超过两个音节的单纯词很少。多音节词多为合成词，合成词的构成方式主要有：复合式、附加式、重叠式。有丰富的四音格联绵词。缅甸语中吸收了大量的梵语、巴利语、英语词汇和一定数量的孟语、汉语、马来语、印地语词汇。缅甸语词类可分成：名词、代词、数词、量词、形容词、副词、连词、动词、助动词、感叹词、拟声词及助词共 12 类。名词没有性、数、格的变化；人称代词有尊称、谦称、卑称、俗称之分，且有男用和女用的不同；动词没有时态、人称等变化；量词比较丰富，称量时必须使用量词。

4. 文字方面，缅甸文是拼音文字，属婆罗米字母系统，其书写特征是呈圆形。音节一般由辅音字母和元音符号组成，字母亦可独自成一音节。共有 33 个辅音字母。元音在书写时除了在零声母时用字母外，一般都用符号代替，元音符号有上加、下加、前加、后加等几种。声调使用声调符号或不同的元音符号表示。缅甸文与实际读音已有相当距离，缅甸文在某种程序上代表古缅甸语。

我们以语音发展为线索，辅之以语法、词汇、文体变迁为考量，可以将缅语的发展史分为 5 个时期：

1. 原始缅语时期（公元 10 世纪以前）。其特点是：无文字记载；口头文学发达；语音只能用历史比较法加以构拟。《后汉书·西南夷列传》记载的《白狼歌》反映了这一时期的语言面貌。

2. 上古缅语时期（10—13 世纪）。这一时期出现了文字，产生了系统的"缅语音韵表"，声调也开始萌芽。无声调是这一时期缅语的主要特征。蒲甘朝碑铭基本上反映了这一时期的语言状况。

3. 中古缅语时期（13—18 世纪）。这一时期缅语声韵系统发生了重大变化：声母简化；韵母的辅音韵尾消失；声调逐渐成熟；规范的正字法广泛运用。

4. 近代缅语时期（19 世纪）。这一时期声韵调基本定型；白话文开始流行；修辞形式日趋复杂；长句大量地运用。主要文献是官修《琉璃宫史》。

5. 现代缅语时期（20 世纪初—　　）。这一时期新词汇大量涌现；语音逐渐向中部方言靠拢；书面语口语化程度加强；严格意义上的现代小说、散文作品出现。

第二节　缅甸的语言政策

缅甸是一个多民族、多语言的国家，各民族、语言的发展状况很不平衡。不同历史时期缅甸的语言政策有很大差异。由于缅族在历史上的强势地位以及独立后历届政府的努力，缅语最终确立了全国通用语的地位，缅语的净化、规范化、标准化得到有力促进，在全国的普及率和使用率得到提升，缅语成为官方语言和公立学校的教学语言。同时由于民族、语言多样性的事实，使少数民族语言仍然拥有较大的生存、传播的空间。

一　封建王朝时期的语言政策

公元 1044 年缅族首领阿奴律陀建立了蒲甘王朝，这是缅甸历史上第一个统一的封建王朝。公元 1057 年，缅王阿奴律陀攻下了孟人的直通王国，第一次统一了全缅甸。统一的王朝客观上也要求有一个全国统一的语言文字，缅文也就在这形势下应运而生。蒲甘王朝初期缅文虽已出现，但还不成熟，当时宫廷正式使用文字恐怕还不是缅文，碑文用的文字都是孟文。缅文出现之后，经过了一段时期的成熟和发展。到公元 1112 年"妙齐提"碑以后，缅甸文才开始广泛地运用起来。从公元 1113 年到公元 1173 年这60 年间是孟文在蒲甘逐渐退位，缅文逐渐上升为主导文字的过渡时期。公元 1174 年至公元 1211 年则是缅文占优势，正式被缅王宫廷采用。从此以后的碑文绝大部分都是缅文镌刻。到了公元 1230 年难昆摩耶统治时期，缅文的拼写法才得到统一。在这个时期第一次出现了缅甸语拼音表。它将缅文分成辅音字母 33 个，元音字母 12 个，韵母分成 6 组 38 个。这其实是对缅语的语音作了科学的分析，第一次系统地提出了缅语的音韵表。这是缅甸文字发展史上一件大事。缅语音韵表的创始者吴基北也被人们誉称为"缅甸文字之父"。到了缅甸阿瓦王朝末年（公元 1550 年）左右，缅甸文字遇到危机，这时因为缅甸疆域更加扩大，各地人发音各不相同，同时由于缅甸语音体系发生变化，因而使记录语言的文字产生混乱。这种混乱给口语交谈和文章写作造成了极大的困难，因此到阿瓦王朝末年和贡榜王朝（公

元 1752 年—公元 1885 年）初，为了统一字体出了很多正字法字典。其中
最为突出的为：盛达觉都吴奥的《智者大成正字法》和基尼江塞耶杜的《说
文解字》，对缅甸文字的规范化起到了很大的作用。

虽然缅甸历史上的封建王朝主要由缅族首领建立，但缅族在缅甸一直
没有形成压倒性的绝对优势，掸、孟、若开等民族都曾建立过自己的王朝，
在封建时代缅甸实际上并没有真正形成一个统一的集权国家，缅族主宰过
的蒲甘、东吁、贡榜三个所谓统一的封建王朝的统一并不稳固，各民族间
的矛盾、战争屡有发生，多民族、多语言的基本国情由始至终一直存在。
但缅语文成为全国各民族共同使用的语言文字，也在不断向前发展。

二　英属殖民地时期的语言政策

英国于 1824 年至 1885 年对缅甸发动了三次英缅战争。贡榜王朝灭亡，
缅甸被划为英属印度的一个省。在英国的殖民统治时期，英语被规定为官
方语言，在国内通用。为培养具有西方思想的本土"精英"，满足殖民地社
会经济发展的需要，殖民当局开办了用英语或英、缅双语进行教学的学校。
殖民当局规定从幼儿园到大学都要用英语教学。随着英语在缅甸的逐步推
广，缅语的地位逐步下降。

殖民当局对缅语和缅甸传统文化的打压引起了以缅甸爱国知识分子为
代表的各阶层人士的强烈反弹。1920 年殖民政府颁布《仰光大学条例》，以
英语水平为门槛对入学者进行限制，结果引起了缅甸历史上第一次学生大
罢课，人们强烈要求以本民族语言文字为主进行教学，一场国民教育运动
在全国人民的广泛支持下蓬勃开展，建立了大批缅甸人自己的国民学校。
30 年代中期缅甸爱国知识分子成立了"我缅人协会"，"我缅人协会"的成
员都在自己的名字前加上"德钦（主人）"的称号，喊出了"缅甸是我们的
国家，缅文是我们的文字，缅语是我们的语言，让我们热爱自己的国家，
提倡自己的文字，尊重自己的语言"的口号，与英殖民政府不断打压缅语
地位的政策相抗争。这一时期缅甸文学界兴起了著名的"实验文学运动"，
广大爱国知识分子坚持用缅语写作，涌现出了大批优秀的缅语作家和缅语
文学作品。同时以"红龙书社"为代表的缅甸出版界出版发行了大批优秀
的缅语书籍和缅语刊物，对维护缅语的地位起到了重要作用。

殖民当局对缅甸少数民族地区实行的是"分而治之"的统治模式，将
少数民族地区置于英国专员的直接管辖之下，用政治、经济、文化各种手
段使少数民族对缅族产生离心倾向。少数民族不但可以使用和学习民族语
言，一些来缅甸的基督教传教士为了便于在民族地区开展传教活动，还帮
助少数民族创造文字，克钦文字是 19 世纪末美国浸礼教会传教士首先创制，
后几经完善，固定成型。早期的克伦文分为斯戈克伦文和波克伦文，是由

美国浸礼教会传教士乔纳森·韦德博士于 1832 年依照缅文创制的，19 世纪还先后出现过 8 种克伦文字。为了划分不同的民族，殖民者曾对少数民族语言做过统计和普查。英国在 1885 年吞并整个缅甸后，从 1891 年开始，每十年作一次人口普查，而 1931 年的人口普查是历次人口普查中范围最广，也是较为全面的。英国殖民政府在 1931 年作的缅甸人口调查中试图以语言为标准来划分缅甸的民族，把缅甸的民族数划定为 135 个。独立以后，缅甸政府在一定程度上沿袭了这一划分方法和结论。

三　吴努政府时期的语言政策

缅甸于 1948 年 1 月 4 日宣告独立，成立缅甸联邦，实行议会制，由反法西斯人民自由同盟执政，吴努出任总理。缅甸联邦成立以后，以缅族领导为主体的"同盟"开展了提升缅语地位的一系列活动。首先，以宪法形式确立缅语为官方语言，在全国推广缅语，提高其普及率和使用率。据统计，缅甸独立前夕文盲占总人口的 36.3%，识字者大多也仅具初步的阅读能力，联邦政府为振兴民族教育，实行小学义务教育制，强调以缅文教育为主，筹划统编全国教科书，同时注重发挥传统寺庙教育的作用，仅 1952 年就开办了 5000 所寺庙学校，作为解决偏远地区适龄儿童入学的重要辅助形式。缅语在民族地区的使用便利了民族间的交流，降低了全国的文盲率。1947 年 8 月成立的缅甸翻译协会（后改称"文学宫"）在此期间出版了大量缅语专业书籍和通俗读物，普及科学文化知识，培养国民用缅文阅读的习惯。为适应大、中学校用缅文教材进行教学的需要，还翻译出版了大、中学校教科书，同时整理出版《词汇集》，以谋求各学科译名的统一。文学宫从 1948 年开始翻译英国百科全书，但 1949 年就改变计划决定自己编纂具有缅甸特色的《缅甸百科全书》，1954 年《缅甸百科全书》第一卷问世，此后经过二十多年的艰辛努力，完成了 15 卷的《缅甸百科全书》，从 1978 年起还每年出版一册《百科全书年鉴》，以便不断充实新内容。为推动缅语文学发展，文学宫从 1949 年起举办年度文学作品评奖活动，称"文学宫奖"（后改名"缅甸文学奖"），获奖作品由文学宫负责出版。总之，文学宫为推动以缅语为载体的刊物书籍的出版投入了巨大人力物力，为缅甸文化教育事业做出了重要贡献，因此一直享有很高声誉。缅甸联邦成立以后开展的一系列的语言文化运动，巩固、提升了缅语的地位。缅语地位巩固、提升的过程也是缅甸逐步走出殖民地阴影、开展国家建设的过程。尽管这一过程历经反复，但最终缅语在缅甸这个国家确立了作为全国通用语的地位。全国通用语的推广便利了民族间的交流，让各族人民有了同一个国家的归属感。

联邦政府在少数民族地区强力推行缅文教育和传播佛教，硬性规定民族学校只能在小学三年级前使用本民族语言，虽然缅语地位的提升意味着少数民族语言地位的降低，但"同盟"也意识到，要让各少数民族认同缅甸大家庭、减少民族间的武装冲突，只有尊重民族的多样性。缅甸联邦政府作出规定:在各少数民族邦内，公立中小学可教授该邦主要少数民族的语言，只有当某个地区的主要少数民族人数少于其他少数民族时，才使用缅语作为教学语言。政府对少数民族出版物和民族文化生活的开展采取默许的态度，据不完全统计，1946 年至 1962 年缅甸先后创办过 300 多种报纸，在仰光、曼德勒、勃生、昔卜等地出版过掸文、克伦文等少数民族文字报纸几十种，华裔和印裔也用他们的民族文字出版多种报纸。官办的"缅甸之声"广播电台，用缅语、英语及八种少数民族语言广播。

随着缅语被定为官方语言，英语地位下降为第二语言。但英语在缅甸的使用范围仍很广泛，是 20 世纪 50 年代地位仅次于缅语的重要语言。受殖民地时期教育的影响，"同盟"中大多数领导人的英语都比较流利，基督教会学校继续用英语开展教学活动，不少家庭仍把孩子送到教会学校学习英语。大学也可以自由选择用缅语或英语开设课程。

四　奈温政府时期的语言政策

1962 年 3 月奈温将军领导发动政变，成立了缅甸联邦革命委员会作为最高权力机构，与奈温创建的缅甸社会主义纲领党相结合推行缅甸式社会主义，国家日益走向封闭。在语言政策上，缅语地位得到进一步提升和巩固。英语的使用率被大幅度降低，尤其是在高等学校逐步用缅文取代英文作为教育工具，原来用英文编写的一些理、工、医等科的教科书也逐步用缅文课本取而代之。政府对缅语进行了适度的改造，缅语向英语借词的情况大为减少。1962 年全国共有 40 余种报纸，其中缅文报 20 种，英文报 4 种，中文报 6 种，印地语报 9 种，钦文报 1 种，绝大多数为私人所有，革命委员会相继将大部分报纸停刊或收归国有，到 1988 年时全国仅有 7 份报纸（只有 1 份英文报，其余均为缅文报），且均由政府掌握。此外，政府还开展缅语正规化运动，教育部下设的缅甸文字委员会的主要任务是负责规范缅甸文字、词汇的书写、拼写、释义、注音、语法等，编辑出版拼写规范、注音释义严谨有据的缅文辞书和具有很强科学系统性的语法书。奈温政府非常重视缅语扫盲工作，1964 年起教育部开始了实验性扫盲运动，1969 年起全面推行这项工作，1975 年又组织了扫盲工作中央委员会，在全国 224 个镇区中全面开展以"会读、会写、会算"为目标的扫盲工作，取得了非常显著的成绩。缅语扫盲活动开始是在缅族居住的地区开展，70 年代末活动扩展至少数民族居住地区。

为了消除英国殖民统治对缅甸的影响，英语的地位从"同盟"执政时的第二语言变为了外语，这对恢复发扬民族传统文化起到了一定的作用，但随之出现了学生轻视英语学习的倾向，英文水平明显下降。70 年代末，英语的重要性再次受到关注，社会舆论和政府人士普遍认为必须重新提高学校英文教育水平，以适应科学技术发展的需要，奈温在 1979 年的国务委员会教育工作会议上专门发出号召：既要精通缅文，又要精通英语。还规定自 1981 年起，从幼儿班开始学英语。除继续出版英文报刊外，还专门为青少年编写英文通俗读物，有力地促进了青少年的英语学习。

尽管奈温政府在民族问题上采取的是加强中央权力、削弱少数民族地方自治权力的政策，但手段上主要是政治、军事的，而不是社会、文化的，在少数民族语言政策和教育方面，1974 年的宪法强调：各民族人民有权自由地发展、使用和保持他们所热爱的语言、文学、文化和风俗习惯。1966年的《教育法》要求民族地区的公立小学在二年级之前都要开展民族语言教学，如果为二年级以上的学生开设语言课，可以在课余时间使用公立学校的教室，教育部还印制了孟语、掸语、钦语、克钦语等语言的课本，少数民族地区的寺庙和教堂也提供一些零星、分散的民族语言教育。奈温将军上台后，还针对少数民族文字混乱的状况采取规范文字的措施，如 1964 年在帕安成立了"克伦文字抢救整理委员会"，对波克伦语音韵表作出修订后以《克伦民族音韵表》（克伦文字母表）的名义正式发布，以规范克伦文字。

五　1988 年以来军政府及政治转型期政府的语言政策

1988 年上台的军政府成立"国家法律秩序恢复委员会"（后改名为"国家和平与发展改革委员会"），继续开展对缅语的净化、标准化和审查工作，其中一项重要活动就是名称标准化运动。缅甸的地名有不少是在英国殖民统治期间确立的，为了彻底消除英国殖民统治的影响，巩固缅语作为全国通用语的地位，提高缅语在国际上的影响力，政府将缅甸的国名和一些地名进行了更改。如：国名"缅甸"由"Burma"改为"Myanmar"，"缅甸人"由"Burmese"改为"Myanmar"。一些原用英语拼写的地名更换为与缅语读音相近的拼写形式，如"仰光""Rangoon"改为"Yangon"。一些直接以英语名称命名的地名和街名，因为含有深刻的殖民主义烙印，会使人回忆起屈辱的历史，皆用缅语名称替代。

在少数民族语言方面，由于公立学校不教授少数民族语言，少数民族学生尤其是边区、山区的儿童，只能在非正式学校中学习本族语言。缅语的扫盲活动，使得一些少数民族接触本族语言的机会减少，导致使用该语言的人口减少，进而影响到这些语言的生存和发展。少数民族语言的推广程度远远低于缅语的状况，使得一些少数民族产生抵触情绪。为此，联合国教科文组织在一项关于使用母语教学的研究（2005）中表明，在缅甸北部少数民族较多的地区，只有在特定的社会组织和语言社团开展的非正规教育（NFE）和成人扫盲项目中，才可以使用少数民族语言。在人数较多的少数民族聚居地，本族语具有广泛的交际面，佛教和基督教常用这些语言来开展非正规的社区教育。如克伦族、克耶族、孟族、伯朗族、勃欧族和掸族等少数民族聚居地开办了用本族语进行的寺院教育，边境地区有使用斯高克伦语开展非正式教育的社区学校，缅甸基督教联合会（MCC）也组织了非正规扫盲项目，用华语、那伽语、克伦语、钦语等十来种当地语言对成年人进行扫盲工作。

近年来缅甸实施了一系列政治与民主改革。2008 年 5 月，缅甸联邦共和国宪法①获得通过，新宪法规定各民族一律平等，国家保障各少数民族的合法的权利和利益，维护和发展各民族的平等、团结、互助关系。各民族都有使用和发展自己的语言文字的自由，都有保持或者改革自己的风俗习惯的自由。民族自治地区的自治机关在执行职务的时候，依照本民族自治地方自治条例的规定，使用当地通用的一种或者几种语言文字。禁止对任何民族的歧视和压迫。缅甸于 2010 年依据新宪法举行多党制全国大选。共有 37 个获批准注册的政党参选，包括 4 个原合法政党和 33 个新成立政党，其中民族政党就有 22 个。联邦议会由上院民族院（224 席）和下院人民院（440 席）组成，民族政党都拥有议席。2015 年 11 月 8 日，缅甸进行了 2010 年政治转型之后的第二次大选。在总共 664 个联邦议席中，除去军人自动占有的 25%，其余的 44%分布在缅族聚居的 7 个省，31%分布在 7 个少数民族邦。这次共有 22 个政党获得了议席，在这些政党中只有民盟和巩发党是全国性的，其他 20 个政党均由少数民族组建。

由于缅甸各民族力量在政治地位的上升，少数民族语言得到更多尊重，民族地区的公立学校推广少数民族语言教学，对于少数民族语文学得好的学生发放奖学金。缅甸联邦议会 2015 年颁布的《国民教育法修正案》②中规定：缅甸学校教育中使用的教学语言为本民族母语、缅语、英语三种，其中启蒙阶段的教育需 100%使用本民族母语，小学阶段的教学中本民族母语的使用需占 60%，中学阶段的教学中本民族母语的使用占到 40%；选择何种语言为本民族母语由各学校的管理委员会自行决定；各学校的管理委员选定本民族母语之后各教学科目可用本民族母语进行教学，缅语、英语则只被作为第二语言来学习；少数民族学生人数较多的城区学校中如果这些学生能熟练掌握缅语，那么缅语也可被规定为本民族母语。

随着世界科学技术日新月异的发展以及缅甸经济社会的发展和国际交流合作的不断开展，英语在缅甸再次受到重视。公立学校的基础教育阶段把英语和缅语都作为必修课，高中阶段英语被用来教授科学课程。英语也

---

① 《缅甸联邦共和国宪法》，仰光：缅甸宣传部印刷与书籍发行公司 2008 年版，第 7 页，第 150 页。
② 载缅甸《镜报》2015 年 2 月 28 日，第 10—12 版。

是大学的教学语言，化学、物理、生物等各类课程选用的是英文教材，强化了学生的英文阅读和写作能力。缅甸出版发行有多种英文报纸杂志，电视台使用英语频道播放各种英语节目，这些都为人们提供了接触英语的环境。人们在语言观念上把英语看作更能代表现代文明的语言，在生活中、工作中常用英语交流，大量的英语词汇进入缅语中。缅甸越来越多的私立语言学校提供全日制和非全日制的英语教学课程以及与英语有关的职业培训，如仰光就有约 40 所私立学校或培训中心将英语作为教学语言，有的还聘请以英语为母语者担任教师。

六　缅甸华文教育的发展、现状及政府政策

殖民时期，随着大批华侨华人移居缅甸，缅甸的华文教育也开始兴起。19 世纪末，由华侨华人兴办的华文学校开始在缅甸出现。缅甸华人华侨中祖籍为闽籍人士最多，滇籍次之，粤籍居第三。其中闽、粤华侨华人主要聚居在首都仰光以及中南部地区，滇籍人士主要生活在北部曼德勒等地区。身居海外的华人华侨非常重视中华语言文字的传承，1872 年华侨华人在仰光的广东观音庙开设了第一间教授华文的私塾，以《三字经》、《千字文》作为教学内容。由于英国殖民政府对缅甸的华文教育没有特殊的限制，华文教育得到了较快的发展。1904 年华侨华人创办了第一所正规的学校中华义学。到 20 世纪初，已开办了数量不少的华校或华文教育班。不过，大部分华文学校属于各帮（闽帮、滇帮、粤帮），采用各帮的方言教学，各帮之间不互聘语言教师，学生所学、所用的是汉语的方言。第二次世界大战战结束后，这种方言群教学的状况才有所改观，华校开始把普通话作为教学语言，从而打破了语言教学的帮派禁锢，加强了各帮派华人华侨之间的团结。

吴努政府时期是华文教育抉择、尝试和融入缅甸社会的阶段。1950 年 6 月 8 日缅甸与新中国建立外交关系，华文教育面临新的发展机遇。50 年代初，缅甸华校分为亲新中国和亲台湾两派。据统计，1960 年缅甸的 205 所华校中，60 所亲新中国的华校采用新华课本，103 所亲台湾的采用正中书局编印的课本，42 所中立的学校，则采用新加坡出版的课本①。缅甸政府对于华校的控制不是很严格，只要求华校登记注册，并不过问其他事宜，因此华校发展迅速。部分华校，如缅甸南洋中学，探索性地实行一校两制，一方面实施华文教育，另一方面开设英语班，实行华、缅、英三语教学。这为华裔学生更好地融入缅甸社会创造了条件。

与吴努时期相比，奈温时期对华文教育的控制要严格得多。1965 年 4

---

① 李佳：《缅甸的语言政策和语言教育》，《东南亚南亚研究》2009 年第 2 期。

月，缅甸政府颁布《私立学校国有化条例》，民间华校被收归国有。1967 年
"6·26"排华事件后，华文补习班被禁止。缅甸的华文教育从此走入低谷，
华裔小孩只能穿纱笼，学缅文，说缅语，这是造成如今 40 岁左右的缅甸华
人华侨不会说华语的主要原因。1981 年，缅甸华侨西汀穆老先生将新加坡
佛教总会捐赠给缅华僧伽会的《佛学教科书》编撰成中缅文对照本，并经
缅甸宗教部批准，公开发行和教授。从此之后，华人华侨才可以以讲授佛
经的名义开办华文补习班，谨慎地开展华文教育。1964 年成立的仰光外国
语学院于 1965 年创建了汉语系，标志着官办汉语教学的开始。汉语系每年
只招收一个学制 4 年的业余班，招收 20 多个学生，对象是已经获得大学其
他专业本科文凭且在政府机关工作的公务员，学生利用下班以后的时间学
习，毕业时颁发汉语专业大专文凭。1986 年开始招全日制班，授课时间为
上午 10 点至下午 2 点半，学制两年，颁发大专文凭。

　　受中缅边贸发展的带动，缅甸的华文教育自 20 世纪 90 年代以来得到
了一定的发展，特别是缅北地区的华文教育发展较快。在果敢特区，华文
教育得到了政府的特许。在曼德勒，福建同乡会 1993 年开办了福庆语言电
脑学校。在其他地区，华文教育也得到了一定的发展。仰光地区的华文教育本
来就有一定的基础，在新形势下，华文教育得到进一步发展。2002 年，缅甸
福建同乡总会创办了福星语言与电脑学苑，这是目前仰光地区规模最大的一所
汉语培训学校。随着缅甸华人同大陆、港澳台、东南亚其他国家的华人社会在
文化、经贸方面的交往逐渐增多，对汉语的需求不断增加，以华语为第二语言
的新兴华文学校在缅甸出现得越来越多。除了华裔学习汉语外，不少缅甸人包
括高官子弟也开始学习汉语。此外，一些民办学校也使用缅语和汉语教学，如
东方语言与商业中心开办的双语教学幼儿园就以汉语为主要教学语言。

　　从 2001 年起，中缅两国教育部联合在缅甸举办中国汉语水平考试
（HSK），中国向缅甸派遣汉语教师。2008 年 2 月，中国国家汉办与缅甸曼
德勒福庆语言电脑学校和仰光语言与电脑学苑签订了建立"孔子课堂"的
协议，这都有助于促进缅甸汉语教学的发展。例如截至 2016 年 1 月，福庆
孔子课堂在缅各地开设的汉语教学点已达 36 个，这些汉语教学点的设立往
往由缅中友协牵线，各地民间组织提供场所，福庆孔子课堂提供教师和教
材。孔子学院总部/国家汉办推进的汉语国际传播在缅甸华人社区乃至非华
人群体中的影响力日益增大，中华人民共和国副总理、孔子学院总部理事
会主席刘延东于 2013 年 12 月 10 日访问缅甸，邀请 100 名缅甸学生于 2014
年来华参加汉语桥夏令营，为缅甸优秀学生提供 100 个来华学习奖学金，
赠送汉语教材、文化读物、音像制品及工具书等共 1000 册。

第四章 缅甸语言使用现状个案调查

缅甸是个多民族、多语种、多文种的国家,语言类型多种多样,语言使用和语言演变的情况十分复杂。不同语言的使用特点,虽然有共性,但不同民族各具特点,存在差异。所以,本书除了综合论述语言的特点外,还选取一些有代表性的点做个案描写论述。这样做,有助于读者通过具体的语言个案加深对缅甸各民族语言生活的了解,还能为跨境语言的研究留下这一时期的个案标本。

第一节 曼德勒的缅族及其语言使用现状

曼德勒省位于缅甸中部,地处北纬 19° 30′ 和 23° 45′ 及东经 94° 50′ 和 96° 50′ 之间,东邻掸邦、西北与实皆省毗邻、西南与马圭省相邻、南与勃谷省及克耶邦相接。面积约 1430 平方英里,共辖曼德勒、彬乌伦、皎色、敏建、央米丁、梅铁拉和良乌 7 个市和 30 个镇区。曼德勒省共有人口 618 万。(2010 年 12 月统计)

曼德勒市坐落在伊洛瓦底江中游东岸,历史上曾是缅甸国王的最后一个京都,现在是曼德勒省的省会城市,也是缅甸的第二大城市。该市兴建于公元 1856 年,因背靠曼德勒山而得名。曼德勒的巴利语名称为"罗陀那崩尼插都",意为"多宝之城",系敏东王 1859 年命名。又因缅甸历史上著名古都阿瓦在其近郊,故旅缅华侨称它为"瓦城"。

调查组在曼德勒机场降落后直驱市区,大大小小的佛塔随处可见,护城河环绕旧日的皇宫,一派古都的景象。全城布局非常整齐,街道全以数字命名,俯瞰整个城市呈方块状。

居住在曼德勒市的民族主要有缅族、傣族、克钦族、钦族、华人和印度人等,总人口约 100 万。其中,缅族最多,约占 60%;其次是华人,约占 20%。

曼德勒市优越的地理条件,使之成为缅甸的经济、文化、教育中心。它有着大片肥沃的土地,水资源丰富,农业发达,主要种植水稻,芝麻、各种豆类等。工业不太发达,只有一些小型的外资企业,如碾米厂、纺织厂、成衣加工厂等。

曼德勒民众主要信仰佛教、基督教、印度教和伊斯兰教等。佛教最盛行，约90%的缅甸人信仰佛教。清晨，和尚身披袈裟、手持钵盂，赤脚外出化缘。和尚在缅甸社会生活中有着特殊的地位和作用。李祖清校长告诉我们："和尚是缅甸人的精神依托，先进文化的代表。"

曼德勒市民接受教育的场所主要有三种：政府公办学校、宗教场所、私人培训学校。曼德勒市有医科大学、牙科大学、护士大学、计算机大学、理工大学等公办大学，其中曼德勒医科大学最有名。

曼德勒市民出行的主要交通工具是摩托车，早上七八点，街道上全是来来往往的摩托车。市内红绿灯较少，交通规则在很大程度上是靠市民的自我道德意识。市民讲究文明礼貌，待人接物和气有礼。走在市内，随处可见大群鸽子在啄食的画面。

当然，我们也看到城市管理不善的一面，如交通规则不严格，城内卫生状况欠佳，马路两旁尘土飞扬等。

一　曼德勒缅族家庭语言使用情况

为了解曼德勒缅族人的语言使用情况，我们课题组随机抽样调查了曼德勒16个缅族家庭共83人。我们按年龄把他们分为4个年龄段：5—15岁的青少年；16—39岁的青年人；40—59岁的中年人；60岁以上的老年人。5—15岁划分为青少年阶段。（因为缅文小学招生年龄为5岁，10年义务制教育完成后学生的年龄平均为15岁。）16—59岁又分为两个阶段，其中16—39岁为青年阶段，40—59岁为中年阶段。（因为在第二语言英语的掌握方面，青年人和中年人的差别很大，这与他们所处的年代和学校教育有一定关系，所以要加以区分。）60岁及60岁以上的为老年人阶段。下面分三个方面来描写分析曼德勒缅族的语言生活。

通过《语言使用情况入户调查表》提供的数据，我们分别统计了缅族的母语、英语以及华语的使用能力。

（一）曼德勒缅族母语使用能力

这16个缅族家庭共83人的母语使用情况见表4-1：

表4-1　　　　16个缅族家庭共83人的母语使用情况

年龄段（岁）	合计	熟　练		略　懂		不　会	
		人数	百分比（%）	人数	百分比（%）	人数	百分比（%）
5—15	5	5	100	0	0	0	0

年龄段 （岁）	合计	熟　练		略　懂		不　会	
		人数	百分比 （%）	人数	百分比 （%）	人数	百分比 （%）
16—39	45	45	100	0	0	0	0
40—59	18	18	100	0	0	0	0
60 岁以上	15	15	100	0	0	0	0
共计	83	83	100	0	0	0	0

表 4–1 显示，83 名缅族中，5—15 岁的有 5 人，16—39 岁的有 45 人，40—59 岁的有 18 人，60 岁以上的有 15 人。所有人的第一语言都是缅语，而且水平都是"熟练"，即不论妇孺老幼，缅族人百分之百地熟练使用自己的母语。

缅族的母语缅语是全国通用语言，也是官方语言和公立学校的教学语言。缅甸有多种民族，语言呈多样性，但各民族的通用语都是缅语，缅语使用人口已超过 5000 万。当今缅甸社会的主导语言是缅语，缅族全民熟练稳定地使用缅语是必然也是正常现象。

（二）曼德勒缅族英语使用能力

英语在缅甸语言使用中占有非常重要的地位，但不同时期其地位有不同的变化，英国殖民统治时期（1824—1948 年），英语被确立为缅甸的官方语言；吴努政府时期（1948—1962 年），英语降为仅次于缅语的第二语言；奈温政府时期（1962—1988 年），英语经历了从第二语言到外语的转变；20 世纪 70 年代末，英语的重要性再次受到关注，1981 年，英语再次被规定为学校必修课，小学至大学都设有英语课程。无论在哪个时期，英语从未离开缅甸社会以及缅族人的生活。表 4–2 为 83 个缅族人英语使用能力的数据统计。

表 4–2　　　　　　　　　83 个缅族人英语使用能力的数据统计

年龄段 （岁）	合计	熟　练		略　懂		不　会	
		人数	百分比 （%）	人数	百分比 （%）	人数	百分比 （%）
5—15	5	0	0	5	100	0	0
16—39	45	5	11.1	33	73.3	7	15.6
40—59	18	2	11.1	4	22.2	12	66.7
60 岁以上	15	2	13.3	1	6.7	12	80
共计	83	9	10.8	43	51.8	31	37.3

表4-2显示,各个年龄段掌握英语的人数和水平存在较大的差异。5—15岁的青少年掌握英语的能力全部为略懂。16—39岁的青年人英语使用能力呈枣核状分布,即"熟练"和"不会"的人数较少,分别占该年龄段的11.1%和15.6%;"略懂"的人数最多,共33人,占73.3%。40—59岁的中年人,英语使用能力呈金字塔形分布,"熟练"级的人数最少,只有2人,占该年龄段的11.1%;"略懂"级的有4人,占22.2%;"不会"英语的有12人,达66.7%。60岁以上的老人不会英语的最多,高达80%。

从整体来看,83名缅族人掌握英语的能力较强,英语水平为"熟练"的人数是9人,占调查总人数的10.8%;英语水平为"略懂"的人数是43人,占调查总人数的51.8%;"不会"的人数是31人,占37.3%。将近63%的缅族会说英语,其中近11%的人熟练掌握英语,如此之高的比例,英语在缅甸社会生活中的重要地位可见一斑。

（三）曼德勒缅族华语使用情况

缅甸的华文教育自20世纪90年代以来得到了发展,特别是缅北地区的华文教育发展较快。据统计,曼德勒的华裔占全市区总人口的20%。随着社会经济的发展,中缅两国贸易的日益增加,中国公司和中国商品越来越多地进入缅甸,人们生活的很多方面都与中国有着千丝万缕的联系,"华语热"逐年升温。在调查对象中,除了缅语和英语以外,一些人的第三种语言就是华语。

是对16个缅族家庭82人使用华语的情况分析（调查人数为83人。其中16—39岁年龄段有1人的第三语言是日语,水平为"略懂",不把他算在统计人数之内）。详见表4-3。

表4-3　　　　　　　　16个缅族家庭82人使用华语的情况

年龄段（岁）	合计	熟 练		略 懂		不 会	
		人数	百分比（%）	人数	百分比（%）	人数	百分比（%）
5—15	5	0	0	0	0	5	100
16—39	44	3	6.8	5	11.4	36	81.8
40—59	18	0	0	0	0	18	100
60岁以上	15	0	0	0	0	15	100
共计	82	3	3.7	5	6	74	90.3

表4-3显示,82名缅人中,懂华语的人只有8人,其中3人为"熟练",5人为"略懂",全部集中在16—39岁年龄段的青年群体上;90.3%的人不

懂任何第三种语言。从中可以看到缅语的通用语地位，英语的重要地位，以及逐渐影响到缅族人生活的华语的地位。

二　调查问卷的统计和分析

我们向调查对象发放了 11 份《家庭内部语言使用情况调查表》、11 份《不同场合语言使用情况调查表》以及 5 份《语言态度和语言观念调查表》。通过这三类调查问卷的统计和分析，我们了解到一些曼德勒缅族人的语言使用情况和语言态度。

（一）家庭内部语言使用情况调查统计

收回的问卷表明，缅语是缅族主要的语言工具，在家庭内部和不同的交际场合都显示出强大的活力。表 4-4 是这 11 个缅族人的基本信息。

表 4-4　　　　　　　　　　　11 个缅族人的基本信息

编号	姓　　名	性别	年龄	教育程度	语言	宗教
1	Khine Zar Lwi n	女	29	高中	缅语、英语、华语	佛教
2	Win Sandar	女	31	高中	缅语、英语、华语	佛教
3	Khin Khin Aye	女	29	高中	缅语、英语、华语	佛教
4	Ma Thi Thi Aye	女	25	大本	缅语、英语、华语	佛教
5	Maung Myint Htwe	男	35	高中	缅语	佛教
6	Maung Nae Lin Oo	男	29	大学	缅语、英语	佛教
7	U Hla Aye	男	38	初中	缅语	佛教
8	Maug Nae Win Jaig	男	28	大二	缅语、英语	佛教
9	Ko Aung Zaw Moe	男	40	初中	缅语	佛教
10	Mg Kyaw Win Tun	男	24	高中	缅语、英语	佛教
11	Aung Thiha Zaw	男	19	大二	缅语、英语	佛教

表 4-5 是 11 个缅族人家庭内部语言使用情况调查。

表 4-5　　　　　　　　　11 个缅族人家庭内部语言使用情况

交际双方 ＼ 交际用语		所选语言			
		缅语	英语	华语	其他
长辈对晚辈	父母对子女	11	0	0	0
	祖辈对孙辈	11	0	0	0
	公婆对儿媳	11	0	0	0

续表

交际双方＼交际用语		所选语言			
		缅语	英语	华语	其他
晚辈对长辈	子女对父母	11	0	0	0
	孙辈对祖辈	11	0	0	0
	儿媳对公婆	11	0	0	0
同辈之间	祖父母之间	11	0	0	0
	父母之间	11	0	0	0
	兄弟姐妹之间	11	0	0	0
	儿子与儿媳	11	0	0	0
主人对客人	对本族客人	11	0	0	0
	对非本族客人	8	3	0	0

上表说明，在这 11 个缅族家庭中，无论是长辈对晚辈、晚辈对长辈还是同辈之间，家庭内部全部使用缅语；如果家里有非本族客人来访，绝大多数家庭还是用缅语和对方交流：其中 8 个家庭选择缅语，3 个家庭选择英语。非本族客人也分不同的民族，有缅甸国内的其他少数民族，也有外国人，如美国、中国、新加坡等。如果是缅甸其他少数民族，主客之间用缅甸的通用语——缅语交流完全没有障碍。如果是外国人，英语是国际通用语言，也是缅甸的官方语言，凡是受过高中以上教育的缅甸人都能听得懂日常用语，便选择用英语和对方交流沟通。

（二）不同场合语言使用情况调查统计

表 4-6 为不同场合缅语使用情况调查表，调查对象还是上面提到的 11 名缅族人。

表 4-6　　　　　　　　11 个缅族人不同场合缅语使用情况

交际场合＼对象		本族人				非本族人		
		缅语	英语	华语	其他	缅语	英语或华语	其他
见面打招呼		11	0	0	0	6	5	0
聊天		11	0	0	0	8	3	0
生产劳动		11	0	0	0	11	0	0
买卖东西（集市、店铺）		11	0	0	0	8	3	0
看病		11	0	0	0	11	0	0
开会	开场白	11	0	0	0	11	0	0
	传达上级指示	11	0	0	0	11	0	0
	讨论、发言	11	0	0	0	11	0	0

交际场合	对象	本族人				非本族人		
		缅语	英语	华语	其他	缅语	英语或华语	其他
学校	课堂用语	11	0	0	0	7	4	0
	课外用语	11	0	0	0	11	0	0
节日、集会		11	0	0	0	11	0	0
婚嫁		11	0	0	0	11	0	0
丧葬		11	0	0	0	11	0	0

表 4-6 说明，这 11 个缅族人与本族人在不同的交际场合交流时，无一例外地全部使用缅语。无论是打招呼、聊天、工作、贸易、看病、开会、上课、集会，还是婚嫁丧葬等活动场所，他们都使用自己最熟悉的、生来就习得的母语——缅语。即使在有外族人在场的情况下，绝大多数人依然使用自己的母语，个别懂英语或华语的人会根据对方的语言能力选择使用英语或华语和对方交流。比如，19 岁的小伙子 Aung Thiha Zaw 是曼德勒外国语大学英语专业大二的学生，现在正值大学放假期间，他在一家涉外酒店打工。28 岁的小伙子 Maug Nae Win jaig，也是一名大二的学生，在一家宾馆做兼职。两人都能用英语和我们交流，热心地为我们提供帮助。还有 29 岁的姑娘 Khine Zar Lwin，听得懂笔者向她表达的全部内容，当用英语表达不畅时她甚至还会用汉语来补充。笔者问她在哪里学的汉语，她说在酒店工作时，和华裔同事学了一点，由于接触了很多来自中国的客人，就能听得懂并会说一些汉语了。她还帮笔者做翻译，与她的两位同伴聊天。这几位学历高、懂外语的缅族人在工作环境中，在买卖东西时或者在课堂上，都会兼用英语和汉语。总之，在不同场合下，缅语发挥着其不可替代的语言功能，成为缅族人日常交流、表情达意、拜佛礼佛最重要的语言工具。

（三）语言态度和语言观念调查统计

到达曼德勒的第三天，调查组成员前往曼德勒福庆语言电脑培训学校（以下简称"福庆学校"）汉语教师李瑞文[①]（缅文名字 Khin Swe Swe Win）的家里进行入户调查。除了对她的家庭进行访谈外，调查组成员还跟随她走访了她家附近的几个缅族家庭（包括她的姨妈家）。表 4-7 是李瑞文家 5 名家庭成员的个人情况、语言态度和语言观念。

---

① 李瑞文于 2009 年至 2012 年在北京中央民族大学国际汉语传播专业攻读博士，毕业后返回福庆学校教书。

1. 个人情况信息表

表 4–7　　　　　　李瑞文家 5 名家庭成员的个人情况

姓　名	性别	年龄	民族	职业	语言	宗教
Daw Ahmar Yin	女	56	缅族	家庭主妇	缅语	佛教
Daw Ayeaye Kyu	女	42	缅族	数学教师	缅语，英语	佛教
Khin Sweswe Win	女	36	缅族	汉语教师	缅语，英语，汉语	佛教
Zar Li Naing	女	29	缅族	汉语教师	缅语，英语，汉语	佛教
Swe Swe Naing	女	22	缅族	学生	缅语，英语	佛教

2. 语言态度和语言观念调查问卷

请在您所选答案前的拉丁字母下画"√"（可多选）。

（1）您认为掌握缅甸语有没有用？

A. 很有用　　　　　　B. 有些用　　　　　　C. 没有用

选 A 的人数：5　　　选 B 的人数：0　　　选 C 的人数：0

（2）您认为学好缅甸语的目的是什么？

A. 找到好工作，得到更多的收入　　　　　B. 便于与本族人交流

C. 保护和传承本民族语言、文化

选 A 的人数：2　　　选 B 的人数：2　　　选 C 的人数：4

（3）您认为掌握英语、汉语等外语有没有用？

A. 很有用　　　　　　B. 有些用　　　　　　C. 没有用

选 A 的人数：5　　　选 B 的人数：0　　　选 C 的人数：0

（4）您认为学好英语、汉语等外语的目的是什么？

A. 找到好工作，得到更多的收入　　　　　B. 升学的需要

C. 便于与外族人交流

选 A 的人数：3　　　选 B 的人数：4　　　选 C 的人数：4

（5）在家庭生活中，您认为下面哪种语言最重要？

A. 标准缅甸语　　　B. 缅甸语当地方言

C. 少数民族语言　　　D. 英语

E. 汉语　　　　　　　F. 其他（如选其他，请写出语言的名称）

选 A 的人数：5　　　其他：0

（6）在社会生活中，您认为下面哪种语言最重要？

A. 标准缅甸语　　　B. 缅甸语当地方言　　　C. 少数民族语言

D. 英语　　　　　　E. 汉语

F. 其他（如选其他，请写出语言的名称）

选 A 的人数：5　　　　选 D 的人数：5

选 E 的人数：3　　　　其他：0

（7）您认为将来少数民族语言会消失吗？

A. 不会　　　　　　　B. 会

C. 有较大的可能性　　D. 可能性不大

选 A 的人数：5　　　　其他：0

（8）您希望本地广播站、电视台用什么语言播音？

A. 标准缅甸语　　　　B. 缅甸语当地方言

C. 少数民族语言　　　D. 英语

E. 汉语　　　　　　　F. 其他（如选其他，请写出语言的名称）

选 A 的人数：5　　　　选 D 的人数：1　　　　其他：0

（9）您希望开会时用什么语言？

A. 标准缅甸语　　　　B. 缅甸语当地方言

C. 少数民族语言　　　D. 英语

E. 汉语　　　　　　　F. 其他（如有其他选择，请写出该语言的名称）

选 A 的人数：5　　　　其他：0

（10）如果有人在外地学习或工作几年后回到家乡，不再说缅语，您如何看待？

A. 可以理　　　　　　B. 反感

C. 不习惯　　　　　　D. 无所谓

选 A 的人数：1　　　　选 B 的人数：4　　　　其他：0

（11）您最希望掌握哪种外语？

A. 英语　　　　　　　B. 汉语

C. 印度语　　　　　　D. 其他（如有其他选择，请写出该语言的名称）

选 A 的人数：5　　　　选 B 的人数：2　　　　其他：0

（12）如果您家里的人不愿意说缅语了，您是什么态度？

A. 赞同　　　　　　　B. 无所谓　　　　　C. 反对

选 A 的人数：0　　　　选 B 的人数：0　　　　选 C 的人数：5

（13）在说缅甸语的人面前跟朋友或家人说其他语言，您有什么感觉？

A. 别扭　　　　　　　B. 无所谓　　　　　C. 自然　　D. 自豪

选 A 的人数：1　　　　选 B 的人数：2

选 C 的人数：1　　　　选 D 的人数：1

（14）您希望子女最好说什么语言？

A. 标准缅甸语　　　　B. 缅甸语当地方言

C. 少数民族语言　　　　D. 英语

E. 汉语　　　　　　　　F. 其他（如选其他，请写出语言的名称）

选 A 的人数：5　　　　　选 D 的人数：3

选 E 的人数：2　　　　　其他：0

（15）您愿意把子女送到什么学校？

A. 用缅甸语授课的学校

B. 用少数民族语授课的学校

C. 用英语授课的学校

D. 用汉语授课的学校

选 A 的人数：5　　　　　选 B 的人数：0

选 C 的人数：4　　　　　选 D 的人数：3

以上调查结果显示：

对"掌握缅语有没有用"这个问题，5 人全部选择"很有用"；对于"学好缅语的目的是什么"这个问题，有 2 人选择"找到好工作"、"便于与本族人交流"，4 人选择"保护和传承本民族语言、文化"；对"家庭生活中哪种语言最重要"这个问题，5 人全部选择"标准缅语"。这些调查对象都认为缅语是其生活中最重要的、最应该掌握的语言，学好缅语从个人角度而言是生存的基本需要，有利于升学和就业；上升到民族和国家的高度上来说，学好缅语能够保护和传承缅族的语言和文化，作为缅族人她们都有责任和义务学好缅语。

对"掌握英语、汉语等其他民族的语言有没有用"这个问题，5 人全部选择"很有用"；对于"学好英语和汉语等其他少数民族语言的目的"这个问题，选择"找到好工作，得到更多的收入"的人有 3 人，选择"升学的需要"、"便于与外族人交流"的各有 4 人。英语是缅文学校中最重要的一门课程，从幼儿园起就被纳入了课程体系，初高中直至大学的数理化课程都直接用英语讲授概念和公式，英语也是高考的必考科目，其受重视程度可见一斑。过去有人认为，英语在缅甸的地位是受到了英国殖民统治时期语言同化政策遗留下来的影响，但是政府和有识之士认为，缅甸要学习借鉴西方先进的科学和技术，加强对外文化交流和经济贸易往来，向现代化进程迈进就必须普及英语教育。因此，受访人中只有年纪最大的 Daw Ahmar Yin（李瑞文的母亲，家庭主妇）认为学好英语的目的只为与外族人便于交流，其他 4 人都认为与升学息息相关，对找到好工作、提高收入有着重要的帮助。其中，Khin Sweswe Win（李瑞文）和 Zar Li Naing（李瑞文的三妹）还懂汉语，熟练掌握汉语的口语和书面语。李瑞文从 1994 年开始学习汉语，直至 2012 年于中央民族大学国际汉语传播专业博士毕业。2002 年至今一直在曼德勒福庆学校教汉语，她的汉语水平远远高于其英语水平，虽然英语是她从小就接触到的外语。李瑞文的三妹也有至少十年的汉语学习经历，刚从曼德勒外国语大学中文系专科毕业，已在家里开办汉语补习班三年。她俩的经历都说明，汉语已经成为自己安身立命的专业技能，其重要性不容置疑。因此，对于"社会生活中，哪种语言最重要"这个问题，5 人都选择"标准缅语"和"英语"，4 人还选择了"汉语"。

对于"将来少数民族语言会不会消失"这个问题，5 人全部毫不犹豫地选择"不会"。笔者问她们，作为缅族人，你们不会说缅语以外的少数民族语言，你们怎么那么肯定地认为缅甸的少数民族语言将来不会消失？她们的回答大致相同："克钦、若开、孟族等民族都有自己的语言和文字，我们小时候在缅文学校上学时，学校就开设过少数民族文化课。我们认为消失的可能性还不大。"

对于"您希望本地广播站、电视台用什么语言播音"这个问题，5 人全部选择"标准缅语"，其中 Daw Ayeaye Kyu（李瑞文的姨妈，曼德勒第二十一中学数学教师）还选择了"英语"。她说是为了巩固英语词汇，增长自己的知识。对于"希望开会时用什么语言"这个问题，5 人全部选择"标准缅语"。

对于"怎样看待外出工作或学习几年回到家乡不再说缅语"这个问题，4 人选择"反感"，只有 Swe Swe Naing（李瑞文的六妹，22 岁）选择"可以理解"。李瑞文说，她是"90 后"，对于这种问题不在意、不在乎，爱说什么语言就说什么语言。

对于"您最希望掌握哪种外语"这个问题，李瑞文、李瑞文的妈妈和六妹单选"英语"，李瑞文的三妹单选"汉语"，李瑞文的姨妈选择了"英语和汉语"。李瑞文是因为汉语水平相当于中国人，英语缺少使用的环境而使用起来不像汉语一样流畅，她希望把英语水平再提高一下。笔者问李瑞文的六妹为何不选择汉语，她说家里已经有三个人会说汉语了，她就不必再学了。她从曼德勒大学动物学系毕业后，暂时没有找工作，在一家补习学校进修 LCCI（英国颁发证书）项目，学习会计专业。相对而言，汉语对她的用处还不是很大。李瑞文的姨妈是曼德勒第二十一中学的数学教师，希望自己掌握的外语是英语和汉语。笔者开玩笑说，你的两个外甥女都是汉语教师，其中一个还在家里开办汉语班，你学习汉语的条件很便利啊。她回答说，现在汉语使用得很普遍，很多商品都是从中国进口的，如果懂汉语买东西会更方便。她虽然对汉语感兴趣，但是她平时在缅文学校的教学工作很繁忙，周末还要上自己的数学补习课，没有时间学汉语，学了也没有使用的环境，会很快忘记的，干脆就不学了。

对于"如果家里人都不愿意说缅语了，您是什么态度"这个问题，5人都表示"反对"。李瑞文的妈妈直率地说，缅族人都不说缅语，还算什么缅族人？对于"在说缅语的人面前跟朋友或家人说其他民族语言，您有什么感觉"这个问题，受访者的态度不尽相同。李瑞文和三妹表示"别扭"，她家9口人，她和二妹、三妹会说汉语，但是她们在家从不说汉语，因为觉得其他家人都听不懂，说汉语感觉别扭。六妹表示"无所谓"，对这个语言观念和态度很宽容很随意的年轻人来说，她可以理解缅族人放弃说缅语，更不在意自己或别人使用什么语言交谈。有意思的是李瑞文的妈妈是缅语单语人，但是她在这个问题上的选择也是"无所谓"，假想她会其他语言，根据需要她也会在一定的环境下使用其他语言交谈。从对李妈妈的采访中笔者了解到，她是一位非常支持儿女们好好读书、接受高等教育的开明的母亲，除了公立学校，女儿们想上的私立学校，她都积极支持。只有大女儿李瑞文几年前要去北京攻读博士时，她很不情愿，送机那天大哭，似乎女儿不会再回来一样。现在，李妈妈以6个女儿的学历和能力为荣，家里客厅的墙上挂满了女儿们的毕业典礼照。而她本人是从曼德勒第四女中高中毕业的，这在她们那个年代已属不易。她珍藏着自己初高中时代的照片，至今挂在家里醒目的地方，重视教育的她对语言和文化也同样抱有开放的态度。

对于"希望子女最好说什么语言"这个问题，李瑞文和姨妈选择"标准缅语"、"英语""汉语"，李瑞文的六妹选择"标准缅语"，三妹选择"标准缅语"、"英语"，妈妈说"缅语"是必须要会说的，其他的就看子女个人兴趣了。对于"希望把子女送到什么学校"这个问题，除了六妹选择只送到"用缅语授课的学校"以外，其他4人都选择用缅语、英语、汉语三种语言授课的学校。看来，六妹是个理科思维的年轻女孩，对于语言不那么感兴趣。

三　语言使用特点及成因

通过以上对16个缅族家庭共83个缅族人语言使用情况的统计，以及对《家庭内部语言使用情况调查表》、《不同场合语言使用情况调查表》、《语言态度和语言观念调查表》的分析，我们可以看出缅族人语言使用有如下几个特点：第一，缅族人稳定、熟练地使用缅语；第二，英语对缅族人来说是仅次于母语的第二语言（外语）；第三，"汉语热"升温，逐渐成为缅族人最想掌握的第三种语言。下面我们来具体分析缅语人语言使用特点的成因。

（一）缅甸的语言政策是缅语成为全国通用语和官方语的重要保证

英国殖民统治时期，英语被确定为官方语言，在缅甸全国通用，缅语的地位逐步下降。1948 年缅甸宣告独立后，吴努政府（1948—1962 年）开展了一系列语言文化运动，巩固、提升缅语的地位。以宪法形式确立缅语为官方语言，作为各级公立学校的教学语言，并在全国推广缅语，提高其普及率和使用率。

奈温政府时期（1962—1988 年），缅语作为代表国家和权力的语言，地位得到进一步提升和巩固。1964 年，政府宣布大学各门课程均用缅语教授，中小学将缅语作为唯一的教学语言。此外，政府开展了缅语正规化运动，编撰了缅语第一本单语字典；还在缅族居住的地区开展缅语扫盲活动，70 年代末该活动扩展至少数民族居住地区。

到军政府及现政府时期（1988 年至今），为了彻底消除英国殖民统治的影响，巩固缅语作为全国通用语的地位，提高缅语在国际上的影响力，政府继续开展对缅语的净化、标准化和审查工作，其中一项重要活动就是名称标准化运动。

经过以上几个阶段的改革和运动，缅语作为国家通用语言、官方语言和教学用语的地位被确定、巩固下来。换句话说，缅甸的语言政策保障了缅语的通用语地位。

（二）大杂居、小聚居的分布格局是缅族人稳定、熟练使用母语的主要原因

曼德勒是缅甸中部城市，市内缅族人口占总人口的 60%，华裔占 20%，其他民族加起来占 20%。各民族大杂居、小聚居的分布格局使得缅语的使用场合非常广泛，是家庭内部、学校社会、政府部门的主要用语。自古至今，缅甸人最重要的寺院一直在传授最正宗的缅文教育，缅甸人认为和尚说的缅语是标准缅语，其书写的缅文是标准书法，缅语说得好不好，要以是否得到和尚的认可为标准。在日常生活、买卖交易、婚嫁丧葬、学习工作等场合，缅语都是主要用语。

（三）各民族以缅语为共同语是缅语成为全社会主要语言工具的客观原因

缅语是缅甸的通用语，不光是缅族人，其他少数民族也要学习缅语、上缅文的学校，否则就无法获得高学历、好工作，无法过上更好的生活。在以缅族为主体民族的缅甸，以缅族文化为主流的缅甸，少数民族求学、工作、就医、拜佛等都需要使用缅语；对于在外发展的年轻人来说，掌握缅语是找到更好的工作、赚取更高的收入、个人得到更好的发展的基础。他们日益认识到掌握缅语具有重要的经济价值，发自内心地希望学好缅语。

英国的殖民统治结束以后，缅甸政府开始在全国各地逐步推行义务教育制度。随着基础教育的普及，少数民族兼用缅语的比例越来越高。这些少数民族有的是缅甸土著的少数民族，有的如华人、印度人是后来因战乱、政治、经济等原因迁移到缅甸的，至今在缅甸已是第三、四代，他们从第二代起就开始上缅文学校、学说缅语，有的甚至不知道自己的祖籍国，认为自己就是缅甸人，母语就是缅语。但是这些少数民族及华裔不担心学习其他语言会导致母语能力的衰退，对他们来说，会说的语言越多越好，特别是国家通用语缅语。说好缅语、学好缅文、融入缅族文化是他们得到教育机会、找到好工作、过上好日子的必需条件。缅语的通用语地位是缅语成为全社会主要语言工具的客观原因。

（四）英语的重要地位是英语普及率极高的直接原因

在缅甸，英语的地位随着不同时期情况的变化而不断地发生变化，但无论在哪个时期英语始终没有离开缅甸人的生活、工作和学习。

缅甸的英语教学都是从学前班开始的，幼儿学习简单的英语词汇和日常对话。从小学到高中都开设英语课。学校重视培养学生的英语听说能力，英文教材都有"听说入门"，教材很系统，循序渐进。英语课堂活泼生动，教学形式多样，教师通过各种教具，如图画、实物或设置具体场景来激发学生对英语的学习兴趣。全社会都有良好的英语学习环境。

不少缅族人很肯定地告诉笔者，缅甸凡是高中以上教育程度的人都会说英语。笔者在田野调查中走入当地一户人家，看到家里一个初中生的一摞作业本，除了缅语外，其他各科作业几乎都是英文，数学公式、物理概念和化学实验等在学校都是直接用英语教的。英语水平达到 O-level 的学生方有资格参加欧美国家大学入学考试，这一点越来越吸引缅甸的学生。来缅旅游和投资的外国人越来越多，运用英语的场合也很多，因此缅甸人懂英语的程度之高不足为奇。

（五）经济的发展和社会的进步是缅族"兼收并蓄"语言观念和态度的重要成因

通过《语言态度和语言观念调查问卷》，我们清楚、直观地看到缅族人的语言态度既有保守的一面，表现在对母语的传承和保留意识方面，又有开放的一面，表现在对英语和汉语的包容和兼用方面，我们称之为语言的"兼收并蓄"。

据统计，曼德勒市区的缅籍华裔占 20%，华文学校共有 23 所，华文教学已形成一定的规模，加上近年来中缅经济贸易往来频繁，全社会掀起了学习汉语的热情。汉语在社会上的地位不容小觑，或多或少地跟缅族家庭发生一定的联系。

在他们看来，在现代社会多掌握一门语言就多一份竞争力，而人们常常会选择最有实用价值的语言作为第二语言来学习。汉语在全世界的影响力仅次于英语，当汉语被越来越多的人作为第二语言来学习时，表明这种语言所承载的文化内涵也是丰富而有竞争力的。中国与缅甸彼此接壤，两国人民同胞友谊深厚。在经贸上，互相往来频繁；在语言文化上，彼此互相交流。现阶段，中国正在和平崛起，经济实力与日雄厚，从日用百货、衣服鞋帽、粮食作物、电子产品到高端技术和大型设备都不断地进入缅甸及其他周边国家，普通老百姓都觉得懂一点汉语买东西都方便一些，中国的语言和文化对周边国家包括缅甸的年轻学子的吸引力可想而知。而缅族人兼收并蓄的心理也为他们学习英语和汉语等外语提供了强有力的保证。

表 4-8　　　　　　　曼德勒缅族语言使用情况入户调查表

家庭编号	家庭关系	姓　名	年龄	民族	文化程度	第一语言及水平	第二语言及水平	第三语言及水平
1	户主	U Kyaw Swe	60	缅族	高中	缅语，熟练		
	妻子	Daw Ahmar Yin	56	缅族	高中	缅语，熟练		
	长女	Khin Swe Swe Win	36	缅族	博士	缅语，熟练	英语，略懂	汉语，熟练
	二女	Thida Aung	34	缅族	本科	缅语，熟练	英语，略懂	汉语，熟练
	三女	Zar Li Naing	29	缅族	本科	缅语，熟练	英语，略懂	汉语，熟练
	四女	Khin Than Nwe	28	缅族	本科	缅语，熟练	英语，略懂	
	五女	Win Lei Phyu	25	缅族	本科	缅语，熟练	英语，略懂	
	六女	Swe Swe Naing	22	缅族	本科	缅语，熟练	英语，略懂	
2	户主	Daw Than May	73	缅族	小学	缅语，熟练		
	女儿	Daw Aye Aye Kyu	42	缅族	本科	缅语，熟练	英语，略懂	
	孙子	Dr.Myozaw Thant	29	缅族	本科	缅语，熟练	英语，略懂	
	长孙女	May Thu	32	缅族	本科	缅语，熟练	英语，略懂	
	长孙婿	Zaw Lin	35	缅族	本科	缅语，熟练	英语，略懂	
	次孙女	Chue Chue San	14	缅族	高二	缅语，熟练	英语，略懂	
3	户主	Daw Hla Hla Thein	62	缅族	高中	缅语，熟练		
	长子	Mg Aung Aung	45	缅族	初中	缅语，熟练		
	长女	Ma Sandar Khaing	40	缅族	本科	缅语，熟练	英语，略懂	
	次子	Mg Myo Thant	37	缅族	初中	缅语，熟练		
	次女	Ma Thida Khaing	36	缅族	高中	缅语，熟练	英语，略懂	
	三女	Ma Ohnmar Khing	34	缅族	本科	缅语，熟练	英语，略懂	
	四女	Ma Thandar Khing	30	缅族	本科	缅语，熟练	英语，略懂	

续表

家庭编号	家庭关系	姓　名	年龄	民族	文化程度	第一语言及水平	第二语言及水平	第三语言及水平
3	外孙女	Wyutt Yi Mon	10	缅族	五年级	缅语，熟练	英语，略懂	
	外孙女	Myat Pan Phyu	9	缅族	四年级	缅语，熟练	英语，略懂	
4	户主	U Khin Mg Kyaing	64	缅族	本科	缅语，熟练	英语，熟练	
	妻子	Daw Yee San	51	缅族	初中	缅语，熟练		
	长子	Mg Aung San Oo	29	缅族	本科	缅语，熟练	英语，熟练	
	长女	Ma Thida San	26	缅族	本科	缅语，熟练	英语，熟练	
	二女	Ma Yee Yee Mon	24	缅族	本科	缅语，熟练	英语，略懂	汉语，略懂
	三女	Ma Tha Zin Win	18	缅族	大二	缅语，熟练	英语，熟练	
5	户主	U Sein Hlaing	66	缅族	高中	缅语，熟练		
	妻子	Daw Than Hla	60	缅族	小学	缅语，熟练		
	长女	Ma Khin Swe Ye	27	缅族	本科	缅语，熟练	英语，略懂	
	长子	Mg Than Win	25	缅族	本科	缅语，熟练	英语，略懂	
6	户主	U Kyaw Dhan	60	缅族	初中	缅语，熟练		
	妻子	Daw Khin Mar Wai	60	缅族	初中	缅语，熟练		
	长子	Thi Thi Kyaw	32	缅族	高中	缅语，熟练	英语，略懂	
	长女	Win Htet	30	缅族	高中	缅语，熟练	英语，略懂	
	次女	Khine Zar Lwin	29	缅族	高中	缅语，熟练	英语，略懂	汉语，略懂
7	户主	Daw Khin Win Kyi	60	缅族	高中	缅语，熟练	英语，略懂	
	长女	Khin Chaw Su	35	缅族	高中	缅语，熟练	英语，略懂	日语，略懂
	次女	Win Sandar	31	缅族	高中	缅语，熟练	英语，略懂	汉语，略懂
	三女	Saw Wandar	20	缅族	高中	缅语，熟练	英语，略懂	
8	户主	Daw Pawl Aye	51	缅族	高中	缅语，熟练		
	长子	Kyaw Soe	35	缅族	高中	缅语，熟练		
	长女	Khin Khin Aye	29	缅族	高中	缅语，熟练	英语，略懂	汉语，略懂
9	户主	U Tin Hlaing	60	缅族	高中	缅语，熟练		
	妻子	Daw Taung Khin	62	缅族	高中	缅语，熟练		
	长子	Ko Myini Wai	45	缅族	高中	缅语，熟练		
	次子	Maung Myint Htwe	35	缅族	高中	缅语，熟练		
10	户主	U Than Hlaing Oo	52	缅族	高中	缅语，熟练	英语，略懂	
	妻子	Daw Than Than Aye	50	缅族	高中	缅语，熟练	英语，略懂	
	长子	Maung Naw Lin Oo	29	缅族	本科	缅语，熟练	英语，略懂	

家庭编号	家庭关系	姓　名	年龄	民族	文化程度	第一语言及水平	第二语言及水平	第三语言及水平
11	户主	U Aung Tha	65	缅族	初中	缅语，熟练		
	妻子	Daw Tin Do	60	缅族	初中	缅语，熟练		
	长子	U Hla Aye	38	缅族	初中	缅语，熟练		
	次子	Ko Khin Maung Soe	35	缅族	初中	缅语，熟练		
	长女	Ma Aye Aye Khain	25	缅族	初中	缅语，熟练		
12	户主	U Kaung Jaing	58	缅族	初中	缅语，熟练		
	妻子	Daw Saw Mya	55	缅族	初中	缅语，熟练		
	长女	Ma Than Than Oo	32	缅族	本科	缅语，熟练	英语，略懂	
	长子	Maug Nae Win Jaig	28	缅族	大二	缅语，熟练	英语，略懂	
	二女	Ma Than Dar Soe	24	缅族	高中	缅语，熟练	英语，略懂	
13	户主	U Mya Maung	65	缅族	高中	缅语，熟练	英语，熟练	
	妻子	Daw Tin Long	60	缅族	初中	缅语，熟练		
	长女	Ma Yu Yu Maw	44	缅族	初中	缅语，熟练		
	长子	Ko Win Aung	42	缅族	初中	缅语，熟练		
	次子	Ko Aung Zaw Moe	40	缅族	初中	缅语，熟练		
	次女	Ma Myint Myint Kyi	38	缅族	大本	缅语，熟练	英语，略懂	
	三女	Ma Thin Thin Soe	35	缅族	初中	缅语，熟练		
	三子	Mg Myo Maung	28	缅族	本科	缅语，熟练	英语，略懂	
14	户主	U Maung Maung Let	49	缅族	本科	缅语，熟练	英语，熟练	
	妻子	Daw Wai Wai Khain	49	缅族	高中	缅语，熟练		
	长子	Mg Kyaw Win Tun	24	缅族	高中	缅语，熟练	英语，略懂	
	次子	Mg Htet Myai Aung	18	缅族	高中	缅语，熟练	英语，略懂	
	三子	Mg Kaung Zaw Let	13	缅族	八年级	缅语，熟练	英语，略懂	
15	户主	U Zaw Myo	40	缅族	本科	缅语，熟练	英语，熟练	
	妻子	Daw Shwe Zim	34	缅族	本科	缅语，熟练	英语，熟练	
	长子	Aung Thiha Zaw	19	缅族	大二	缅语，熟练	英语，熟练	
	长女	May Myat Noe	12	缅族	七年级	缅语，熟练	英语，略懂	
16	户主	U Mg Htay	56	缅族	初中	缅语，熟练		
	长女	MaYin Yin Na	30	缅族	本科	缅语，熟练	英语，略懂	
	次女	Ma Thi Thi Aye	25	缅族	本科	缅语，熟练	英语，略懂	汉语，略懂
	次女	Ma Thi Thi Aung	25	缅族	本科	缅语，熟练	英语，略懂	

第二节 曼德勒的克钦族及其语言使用现状

一 曼德勒克钦族概况

曼德勒的克钦族有 200 多户，1500 多人，散居于曼德勒各地。以景颇支系为主，也有少量载瓦、勒期、浪速等支系。他们主要来自克钦邦，迁来曼德勒的时间都还不长。据了解，最早来到曼德勒的克钦人大概是第二次世界大战期间，有少数克钦族士兵和政府公务员随着部队和政府部门来到曼德勒，其他大多是近 20 年因战乱或求学才迁到曼德勒居住的。曼德勒的克钦人主要以玉石买卖、农业种植、水产养殖等职业谋生。

（一）曼德勒克钦族的宗教信仰

曼德勒的克钦族 98%以上的人都信仰基督教，个别人信仰其他宗教，克钦族传统的原始宗教已经完全放弃。基督教有教会组织，曼德勒地区设有一个教会中心，中心设在曼德勒郊区的昂彬勒，下设 23 个分会。中心设中心主任和秘书长，中心的主任、秘书长是专职，每两年选举一次，有一定的补助。分会设分会长、副会长、秘书及委员会，分会的会长、副会长、秘书都是兼职，他们必须全心全意为教会工作，无私奉献，不拿教会任何报酬。分会还分妇女组、文艺组、青年组、医疗卫生组、教育组、经济商贸组、种植养殖组等，每个组分工明确。中心统一管理辖区的各分会，分会负责本分会的日常宗教事务及教会内的其他事务，每个分会均有一个教堂。分会的活动及做礼拜一般都在分会的教堂，分会教堂还作为克钦族文化协会和学生会的活动场所，也是传播克钦族文化的重要场所。

基督教与曼德勒克钦人的生产、工作、生活密切联系在一起，吃饭睡觉前要祷告，礼拜天要做礼拜祷告，生病要祷告，结婚、生小孩、小孩满月、满岁、过生日、进新房、办丧事、出远门等都要祷告。

（二）节日庆典

曼德勒的克钦族主要过圣诞节和元旦。圣诞节比较隆重，每年都在中心举行，23 个分会的信教群众都来到中心欢度节日。节日期间除了祷告之外，还举行文艺演出，也是比较热闹的节日。元旦，也是送旧迎新的节日，一般都在分会教堂举行，主要做祷告，祈福新的一年里身体健康，一切顺利。

克钦族最隆重的传统节日目瑙节，在曼德勒几乎已经不过了。为了让年轻一代知道目瑙节是克钦族最重要的传统节日，组织者只是在过圣诞节的时候顺带象征性地过一过，传统意义上的目瑙节在曼德勒及其他一些克钦族地区已经不再过了。

（三）婚姻习俗

克钦族很重视婚姻家庭的建立。曼德勒克钦族文化协会在日常工作中把婚介作为很重要的一项内容来抓。协会的宗旨就是让每一个适龄青年都能建立正常、健康的婚姻家庭，不因贫穷而不能组建家庭，也不因结婚而负债累累。男女青年自由恋爱到谈婚论嫁的时候，男方家或女方家会去找辖区的教会或克钦文化协会帮忙，按照传统习俗选出 kǎ^{33}sa^{33}kǎ^{31}pa^{31} "大媒人" 和 kǎ^{33}sa^{33}kǎ^{31}tʃi^{31} "小媒人" 带着礼物到女方家提亲，女方家也会选出 tʃaŋ^{31}thuŋ^{31} "正的" 及 tʃaŋ^{31}laʔ^{55} "副的" 两个代表与男方商议。但 kǎ^{33}sa^{33} "媒人" 不能直接去女方家，要先到 tʃaŋ^{31}thuŋ^{31} "正的" 代表家下榻，然后再去女方家。过去，kǎ^{33}sa^{33} "媒人" 要在男方和女方家往返很多次才能把一桩婚事谈妥，现在提亲一般去两次就将新娘娶回来。给女方家的聘礼有一头牛、一支筒炮枪、一颗象牙、一面周长十拃的铓、一床毯子、一条金项链（给新娘母亲，表示感谢母亲的养育之恩）、一把烟斗（给新娘父亲，表示感谢父亲的养育之恩），num^{33}san^{55}tʃa^{31} "女方聘礼"、niŋ^{55}sin^{55}tʃa^{31} "女方聘礼" 等聘礼。过去，聘礼名目繁多，而现在已大大简化。以上这些聘礼，除了金项链之外，一般都可以用钱折算付给，给多少则由男方家的财力决定。

把新娘接回来以后不能直接进新郎家，要先在男方代表 kǎ^{33}sa^{33} "媒人" 家停留一个晚上，第二天上午在教堂举行婚礼，吃完饭才能到新郎家。过去送新娘的队伍中有女方代表 tʃaŋ^{31}thuŋ^{31} "正的"，新娘父母和亲友不会陪同一起来，但现在新娘亲友团都陪同一起来。举行婚礼的前一天晚上在新郎家一起打开从新郎的 ta^{31}maʔ^{55} "姑爷" 家带来的礼篮，礼篮里有糯米饭、煮鸡蛋、两只煮熟的整鸡、牛肉干巴、春菜、果汁（用来代替水酒）等。

第二天上午 9 点左右，迎宾队敲锣打鼓地把新娘及亲友团从男方代表 kǎ^{33}sa^{33} "媒人" 家接到教堂，10 点钟婚礼正式开始。

我们课题组成员一行 8 人应邀参加了曼德勒克钦族基督教徒的一场婚礼。按照议程，新娘的伯父（通常是新娘父亲，因这位新娘的父亲已去世，所以由其伯父代替）牵着新娘的手缓缓走进礼拜堂台前，将新娘的手送到新郎手里。陪伴新郎、新娘的有伴郎、伴娘以及 对男女花童（过去传统的婚礼没有男女孩童陪伴）。接着牧师走到新郎、新娘身边宣布婚礼正式开始，问在场的亲朋好友有没有人反对他们的婚事。台下回答，没有反对。牧师接着问新郎、新娘是否愿意，并让双方当着大家的面宣誓。宣誓的内容是：不管生病、变老，永远爱对方，永不分离。宣誓结束后，牧师宣布来参加婚礼的全体宾客起立做祷告。接着牧师就询问新郎、新娘是否有信物要交换。新郎首先给新娘戴上戒指，牧师在旁边告诉新娘，这是新郎永远忠贞不移地爱新娘的见证物，要新娘珍惜。然后牧师又让新娘将准备好的银刀和带银饰的克钦筒帕（背袋）送给新郎，并提醒新郎，以后要用这把刀永远保护新娘，要用筒帕赚很多的钱回来（过去送长刀，意思是除了保护新娘之外，如果新娘犯错误，还可用这把刀教训新娘）。

新郎、新娘互赠信物之后，牧师让新郎、新娘在结婚证书上签字。签完字后，全体宾客起立由牧师祷告，祝福新郎、新娘婚姻永远幸福美满。

接着牧师请男方和女方亲属团的一名代表分别介绍出席婚礼的亲属。双方介绍完之后，教堂的婚礼仪式就结束了，男方亲属和女方亲属合影留念。

之后新郎、新娘缓缓离开教堂，到预订的饭店入席就餐（宴席上既不喝酒也不抽烟）。

下午 3 点钟带新娘及新娘的亲属到新郎家。过去传统的做法是，新娘未过新郎家门之前要先过草桥，但现在的基督教徒结婚，新娘一般都不过草桥，有些地方也象征性地将芭蕉树摆在家门前当草桥过，但多数地方都已经取消了过草桥的习俗。男方家要接受女方家送亲队带来的礼篮，叫 $\int an^{31}t\int i\,\eta^{22}n^{31}ka\,?^{55}$。

接着女方家长在男方家当着大家的面教育新娘应该如何尊敬公婆，如何与家人相处，如何持家等事宜，克钦语叫作 $mă^{31}ju?^{31}\int ă^{31}kup^{31}$。说完之后，女方亲属就可以离开男方家返回了。剩下的事就是按传统习俗相应地给男方的姑爷种们回礼，回完礼在一起吃一顿饭，整个婚礼才算结束。

按过去传统的习俗，年轻人还要闹洞房，斋瓦和董萨还要唱婚礼调"目占"和创世史诗"斋瓦"，而如今基督教的婚礼已经不再闹洞房，也不唱"目占"和"斋瓦"了。按照基督教的方式举行婚礼，增加了一些新的西方文明，但也简略了很多，保留了一些传统的习俗，但也放弃了许多传统的东西。曼德勒的克钦族并不认为这有什么不好和遗憾的，他们认为最重要的是弄清哪些是克钦族传统文化中最精髓的部分，能促进克钦族发展的就可以保留。现在唱"目占"和"斋瓦"的已后继无人。

（四）进新房

进新房也是克钦族重要的传统习俗。克钦族无论生活在什么地方，盖好新房入住的时候都要请亲戚朋友欢庆新居落成。克钦语叫 $ti\eta^{31}\int on^{55}\int a\eta^{31}$。过去进新房都要唱进新房调"目占"，跳 $tho\eta^{31}ka^{31}$ 舞，现在基督教徒进新房一般不再唱"目占"，也不跳 $tho\eta^{31}ka^{31}$ 舞。但教会的人都会前来庆贺，并请牧师来祷告祈福，请求耶稣基督降福于全家，家人身体健康，生活幸

福美满，并合唱赞美诗。曼德勒克钦族进新房，一般是祷告完之后，主人
请大家吃一顿饭，进新房的仪式就算结束了。

（五）丧葬

克钦族有"灵魂不死"的观念，认为人死以后，人的灵魂就会离开躯
体，到处游荡，所以在世的亲人就会通过董萨，把死者的灵魂送回祖先灵
魂所在的地方tsu̱³¹ka⁵⁵。如果不把死者的灵魂送走的话，死者的灵魂就时
刻会来干扰亲人，所以克钦族把送走死者的灵魂看作一件很重要的事。人
死的时候，为了让村寨的人知道家里死了人，要朝天鸣放三枪筒炮枪，有
的地方还敲铓。听不到枪声和铓声的地方就要派人去通知，克钦语叫作
lă³¹su³³su³³。姑爷种的亲戚们得知消息之后就会牵着水牛、黄牛，带着其
他物品来办丧事。死者的家属也会将死者的一些遗物送给亲戚作为纪念。
然后，由董萨或死者的亲戚给死者洗净身体。给死者洗身子用的水要专门
派人去打。给死者洗净身子的意思是，将死者活着时留下来的人的气味洗
净，这样死者的灵魂才会被祖先接受。

家里人死的时候，要由董萨把屋里所供的鬼暂时请出家门，去他想去
的任何地方。把屋里的鬼送出屋外之后，董萨就将死讯告知死者已故的祖
先，请死者的祖先来领走死者的灵魂。如果死者的高祖、祖父、父亲都已
经去世，要按辈分高低，从高祖、祖父、父亲依次通知他们的灵魂。如果
死者是女性，送灵魂的时候一般不告知女方已故的祖先，只告知男方已故
的祖先。年纪大、长寿的人死了要敲铓，岁数不大的人死了一般不敲铓。
告知死者祖先之后，将死者的遗体移至供鬼的屋子门口，在此处，董萨给
死者换上崭新的丧服。丧服不能按活人的穿法，而要反穿。如果死者是男
性，要将死者用过的背刀、筒帕、筒炮枪等挂在他的左手上。如果死者是
女性，就将她用过的烟盒、针、线、梳子等物品装在背篓里，放在死者的
旁边。

来奔丧的死者的亲戚要负责做棺材，在家门前用竹子搭建棚子
kă³³ʒoi³³，并砍下竹子，连同枝条密集地放在kă³³ʒoi³³底部。这些竹子不
能拿去他用，只有在人死后的第四天、第六天或第八天等双数日（大董萨
mi?³¹thoi³¹去世要在第七天出殡）出殡的时候，才能用以抬棺材，然后用其
在坟上搭建棚子。出殡前要举行一系列的祭祀仪式，比如要祭死者的祖先
魂灵，搭建kă³³ʒoi³³时杀水牛或黄牛祭鬼，祭死者的魂灵，并跳祭祀舞，克
钦语叫作n³¹toŋ³¹kă³¹khʒaŋ³³，也要跳丧葬舞，克钦语叫作kă³¹puŋ³¹tum³¹。
克钦族一般实行土葬。把死者埋葬好，把魂灵送走之后，整个丧事才算结
束。传统的丧葬仪式过程很长而且非常繁杂，也非常消耗人力和财物。

克钦族信仰基督教以后接受了西方文化，虽然还保留"灵魂不死"观

念，但已经不再举行祭祀活动，不再把死者的魂灵送到祖先所在地，也不再跳丧葬舞，而是认为死者离开人世是被耶稣基督叫回天上去了，回到了比太阳还光明的天堂，死者的灵魂也得到了安息。基督教主要以祷告为主。曼德勒的克钦族老人去世都被送到教会的公墓里安葬，曼德勒市各民族的基督教会有一个统一的公墓，老人去世都有一个归宿。

曼德勒的克钦族在老人去世的时候虽然不再按传统的习俗举行丧葬仪式，但互助精神依然得以保持。接受西方文化以后克钦族的许多传统文化都丢失了，但教会的有识之士并不愿意将过去的传统文化从记忆中抹去，希望收集整理后作为克钦族漫长岁月中的记忆留存下来。

二　曼德勒克钦族的语言使用现状

按照缅甸官方说法，"克钦族"包括克钦（Kachin）、克尤（Kayo）、德朗（Dalaung）、景颇（Gyeinphaw）、高意（Gawyi）、克库（Kakhu）、杜茵（Duyin）、玛育（劳高）Mayu（Lawgaw）、耶湾（Yawan）、拉希(拉漆)Lashi(Lachit)、阿济（Azi）、傈僳（Lihsu）12 个民族。但克钦人认为克钦族只包括景颇、载瓦、勒期、浪速、傈僳、日旺 6 个分支，而且他们认为这 6 个群体是同一个民族，应视为同一民族的不同支系，其统一的名称是"文崩景颇"。在中国，一般不用"克钦族"这一名称，而用"景颇族"这一名称，在景颇族内部又分景颇、载瓦、勒期、浪速、波拉 5 个支系，傈僳、日旺（独龙）则视为不同的民族。本书是研究缅甸的民族及语言，我们也使用"克钦族"这一术语，但考虑到无论是中国还是缅甸，都把景颇、载瓦、勒期、浪速这几个群体看成一个民族内部的不同分支，因为他们尽管语言不同，但在民族的心理、习俗、习惯、服饰等方面都保留大致相同的特点，而且相互通婚，组建由不同支系成员组成的家庭。所以，我们仍以支系来称呼克钦族内部的这些不同民族。

为了了解曼德勒克钦族（主要是景颇、载瓦、勒期、浪速 4 个支系）的语言使用现状，我们在曼德勒市区随机抽样调查了 13 户克钦家庭，调查对象共有 66 人，其中属于克钦族的有 63 人，另有 3 人是与克钦人通婚的其他民族。这 66 名调查对象，从年龄段划分来看，5—15 岁的青少年 8 人，16—39 岁的青壮年 31 人，40—59 岁的中年 23 人，60 岁以上的老年 4 人。从民族成分来看，景颇支系 54 人，载瓦支系 3 人，浪速支系 2 人，勒期支系 4 人，与克钦人通婚的傣族 1 人，华人 1 人，缅族 1 人。

（一）克钦族母语使用现状

这里有必要交代一下怎样确定克钦人的"母语"这一概念的内涵及外延。克钦族中的景颇、载瓦、浪速、勒期等不同的支系，各有自己的母语，但在不同的支系中，景颇语使用最广泛，成为不同支系的通用语。所以对于载瓦、浪速、勒期这几个支系来说，除了自己的母语外，他们所使用的景颇语能不能看成他们的母语，成为理论上必须解决的一个问题。

我们认为，这几个支系的关系不同一般。因为在他们的观念中，认为这 4 个支系是同一民族，除了语言有差异外，在民族认同感、民族习俗、民族文化、民族心理等方面存在基本相同的特点。他们对外都自称为"克钦"，而不说自己属于哪个支系，体现出同一民族的观念。此外，载瓦、勒期、浪速这几个支系熟练掌握克钦内部的通用语景颇语，因此，景颇语也应该视为他们的母语。所以，我们认为这 3 个支系应该视为使用双母语的群体。根据这一认识，我们在母语使用现状及成因的分析上，都把景颇语当作他们的母语来进行统计。但是在双母语中，又可分为第一母语和第二母语两种。第一母语是支系语言，一般是先习得的；第二母语是族群内的通用语景颇语。

通过入户调查和访谈，我们对克钦族的母语使用现状取得了以下几个认识：

1. 克钦族各支系均较好地保留自己的第一母语

抽样调查的统计结果是：54 个景颇支系中，有 51 人景颇语水平为"熟练"，1 人为"略懂"，2 人为"不会"；3 名载瓦支系中，载瓦语水平为"熟练"的有 2 人，还有 1 人不懂载瓦语；4 名勒期支系和 2 名浪速支系全都能熟练使用自己的母语勒期语或浪速语。克钦族熟练使用自己母语的比例平均高达 93.6%。具体统计数据见表 4—9：

表 4—9　　　　　　　　　克钦族各支系母语使用情况

支系	第一母语"熟练"		第一母语"略懂"		第一母语"不会"	
	数量	百分比（%）	数量	百分比（%）	数量	百分比（%）
景颇	51	94.4	1	1.9	2	3.7
载瓦	2	66.7	0	0	1	33.3
勒期	4	100	0	0	0	0
浪速	2	100	0	0	0	0
合计	59	93.6	1	1.6	3	4.8

下面我们以 Zau Nai 家的语言使用情况为例具体显示克钦族的第一母语保留情况。Zau Nai 是景颇支系，55 岁；其妻 Hkawn Shawng 也是景颇支系，54 岁。他们有 5 个孩子，年龄最大的 25 岁，最小的 15 岁。这个家庭所有成员的年龄分布涵盖了 5—15 岁、16—39 岁、40—59 岁三个年龄段，

但不管是哪个年龄段，每一个成员的第一母语（景颇语）都是"熟练"水平，在日常生活中，他们的家庭用语都是景颇语。这样的克钦家庭在曼德勒很普遍。表 4-10 是 Zau Nai 家的语言使用情况：

表 4-10　　　　　　　　　　Zau Nai 家的语言使用情况

家庭编号	家庭关系	姓名	民族/支系	年龄	文化程度	第一语言及水平	第二语言及水平	第三语言及水平	掌握何种文字
3	户主	Zau Nai	景颇	55	大学	景颇语，熟练	载瓦语，熟练	浪速语，熟练；缅语，熟练；英语，熟练	景颇、缅、英
	妻子	Hkawn Shawng	景颇	54	大学	景颇语，熟练	傣语，略懂	缅语，熟练；英语，略懂	景颇、缅、英
	长女	Mary Ja Sein Awng	景颇	25	研究生	景颇语，熟练	缅语，熟练	英语，熟练	景颇、缅、英
	长子	Paw Zau Ja Mun	景颇	23	大学	景颇语，熟练	缅语，熟练	英语，略懂	景颇、缅、英
	次子	Gadaw Ngaw La Naw	景颇	19	大三在读	景颇语，熟练	缅语，熟练	英语，略懂	景颇、缅、英
	次女	Dawshi Gadaw Ja Bawk	景颇	16	大学在读	景颇语，熟练	缅语，熟练	英语，略懂	景颇、缅、英
	三子	Dawshi Gadaw La Hpri	景颇	15	高中	景颇语，熟练	缅语，熟练	英语，略懂	景颇、缅、英

但克钦家庭中，也有不懂第一母语或第一母语仅为"略懂"水平的，这种情况主要出现在族际婚姻家庭中。具体情况分析如下：

在景颇支系中，3 个第一母语为"略懂"和"不会"的是来自景颇-傣通婚的族际婚姻家庭的孩子。这个家庭的父亲是景颇支系，母亲是傣族。5 个孩子中，只有 24 岁的长子和 23 岁的次子景颇语为"熟练"，21 岁的长女景颇语为"略懂"，另两个 18 岁的孩子则不会景颇语。这个家庭的语言使用情况见表 4-11：

表 4-11　　　　　　　景颇-傣通婚的族际婚姻家庭语言使用情况

家庭编号	家庭关系	姓名	民族	年龄	文化程度	第一语言及水平	第二语言及水平	第三语言及水平	掌握何种文字
7	户主	Lazum Tu Ja	景颇	57	小学	景颇语，熟练	缅语，熟练	掸语，略懂	景颇、缅

续表

家庭编号	家庭关系	姓名	民族	年龄	文化程度	第一语言及水平	第二语言及水平	第三语言及水平	掌握何种文字
7	妻子	Aye Hlaing	傣族	52	小学	傣语，熟练	缅语，熟练	景颇语，略懂	傣、缅
	长子	Lazum Myu Awng San	景颇	24	大学	景颇语，熟练	缅语，熟练	傣语，略懂；英语，略懂	景颇、缅、英
	次子	Lazum Myu Bawk La	景颇	23	大学	景颇语，熟练	缅语，熟练	英语，略懂	景颇、缅、英
	长女	Lazum Marry Hkawn Yi	景颇	21	大学	缅语，熟练	景颇语，略懂	傣语，略懂；英语，略懂	缅、英
	三子	Lazum Myu Ring Awng	景颇	18	大二在读	缅语，熟练	英语，略懂	汉语，熟练	缅、汉、英
	次女	Lazum Yi Yi Bawk Tsin	景颇	18	大二在读	缅语，熟练	英语，略懂	汉语，略懂	缅、英

　　载瓦支系中，不懂载瓦语的是来自载瓦-浪速支系家庭的 9 岁男孩 Zai Zet Awng。其父亲是载瓦人，母亲是浪速人。父亲 Awng Gam 虽是载瓦人，能熟练使用载瓦语，但他从事的是基督教传教工作，平时工作中都使用景颇语；而母亲 Hhawng Yang 是浪速支系，既能熟练使用景颇语，也能熟练使用浪速语。Awng Gam 和 Hhawng Yang 之间主要用景颇语交流。Zai Zet Awng 从小主要由母亲照顾，母亲教他说景颇语和浪速语。他现在跟父母说景颇语，跟母亲家的亲戚说浪速语。Zai Zet Awng 一家三口的语言使用情况见表 4-12：

表 4-12　　　　　Zai Zet Awng 一家三口的语言使用情况

家庭编号	家庭关系	姓名	民族	年龄	文化程度	第一语言及水平	第二语言及水平	第三语言及水平	掌握何种文字
13	户主	Awng Gam	载瓦	52	硕士	景颇语，熟练；载瓦语，熟练	缅语，熟练	英语，熟练；浪速语，略懂	景、缅、英
	妻子	Hhawng Yang	浪速	48	高中	景颇语，熟练；浪速语，熟练	缅语，熟练	口语，熟练	景、缅、日
	儿子	Zai Zet Awng	载瓦	9	初中	景颇语，熟练；浪速语，熟练	缅语，熟练		景、缅

2. 第一母语是家庭内部及本支系内部最重要的交际工具

为了解克钦族的家庭语言使用情况和在不同场合面对本族和非本族交际对象时的用语，我们发放了《家庭内部语言使用情况调查表》和《不同场合、不同对象语言使用情况调查表》。这两份问卷抽样调查的结果如下：

（1）家庭内部语言使用情况

我们调查了 5 个克钦人家庭，看到这 5 个家庭内部无论是长辈对晚辈，还是晚辈对长辈，抑或是同辈之间，都使用第一母语交流。只有在面对非本族客人和陌生的来访者时，才会使用缅语或英语等其他语言。具体统计数据见表 4–13：

表 4–13　　　　　　　　5 个克钦人家庭内部语言使用情况

交际双方		所 选 语 言					
		缅语	母语	英语	汉语	其他	备注
长辈对晚辈	父母对子女	0	5	0	0	0	
	祖辈对孙辈	0	5	0	0	0	
	公婆对儿媳	0	5	0	0	0	
晚辈对长辈	子女对父母	0	5	0	0	0	
	孙辈对祖辈	0	5	0	0	0	
	儿媳对公婆	0	5	0	0	0	
同辈之间	父亲与母亲	0	5	0	0	0	
	丈夫与妻子	0	5	0	0	0	
	兄弟姐妹之间	0	5	0	0	0	
	儿子与儿媳	0	5	0	0	0	
主人对客人	对本族客人	0	5	0	0	0	
	对非本族客人	5	0	0	0	1	1 人多选
	对陌生来访者	5	0	1	0	1	2 人多选

由于这份问卷允许多选，所以在"对非本族客人"这一栏，有 1 位调查对象选择了"缅语"和"其他" 2 项。她是曼德勒大学的女老师 Moat War Dine Naw，浪速支系人，留日博士。已熟练掌握浪速语、勒期语、景颇语、载瓦语、缅语、英语、日语 7 种语言，所以在面对非本族客人时，她可以灵活选用对方懂的语言与之交流。在填表时，她选择了表上所列的"缅语"和"其他"这两项。在"对陌生来访者"一栏，除了这位大学老师仍选"缅语"和"其他" 2 项之外，还有 1 位选择了"缅语"和"英语" 2 项。他是上文提到过的载瓦人 Awng Gam，他曾到美国留学 4 年，学习宗教学，故英

语流利。在填表时，他选择了"缅语"和"英语"2项。

（2）不同场合语言使用情况调查

我们对这 5 名克钦人在不同场合面对不同对象时的语言使用情况也进行了问卷调查。调查结果显示，他们面对本族人时，在见面打招呼、聊天等私人场合以及本族人占多数的公共场合如婚嫁、丧葬等，多使用第一母语。在生产劳动、买卖、看病、课外、节日、集会等场合，既有使用第一母语的，也有使用缅语的，除看病外，其余以使用第一母语居多。而在开会、公务活动、广播、课堂等公共场合，即使交际对象是本族人，也使用缅语。具体统计数据见表4–14：

表4–14   5名克钦人不同场合语言使用情况

交际场合 / 对象	本 族 人				
	缅语	母语	英语	汉语	其他
见面打招呼	0	5	0	0	0
聊天	0	5	0	0	0
生产劳动	2	3	0	0	0
买卖	2	3	0	0	0
看病	4	1	0	0	0
开会 开场白	5	0	0	0	0
开会 传达上级指示	5	0	0	0	0
开会 讨论、发言	5	0	0	0	0
公务用语	5	0	0	0	0
广播用语	5	0	0	0	0
学校 课堂用语	5	0	0	0	0
学校 课外用语	2	3	0	0	0
节日、集会	2	3	0	0	0
婚嫁	0	5	0	0	0
丧葬	0	5	0	0	0

3. 第一母语是大多克钦人的第一语言

对大多数克钦人来说，第一母语是他们开始学说话后学会的第一语言，这一比例高达 92.1%；以第一母语为第二语言的仅 3.1%。但各支系的情况略有不同。表 4–15 是具体统计数据：

表 4–15　　　　　克钦族各支系母语为第一语言、第二语言情况

民族	数量	母语为第一语言		母语为第二语言		不懂母语	
		数量	百分比（%）	数量	百分比（%）	数量	百分比（%）
景颇	54	52	96.3	0	0	2	3.7
载瓦	3	1	33.3	1	33.3	1	33.3
勒期	4	4	100	0	0	0	0
浪速	2	1	50	1	50	0	0
合计	63	58	92.1	2	3.1	3	4.8

载瓦支系中，有 1 人第一母语为第二语言，他是 Awng Gam。据他介绍，他的父亲是载瓦支系，母亲是景颇支系。他从小跟母亲在一起的时间多，所以先学会母亲的语言景颇语，而父亲的语言载瓦语则是他学会的第二语言。浪速支系中，Hhawng Yang 的母语是她的第二语言。这是因为她的父亲是浪速支系，母亲是景颇支系。跟 Awng Gam 一样，她也是先学会母亲的语言，后学会父亲的语言。在家里，她一般跟父亲及兄弟姐妹讲浪速语，跟母亲讲景颇语。

4. 非景颇支系全民使用第二母语景颇语

非景颇支系全民兼用第二母语景颇语，景颇语已成为克钦族内部的通用语。我们在曼德勒一家克钦族的基督教堂中参加了一对克钦族载瓦人的婚礼，身临其境观察了这一场合中克钦人的语言使用情况。在婚礼上，主持人、牧师、证婚人、新郎、新娘以及克钦族来宾，不管是什么支系，全都使用景颇语发言，不同支系之间也都用景颇语交谈。

我们共调查了 9 名非景颇支系的克钦人，此外还有 3 名与景颇支系通婚的其他民族。非景颇支系克钦人景颇语使用情况统计如表 4–16：

表 4–16　　　　　非景颇支系克钦人景颇语使用情况

民族	景颇语"熟练"		景颇语"略懂"		景颇语"不会"	
	数量	百分比（%）	数量	百分比（%）	数量	百分比（%）
载瓦	3	100	0	0	0	0
勒期	4	100	0	0	0	0
浪速	2	100	0	0	0	0
合计	9	100	0	0	0	0

3 名与克钦人通婚的其他民族，有 2 人景颇语"熟练"，1 人"略懂"。

没有不懂景颇语的。他们的语言使用情况见表 4–17：

表 4–17　　　3 名与克钦人通婚的其他民族的语言使用情况

家庭编号	家庭关系	姓名	民族	年龄	文化程度	第一语言及水平	第二语言及水平	第三语言及水平	掌握何种文字
1	妻子	Sain Hkawng	缅	40	高中	缅语，熟练	景颇语，熟练	英语，略懂	缅
7	妻子	Aye Hlaing	傣族	52	小学	傣语，熟练	缅语，熟练	景颇语，略懂	傣、缅
9	户主	U Htun Kyi	华人	59	高中	缅语，熟练	景颇语，熟练	汉语，略懂	景颇、缅

5. 克钦族内通用语景颇语能力存在代际差异

景颇语能力在不同年龄段存在一定的差异性，主要表现在：40 岁以上的人群景颇语能力优于 40 岁以下人群。其中，40 岁以上的中老人，100% 熟练使用景颇语；而 40 岁以下的青少年和青壮年人群中，16—39 岁年龄段的景颇语能力优于 5—15 岁年龄段。见表 4–18：

表 4–18　　　克钦族不同年龄段者通用语景颇语掌握情况

年龄段	景颇语熟练		景颇语略懂		景颇语不会	
	数量	百分比（%）	数量	百分比（%）	数量	百分比（%）
5—15	7	87.5	0	0	1	12.5
16—39	28	90.3	1	3.2	2	6.5
40—59	20	100	0	0	0	0
60 岁以上	4	100	0	0	0	0
合计	59	93.6	1	1.6	3	4.8

这一现象引起了克钦族中有识之士的担忧，他们担心子孙忘记自己的语言，忘记自己的根。我们在调查中多次听到克钦人谈到自己的忧虑，如曼德勒克钦族学会秘书长勒排拥汤（载瓦人）说，"我们担心孩子长大后不会说自己的母语，所以教堂里的《圣经》都是用景颇语念的。这种宗教活动既学习了《圣经》，又学习了景颇语"。

6. 克钦人大多掌握景颇文

景颇语是克钦族各支系的通用语，大多数除了能熟练使用景颇语外，还能读写景颇文。统计数据显示，除了不懂景颇语的 2 人之外，其余克钦人全都掌握景颇文，这一比例高达 96.8%。

（二）克钦族兼用语使用现状

1. 克钦族全民熟练使用缅语

缅语是缅甸的通用语，是缅甸各民族间沟通的最重要的交际工具。克钦族各支系兼用缅语的统计数据如表 4–19：

表 4–19　　　　　　　　克钦族各支系兼用缅语的情况

民族	缅语"熟练"		缅语"略懂"		缅语"不会"	
	数量	百分比（%）	数量	百分比（%）	数量	百分比（%）
景颇	53	98.1	1	1.9	0	0
载瓦	3	100	0	0	0	0
勒期	4	100	0	0	0	0
浪速	2	100	0	0	0	0
合计	62	98.4	1	1.6	0	0

统计数据显示，98.4%的克钦人能熟练使用缅语，只有 1 人缅语为"略懂"水平。他是 54 岁的景颇人 Zau Mai，他的文化程度仅为小学。他家搬来曼德勒的时间还不长，在习得语言的最佳年龄段，他一直生活在克钦邦。由于克钦人习得缅语的主要途径是学校教育，而他接受学校教育的时间仅三四年；加之在克钦邦生活，景颇语基本就能满足生活需求，他没有学习缅语的动力，因此其缅语水平一直是"略懂"。这种情况在曼德勒的克钦人中属于比较特殊的情况，就总体情况来说，可以认为他们全民熟练使用缅语。

缅语的应用范围主要是在克钦人面对非本族人时使用。我们对 5 名克钦人所做的"不同场合、不同对象语言使用情况调查"反映了这一事实。这 5 名调查对象，在面对非本族人时，无论是见面打招呼、聊天、买卖、看病等个体性特征比较强的交际场合，还是在生产劳动、开会、公务活动、广播、学校、节日、集会、婚嫁、丧葬等群体性特征比较强的交际场合，只要是面对非本族人，他们无一例外都选择缅语进行交际。还有 1 人除使用缅语外，有时也会使用英语进行交际。表 4–20 是相关数据的统计结果：

表 4–20　　　5 名克钦人在不同场合面对不同对象语言使用情况

交际场合 　　　　对象	非　本　族　人				
	缅语	母语	英语	汉语	其他
见面打招呼	5	0	1	0	0
聊天	5	0	1	0	0
生产劳动	5	0	1	0	0

交际场合	对象	非本族人				
		缅语	母语	英语	汉语	其他
买卖		5	0	0	0	0
看病		5	0	0	0	0
开会	开场白	5	0	0	0	0
	传达上级指示	5	0	0	0	0
	讨论、发言	5	0	0	0	0
公务用语		5	0	1	0	0
广播用语		5	0	1	0	0
学校	课堂用语	5	0	0	0	0
	课外用语	5	0	0	0	0
节日、集会		5	0	0	0	0
婚嫁		5	0	0	0	0
丧葬		5	0	0	0	0

2. 克钦人大多能兼用英语，但熟练者少

在曼德勒，英语的应用比较普遍。街头大大小小的广告牌多采用缅、英双文，从宾馆、餐馆服务员、出租车司机、超市收银员，到街头偶遇的学生、过客，男女老少都会说点英语，来到缅甸的游客只要会说英语，简单的交流是不会有问题的。克钦人也不例外，大多能兼用英语。具体统计数据见表4-21：

表4-21　　　　　　　　克钦人兼用英语情况

民族	英语"熟练"		英语"略懂"		英语"不会"	
	数量	百分比（%）	数量	百分比（%）	数量	百分比（%）
景颇	6	11.1	41	75.9	7	13
载瓦	1	33.3	0	0	2	66.7
勒期	3	75	1	25	0	0
浪速	1	50	0	0	1	50
合计	11	17.5	42	66.7	10	15.8

统计数据显示，曼德勒克钦人熟练使用英语的比例为17.5%，略懂英语的比例为66.7%，只有15.8%的不懂英语。

兼用英语的能力与文化程度成正比。文化程度越高，英语水平就越高。不同文化程度的克钦人英语水平的统计数据如表4-22：

表 4-22　　　　　　不同文化程度的克钦人英语水平情况

文化程度	人数	英语"熟练"		英语"略懂"		英语"不会"	
		数量	百分比（%）	数量	百分比（%）	数量	百分比（%）
文盲	1	0	0	0	0	1	100
小学	3	0	0	0	0	3	100
初中	7	1	14.2	3	42.9	3	42.9
高中	10	1	10	7	70	2	20
大学	37	5	13.5	31	83.8	1	2.7
研究生	5	4	80	1	20	0	0
合计	63	11	17.5	42	66.7	10	15.8

统计数据显示，文化程度为"文盲"和"小学"的，100%不懂英语；文化程度为"初中"的，42.9%不懂英语；文化程度为"高中"的，有20%不懂英语；文化程度为"大学"的，只有2.7%不懂英语；而文化程度为"研究生"的，没有人不懂英语。大学文化程度中不懂英语的是18岁的大二在读学生 Myu Awng，他不懂英语，但略懂德语。

统计数据还显示，懂英语的克钦人中，英语水平为"熟练"的仅17.5%，多数人的英语为"略懂"水平，这一比例为66.7%。

3. 少数在克钦邦生活过的克钦人能兼用族群内其他支系的语言

54名景颇支系中，能兼用浪速语的有2人，其中1人还能兼用载瓦语。3名载瓦支系中，能兼用景颇语的3人，其中2人还能同时兼用浪速语。4名勒期支系，全都能兼用浪速语和景颇语，其中3人还能兼用载瓦语。2名浪速支系都能兼用景颇语，其中1人还能同时兼用勒期语和载瓦语。具体统计数据见表4-23：

表 4-23　　　　　　不同文化程度的克钦人英语水平情况

民族	数量	兼用浪速语		兼用勒期语		兼用载瓦语		兼用景颇语	
		数量	百分比（%）	数量	百分比（%）	数量	百分比（%）	数量	百分比（%）
景颇	54	2	3.7	0	0	1	1.9	—	—
载瓦	3	2	66.7	0	0	—	—	3	100
勒期	4	4	100	—	—	3	75	4	100
浪速	2	—	—	1	50	1	50	2	100

克钦族中兼用其他支系语言的主要是勒期、载瓦、浪速等支系，景颇

支系兼用其他支系语言的较少。从统计数据来看，景颇支系只有 2 人能兼用浪速语，1 人能兼用载瓦语。二者比例合起来仅占全部景颇支系调查对象的 5.6%。能兼用其他支系语言的多是因为以前在多支系的环境中生活过。如 Hpare Bawm Ying（勒期）和 Moat War Dine Naw（浪速）家，以前住在克钦邦密支那一个克钦各支系杂居的寨子里，两人从小在寨子里长大，自然而然地就学会了其他支系的语言。他们的孩子小时候也生长在这个寨子，所以也都学会了几种克钦族的语言，但水平不如父母。如他们的三个孩子载瓦语都只是"略懂"，而母亲的载瓦语为"熟练"。

4. 少数克钦人能兼用汉语

统计数据显示，63 名克钦人中有 9 人能兼用汉语，占全部调查对象的 14.3%。但汉语的水平普遍较低，9 人中仅 1 人汉语为"熟练"，其余都是"略懂"。具体统计数据见表 4–24。克钦人习得汉语的途径主要有两种：一是在曼德勒的华文学校学习。20 岁以下的青少年多属这种情况，父母看到了中国经济的发展，觉得学会汉语对孩子今后的发展有利，所以把孩子送进华文学校学习。二是在工作中与中国人来往频繁，交往密切。40 岁以上的中年人多属于这种情况。他们跟中国的景颇族有较多往来，也经常前往中国参加文化交流，所以学会了一点汉语。

表 4–24　　　　　　　　　克钦人兼用汉语的情况

年龄段	人数	汉语熟练		汉语略懂		汉语不会	
		数量	百分比（%）	数量	百分比（%）	数量	百分比（%）
5—15	8	0	0	2	25	6	75
16—39	31	1	3.2	3	9.7	27	87.1
40—59	20	0	0	3	15	17	85
60 岁以上	4	0	0	0	0	4	100
合计	63	1	1.6	8	12.7	54	85.7

（三）克钦族较好保留母语的成因分析

曼德勒的克钦人只有 2000 人左右，而且没有聚居的社区，都是分布在曼德勒的各个地区，与缅族、傣族、华人、印度人等其他民族杂居在一起，然而，他们却能较好地保留自己的母语，这是非常少见的。弄清楚这一现状形成的原因，对于做好世界各国人口较少民族的母语保护和传承有着重要的借鉴价值和意义。

通过实地调查以及与克钦人的交谈，我们发现，克钦族完好保留母语的成因主要有以下三个方面的因素：

1. 家庭教育和族内活动成为克钦族母语保留的根本保证

克钦人在家庭教育中非常重视母语教育,在家里父母会要求孩子说母语。他们认为,缅语不用担心孩子学不会,孩子们上学了天天学缅语。但是本民族的语言,如果家长不教,不督促,孩子就会忘掉。克钦族文化学会会长 Naw Tawng 告诉我们,"克钦孩子在家里一定要说母语,不说大人要打的"。我们也见到过 Naw Tawng 的 3 名子女,他的大女儿 17 岁,在曼德勒读大一;儿子 15 岁,在上高中;小女儿 11 岁,在上初中。这 3 个孩子都能说一口流利的景颇语。孩子们说,从小父母教他们说景颇语,在家里要是忘记说景颇语了,父亲会用手拧他们的肚皮作为惩罚。为了了解他们的景颇语水平,我们对 11 岁的小女儿进行了母语能力 400 词测试,只有六七个平时不常用的词不会说。

克钦人从克钦邦等地辗转迁移来到曼德勒,尽管在曼德勒只是一个人口很少的群体,但他们有着强烈的民族意识。来到曼德勒后,为了民族的发展和民族语言文化的传承,他们成立了自己的民间组织——曼德勒克钦族文化协会。克钦族文化协会通过克钦人生活中的婚丧嫁娶、进新房等活动,把平时分散的克钦人聚集在一起,为大家提供一个说自己的母语,重温民族传统文化的机会和场合。在这样的聚会中,大人们的信息沟通、情感交流全都使用母语,孩子们的嬉戏、玩闹也使用母语。母语就在这样的活动中一代代传承下去。

2. 宗教活动是母语使用和传承的最重要的促进因素

克钦人原本信仰原始宗教,但迁入曼德勒的克钦人现在 98%信仰基督教。基督教与克钦人的生产、工作、生活紧密联系在一起,人们的日常生活处处受到基督教的影响。吃饭、睡觉前要祷告,礼拜天要做礼拜祷告,生病要祷告,结婚、生孩子、小孩满月、满岁、过生日、进新房、办丧事、出远门等都要祷告。克钦人接受基督教之后,将民族语言教育与基督教活动结合起来,借助宗教的强大力量,通过教会的形式,学习本民族语言文化知识。下缅甸克钦浸礼教协会(Lower Myanmar Kachin Baptist Association)总部就设在曼德勒市 Chanmyatharzi 镇 Aungpinle 区,这是一个很大的活动中心,每到放假,克钦家长就会把孩子送到这里来参加克钦语言文化知识学习班,学习读写景颇文,学习用景颇语诵读《圣经》,还学习建房、种菜、缝纫等生活技能,所有教学内容都用景颇语教学。在曼德勒市区还有一个克钦人的基督教堂,每到周日或圣诞节、新年等重要的节日,曼德勒的克钦人就会来到这里做礼拜。这个教堂每个周日差不多要接纳近 800 人,圣诞节和新年则有 1000 多人。做礼拜时,一般早上 8:00—10:00 是与其他民族通婚的克钦家庭,大约有 200 人;10:00—12:00 是纯克钦家庭,大约有

600人。纯克钦家庭做礼拜时都使用景颇语，而族际婚姻家庭则使用缅语。我们看到，教堂除了作为宗教场所开展宗教活动外，还作为克钦族文化协会和克钦族青年学生会的活动场所，发挥着传播克钦文化的功能。

3. 母语的多重社会功能是其得以保留的基础

语言具有交际功能、标志功能、录传功能等多重社会功能。一种语言能否拥有一定的使用群体，根本的原因在于其是否能满足语言使用群体必要的社会需求，即它是否具备一定的社会功能。曼德勒的克钦人尽管人口少，居住分散，母语的交际功能十分有限，仅限定在家庭内部，但是母语的另外两种功能——标志功能和录传功能却显得尤为重要。

语言是一个民族共同体的主要标志之一，它通常也是最为稳固的民族特征。在调查中，我们发现，曼德勒克钦人的许多传统文化特征已经消失，如传统习俗、传统建筑、传统饮食、传统文学艺术等。就连克钦人最重要的节日目瑙纵歌节，这里的克钦人也不过了。但是语言却较好地保留了下来，并成了克钦人自我群体意识的象征，成了克钦人区分本族人与外族人的重要标志。

此外，母语还具有录传功能。所谓"录传功能"，指的是一种语言记录、传承民族历史文化的功能。据史料记载，克钦人源自青藏高原，是古氐羌人的后裔。后来不断南迁，陆续来到中国西南、缅甸、印度等地。关于克钦先民的来源、迁徙的路线、迁徙中发生的重大事件等，克钦先民都会用自己的语言去记录，并通过口耳相传的方式一代代流传，后来西方传教士又为克钦人创制了文字，克钦人历史文化的记录、传承就更有利了。最早来到曼德勒的克钦人，离开自己的族群已有六七十年的历史，但他们的后代却还能清楚地讲述本民族的历史与文化，这应该是得益于母语的录传功能。

正是由于母语具有多种社会功能，而且有些功能是别的语言所不能替代的，所以曼德勒克钦人中的有识之士非常重视母语教育，并将母语教育融入宗教活动，使之生活化、常态化。

（四）克钦族兼用缅语的成因分析

克钦族全民兼用缅语，这一现状是如何形成的，其成因是什么？下面作简要的分析。

1. 族群生存与个人发展的需求是克钦族全民兼用缅语的根本动力

克钦人全民兼用缅语的原因是多方面的，有发展的需求、文化的需求、情感的需求等，我们有必要从这些因素中区分出哪些是主要的，哪些是次要的。通过分析我们认为，其中最主要的原因是克钦族自身生存与克钦人自我发展的需求。

如前所述，曼德勒的克钦人是从克钦邦等地辗转迁移来到此地的，他们从缅甸北部山区来到中部平原，居住环境、人文环境、生活方式等都发生了巨大的变化。刚来的时候，克钦人生活艰难，没有土地，没有房屋，语言不通，举目无亲。为了生存下去，他们必须与曼德勒当地包括缅族在内的各族居民打交道，而语言就是首先要解决的问题。曼德勒的缅族、傣族、印度人、华人等是不懂景颇语的，也不可能去跟着克钦人学习景颇语，所以克钦人必须主动学习当地的通用语言缅语。随着对外交流的日益扩大，克钦人慢慢学会了用缅语做生意，用缅语工作，用缅语学习先进的生产技术，用缅语解决各种日常生活问题。

由于曼德勒的克钦人人口少，不到 2000 人，所以族群的生息繁衍是一件重要的事情。克钦人传统的婚姻模式是族内通婚，但在曼德勒这样的大都市里，人口稀少的克钦人很难完全做到族内通婚，所以越来越多的克钦人选择了与缅族、傣族、华人等其他民族通婚。克钦人中族际婚姻家庭日益增多，给克钦人带来的最直接的变化就是家庭内部语言的改变。由于家庭成员中的外族人多不懂景颇语（有些人是跟克钦人组成家庭后才学会一点景颇语），所以族际婚姻家庭内部通常以缅语进行交际。据初步估计，克钦人中族际婚姻约占四分之一，这些家庭的成员日常生活、宗教活动多以缅语为主。

克钦人全民兼用缅语还受到个人自我发展的驱动。缅语作为国家通用语，是克钦人融入缅甸主流社会必需的语言工具。克钦人要想融入主流社会，取得更高的社会地位，实现自身的进一步发展，就必须熟练掌握缅语。对于每一个克钦人而言，懂不懂缅语直接关系到他的个人发展前途：不学缅语就考不进正规学校，不学缅语就找不到工作，成就不了个人事业。总之，不学缅语就难以安身立命，学习、使用缅语是个人发展的前提条件。

我们的调查问卷同样显示，绝大多数克钦人都认为学缅语很有用，熟练掌握缅语有助于"找到好工作，得到更多的收入"，学习缅语是"升学的需要"，学好缅语"便于与外族人交流"。

2. 低收费的学校教育是克钦人全民兼用缅语的重要保障

缅甸的学校教育中，小学阶段是义务教育，不收费，初中、高中、大学虽然收费，但费用很低，仅是象征性的。如初中阶段，每年的学费仅 1000 缅币（约相当于人民币 7 元）；大学每年的学费是 2 万多缅币（约相当于人民币 127 元）。这种低收费的政策，使得每一个缅甸公民都上得起学，都能接受完整的从小学到高中的基础教育。学校的课程设置中，缅语从幼儿园到高中都是必修课，人文类课程也基本使用缅语教学。这样的教育制度，使得克钦人有机会接受正规的学校教育，成为克钦人通过学校教育系统学习缅语的重要保障。调查中，克钦人告诉我们，他们的孩子一般上到三、四年级，缅语就没什么问题了，水平跟缅族孩子差不多。

3. 通用语的大环境是克钦人全民熟练兼用缅语的"社会大课堂"

克钦人全民熟练兼用缅语还得益于缅语作为全国通用语的大语境。在曼德勒，不管是缅族、华人、印度人，还是其他少数民族，相互交际都使用缅语。人们的日常生活处处离不开缅语，从朋友间的聊天，同事间的工作交流，会议上的发言讨论，购物时的讨价还价，到广播、电视、电影、报纸杂志、书籍、互联网、街头广告、公交站牌、单位地名标识等，缅语无处不在，构成了一所天然的缅语社会大课堂，克钦人浸润其中，潜移默化地接受着缅语的熏陶。这种全方位、多层面的缅语"社会大课堂"成为克钦人迅速掌握缅语的天然条件。

（五）克钦族多数略懂英语的成因分析

克钦族多数略懂英语有以下三个主要原因：

1. 缅甸曾被英属印度统治的历史奠定了英语在缅甸的特殊地位

缅甸曾是英国的殖民地，英国在 1824 年至 1885 年先后发动了 3 次侵缅战争并占领了缅甸，1886 年英国将缅甸划为英属印度的一个省。直到 1948 年 1 月 4 日，缅甸才脱离英国宣布独立。在英国人统治时期，英语是缅甸的官方语言，也是上流社会的社交语言。这一百多年的历史奠定了英语在缅甸的特殊地位。至今，英语仍在缅甸人的生活中发挥着重要的作用。

2. 学校教育对英语教学的重视是多数克钦人兼用英语的根本原因

缅甸的学校教育对英语教学的重视程度不亚于缅语。从上幼儿园起，英语就是必修课。到了初高中，理科类课程如数学、物理、化学、生物科学等都采用英文版的教材，老师一般用缅语教学，在术语的理解、题目的分析上老师通常会用缅语对教材中的英文内容进行解释，这种教学方式增加了学生接触英语的时长，加深了学生对英语的学习、理解。克钦孩子跟缅甸其他民族的孩子一样，在学校接受了良好的英语教育。

3. 基督教的传播是克钦人对英语产生亲近感的重要因素

据下缅甸克钦浸礼教协会会长 Naw Tawng 介绍，基督教最初是由美国传教士贾德生传入缅甸，并由克伦人间接传播给克钦人的，现在曼德勒的克钦人约有 98%信仰基督教。克钦族原本没有自己的文字，现在使用的克钦文也是由美国传教士欧拉·汉森为他们创制的。所以在克钦人的心目中，贾德生和汉森这两个人是他们这个民族的大恩人，他们把这两个人的肖像恭敬地悬挂在基督教活动的场所。克钦人也因此而乐于接受这两人所代表的西方文化及其语言英语。不少克钦孩子大学毕业后更愿意选择去欧美国家留学。

表 4–25 　　　　　　　　曼德勒克钦族语言使用情况入户调查

家庭编号	家庭关系	姓名	民族/支系	年龄（岁）	文化程度	第一语言及水平	第二语言及水平	第三语言及水平	掌握何种文字
1	户主	Hka Pra Zau Awng	景颇	42	高中	景颇语，熟练	缅语，熟练	英语，略懂	景颇、缅、英
	妻子	Sain Hkawng	缅	40	高中	缅语，熟练	景颇语，熟练	英语，略懂	缅
	长女	Hka Pra Ja Mun Awng	景颇	17	大一在读	景颇语，熟练	缅语，熟练	英语，略懂	景颇、缅、英
	次女	Hka Pra Sut Mun Ing	景颇	15	高中在读	景颇语，熟练	缅语，熟练	英语，略懂	景颇、缅、英
2	户主	Hpu Ji	景颇	68	大学	景颇语，熟练	缅语，熟练	英语，熟练	景颇、缅、英
	妻子	Ja Awng	景颇	45	初中	景颇语，熟练	缅语，熟练	浪速语，略懂	景颇、缅
	长子	Myu Awng	景颇	18	大二在读	景颇语，熟练	缅语，熟练	德语，略懂	景颇、缅
3	户主	Zau Nai	景颇	55	大学	景颇语，熟练	载瓦语，熟练	浪速语，熟练；缅语，熟练；英语，熟练	景颇、缅、英
	妻子	Hkawn Shawng	景颇	54	大学	景颇语，熟练	傣语，略懂	缅语，熟练；英语，略懂	景颇、缅、英
	长女	Mary Ja Sein Awng	景颇	25	硕士	景颇语，熟练	缅语，熟练	英语，熟练	景颇、缅、英
	长子	Paw Zau Ja Mun	景颇	23	大学	景颇语，熟练	缅语，熟练	英语，略懂	景颇、缅、英
	次子	Gadaw Ngaw La Naw	景颇	19	大三在读	景颇语，熟练	缅语，熟练	英语，略懂	景颇、缅、英
	次女	Dawshi Gadaw Ja Bawk	景颇	16	大学在读	景颇语，熟练	缅语，熟练	英语，略懂	景颇、缅、英
	三子	Dawshi Gadaw La Hpri	景颇	15	高中	景颇语，熟练	缅语，熟练	英语，略懂	景颇、缅、英
4	户主	Zau Mai	景颇	54	小学	景颇语，熟练	缅语，略懂		景颇、缅
	妻子	Kai Htang	载瓦	54	文盲	载瓦语，熟练	景颇语，熟练	缅语，熟练	景颇
	长子	Zau Grang	景颇	25	高中	景颇语，熟练	缅语，熟练		景颇

续表

家庭编号	家庭关系	姓名	民族/支系	年龄（岁）	文化程度	第一语言及水平	第二语言及水平	第三语言及水平	掌握何种文字
	次子	Zau San Awng	景颇	22	大学	景颇语，熟练	缅语，熟练	英语，略懂	景颇、缅、英
	长女	Ja Seng Hkawng	景颇	19	大学	景颇语，熟练	缅语，熟练	英语，略懂	景颇、缅、英
5	户主	U Naw Taung	景颇	44	大学	景颇语，熟练	缅语，熟练	汉语，略懂；英语，略懂	景颇、缅、傣、汉
	妻子	Daw Kaung Nu	景颇	43	大学	景颇语，熟练	缅语，熟练	英语，略懂	景颇、缅
	长女	Ma Jar Sain Long	景颇	17	大学在读	景颇语，熟练	缅语，熟练	英语，略懂	景颇、缅、英
	长子	Zaw Sain Kun	景颇	15	初中	景颇语，熟练	缅语，熟练	英语，略懂	景颇、缅、英
	次女	Jar Sain Eain	景颇	11	初中	景颇语，熟练	缅语，熟练	英语，略懂	景颇、缅
6	户主	Hkawn Nu	景颇	45	小学	景颇语，熟练	缅语，熟练		景颇、缅
	长子	Brang San Hkum	景颇	24	硕士	景颇语，熟练	缅语，熟练	英语，略懂	景颇、缅、英
	长女	Htoi Seng Ing	景颇	20	大一在读	景颇语，熟练	缅语，熟练	英语，略懂	景颇、缅、英
	次女	A Ri Seng Myat Raw	景颇	14	初中在读	景颇语，熟练	缅语，熟练		景颇、缅
7	户主	Lazum Tu Ja	景颇	57	小学	景颇语，熟练	缅语，熟练	掸语，略懂	景颇、缅
	妻子	Aye Hlaing	傣族	52	小学	傣语，熟练	缅语，熟练	景颇语，略懂	傣、缅
	长子	Lazum Myu Awng San	景颇	24	大学	景颇语，熟练	缅语，熟练	傣语，略懂；英语，略懂	景颇、缅、英
	次子	Lazum Myu Bawk La	景颇	23	大学	景颇语，熟练	缅语，熟练	英语，略懂	景颇、缅、英
	长女	Lazum Marry Hkawn Yi	景颇	21	大学	缅语，熟练	景颇语，略懂	傣语，略懂；英语，略懂	缅、英
	三子	Lazum Myu Ring Awng	景颇	18	大二在读	缅语，熟练	英语，略懂	汉语，熟练	缅、汉、英
	次女	Lazum Yi Yi Bawk Tsin	景颇	18	大二在读	缅语，熟练	英语，略懂	汉语，略懂	缅、英

续表

家庭编号	家庭关系	姓名	民族/支系	年龄（岁）	文化程度	第一语言及水平	第二语言及水平	第三语言及水平	掌握何种文字
8 原表第20户	户主	La Wawm	景颇	50	大学	景颇语，熟练	缅语，熟练	英语，略懂；汉语，略懂	景颇、缅、英
	妻子	Hkawn Ja	景颇	51	高中	景颇语，熟练	缅语，熟练	英语，略懂	景颇、缅、英
	长子	San Htoi Awng	景颇	28	高中	景颇语，熟练	缅语，熟练	英语，略懂；汉语，略懂	景颇、缅、英
	长女	Ja Jan	景颇	25	大学	景颇语，熟练	缅语，熟练	英语，略懂	景颇、缅、英
	次子	Ma Naw	景颇	23	大学	景颇语，熟练	缅语，熟练	英语，略懂	景颇、缅、英
	次女	Htoi Pan	景颇	22	大学	景颇语，熟练	缅语，熟练	英语，略懂	景颇、缅、英
	三女	Doi Ja San	景颇	20	大学	景颇语，熟练	缅语，熟练	英语，略懂	景颇、缅、英
9	户主	U Htun Kyi	华人	59	高中	缅语，熟练	景颇语，熟练	汉语，略懂	景颇、缅
	妻子	Hkawn Hpang	景颇	64	大学	景颇语，熟练	缅语，熟练	英语，略懂	景颇、缅、英
	长女	Me Si Nang Hpa	景颇	34	大学	景颇语，熟练	缅语，熟练	英语，略懂	景颇、缅、英
	次女	Li Li Roi Ja	景颇	32	大学	景颇语，熟练	缅语，熟练	英语，略懂	景颇、缅、英
	三女	Ru Si Nan Sam	景颇	30	大学	景颇语，熟练	缅语，熟练	英语，略懂	景颇、缅、英
	四女	Jet Ma Mein Nang Seng Mai	景颇	18	大学在读	景颇语，熟练	缅语，熟练	英语，略懂	景颇、缅、英
10	户主	Hpare Bawm Ying	勒期	55	大学	勒期语，熟练	浪速语，熟练；景颇语，熟练；缅语，熟练	英语，熟练	勒期、景颇、缅、浪速、英
	妻子	Moat War Dine Naw	浪速	51	博士	浪速语，熟练	勒期语，熟练；缅语，熟练；景颇语，熟练；载瓦语，熟练	英语，熟练；日语，熟练	勒期、景颇、缅、浪速、英、日
	长子	Hpare Ying Bawm	勒期	23	硕士	勒期语，熟练	浪速语，熟练；景颇语，熟练；载瓦语，略懂	缅语，熟练；英语，熟练	勒期、景颇、缅、浪速、英

家庭编号	家庭关系	姓名	民族/支系	年龄（岁）	文化程度	第一语言及水平	第二语言及水平	第三语言及水平	掌握何种文字
	次子	Hpare Ying Ting	勒期	20	大学	勒期语，熟练	浪速语，熟练；景颇语，熟练；载瓦语，略懂	缅语，熟练；英语，熟练	景颇、缅、英
	三子	Hpare Lan Bawm	勒期	17	高中在读	勒期语，熟练	浪速语，熟练；景颇语，熟练；载瓦语，略懂	缅语，熟练；英语，略懂	景颇、缅、英
11	户主（母亲）	Ja Seng	景颇	64	初中	景颇语，熟练	缅语，熟练	傣语，略懂；英语，略懂	缅、景颇、英
	长女	Doi Raw	景颇	42	高中	景颇语，熟练	缅语，熟练	英语，略懂	缅、景颇、英
	次女	DAW THUIT WAI	景颇	40	大学	景颇语，熟练	缅语，熟练	英语，略懂	缅、景颇、英
	长子	Jaw Gam San	景颇	36	大学	景颇语，熟练	缅语，熟练	英语，略懂	缅、景颇、英
12	户主	Naw Tawng	景颇	47	大学	景颇语，熟练	傣语，熟练	缅语，熟练；英语，略懂；汉语，略懂	景颇、缅、英
	妻子	Hkawn Nu	景颇	45	大学	景颇语，熟练	缅语，熟练	英语，略懂	景颇、缅、英
	岳母	Nang Bawk	景颇	70	大专	景颇语，熟练	傣语，略懂	缅语，熟练；英语，略懂	景颇、缅、英
	长女	Lung	景颇	17	大一在读	景颇语，熟练	缅语，熟练	英语，熟练；汉语，略懂	景颇、缅、英、汉
	长子	Zau Seng hkawn	景颇	15	高中	景颇语，熟练	缅语，熟练	英语，熟练；汉语，略懂	景颇、缅、英、汉
	次女	Ja Seng Ing	景颇	11	初中	景颇语，熟练	缅语，熟练	英语，熟练；汉语，略懂	景颇、缅、英、汉
13	户主	Awng Gam	载瓦	52	硕士	景颇语，熟练；载瓦语，熟练	缅语，熟练	英语，熟练；浪速语，略懂	景颇、缅、英
	妻子	Hhawng Yang	浪速	48	高中	景颇语，熟练；浪速语，熟练	缅语，熟练	日语，熟练	景颇、缅、日
	儿子	Zai Zet Awng	载瓦	9	初中	景颇语，熟练；浪速语，熟练	缅语，熟练		景颇、缅

第三节　曼德勒的华人及其语言使用现状

　　曼德勒市华人占该市总人口的 20%左右。该地区的华人主要是来自中国云南、福建和广东三省，还有少数是来自山东、湖北、湖南、四川等地远征军及其他来源的后代。该地区华人依据祖籍地成立了四个同乡会。即云南同乡会、福建同乡会、广东同乡会、多省籍同乡会。四个同乡会共有华人 7142 户，其中，云南同乡会共有 4712 户，约占 66%；福建同乡会共有 1500 户，约占 21%；广东同乡会共有 800 户，约占 11%；多省籍同乡会共有 130 户，约占 2%。（2010 年各同乡会统计）

　　祖籍是云南、福建、广东的华人多数是为了谋生或躲避国内战争来到缅甸。当初祖籍是福建的华人在缅甸主要是做一些小土产生意，买卖豆类、洋芋等，现在什么都做了。祖籍是广东的华人主要是从事建筑和制造业（制造家具）等。当地人常把福建籍华人称作"长袖"，把广东籍华人称作"短袖"。因为福建人做生意时都穿戴整洁，而广东人干活时都是穿着短袖或挽起衣袖。云南籍华人主要是做玉石和布料生意，把中国的布料，主要是丝绸拿到缅甸来卖。

　　华人大多信仰佛教，每个同乡会都有自己的观音庙。为了了解华文教育与宗教的关系，我们调查组参观了曼德勒市福建同乡会的观音庙，即"福庆宫福建同乡会观音亭"。福庆宫福建同乡会理事长黄鹏飞先生告诉我们说："观音亭是我们福建同乡会的'三宝'（宫庙、坟山、教育）之一，观音亭里有宫庙和礼堂，宫庙是我们福建同乡会拜佛之所，礼堂是我们福建同乡会节日聚会及办理婚丧事务的场所。"

　　多数华人家庭经济实力较雄厚，比较重视教育。之前很多华裔去新加坡和中国台湾留学，现在去中国大陆留学的华裔逐渐增多。

　　20 世纪 70 年代之前，华人与其他民族通婚的很少，后来逐渐增多。

　　曼德勒市的华人部分是双语人，部分是多语人，不同程度地掌握母语（家乡话）、华语（普通话）、缅语等语言。由于曼德勒市的华人居住分散，为了准确掌握曼德勒市华人的语言使用情况，我们采取随机抽样调查的方式对 10 户家庭（除去 5 岁以下语言能力尚未成熟的儿童）55 名华人居民（10户共 57 名居民，第 4 户的母亲为缅族人，第 8 户的户主是傣族妇女，不计入）的语言能力和使用情况进行了调查。这 10 户家庭中，户主及其妻子都是福建籍的 6 户；户主及其妻子都是云南籍的 1 户；户主祖籍为海南的 1户；户主祖籍福建，与云南籍华人通婚的 1 户；男主人（已去世）祖籍为云南，与傣族通婚的 1 户。下面是具体的调查结果和分析：

一 曼德勒市华人母语使用情况及其成因

我们随机调查的 10 户家庭 55 名华人中，祖籍是福建的 43 人，祖籍是云南的 8 人，祖籍是海南的 4 人。通过数据分析，我们看到曼德勒市华人的母语能力总体上在日趋弱化，熟练、略懂母语的群体持平，不会母语的达 20%。祖籍是云南华人的母语能力最强，祖籍是福建的次之，祖籍是海南的相对较差。具体数据见表 4-26：

表 4-26　　　　　　55 名曼德勒市华人母语掌握情况

祖籍	户数	人口	熟练		略懂		不会	
			人数	百分比（%）	人数	百分比（%）	人数	百分比（%）
祖籍福建	7	43	13	30.2	19	44.2	11	25.6
祖籍云南	2	8	8	100	0	0	0	0
祖籍海南	1	4	1	25	3	75	0	0
合计	10	55	22	40	22	40	11	20

如表 4-26 所示，曼德勒市 10 户 55 名华人中，能熟练使用母语的为 40%，略懂母语的也占 40%，不会母语的达 20%。祖籍是云南的 8 位华人全部掌握母语；祖籍是福建的 43 位华人能熟练使用母语的只有 30.2%，略懂母语的达 44.2%，不会母语的占 25.6%；祖籍是海南的 4 位华人中，能熟练使用母语的 1 人，略懂母语的 3 人，没有不会母语的。

我们还对曼德勒市华人母语能力的代际差异进行了考查。其具体情况见表 4-27：

表 4-27　　　　不同代际的 55 名曼德勒市华人母语能力情况

代数	调查人口（人）	熟练		略懂		不会	
		人数	百分比（%）	人数	百分比（%）	人数	百分比（%）
第一代	2	2	100	0	0	0	0
第二代	19	11	57.9	3	15.8	5	26.3
第三代	29	9	31	15	51.7	5	17.3
第四代	5	0	0	4	80	1	20
合计	55	22	40	22	40	11	20

如表 4-27 所示，曼德勒市华人的母语能力存在较明显的代际差异，其

母语能力一代不如一代。熟练者的比例急剧下降，从第一代的 100%下降到第四代的 0；略懂母语的比例从第一代的 0 上升到第四代的 80%；不会母语的比例第一代是 0，第二代起就有 17%—20%。

我们还对曼德勒市不同年龄段、不同祖籍的 5 位市民在家庭内的母语使用情况进行了调查分析。结果见表 4–28：

表 4–28　　不同年龄段、不同祖籍的 5 位曼德勒市民在家庭内的母语使用情况

交际双方		调查对象及所选语言				
		李璜珀 85 岁	黄鹏飞 76 岁	卢蓉蓉 37 岁	杨敏慧 30 岁	余珠珠 23 岁
长辈对晚辈	父母对子女	缅语	缅语、闽南话	海南话、华语、缅语、	闽南话、华语、缅语	云南话、缅语
	祖辈对孙辈	缅语	闽南话	海南话	闽南话	云南话
	公婆对儿媳	缅语	闽南话	海南话	闽南话	云南话
晚辈对长辈	子女对父母	缅语	缅语、闽南话	海南话、华语、缅语	闽南话、华语、缅语	云南话、缅语
	孙辈对祖辈	缅语	缅语、闽南话	海南话、华语、缅语	闽南话、华语、缅语	云南话、华语
	儿媳对公婆	缅语	缅语、闽南话	海南话、华语、缅语	闽南话、华语、缅语	云南话、缅语
同辈之间	父亲与母亲	闽南话	闽南话	海南话	闽南话、华语、缅语	缅语
	丈夫与妻子	闽南话、华语、缅语	闽南话、华语、缅语	海南话、华语、缅语	闽南话、华语、缅语	缅语
	兄弟姐妹之间	闽南话、华语、缅语	闽南话、华语、缅语	海南话、华语、缅语	闽南话、华语、缅语	云南话、华语、缅语
	儿子与儿媳	缅语	缅语、闽南话	海南话、华语、缅语	闽南话、华语、缅语	缅语
主人对客人	对本族	闽南话、华语、缅语	闽南话、华语、缅语	华语、缅语	闽南话、华语、缅语	云南话、华语、缅语
	对非本族	缅语	缅语	缅语	缅语	缅语
	对陌生人	缅语	缅语	缅语	缅语	缅语

以上 5 位居民在家庭内部语言使用情况显示，母语在家庭交际中存在使用频率的差异。长辈对晚辈，晚辈对长辈，主人对本族客人，母语使用频率相对较高，多倾向于使用母语，并兼用华语和缅语。同辈之间，母语使用频率就低，更倾向于使用缅语，同时兼用母语和华语。主人对非本族客人或陌生人，母语都不使用，都说缅语。5 位居民由于祖籍、年龄、角色

不同，在家庭内部语言使用情况也存在一些差异。在 5 位居民中，作为长辈只有李璜珀（祖籍福建）在家庭中使用缅语，因为他的儿女子孙都已不会闽南话。主人对本族客人的，只有卢蓉蓉不使用母语海南话。原因是海南祖籍的华人在曼德勒只有她一家，其他华人都不会海南话，对本族客人就多用华语并兼用缅语。在同辈丈夫与妻子或兄弟姐妹之间，年老的李璜珀和黄鹏飞，更倾向于使用母语，年轻的卢蓉蓉、杨敏慧、余珠珠更倾向于使用缅语。

　　我们还调查了这 5 位居民在不同场合跟不同本族人交流时的语言使用情况，具体考察曼德勒华人的母语活力。结果如表 4–29 所示：

表 4–29　　不同年龄段、不同祖籍的 5 位曼德勒市民在家庭内的母语使用情况

交际场合	对象	本族人				
		母语（人）	华语（人）	兼用母语、华语、缅（人）	兼用华语、缅（人）	缅语（人）
见面打招呼		2	0	0	0	3
聊天		0	0	3	2	0
生产劳动		0	0	3	2	0
买卖		0	0	3	2	0
看病		0	0	3	2	0
开会	开场白	0	5	0	0	0
	传达上级指示	0	5	0	0	0
	讨论、发言	0	0	3	2	0
公务用语		0	0	5	0	0
广播用语		0	0	5	0	0
学校	课堂用语	0	0	5	0	0
	课外用语	0	0	3	2	0
节日、集会		0	0	4	1	0
婚嫁		0	0	4	1	0
丧葬		0	0	4	1	0

　　表 4–29 显示，母语并不是本族人之间必不可少的交际用语。5 位被测对象中，只有李璜珀和黄鹏飞 2 位年长者在见面打招呼时使用母语；祖籍福建的李璜珀、黄鹏飞和祖籍云南的余珠珠 3 位在聊天、生产劳动、买卖、看病，以及开会讨论、发言，在课外使用母语交流，并兼用华语和缅语；

祖籍福建的李璜珀、黄鹏飞、杨敏慧和祖籍云南的余珠珠4位在节日、集会和婚丧嫁娶时使用母语，并兼用华语和缅语；祖籍海南的卢蓉蓉与本族人交流时都不使用母语。可见，母语还不能满足曼德勒华人语言交际的需要。

我们还用人物访谈法、问卷调查法来了解曼德勒华人对母语的语言态度。对于"您的第一语言是什么？"这个问题，有1人选标准缅语，4人选母语。问到"您认为华人掌握母语有没有用？"时，5人都选有些用，没有人选很有用或没有用。问到"如果您家里的人不会说母语了，您有什么感觉？"时，3人选择无所谓，两人选反对，没有人选同意。当问到"您认为华人学好母语的目的是什么？"时，3人选择便于与本族人交流、保护和传承民族语言文化，两人选择便于与本族人交流。问到"在家庭生活中，您认为下面哪种语言最重要？"时，4人选择标准缅甸语，1人选择标准缅甸语和华语。当问到"您希望子女最好说什么语言？"时，1人选择标准缅甸语、华语、英语，1人选择标准缅甸语、华语，1人选择英语，1人选择英语、华语，1人选择标准缅甸语、母语、华语。也就是只有一个人选择了母语。

以上这些回答显示，华人对自己母语的认同感较差，所以有些人的第一语言甚至不是母语。在我们统计的55名华人居民中，第一语言是缅语的高达27位，第一语言是华语的1位，第一语言是母语和华语的5位。我们在访谈中了解到，多数老一辈的华人还是极力想把母语传承给下一代，在孩子开始学说话时就教他们母语。但实际情况是，当孩子稍微大一点，与周围其他说缅语的人有接触后，就不愿意再继续学母语了。年轻一代在家庭内部除了与长辈交流使用母语外，其他情况下都主要说缅语。我们在访谈福庆宫福建同乡会的理事长黄鹏飞先生，问到他孩子不会说闽南话和华语是什么感受时，他说："很无奈。闽南话和华语是我们的根，根不能断。但是闽南话的使用机会并不多，除了在我们同乡会，孩子周围的同学和朋友都在说缅语，久而久之他们都不愿意说闽南话了。"

总之，当今母语已不是曼德勒华人家庭及本族人之间必不可少的交际用语，母语能力总体上已日趋弱化，并存在明显的代际差异。但云南籍华人的母语能力较其他籍华人相对要强。造成这种现状的原因是什么？通过调查以及对所得数据的分析，我们认为有以下四点：

（一）居住分散。即使是同一祖籍的华人也很少聚居在一块，周围多是缅族。他们都是通过同乡会来维系各同乡的感情。华人除了在家庭和同乡会内部，长辈与晚辈之间偶尔使用母语外，普遍倾向于使用缅语，当然也会使用少量的华语。

（二）华人从第二代开始对母语的认同度较差。如上分析数据所示，将近一半的华人（都是第二、三、四代华人）的第一语言是缅语，对于家庭成员不会母语很多人抱着无所谓或无奈的态度。虽然部分华人对本民族的语言文化具有较强的民族感情，有保护本民族语言文化的愿望，但在缅语作为通用语的这种大环境下他们心有余而力不足。

（三）云南籍华人的母语能力较强的原因是云南籍华人在曼德勒地区数量最大。如上文数字，四个同乡会共有华人7142户，云南同乡会就有4712户，约占66%；福建同乡会只有1500户，约占21%；广东同乡会共才有800户，约占11%；多省籍同乡会仅有130户，约占2%。调查族在曼德勒调研中也看到，云南同乡会的会馆规模最大，建筑也最气派。近年来，仍不断有中缅边境的云南人来到曼德勒。

（四）云南话内部差异小，各地云南人相互间都能通话，这有利于云南话的生存和保留。不像广东、福建话不同地区都有差异，甚至不能通话，影响了语言活力。

二 曼德勒市华人使用华语（普通话）情况及其成因

曼德勒华人除了使用自己的母语（家乡话）外，还学习使用华语（普通话），使其成为"方言和普通话"的双语人。他们使用华语的情况如表4–30所示：

表4–30　　　　　　　55名曼德勒市华人华语掌握情况

祖籍	户数	人口	熟练		略懂		不会	
			人数	百分比(%)	人数	百分比(%)	人数	百分比(%)
祖籍福建	7	43	19	44.2	12	27.9	12	27.9
祖籍云南	2	8	8	100	0	0	0	0
祖籍海南	1	4	4	100	0	0	0	0
合计	10	55	31	56.4	12	21.8	12	21.8

如表4–30所示，曼德勒市10户55名华人中，能熟练使用华语的达56.4%，略懂和不会华语的各占21.8%。祖籍云南的8位华人全部掌握华语；祖籍福建的43位华人能熟练使用华语的只有44.2%，略懂和不会华语的各占27.9%；祖籍海南的4位华人全部能熟练使用华语。祖籍福建的华人华语掌握情况较差。

为了更详细地了解曼德勒市华人使用华语的情况，我们根据这55名华人的年龄段考察其华语使用情况，发现华语在曼德勒市华人之间存在明显

的代际差异。具体数据分析见表 4-31:

表 4-31　　　55 名不同年龄段的曼德勒市华人华语掌握情况

年龄段（岁）	调查人口（人）	熟　练		略　懂		不　会	
		人数	百分比（%）	人数	百分比（%）	人数	百分比（%）
5—15	1	1	100	0	0	0	0
16—39	30	18	60	8	26.7	4	13.3
40—59	13	3	23.1	3	23.1	7	53.8
60 岁以上	11	9	81.8	1	9.1	1	9.1
合计	55	31	56.4	12	21.8	12	21.8

　　如表 4-31 所示，曼德勒华人使用华语的熟练程度存在明显的代际差异，呈现出两头高，中间低的现象。其中，使用水平较高的是 5—15 岁和 60 岁这两个年龄段，熟练比例分别达到 100%和 81.8%；16—39 岁这一年龄段中有 8 人略懂华语，4 人不会华语，分别占这一年龄段人数的 26.7%和 13.3%；兼用水平比例最低的是 40—59 岁这一年龄段的人群，熟练比例仅为 23.1 %。

　　华语是各祖籍华人之间的通用语，不同场合的语言选用也是考察通用语活力的重要指标。我们仍以李璜珀、黄鹏飞、卢蓉蓉、杨敏慧、余珠珠 5 名居民为被测，考察他们在不同场合跟本族人交际时的语言使用情况。结果如表 4-32 所示:

表 4-32　　　5 名曼德勒市华人在不同场合跟本族人交际时的语言使用情况

交际场合	对象	本　族　人				
		母语（人）	华语（人）	兼用母语、华语、缅（人）	兼用华语、缅（人）	缅语（人）
见面打招呼		2	0	0	0	3
聊天		0	0	3	2	0
生产劳动		0	0	3	2	0
买卖		0	0	3	2	0
看病		0	0	3	2	0
开会	开场白	0	5	0	0	0
	传达上级指示	0	5	0	0	0
	讨论、发言	0	0	3	2	0
公务用语		0	0	5	0	0

交际场合	对象	母语（人）	华语（人）	兼用母语、华语、缅（人）	兼用华语、缅（人）	缅语（人）
	广播用语	0	0	5	0	0
学校	课堂用语	0	0	5	0	0
	课外用语	0	0	3	2	0
节日、集会		0	0	4	1	0
婚嫁		0	0	4	1	0
丧葬		0	0	4	1	0

　　表 4-32 显示，华语是本族人之间重要的交际工具，被测的 5 名在聊天、生产劳动、买卖、看病、开会、学校、节日、集会和婚丧嫁娶时都会使用华语，只有在见面打招呼时福建籍的李璜珀、黄鹏飞使用母语，年轻点的卢蓉蓉、杨敏慧和余珠珠使用缅语。

　　我们通过访谈、问卷调查对曼德勒华人对华语的语言态度进行调查。对于"您认为掌握华语有没有用？"这个问题，5 个人都选很有用，没有人选有些用或没有用。问到"如果您家里的人不会说华语了，您有什么感觉？"时 3 个人选择无所谓，两个人选反对，没有人选同意。问到"您认为学好华语的目的是什么？"时，5 人都选择了"找到好工作、得到更多的收入"这个选项。还有 3 人选择了"便于与本族人交流、保护和传承民族语言文化"。问到"您希望子女最好说什么语言？"时，4 人都把华语作为首选语言之一，只有 1 人选择了英语而没有选择华语。

　　以上这些回答显示，华人对华语的认同感较强，基本上都希望能掌握华语。我们在访谈中了解到，华人当中的有识之士非常重视华语教育，有些人甚至冒着生命的危险开办华文学校。在访谈中福庆宫福建同乡会的理事长黄鹏飞先生介绍说："1965 年，缅甸外桥学校，包括所有的华文学校全部被收为国有。从那时开始，我们福建人没有了自己的华文学校，孩子们就只能偷偷摸摸地上家庭华文补习班。即使这样，政府知道后也不高兴，华文教育断了将近二三十年。断了华文教育，就等于断了我们的根，所以我们福建同乡会的元老们，包括前几届理事长，认为无论如何福建同乡会一定要在福庆宫观址内重新办华文学校。1993 年，我们就从托儿所办起，因为孩子的启蒙学校非常重要。当时，我们冒着被抓的危险开办了这个学校。"有些家庭从孩子学说话时就教他们华语，家里也经常收看用华语播放的电视。现任福庆语言电脑培训学校的吕子态副校长说："现在我的小孩都会说华语，我妻子是云南人，华语很熟练，在家里她都是用华语和孩子交流，看电视也都是看华语卫视。"

综上所述，曼德勒华人的华语水平相对母语而言要更高些，但也存在较明显的代际差异。尤其是 40—59 岁这个年龄段的华语水平较差。不同祖籍华人的华语水平有差异，云南籍华人相对要好些。造成这一现状的原因有以下六点：

（一）华语是缅甸华人除缅语外重要的通用语。在曼德勒市有将近 20% 的华人。不同地区华人的家乡话不能成为共同语。而华语是除缅语之外重要的交际工具。如上面本族人之间语言使用情况表所显示，5 名被测在聊天、生产劳动、买卖、看病、开会、学校、节日、集会和婚丧嫁娶时都使用华语。

（二）华人对华语都有较强的认同感，认为华语是他们的根，是传承中华文化的载体，根不能断，载体不能丢失。即使在排华时期，华文学校被收为国有而被取消的情况下，有些家庭仍坚持让小孩去华语家庭补习班或寺庙学习华语。如 1 号家庭郑海燕的 5 个孩子尽管都成长在 1965 年后华文学校被取消的阶段，但他们的华语水平都达到熟练的程度。郑海燕先生告诉我们，他的孩子都是通过上华语家庭补习班而学会华语的。福庆宫福建同乡会还把华文教育当作他们的"三宝"之一。

（三）为什么他们的华语会出现代际差异？是因为 1965 年缅甸出现反华浪潮，华语教育一度处于低谷，使得华人的华语能力出现明显的代际差异。"1965 年 4 月，缅甸政府颁布了《私立学校国有化条例》，民间学校被收归国有。1967 年'6·26'排华事件后，华文补习班也被禁止。缅甸的华文教育从此走入低谷，华裔小孩只能穿纱笼，学缅文，说缅语，这也是如今 50 岁上下的缅甸华人华侨不会说华语的主要原因。1981 年，缅甸华侨西汀穆先生将新加坡佛教总会捐赠给缅华僧伽会的《佛学教科书》编撰成中缅文对照本，并经缅甸总教部批准，公开发行和教授，从此以后，华人华侨才可以讲授佛经的名义开办华文补习班，谨慎地开展华文教育。"[①]

20 世纪 60 年代末 70 年代初，华人根本不敢谈及华文教育，直到 80 年代末 90 年代初，情况才稍微有所好转，一些以佛教名义开办的学校开始慢慢出现，如我们了解到的福庆语言电脑培训学校就是以佛教的名义在 1993 年成立的。在我们统计的 55 名华人居民语言使用情况中，以 1965 年出生的华人为界限，40—48 岁这个年龄段的华人共有 6 位，仅一位能熟练使用华语。

（四）中国国力日益强大，这是近十年来华人积极学习华语的一个重要驱动力。国强则语言兴，国弱则语言衰。随着中国经济的不断发展，中缅

---

① 参见李佳《缅甸的语言政策和语言教育》，《东南亚研究》，2009 年第 2 期第 78 页。

贸易往来密切，华语成为华人创造财富的一个工具，华语成为很多华人父母最希望子女掌握的语言之一。根据我们抽样调查，当被问及"您认为学好民族语言的目的是什么？"时，5 名被测者都选择了"找到好工作、得到更多的收入"；当被问到"您希望子女最好说什么语言？"时，4 人都把华语作为首选语言之一。黄鹏飞先生对我们说："中国经济日益强大，越来越多的人包括缅族、印度人等其他民族都愿意学习华语。像我们福庆语言电脑培训学校，在上缅甸现已有 11 个教学点，今年 3 月准备在首都内比都成立第 12 个教学点，规模会越来越大。"现在，曼德勒市的华裔学生基本上都会利用政府学校上课时间之外的时间段去华文培训学校学习华语。福庆语言电脑培训学校的校长李祖清告诉我们："福庆语言电脑培训学校正规班的教学对象都是 5—12 岁的学生，目前有 400 名左右的学生，他们的上课时间是早上 6 点到 8 点，或下午 3:30 到 5:30，即政府学校上课时间以外的时间段。"

（五）相对宽松的政治环境是华人得以学习华语的保障。中国政府推行睦邻政策，中缅关系友好，这让我们华人能有一个良好的学习华语的环境。我们在访谈中了解到，现在老一辈华人非常珍惜这个难得的时机，鼓励子孙后代学习华语。

（六）方言差异使得各不同祖籍华人的华语水平参差不齐。我们了解到，祖籍云南的华人华语能力最强。在我们统计的 55 名华人居民中，有 8 位云南籍华人，这 8 位华人集中在 20—35 岁和 57 岁左右这两个年龄段，他们都能熟练使用华语。而福建籍和广东籍华人华语能力相对较差，在我们统计的 43 名祖籍福建的华人中，能熟练使用华语的只有 19 位。福庆宫福建同乡会的办公室秘书杨慧敏告诉我们：对于祖籍福建和广东的华人来说，华语学习起来很难，而云南人学起来相对容易，因为云南人基本上都会说云南话，云南话和华语本来就比较接近，福建话与广东话和华语的差别很大。

三　曼德勒市华人兼用缅语情况及其成因

我们在调查中还发现，曼德勒华人全民兼用缅语，缅语已经成为华人生活中不可缺少的社会交际工具。详见表 4–33：

表 4–33　　　　　　　　55 名曼德勒市华人兼用缅语情况

祖籍	户数	人口	熟　练		略　懂		不　会	
			人数	百分比(%)	人数	百分比(%)	人数	百分比(%)
祖籍福建	7	43	42	97.7	1	2.3	0	0

续表

祖籍	户数	人口	熟练		略懂		不会	
			人数	百分比(%)	人数	百分比(%)	人数	百分比(%)
祖籍云南	2	8	8	100	0	0	0	0
祖籍海南	1	4	4	100	0	0	0	0
合计	10	55	54	98.2	1	1.8	0	0

表 4–33 显示，55 名华人居民都能不同程度地掌握缅语。其中，熟练使用缅语的有 54 人，占总人数的 98.2%；略懂的为 1 人，只占总人数的 1.8%。这与我们了解到情况完全相符。略懂缅语的华人是林看水，现年 64 岁。他没能熟练使用缅语的原因是他在中国出生，来缅甸的时间较晚，已经过了学习语言的最佳期。1974 年底因为家庭经济条件困难，为了谋生，才来到缅甸。

在与非本族人的交往中，我们也能看出曼德勒华人兼用缅语的一些特点。我们再以上文的 5 名被测为例，调查分析他们在不同场合与非本族人交流时缅语的使用情况，结果如表 4–34 所示：

表 4–34　　5 名曼德勒市华人在不同场合与非本族人交流时缅语的使用情况

交际场合	对象	非本族人				
		缅语（人）	母语（人）	华语（人）	英语（人）	其他（人）
见面打招呼		5	0	0	0	0
聊天		5	0	0	0	0
生产劳动		5	0	0	0	0
买卖		5	0	0	0	0
看病		5	0	0	0	0
开会	开场白	5	0	0	0	0
	传达上级指示	5	0	0	0	0
	讨论、发言	5	0	0	0	0
公务用语		5	0	0	0	0
广播用语		5	0	0	0	0
学校	课堂用语	5	0	0	0	0
	课外用语	5	0	0	0	0
节日、集会		5	0	0	0	0
婚嫁		5	0	0	0	0
丧葬		5	0	0	0	0

如表 4–34 所示，5 名被测在以上这些场合中遇到非本族人的时候都用缅语交流。调查时，福庆宫福建同乡会理事长黄鹏飞先生对我们说："我们华人都会使用缅语，即使在同乡会开会时也是先用华语，然后再翻译成缅语，因为宫庙里还有一些其他民族的工人，加之有些同乡也不会华语。在讨论问题时，用华语谈不通的地方就用缅语。节日、婚丧活动上如果有其他民族的朋友参加，先用华语主持，然后再翻译成缅语。同乡在下面交流时，年长的、会闽南话的，多用闽南话交流，也会掺杂一些缅语，而年轻的更倾向于使用缅语。"其实，在与本族人交流时缅语也是重要的辅助工具。

曼德勒市华人对缅语的语言态度是什么？对于"您认为掌握缅甸语有没有用？"这个问题，5 人都选很有用，没有人选有些用或没有用。问到"您认为学好缅甸语的目的是什么？"时，5 人都选择找到好工作，得到更多的收入；升学的需要；便于与外族人交流。问到"在家庭生活中，您认为下面哪种语言最重要？"时，5 人把标准缅甸语作为选择之一。问到"在社会生活中，您认为下面哪种语言最重要？"时，有 3 人选择了标准缅甸语。问到"您愿意把子女送到什么学校？"时，有 4 人选择了用缅甸语授课的学校。

以上这些回答显示，曼德勒华人对缅甸通用语——缅语有高度的认同感，华人认为在缅甸生活，缅语很重要，是他们必不可少的交际工具，都愿意掌握缅语。

曼德勒华人，除了那些近几十年来到缅甸的，都能熟练使用缅语，不存在代际差异，全民对缅语有高度的认同感。在我们统计的 55 名华人中，第一语言是缅语的高达 27 位。造成这种现状的原因是什么？通过调查以及对所得数据的分析，我们归为以下三点：

（一）华人掌握缅语是生存、发展的需要。除英属殖民时期，缅语一直是缅甸的官方语言，是缅甸国内各民族的通用语。蒲甘王朝的建立使缅甸开始了有缅文可考的历史，之后缅甸历代封建王朝统治者非常重视缅文的规范化，逐渐确立了缅语通用语的地位。在英国殖民统治时期，英语被规定为缅甸的官方语言。缅甸独立后，吴努出任总理首次以宪法形式确立缅语为官方语言。后来，历届的缅甸政府都采取各种政策、措施巩固缅语通用语的地位。

（二）学校教育是华人能熟练使用缅语的关键。1965 年华校被收归国有后，华人只能去政府的公立学校接受教育，缅语是政府公立学校基础教育阶段的教学语言，是必修课。因此，每个华人孩子在学校接受教育后，不到几年就都能熟练掌握缅语缅文。

（三）社会语言环境是华人掌握缅语的又一重要因素。曼德勒市缅族占

60%之多，其他少数民族也都能熟练使用缅语。华人要与外族人交流，缅语是他们必不可少的工具。这样，华人自然就学会了缅语。黄鹏飞先生告诉过我们他掌握缅语的经历："我没有上过缅文学校，缅语都是自学的，因为要与外族人交流，自然就学会了。"

四 小结

综上所述，曼德勒市华人语言使用情况的特点之一是：使用母语、华语、缅语等语言，几种语言互相竞争、互补，各语言的使用情况和地位存在差异。特点之二是：母语不是曼德勒华人家庭及本族人之间必不可少的交际用语，母语能力总体上在日趋弱化，并存在明显的代际差异，云南籍华人的母语能力较其他祖籍华人相对要强。特点之三是：华语是华人之间很重要的一个交际工具，是传承中华民族文化的载体。曼德勒华人的华语水平相对母语要更高些，但也存在较明显的代际差异，尤其是40—59岁这个年龄段的华语水平较差。云南籍华人的华语能力较其他华人相对要强。特点之四是：缅语是曼德勒华人生活中必不可少的社会交际工具，华人都愿意掌握缅语，对缅语有高度的认同感，都能熟练使用缅语。

随着中国国力的日益强大，中缅经贸往来的日益密切，华语需求将不断增加。但同时也要看到，曼德勒华人青壮年的母语能力在日趋下降，有的对母语在社会中的地位缺乏足够的认识。国家通用语缅语和民族通用语华语的习得是重要的，但它也会冲击母语的使用和发展。如何处理好这三者的和谐互补关系，将是曼德勒华人长期面临的挑战。

表4-35　　　　　　曼德勒华人语言使用情况入户调查表

家庭编号及户主代数	家庭关系	姓名	民族	年龄（岁）	文化程度	第一语言及水平	第二语言及水平	第三语言及水平	备注
	户主	郑海燕	缅（华）	69	高中	缅语，熟练	华语，熟练	闽语，略懂	
	妻子	曾金盛	缅（华）	65	初中	缅语，熟练	华语，熟练	闽语，略懂	
	长子	郑国庆	缅（华）	40	本科	缅语，熟练	英语，熟练	华语，熟练	闽语，略懂
1 第二代	次子	郑国强	缅（华）	39	本科	缅语，熟练	英语，熟练	华语，熟练	闽语，略懂
	三儿子	郑国华	缅（华）	38	本科	缅语，熟练	英语，熟练	华语，熟练	闽语，略懂
	女儿	郑小丽	缅（华）	34	本科	缅语，熟练	英语，熟练	华语，熟练	闽语，略懂
	四儿子	郑国泰	缅（华）	32	本科	缅语，熟练	英语，熟练	华语，熟练	闽语，略懂

家庭编号及户主代数	家庭关系	姓名	民族	年龄（岁）	文化程度	第一语言及水平	第二语言及水平	第三语言及水平	备注
2　第一代	户主	林看水	缅（华）	64	初中	闽语，熟练	华语，熟练	缅语，略懂	
	长女	林雪明	缅（华）	42	高中	闽语，熟练	缅语，熟练	华语，略懂	
	次女	林雪辉	缅（华）	40	本科	闽语，熟练	缅语，熟练	英语，略懂	
	长子	林华生	缅（华）	33	初中	缅语，熟练	闽语，熟练	华语，略懂	
	次子	林华海	缅（华）	30	初中	缅语，熟练	闽语，熟练	华语，熟练	
	三儿子	林华杰	缅（华）	24	本科	缅语，熟练	闽语，略懂	英语，熟练	华语，熟练
	长外孙	高炳伟	缅（华）	18	大学在读	缅语，熟练	闽语，略懂	华语，熟练；英语，略懂	
3　第三代	户主	黄鹏飞	缅（华）	76	初中	闽语，熟练	华语，熟练	缅语，熟练	
	妻子	曾美新	缅（华）	73	高中	闽语，熟练	华语，熟练	缅语，熟练	
	女儿	黄秀娟	缅（华）	38	本科	闽语，略懂	缅语，熟练	英语，略懂	
	儿子	黄汉波	缅（华）	34	本科	闽语，略懂	缅语，熟练	英语，略懂	
4　第三代	户主	吕子态	缅（华）	34	本科	缅语，熟练	英语，略懂	华语，熟练	
	父亲	吕荣民	缅（华）	69	本科	缅语，熟练	闽语，熟练	英语，略懂	
	母亲	林美珠	缅族	64	高中	缅语，熟练			
	弟弟	吕子华	缅（华）	31	本科	缅语，熟练	英语，略懂	华语，略懂	
	妹妹	吕晓婷	缅（华）	25	本科	缅语，熟练	英语，略懂	华语，略懂	
	妻子	刘晓丹	缅（华）	33	本科	云语，熟练	缅语，熟练	华语，熟练英，略懂	
	儿子	吕孙安	缅（华）	5	幼儿园	华语，熟练	缅语，熟练		
5　第二代	户主	李祖清	缅（华）	57	博士	华语，熟练；云南话，熟练	缅语，熟练	英语，略懂	
	妻子	杨景仙	缅（华）	57	硕士	华语，熟练；云南话，熟练	缅语，熟练	英语，略懂	
	长女	李继慧	缅（华）	27	本科	华语，熟练；云南话，熟练	缅语，熟练	英语，略懂	
	次女	李玲玲	缅（华）	24	本科	华语，熟练；云南话，熟练	缅语，熟练	英语，略懂	
	小女	李莉莉	缅（华）	21	本科	华语，熟练；云南话，熟练	缅语，熟练	英语，略懂	
6　第二代	户主	卢爱华	缅（华）	62	高中	海南话，熟练	华语，熟练；英语，略懂	缅语，熟练	

续表

家庭编号及户主代数	家庭关系	姓名	民族	年龄（岁）	文化程度	第一语言及水平	第二语言及水平	第三语言及水平	备注
6 第二代	长女	卢蓉蓉	缅（华）	37	本科	海南话，略懂	缅语，熟练	华语，熟练；英语，熟练	
	次女	卢秋兰	缅（华）	33	本科	海南话，略懂	缅语，熟练	华语，熟练；英语，熟练	
	儿子	卢明明	缅（华）	28	本科	海南话，略懂	缅语，熟练	华语，熟练；英语，熟练	
7 第二代	户主	林天生	缅（华）	66	高中	闽语，熟练	华语，熟练；英，略懂	缅语，熟练	
	妻子	谢叔慧	缅（华）	60	小学	闽语，熟练	华语，熟练	缅语，熟练	
	长子	林昌发	缅（华）	40	小学	闽语，略懂	缅语，熟练	华语，略懂	
	次子	林昌敏	缅（华）	37	初中	闽语，略懂	缅语，熟练	华语，略懂	
	三儿子	林昌龙	缅（华）	35	小学	闽语，略懂	缅语，熟练	华语，略懂	
	四儿子	林昌辉	缅（华）	33	小学	闽语，略懂	缅语，熟练	华语，略懂	
	五儿子	林昌末	缅（华）	31	本科	闽语，略懂	缅语，熟练；英语，略懂	华语，略懂	
8 第二代	户主		傣族	50	高中	缅语，熟练	傣语，略懂		
	长女	余小玲	缅（华）	24	本科	云南话，熟练	缅语，熟练	华语，熟练；英语，略懂	
	次女	余珠珠	缅（华）	23	本科	云南话，熟练	缅，熟练	华，熟练英，略懂	
9 第三代	户主	杨清洁	缅（华）	58	高中	缅语，熟练	华语，略懂	闽语，略懂	
	妻子	柯金花	华侨	64	本科	缅语，熟练	闽语，熟练	华语，略懂	
	长女	杨敏慧	缅（华）	30	本科	缅语，熟练	华语，熟练；英，略懂	闽语，略懂	
	次女	杨敏丽	缅（华）	28	本科	缅语，熟练	英语，熟练	华语，略懂；闽语，略懂	
10 第一代	户主	李璜珀	缅（华）	85	高中	闽语，熟练	华语，熟练	缅语，熟练	
	长子	李谋基	缅（华）	57	高中	闽语，熟练	缅语，熟练	英语，略懂	
	长女	李丽玲	缅（华）	54	本科	缅语，熟练	英语，略懂		
	次女	李丽琼	缅（华）	52	本科	缅语，熟练	英语，略懂		
	三女儿	李丽莹	缅（华）	50	本科	缅语，熟练	英语，略懂		
	次子	李培源	缅（华）	48	本科	缅语，熟练	英语，略懂		
	小儿子	李玉琪	缅（华）	45	本科	缅语，熟练	英语，略懂		
	长孙	李礼义	缅（华）	26	本科	缅语，熟练	英语，略懂		
	次孙	李礼仁	缅（华）	21	本科	缅语，熟练	英语，略懂		

第四节 掸邦的果敢族及其语言使用现状

掸邦位于缅甸东部，与中国、泰国和老挝接壤。掸邦是缅甸联邦共和国 14 个省邦中面积最大、人口最多的少数民族自治邦，面积约 16 万平方公里，约占缅甸总面积的四分之一。人口有 800 多万（2005 年）。

掸邦共有 11 个县，54 个镇区，首府在东枝。除东枝外，还有莱林、腊戍、木姐、皎脉、滚弄、老街、景栋、孟萨、孟别和大其力 10 个县。掸邦内居住着掸族、佤族、果敢族、勃欧族、特努族、克钦族等 26 个少数民族。掸族自称傣族，是主体民族，约占全邦人口的 60%。各民族都有自己的语言，有些民族如掸族、勃欧族、克钦族等还拥有自己的文字。

掸邦从地域上分为北部、南部和东部地区。北部地区的主要城市是腊戍，东部地区的主要城市是景栋，南部地区的主要城市是东枝。中缅边界地区有 4 个民族自治区：果敢自治区、佤族自治区、特努族自治区和勃欧族自治区。

掸邦的主要宗教是佛教，大部分民众是虔诚的佛教信徒。境内佛塔林立，僧侣众多。其他宗教包括基督教、印度教和伊斯兰教等。

掸邦边贸繁荣，是仰光、曼德勒以外省邦中经济较为发达的地区。其经济以农业为主，主要农产品有大蒜、玉米、烟叶、黄豆、青菜等。其中，大蒜和烟叶为掸邦特产，销售缅甸各地。蔬菜产量居各省邦前列，供应全国各地。北部主要种植玉米。腊戍以北生产甘蔗和老树茶。南部的东枝种植甘蔗、小麦等农作物，包白菜和菜花等蔬菜运往曼德勒和仰光等地。东枝附近的茵莱湖因水上种植蔬菜而闻名，其西红柿产量占缅甸全国的 50%。由于农产品加工业不发达，丰富的物产不能在本地进行细加工，只能以原材料出口中国、泰国、日本等地。掸邦还拥有丰富的能源资源，银、铅、金、锡、锑、铁、铜等矿产丰富。掸邦的森林资源也很充足，拥有柚木、松木、美登木等珍贵木材。掸邦缺乏能源开发的技术和人才，火电厂和水电厂的高级技术人员均来自中国，所以其能源未能充分利用，导致电力匮乏、工业落后。

掸邦的首府东枝，以其凉爽宜人的气候和清爽明朗的环境成为缅甸著名的避暑胜地。它坐落于山脊之上，翠绿的山坡上矗立着一排排小巧而别具风格的庭院，从北到南的主道贯穿全市，空气清新，干净整洁。东枝人口约 30 万，居民以掸族为主，还有华人、果敢族、勃欧族、茵达族等。

果敢人是缅甸联邦多民族中备受关注的一个小群体。他们源自中国的汉族，最早迁徙到果敢地区的居民至今已有四五代，300 多年的历史。长期以来，他们为了争取民族独立地位，即成为缅甸联邦正式的一员，在复杂的民族矛盾中，采取了多种形式的抗争。虽然身居缅甸，但大部分人只会汉语不会缅甸的国语——缅语。如今，果敢人如何生存、如何发展，值得民族学家、社会学家、语言学家研究。

本节根据已有文献资料和课题组到缅北地区获得的第一手田野调查材料，从三个方面介绍果敢人及其语言使用的情况。

一　果敢的历史及现状

关于"果敢"名称的由来，据说以前该地区有 9 个部落，分别有 9 个头人，傣语称为"ko³³ kan³¹"，ko³³是"九"的意思，kan³¹是"头人、首领"的意思，后来"果敢"成为这一群体的族称。

相传，果敢人的主体最初是中国南明王朝末代皇帝朱由榔余部的后裔。朱由榔兵败后，其余部进入缅甸掸邦北部，与当地居民通婚繁衍后代，之后又逐渐融入了大批新的移民，形成了果敢这一新的群体。他们曾向缅王朝和登尼（木邦）土司纳贡。果敢人中，陈、赵、杨等姓是统治者，其中杨姓统治的时间最长。

果敢地区位于缅甸掸邦东北部，最初称为"缅甸掸邦第一特区"，2009年"八八事件"后，官方称为"缅甸掸邦果敢自治区"，为缅甸联邦 6 个少数民族自治区之一。辖区北部、东部与中国云南省的潞西、龙陵、镇康、耿马山水相连，边界长 173 公里；西部、南部濒临萨尔温江及南汀河，与萨尔温江以西的勐古、勐洪、南壮、长箐山及缅甸佤邦南邓一衣带水。总面积约 2026 平方公里，其中山地占 90%。人口密度每平方公里 65 人。首府老街，东距中国镇康县南伞镇 10 公里，南离缅北重镇腊戌 189 公里，是滇缅往来的传统陆路通道之一。

果敢第一特区今辖果敢 1 县 4 区 15 乡、清水河 1 特区 1 乡 3 社区、老街 3 社区，常住人口约 13.1 万，内有汉、傣、佤、果敢、苗、德昂、傈僳、缅 8 个民族，其中汉族人口占 84%。另有外来暂住流动人口约 5 000。（果敢自治区的地图见下页）

果敢地区古称"麻栗坝"。其国家归属，1897 年之前，为中国滇西边地，之后，划归英属印度帝国缅甸殖民省，1937 年印缅分治，归英属缅甸殖民地。1948 年，缅甸独立，归属缅甸联邦。在第二次世界大战中，果敢人在中、英支援下抵抗了日军的进攻，损失惨重。在抗日战争胜利后，果敢地区挂中、英两国国旗。1953 年 4 月，缅甸联邦政府官员散发"缅甸联邦是你的国家"、"你是缅甸的公民"传单，国属问题得到正式确认。

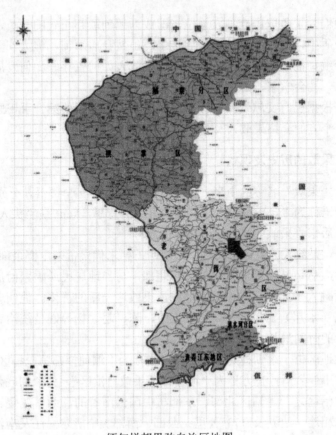

缅甸掸邦果敢自治区地图

①资料来源：《果敢志》，缅甸掸邦《果敢志》编纂委员会，2012年8月。

　　果敢的行政设置，1840年之前，实行部落领主分治，之后，被清廷册封为一个统一的地方政区——果敢县，由杨氏土司世袭统治，历时120年。1959年缅甸联邦宣布废除土司世袭制，开始步入政权频繁更迭或社会动荡的时代。其地方军政当局与联邦国家的关系长期处于若即若离的不稳定状态，甚至出现割据对抗的局面。

　　果敢特区政府虽名为掸邦第一特区，却不属掸邦管辖，而是与中央政府直接对口。2009年8月军事冲突后，缅政府控制了果敢，在果敢各机关部门都安插了缅族人员，果敢名为"自治"，实则完全由缅族人管辖。

　　果敢地区本是以传统农业为主，但近现代由于大量种植罂粟及生产鸦片，逐渐沦为远近闻名的"大烟山"，"麻栗坝烟"曾名噪四邻。1989年在联邦政府和国际社会关切下，开始禁止罂粟种植及鸦片生产。历经反复曲

———————————
① 缅甸掸邦《果敢志》编纂委员会：《果敢志》，2012年8月。

折，2002 年底终于实现了全面禁烟，后展开以甘蔗、橡胶、茶叶、核桃为重点的种植。

果敢是一个以华裔为主体的多民族聚居区。果敢人尊崇孔老之道，信奉佛教和基督教。保留着春节、清明、端午、火把、中元、中秋、泼水等传统节日，以及打歌、唱山歌、打包、打秋、打陀螺、跳摆等民间文娱活动；继承了献龙、献庙、献稼、献阴兵、献炮楼、献观音、献关公等宗教崇拜仪式，以及南传佛寺、基督教堂等宗教场所。这一地区还保存着傈僳、德昂、苗、傣、佤等少数民族的一些古老村落和民俗民风。

长期以来，果敢人在同英国殖民者和日本侵略军的斗争中做出了重要贡献，在争取民族利益的斗争中付出了巨大代价。在缅甸吴奈温排华的年代，缅甸国内限制汉语和汉字的使用，更不允许教授汉文。果敢人不得不使用"果敢族"的称谓，并将他们说的汉语云南方言称为"果敢语"，使用的汉字称为"果敢文"，以便中华文化在果敢人中得以传承。

果敢人愿以"果敢族"正名，是因为担心缅甸不承认他们作为缅甸多民族的一个成员而存在。为此，他们寻找历史事实证明果敢人在阿瓦与贡榜王朝时就已形成一个"专区"，后人还曾经不断向缅王进贡，强调自己应是缅甸原住民的一支。

果敢人与周围各民族和睦相处，在经济、生活上密切往来。如果敢人与佤邦的佤族人互称"老表"（兄弟）。但是因为果敢人口少，生活地区自然条件恶劣，长期在大民族的包围中艰难生活，为了生存，为了争夺土地，为了占领各自的地盘，也曾与周围的佤、傣、克钦、德昂等民族发生过民族矛盾和规模不等的民族战争。

总之，果敢人在历史上历经苦难艰辛，一直在为自己的合法权利和地位进行着抗争。

二　果敢地区果敢人的语言使用情况

（一）语言使用现状

果敢地区的果敢人，除少数人能兼用缅语外，大多数只使用汉语云南方言，也称果敢话。为了更具体地了解果敢人的语言使用情况，我们对在曼德勒福庆华文学校学习缅文的果敢地区学生家庭的语言使用情况进行了调查。①随机访谈调查了 30 名学生，180 人，其语言使用情况如表 1 所示：

---

① 果敢特区政府为了培养果敢人青少年的缅语语文能力，以便适应将来的就业需要。2013 年派遣了 30 余名果敢青少年到福庆语言与电脑教学中心（以下简称福庆华文学校）缅语速成班学习缅语。

表 4-36　　　　　　　　果敢地区果敢人语言使用情况概览

（共 30 户，180 人，年龄：7—82 岁）

调查人数	熟练		略懂		不会	
	果敢话	缅语	果敢话	缅语	果敢话	缅语
180	180 / 100%	10 / 5.5%	0/0	68 / 37.8%	0/0	102 / 56.7%

说明：语言水平分为"熟练、略懂、不会"三级。三个等级的划定标准为：熟练：听、说能力俱佳；日常生活中能够自如地运用该语言进行交流。略懂：听、说能力均为一般或较差，或听的能力较强，说的能力较差；日常生活中以别的语言为主。不会：听说能力均较为低下或完全不会；日常生活中基本不使用该语言。

从表 4-36 中可以看到，果敢人都熟练掌握汉语果敢话。对缅甸国语缅语 180 人中只有 10 人熟练掌握，68 人略懂。果敢人家庭内部和不同场合语言使用情况见表 4-37 和表 4-38。

表 4-37　　　　　果敢地区果敢人家庭内部语言使用情况

交 际 双 方		语言
		汉语
长辈对晚辈	父母对子女	√
	祖辈对孙辈	√
	公婆对儿媳	√
晚辈对长辈	子女对父母	√
	孙辈对祖辈	√
	儿媳对公婆	√
	儿子与儿媳	√
同辈之间	父亲与母亲	√
	丈夫与妻子	√
	兄弟姐妹之间	√
主人对客人	对本族	√
	对非本族	√
	对陌生人	√

表 4-38　　　　　果敢地区果敢人在不同场合的语言使用情况

对象交际场合		本族人	非本族人
		汉语	汉语
见面打招呼		√	√
聊天		√	√
生产劳动		√	√
买卖		√	√
看病		√	√
开会	开场白	√	√
	传达上级指示	√	√
	讨论、发言	√	√
公务用语		√	√
广播用语		√	√
学校	课堂用语	√	√
	课外用语	√	√
节日、集会		√	√
婚嫁		√	√
丧葬		√	√

　　表 4-37 和表 4-38 中是 5 个家庭 23 位家庭成员的调查结果。从中可以看出，无论是家庭内部还是家庭外部，无论是对本族人还是非本族人，他们使用的语言都是母语即汉语果敢话，母语是他们家庭和社会交际主要的甚至是唯一的语言。180 位调查对象中，虽然有 78 位懂缅语，但他们在日常生活中主要还是使用母语。下面是这 5 位调查人的语言态度问卷结果。

　　请在您所选答案前的拉丁字母下画"√"。（可多选）
　　1. 您认为掌握缅甸语有没有用？
　　A. 很有用　　　　　　　　B. 有些用　　　　　　　　C. 没有用
　　测试结果：5 人选 A，0 人选 B，0 人选 C。
　　2. 您认为学好缅甸语的目的是什么？
　　A. 找到好工作，得到更多的收入
　　B. 升学的需要
　　C. 便于与外族人交流
　　测试结果：0 人选 A，0 人选 B，5 人选 C。
　　3. 您认为掌握本民族语言有没有用？

A. 很有用　　　　　　　　B. 有些用　　　　　　　C. 没有用

测试结果：5 人选 A，0 人选 B，0 人选 C。

4. 您认为学好本民族语言的目的是什么？

A. 找到好工作，得到更多的收入

B. 便于与本族人交流

C. 保护和传承语言和文化

测试结果：0 人选 A，5 人选 B，4 人选 C。

5. 在家庭生活中，您认为下面哪种语言最重要？

A. 标准缅甸语　　　　　B. 缅甸语当地方言　　　　C. 本民族语言

D. 英语　　　　　　　　E. 汉语　　　　　　　　　F. 其他

测试结果：0 人选 A；0 人选 B；5 人选 C；0 人选 D，0 人选 E。

6. 在社会生活中，您认为下面哪种语言最重要？

A. 标准缅甸语　　　　　B. 缅甸语当地方言　　　　C. 本民族语言

D. 英语　　　　　　　　E. 汉语　　　　　　　　　F. 其他

测试结果：5 人选 A；0 人选 B；4 人选 C；2 人选 D，2 人选 E。

7. 您认为将来少数民族语言会消失吗？

A. 不会　　　　　　　　　　　　　　　　　　　B. 会

C. 有较大的可能性　　　　　　　　　　　　　　D. 可能性不大

测试结果：5 人选 A，0 人选 B，0 人选 C，0 人选 D。

8. 您希望本地广播站、电视台用什么语言播音？

A. 标准缅甸语　　　　　B. 缅甸语当地方言　　　　C. 本民族语言

D. 英语　　　　　　　　E. 汉语　　　　　　　　　F. 其他

测试结果：4 人选 A，0 人选 B，2 人选 C，2 人选 D，1 人选 E。

9. 您希望开会时用什么语言？

A. 标准缅甸语　　　　　B. 缅甸语当地方言　　　　C. 本民族语言

D. 英语　　　　　　　　E. 汉语　　　　　　　　　F. 其他

测试结果：4 人选 A，0 人选 B，1 人选 C，0 人选 D，1 人选 E。

10. 如果有人在外地学习或工作几年后回到家乡，不再说本民族语言，您如何看待？

A. 可以理解　　　　　　B. 反感　　　　　　　　C. 不习惯

D. 无所谓

测试结果：3 人选 A，0 人选 B，2 人选 C，0 人选 D。

11. 您最希望掌握哪种外语？

A. 英语　　　　　　　　B. 汉语　　　　　　　　C. 印度语

D. 其他

测试结果：5 人选 A，0 人选 B，0 人选 C，0 人选 D，1 人选 D 缅语。

12. 如果您家里的人不愿意说本民族语言了，您是什么态度？

A. 同意　　　　　　　B. 无所谓　　　　　　　C. 反对

测试结果：0 人选 A，0 人选 B，5 人选择 C。

13. 在说缅甸语的人面前跟朋友或家人说本民族语，您有什么感觉？

A. 别扭　　　　　　　B. 无所谓　　　　　　　C. 自然

D. 自豪

测试结果：5 人选 A，0 人选 B，0 人选 C，0 人选 D。

14. 您希望子女最好说什么语言？（多选）

A. 标准缅甸语　　　　B. 缅甸语当地方言　　　C. 本民族语言

D. 英语　　　　　　　E. 汉语　　　　　　　　F. 其他

测试结果：4 人选 A，0 人选 B，2 人选 C，2 人选 D，1 人选 E。

15. 您愿意把子女送到什么学校？

A. 用缅甸语授课的学校

B. 用本民族语授课的学校

C. 用英语授课的学校

D. 用汉语授课的学校

测试结果：3 人选 A，1 人选 B，3 人选 C，2 人选 D。

从果敢地区果敢人语言使用情况和语言态度问卷中可以看出以下几个问题：

1. 在民族成分认同上，大部分认为自己是汉族。30 位同学中有 25 位填写的是"汉族"，4 位填写的是"果敢族"，其中只有 1 位同学既填汉族又填果敢族（见表 4 中编号 7 家庭），他认为自己的祖辈是在中国出生，是汉族，而父辈和自己都是在缅甸出生，应是果敢族。可见，这些果敢人并没有把汉族和果敢人视为不同的民族。

2. 果敢人以汉语为母语，汉语水平普遍很好，在家庭内外主要使用汉语。在对待汉语的态度上，他们认为母语在家庭生活中很重要，在社会生活和工作中也很重要，学习母语除了便于与本族人交流外，还为了保护、传承本民族文化。

3. 果敢地区懂缅语的人较少。在上表统计的 30 个家庭 180 人中，缅语熟练的只有 10 人，略懂的有 68 人，其余 102 人都不懂。这是因为果敢人分布聚居，靠近中国，缅族人很少，加上居住地区偏僻，生活艰难，有条件上缅语学校的人不多。其中懂缅语的人都是年轻人，因为他们走出去的机会更多。

4. 果敢人已普遍认识到缅语的重要作用。调查显示，他们来此学习缅语，一是因为果敢政府对果敢青少年未来的思考，二是有了学习本国国语的意识。班中一位同学郑重地说:"自己是缅甸国民,应该学习自己国家的语言,学会了缅语就便于果敢人融入缅甸社会。"

5. 问卷还显示,绝大部分果敢人的文化水平都不高,一般是初中毕业,高中毕业的很少,父辈基本都是文盲。据说,缅甸很多公立大学是不接收果敢学生的。

(二)语言使用现状成因分析

果敢地区汉语果敢话之所以能成为强势语言,在交际功能上充当主要角色,其原因大致可以从以下几个方面进行分析。

1. 密集的人口分布格局

果敢第一特区今辖果敢1县4区15乡、清水河1特区1乡3社区、老待3社区。常住人口约13.1万,内有汉、傣、佤、果敢、苗、德昂、傈僳、缅8个民族,其中汉族人口占84%[①]。这种高密度的人口分布使汉语果敢话在本民族内部得以稳定生存、广泛通行,并成为区域性强势语言。

2. 浓郁的母语文化氛围

果敢地区是一个以华裔为主体的多民族聚居区,始终保持着浓郁的汉文化氛围。在这些地区,母语除了在传统生活领域中发挥着强劲的交际功能以外,还担负着文化创造和传承职能。果敢人尊崇孔老之道,信奉佛教和儒教,通过汉语汉文学习孔孟之道和佛教经典。他们还保留着春节、清明、端午、火把、中元、中秋等传统节日;继承了献龙、献庙、献稿、献阴兵、献炮楼、献观音、献关公等宗教崇拜仪式;保留南传佛寺、基督教堂等宗教场所。母语在宗教文化氛围中发挥着不可替代的作用,除了宗教经文以母语作为主要(在部分地区母语甚至是唯一)的媒介以外,在各种婚丧嫁娶等场合,母语也是主要的交际媒介。

3. 稳定和睦的民族关系

在果敢地区,除了果敢族外,还分布着傣、佤、苗、德昂、傈僳、缅等其他少数民族。他们或与果敢族邻村而居,或杂居在果敢族村寨中,相互之间长期彼此往来,和睦相处,彼此学习对方的语言。汉语不但通行于本民族内部,还在一定范围内成为不同民族之间相互交流的媒介。

4. 对汉文化教育的重视

果敢地区汉文化源远流长。这里曾为哀牢百濮的地域,后哀牢内附东汉,该地属于东汉永昌郡西南边陲。三国时代蜀汉诸葛亮平南时在诸葛炮楼山留下了遗迹。在白族大理国时期,属永昌府孟缅甸范围。元代,其地分属云南省镇康路、孟定路孟缅甸的一部分。在明代,该地邻近镇康州以

[①] 缅甸掸邦《果敢志》编纂委员会:《果敢志》,2012年8月。

及孟定府。由于历史上的这些行政隶属关系，汉文化深深扎根于果敢地区。

5. 邻近汉文化圈

果敢辖区北部、东部与中国云南省的潞西、龙陵、镇康、耿马山水相连，边界长 173 公里。随着中国经济文化的发展，汉语逐渐成为国际语言，与中国山水相连、血脉相承的果敢人学习汉语不仅仅是保留民族文化，还有工作生活的需要。

表 4-39 是 7 个家庭的语言使用情况详表。

表 4-39　　　　　　　　7 个家庭的语言使用情况总表

家庭编号	家庭关系	姓名	民族	年龄（岁）	文化程度	第一语言及水平	第二语言及水平	第三语言及水平	掌握何种文字
1	户主	罗家员	果敢	19	初中毕业	汉语熟练	—	—	中文
	母亲	李小忙	果敢	46	文盲	汉语熟练	—	—	文盲
	叔叔	罗老五	果敢	36	文盲	汉语熟练	—	—	文盲
	大哥	罗家湖	果敢	25	初中毕业	汉语熟练语	—	—	中文
	二哥	罗家全	果敢	22	小学毕业	汉语熟练	—	—	中文
	妹妹	罗家芹	果敢	13	初中毕业	汉语熟练	—	—	中文
	嫂子	杨也花	果敢	20	文盲	汉语熟练	—	—	文盲
	侄子	罗文超	果敢	5个月	—	—	—	—	—
2	户主	段老安	汉	42	文盲	汉语熟练	缅语一般	—	中文
	妻子	王福妹	汉	40	小学毕业	汉语熟练	缅语一般	—	中文
	长子	段光福	汉	18	小学毕业	汉语熟练	缅语略懂	—	中文
	长女	段家苗	汉	16	初中在读	汉语熟练	缅语略懂	英语略懂	中文
	次子	段家俊	汉	10	小学在读	汉语熟练	—	—	中文
3	户主	白老玉	果敢	41	文盲	汉语熟练		—	中文
	妻子	姜应香	果敢	43	文盲	汉语熟练		—	中文
	长子	白从杰	果敢	18	初中毕业	汉语熟练	缅语略懂	—	中文
	长女	白从苗	果敢	15	初中在读	汉语熟练	缅语略懂	—	中文
	次女	白从新	果敢	13	小学在读	汉语熟练	—	—	中文

家庭编号	家庭关系	姓名	民族	年龄（岁）	文化程度	第一语言及水平	第二语言及水平	第三语言及水平	掌握何种文字
4	户主	白玉忠	汉	52	文盲	汉语熟练	—	—	文盲
	妻子	罗开珍	汉	49	文盲	汉语熟练	—	—	文盲
	长子	白家成	汉	30	小学毕业	汉语熟练	—	—	—
	次子	白家喜	汉	25	初中毕业	汉语熟练	—	—	中文
	三子	白家军	汉	18	初中毕业	汉语熟练	缅语略懂	英语略懂	中文
	长女	白家吉	汉	15	小学在读	汉语熟练	—	—	中文
	四子	白家俊	汉	13	小学在读	汉语熟练	—	—	中文
5	户主	姚小香	汉	52	文盲	汉语熟练	—	—	文盲
	长子	赵玉能	汉	33	初中	汉语熟练	缅语熟练	英语略懂	汉、缅
	次子	赵玉聪	汉	28	初中	汉语熟练	缅语熟练	英语略懂	汉、缅、英、韩
	三子	赵玉发	汉	25	初中	汉语熟练	缅语熟练	英语略懂	汉、缅、英
	长女	赵玉怀	汉	35	初中	汉语熟练	缅语熟练	英语略懂	汉、缅、英
	次女	赵玉芝	汉	29	初中	汉语熟练	缅语熟练	英语略懂	汉、缅、英
	三女	赵玉菲	汉	22	高中	汉语熟练	缅语熟练	英语略懂	汉、缅、英
	四女	赵玉莲	汉	16	小学	汉语熟练	缅语懂	—	汉、缅
6	户主	李小明	汉	39	小学	汉语熟练	—	—	汉
	丈夫	蒋老安	汉	40	小学	汉语熟练	—	—	汉
	长子	蒋定举	汉	15	小学	汉语熟练	缅语略懂	—	汉、缅
	长女	蒋定圆	汉	14	小学	汉语熟练	缅语略懂	—	汉、缅
	次女	蒋定偶	汉	13	小学	汉语熟练	缅语略懂	—	汉、缅
7	户主	李小三	果敢	35	小学	汉语熟练	—	—	中文
	婆婆	李小香	汉	72	文盲	汉语熟练	—	—	—
	长子	康建强	果敢	15	初中	汉语熟练	缅语懂	—	中文
	长女	康建芬	果敢	13	小学在读	汉语熟练	—	—	中文
	次女	康建雪	果敢	11	小学在读	汉语熟练	—	—	中文

三 东枝郊区果敢人的语言使用情况

（一）语言使用现状

表 4—40 果敢地区果敢人语言使用情况概览

（共 4 户，35 人，年龄：8—68 岁）

语言	调查人数	熟练		略懂		不会	
		人数	百分比	人数	百分比	人数	百分比
汉语果敢话	35	33	94%	1	3%	1	3%
缅语	35	31	88%	1	3%	3	9%
傣语	35	3	9%	2	6%	30	85%
英语	35	2	6%	4	11%	29	83%
景颇语	35	0	0	1	3%	34	97%
新加坡汉语	35	1	3%	0	0	34	97%
中国台湾闽南语	35	1	3%	0	0	34	97%
孟语	35	1	3%	0	0	34	97%

说明：语言水平分为"熟练、略懂、不会"三级。三个等级的划定标准为：熟练：听、说能力俱佳；日常生活中能够自如地运用该语言进行交流。略懂：听、说能力均为一般或较差，或听的能力较强，说的能力较差；日常生活中以别的语言为主。不会：听说能力均较为低下或完全不会；日常生活中基本不使用该语言。

从表 4–40 可见，这里的果敢人几乎全民熟练掌握两种语言，即果敢话和缅语。跟果敢地区果敢人的语言使用情况相比，东枝郊区的果敢人已经发展为稳定的双语甚至多语人。其中不会果敢话的 2 人来自族际婚姻家庭，1 人是孟族媳妇，1 人是缅族媳妇，他们在家庭交流中使用缅语。不会缅语的 2 人是 60 岁以上老人。为了详细了解他们的语言情况，下面从年龄和文化程度进行分析，具体情况见表 4–41、表 4–42。

表 4–41 东枝郊区不同年龄段果敢人的语言使用情况

年龄段	调查人数	熟 练	略 懂	不会
5—15	7	果敢话 7、缅语 7	—	—
16—39	14	果敢话 13、缅语 14、傣语 1、中国台湾闽南语 1、新加坡汉语 1	英语 2	果敢话 1
40—59	11	果敢话 10、缅语 9、孟语 1、傣语 2、英语 2、	果敢话 1、景颇语 1、缅语 1、英语 1	缅语 1
60 岁以上	3	果敢话 3、缅语 1	—	缅语 2
合计	35			

表 4–42　　　　东枝郊区不同文化程度果敢人的语言使用情况

文化程度	人数	熟　练	略　懂	不会
文盲或半文盲	5	果敢话 4、缅语 3、孟语 1、傣语 2	果敢话 1、缅语 1、傣语 1、景颇语 1	缅语 1
小学及以下	4	果敢话 4、缅语 3	—	缅语 1
初中及以上	26	果敢话 25、缅语 25、傣语 1、英语 3、中国台湾闽南语 1、新加坡汉语 1	傣语 1、英语 4、景颇语 1	果敢话 1、缅语 1
合计	35			

　　从表 6、表 7 中可见,东枝郊区果敢人的语言掌握度与年龄有一定关系:16—59 岁这个年龄段掌握的语言种类较多,而 15 岁以下和 60 岁以上的人群基本只会果敢话和缅语。与文化程度成正比,即受教育水平越高,熟练掌握的语言数量也越多。东枝郊区果敢人家庭内部和不同场合语言使用情况见表 4–43 和表 4–44(4 份问卷的结果)。

表 4–43　　　　东枝郊区果敢族家庭内部语言使用情况

交际双方		果敢话（人）	缅语（人）
长辈对晚辈	父母对子女	4	
	祖辈对孙辈	4	
	公婆对儿媳	4	
晚辈对长辈	子女对父母	4	
	孙辈对祖辈	4	
	儿媳对公婆	4	1
	儿子与儿媳	3	1
同辈之间	父亲与母亲	4	
	丈夫与妻子	4	
	兄弟姐妹之间	4	
主人对客人	对本族	4	
	对非本族	1	3
	对陌生人	1	3

表 4-44　　　　东枝郊区果敢人在不同场合语言使用情况

对象交际场合		本族		非本族
		汉语	缅语	缅语
见面打招呼		4	0	4
聊天		4	0	4
生产劳动		3	1	4
买卖		3	1	4
看病		3	1	4
开会	开场白	4	0	4
	传达上级指示	4	0	4
	讨论、发言	4	0	4
公务用语		3	1	4
广播用语		—	—	—
学校	课堂用语	4	0	4
	课外用语	4	0	4
节日、集会		4	1	4
婚嫁		4	0	4
丧葬		4	0	4

由表 4-43、表 4-44 可见，果敢话是家庭和民族内部使用的语言，缅语一般用于同非本族人交流，是社交语言。可见汉语果敢话依然是稳定、经常使用的语言。

城市郊区果敢人的语言生活已经趋于多语化。在多语言的冲击下，他们的语言态度如何？下面是这 4 个家庭的语言态度问卷。

请在您所选答案前的拉丁字母下画"√"。（可多选）

1. 您认为掌握缅甸语有没有用？

A. 很有用　　　　　B. 有些用　　　　　C. 没有用

测试结果：4 人选 A，0 人选 B，0 人选 C。

2. 您认为学好缅甸语的目的是什么？

A. 找到好工作，得到更多的收入

B. 升学的需要

C. 便于与外族人交流

测试结果：3 人选 A，1 人选 B，3 人选 C。

3. 您认为掌握本民族语言有没有用？

A. 很有用　　　　　　B. 有些用　　　　　　C. 没有用

测试结果：3 人选 A，0 人选 B，0 人选 C。

4. 您认为学好本民族语言的目的是什么？

A. 找到好工作，得到更多的收入

B. 便于与本族人交流

C. 保护和传承语言和文化

测试结果：1 人选 A，3 人选 B，3 人选 C。

5. 在家庭生活中，您认为下面哪种语言最重要？

A. 标准缅甸语　　　　B. 缅甸语当地方言　　C. 本民族语言

D. 英语　　　　　　　E. 汉语　　　　　　　F. 其他

测试结果：1 人选 A，0 人选 B，3 人选 C，0 人选 D，1 人选 E。

6. 在社会生活中，您认为下面哪种语言最重要？

A. 标准缅甸语　　　　B. 缅甸语当地方言　　C. 本民族语言

D. 英语　　　　　　　E. 汉语　　　　　　　F. 其他

测试结果：3 人选 A；0 人选 B；1 人选 C；1 人选 D，2 人选 E。

7. 您认为将来少数民族语言会消失吗？

A. 不会　　　　　　　B. 会　　　　　　　　C. 有较大的可能性

D. 可能性不大

测试结果：3 人选 A，0 人选 B，0 人选 C，1 人选 D。

8. 您希望本地广播站、电视台用什么语言播音？

A. 标准缅甸语　　　　B. 缅甸语当地方言　　C. 本民族语言

D. 英语　　　　　　　E. 汉语　　　　　　　F. 其他

测试结果：2 人选 A，0 人选 B，2 人选 C，0 人选 D，1 人选 E。

9. 您希望开会时用什么语言？

A. 标准缅甸语　　　　B. 缅甸语当地方言　　C. 本民族语言

D. 英语　　　　　　　E. 汉语　　　　　　　F. 其他

测试结果：0 人选 A，0 人选 B，4 人选 C，0 人选 D，0 人选 E。

10. 如果有人在外地学习或工作几年后回到家乡，不再说本民族语言，您如何看待？

A. 可以理解　　　　　B. 反感　　　　　　　C. 不习惯

D. 无所谓

测试结果：1 人选 A，2 人选 B，2 人选 C，0 人选 D。

11. 您最希望掌握哪种外语？

A. 英语　　　　　　　B. 汉语　　　　　　　C. 印度语

D. 其他

测试结果：1 人选 A，3 人选 B，0 人选 C，0 人选 D。

12. 如果您家里的人不愿意说本民族语言了，您是什么态度？

A. 同意　　　　　　　　B. 无所谓　　　　　　　　C. 反对

测试结果：0 人选 A，0 人选 B，4 人选择 C。

13. 在说缅甸语的人面前跟朋友或家人说本民族语，您有什么感觉？

A. 别扭　　　　　　　　B. 无所谓　　　　　　　　C. 自然

D. 自豪

测试结果：0 人选 A，0 人选 B，3 人选 C，1 人选 D。

14. 您希望子女最好说什么语言？（多选）

A. 标准缅甸语　　　　B. 缅甸语当地方言　　　C. 本民族语言

D. 英语　　　　　　　　E. 汉语　　　　　　　　F. 其他

测试结果：2 人选 A，0 人选 B，4 人选 C，1 人选 D，2 人选 E。

15. 您愿意把子女送到什么学校？

A. 用缅甸语授课的学校

B. 用本民族语授课的学校

C. 用英语授课的学校

D. 用汉语授课的学校

测试结果：2 人选 A，0 人选 B，0 人选 C，4 人选 D。

从东枝郊区果敢人语言使用情况和语言态度调查问卷中可以看出以下几个问题：

1. 在民族成分认同上，全都认为自己是果敢族，而果敢地区的果敢人大部分填写的是汉族。

2. 果敢人以果敢话即云南话为母语，汉语水平普遍好，在家庭内部主要使用汉语，在家庭外主要使用缅语交流。对本族人或者汉族人都使用本族语言或者普通话，对非本族人基本使用缅语。在对待汉语的态度上，他们认为母语在家庭生活中很重要，学习母语除了便于与本族人交流外，还为了保护、传承本民族文化；缅语在社会生活、工作中也很重要，学习缅语便于与外族人交流。（果敢人说的汉语特点详见后）

3. 在所调查的问卷中，这部分果敢人除了熟练掌握本族语和缅语外，还有 14 位熟练掌握汉语普通话，3 人傣语熟练，2 人傣语略懂，2 人英语熟练，4 人英语略懂，1 人景颇语略懂，1 人懂新加坡汉语，1 人懂台湾闽南话。从中可以看出，城市郊区的果敢人交际范围很广，有机会学到多种语言。

4. 问卷还显示,城市郊区果敢人的文化水平普遍高,一般是初中或高中毕业,大多数既读华文学校也读缅文学校,48 人中有 5 位大学生。

5. 还有 2 个家庭是族际婚姻,一个是孟族媳妇,一个是缅族媳妇。孟族媳妇已经被同化,在家也讲果敢话,而缅族可能是才结婚不久的缘故,还不会果敢话,在家用缅语交流。

通过果敢地区和东枝郊区果敢人语言使用情况的分析比较,我们发现果敢地区的果敢人语言使用比较单一,大多不会缅语,而东枝郊区果敢人的语言使用已进入多语阶段。

(二)语言使用现状成因分析

通过分析,可以看到东枝郊区汉语果敢话的使用范围明显小于果敢地区。这里的果敢话处于缅语这个强势语言的包围之中,相对处于弱势地位,但是其家庭内部还在稳定使用,他们大部分是双语或者多语人。形成这样的语言发展态势,其成因有以下几个方面。

1. 相对开放的社会、自然环境

城市郊区的自然条件较好,交通相对便利,经济文化发展速度相对较快。生活在这些地区的果敢族与外界的交流相对频繁,有机会走出去接触多种文化,接受高等教育,习得多种语言。

2. 大杂居、小聚居的分布格局

这里的果敢族多呈大杂居、小聚居分布。由于人口比例较少,周围是人口较多的缅族、勃欧族、傣族等,杂居和散居的局面极大地限制了果敢族母语的使用,果敢话只有在家庭和村寨内部多数场合使用,跨村寨之间使用的场合较少。在杂居地区,由于与缅族或其他少数民族交错杂处,交际对象语言背景复杂,而缅族则是这些地区人口占优势的民族,因而缅语自然成了区域优势语言,成为各民族之间相互交流的工具。而聚居分布又保证了母语在家庭和寨子内部的活力。

3. 邻近缅文化强势区、面临经济社会的压力

这里的果敢族村寨大多是 20 世纪五六十年代以后从果敢地区经腊戍南迁形成的,历史不长,人口密度不大,没有形成强劲的语言、文化发展空间。东枝是掸邦首府,经济、文化发展水平相对较高,在城镇主流社会文化的影响下,这部分果敢人为了生存,逐渐改变了语言观念,多数人在语言态度和语言行为方面逐步倾向缅甸官方语言——缅语。历史上的排华事件也一定程度上限制了该地区果敢话的使用。

4. 族际婚姻

族际婚姻是多民族杂居地区普遍存在的一种现象。果敢族虽然不提倡与其他少数民族通婚,但在实际生活中还是出现不少族际婚姻家庭,而且

有逐渐增多的趋势。在所调查的 4 个家庭中，有两个家庭是族际婚姻，一个是孟族媳妇，熟练掌握孟语和缅语，果敢话略懂；另一个是缅族媳妇，只会讲缅语。这样的家庭，缅语成了他们的共同语言。这样就形成了家庭双语现象。在双语的家庭中，子女的语言选择一般趋向于强势语言，如果母语在家庭中经常使用的话，母语和强势语言同时习得。

5. 对中华文化的持守

该地区果敢人虽然人数较少，居住地分散，语言处于弱势地位，但母语在家庭和本民族内部依然稳定、经常使用。在调查中，听到最多的就是"不能忘本"这句话，他们认为，身为果敢人如果不会说老祖宗的话，等于丢了自己的魂，是很严重的事情。所以，在果敢族家庭，子女从小就要学说果敢话，不说就会受父母的惩罚。

6. 民族团结、重视教育

在缅甸，只要有华人的地方就会有同乡会。东枝也不例外，除了各省籍的同乡会（比如云南、福建、广东等）外，还有果敢文化会。果敢文化会成立于 1970 年，会员 180 多人，总部在腊戍，属于民间组织，缅甸政府认可，负责与政府打交道，参与政府活动，给果敢族谋福利。东枝果文中学由果敢文化会于 1985 年建立，总校在腊戍，全称"果敢汉族语文学校"，东枝果文中学是分校。果敢族和其他华人的孩子可以在这里学习汉语。所以果敢文化会和果文中学为果敢话和中华文化的传承提供了一片沃土。

（三）东枝郊区果敢话的使用趋势预测

东枝郊区果敢人属于缅—汉双语人群。部分地区缅语和汉语果敢话处于均势状态。在传统生活领域，果敢话的使用频率高于缅语，但在整个大的范围内，缅语仍处于强势。

1. 局部地区，尽管缅语在大环境内处于强势的地位，但由于果敢族分布相对集中，形成成片聚居的村落群，且有较好的母语文化氛围，在未来一段时间内将继续保持缅—汉双语使用相对均衡的态势。两种语言在不同的交际范围内发挥着各自的交际职能，形成良性的功能互补。

2. 多数地区，母语的使用领域将逐步缩小，原来跨社区使用的一些场合将逐步让位于缅语；不同村寨本民族成员之间的母语交流将主要限制在老年人和妇女这两个群体；乡村集市上的母语交流将越来越少，除老年人之间、亲戚朋友之间出于对对方的尊重而使用母语以外，其他多数场合将主要使用缅语。

3. 随着人们交际范围的逐渐扩大以及学校教育的迅速普及，母语单语现象将彻底消除。目前个别村寨存在的少量母语单语人主要是老年妇女和部分学龄前儿童，但随着学前教育的普及，入学前不懂缅语的儿童将越来越少。此外，外出务工也使人们的缅语交际能力得到提高。因此，未来在缅语强势型缅—汉双语区可能不会再有新的母语单语人的出现。

下附 4 个家庭的语言使用详表。

表 4–45　　　　　东枝郊区果敢人语言使用情况抽样调查表

家庭编号	家庭关系	姓名	民族	年龄（岁）	文化程度	第一语言及水平	第二语言及水平	第三语言及水平	掌握何种文字
1	户主	赵龙德	果敢	56	文盲	果敢话熟练	缅语熟练	傣语略懂	—
	妻子	杨成丽	果敢	57	大专	果敢话熟练	缅语熟练	傣语略懂	缅文中文
	长女	赵家莲	果敢	31	高中	果敢话熟练	缅语熟练	—	缅文中文
	长子	赵家成	果敢	28	大学	果敢话熟练	缅语熟练	—	缅文中文
	次女	赵家琪	果敢	26	高中	果敢话熟练	缅语熟练	—	缅文中文
	三女	赵家茜	果敢	20	高中	果敢话熟练	缅语熟练	—	缅文中文
	四女	赵家慧	果敢	17	大学	果敢话熟练	缅语熟练	—	缅文中文
	长儿媳	咪咪	缅族	38	大学	缅语熟练	—	—	缅文
	孙女	赵庆玫	果敢	8	小学	果敢话熟练	缅语熟练	—	缅文中文
2	户主	李正伟	果敢	43	缅文 3 年级	果敢话熟练	缅语熟练	—	缅文
	妻子	罗玲香	蒙族	44	—	蒙语熟练	缅语熟练	果敢话一般	缅文
	长子	李太福	果敢	13	缅文 9 年级，果文 5 年级	果敢话熟练	缅语熟练	—	中文缅文
	次子	李太安	果敢	11	缅文 5 年级，果文 3 年级	果敢话熟练	缅语熟练	—	中文缅文
3	户主	李有才	果敢	47	中文 3 年级	果敢话熟练	普通话一般	—	中文
	妻子	何应怀	果敢	42	文盲	果敢话熟练	普通话熟练	傣语熟练缅语熟练	—
	母亲	李小怀	果敢	67	文盲	果敢话熟练	—	—	—
	长子	李育明	果敢	21	初中	果敢话熟练	普通话熟练	缅语熟练	中文缅文
	次子	李育枋	果敢	20	大学	果敢话熟练	普通话熟练	缅语熟练英语略懂	中文缅文英文
	三子	李育进	果敢	17	缅文 10 年级	果敢话熟练	普通话熟练	缅语熟练英语略懂	中文缅文英文

家庭编号	家庭关系	姓名	民族	年龄（岁）	文化程度	第一语言及水平	第二语言及水平	第三语言及水平	掌握何种文字
	四子	李育谋	果敢	15	缅文9年级	果敢话熟练	普通话熟练	缅语熟练	中文缅文
	长女	李育霜	果敢	14	缅文6年级	果敢话熟练	普通话熟练	缅语熟练	中文缅文
	次女	李育蕊	果敢	13	缅文6年级	果敢话熟练	普通话熟练	缅语熟练	中文缅文
	外甥	何有富	果敢	8	缅文3年级	果敢话熟练	普通话熟练	缅语熟练	中文缅文
4	户主	何顺何	果敢	68	华校6年级	果敢话熟练	普通话略懂	—	中文
	妻子	何昭睐	果敢	66	初中（昆明）	果敢话熟练	普通话熟练	缅语熟练英语略懂	中文英文
	长子	何音佩	果敢	47	华校初中，缅校8年级	果敢话熟练	普通话熟练	缅语熟练英语熟练	中文缅文英文
	次子	何音强	果敢	45	华校初中，缅校6年级	果敢话熟练	普通话熟练	缅语熟练英语熟练	中文缅文英文
	三子	何音德	果敢	43	华校初中，缅校7年级	果敢话熟练	普通话熟练	缅语熟练英语略懂	中文缅文英文
	长女	何音成	果敢	42	文盲	果敢话熟练	傣语熟练	缅语略懂景颇语略懂	缅文略懂、英文略懂
	次女	何音菊	果敢	40	华校初中，缅校9年级	果敢话熟练	缅语熟练	—	中文缅文
	三女	何思起	果敢	37	华校高中，缅校9年级	果敢话熟练	缅语熟练	台湾话熟练	中文缅文
	四女	何音芳	果敢	33	华校初中，缅校8年级	果敢话熟练	缅语熟练	—	中文缅文
	五女	何音子	果敢	29	华校高中，缅校7年级	果敢话熟练	缅语熟练	傣语熟练	中文缅文傣文
	六女	何文佩	果敢	27	华校高中，缅校8年级	果敢话熟练	缅语熟练	新加坡话熟练英语熟练	中文缅文英语
	七女	何音聪	果敢	24	华校高中，缅校9年级	果敢话熟练	缅语熟练		中文缅文

第五节　掸邦的勃欧族及其语言使用现状

勃欧族是缅甸的少数民族之一，大约有 100 万人口，主要分布在孟邦、掸邦、克伦邦、克耶邦等地区。最初，勃欧族居住在孟邦，后来才慢慢迁徙到掸邦、克伦邦、克耶邦等地。勃欧族主要聚居在掸邦南部的东枝市，其他地方以散居见多。东枝市的勃欧族自治区位于东枝市南部，土地辽阔，山清水秀，风景优美，是著名旅游景点——塔林的所在地。

勃欧族最初被称为"dongsu"，因此缅甸人及外界都把它音译为"侗族"。本书认为这个名称使用不妥，容易与中国的"侗族"混淆，因此根据其族称"Pa-o"将其音译为"勃欧"族。关于"勃欧"这一名称还有个传说。据说勃欧祖先的母亲是条龙，父亲是个凡人。有一天，龙化成一个漂亮的姑娘，下凡游玩时偶遇这个凡人，两人相爱并结为夫妻。后来这个人知道妻子是条龙后，就抛下她逃跑了。过了不久，龙产下一个蛋，她用力把蛋摇破，把蛋壳撒开，让龙子脱壳而出。于是，"勃"就是摇、"欧"就是撒开的意思。这只是个传说，还不能真正解开勃欧族族名之谜。

勃欧族人主要信奉佛教，每个勃欧族村庄都有寺庙，佛经用勃欧文撰写。寺庙的和尚除主持佛教事务外，还给勃欧族儿童教授勃欧族语言和文字。勃欧族佩戴的头巾，象征着龙角，颜色鲜艳，有红色、黄色等。衣裙有四层，以黑色居多，象征龙体上的层层鳞片。

勃欧族的传统节日有放烟节、剃发为僧节等。放烟节也叫招雨节，每个村子举办的具体时间不同，一般在雨季之前，也就是 6 月前举行。剃发为僧节一般都在夏季集体举行。勃欧族还有一个传统节日，是为纪念一个叫苏丽雅萨拉的皇帝的。这位皇帝是太阳升起、月亮落下的时候出生的，由此得名"苏丽雅萨拉"。"苏丽雅"指太阳，"萨拉"指月亮。勃欧族的农业、教育等事业是从苏丽雅萨拉皇朝才开始慢慢发展起来的。这一节日于缅历元月前十天（公历 3 月）开始，第一天进行足球比赛，直至元月前两天才结束，接下来是跳舞比赛和选美比赛。此外，勃欧族也过缅甸传统的泼水节和点灯节。

调查组在勃欧族自治区汪雅村调研时，看到勃欧族人的居房都是两层楼，大部分用竹篾编成，稍富裕的人家用水泥和砖头修建住所。楼上住人，分卧室、厨房和客厅，入室需脱鞋；楼下用来储存粮食和一些杂物。勃欧族虽然不排斥与其他民族通婚，但族际婚姻家庭不多。

勃欧族村民的经济来源主要是大蒜、稻谷、烟叶、大豆、玉米等农作物和一些热带水果。前两年大蒜降价，现在种植牛油果的多了。调查组在前往勃欧族村庄的路上，不断见到大片蒜地以及在蒜地里劳作的勃欧族人。

勃欧族人的教育不很发达。每个勃欧族村庄虽有缅甸政府开办的小学，大一点的村庄还有中学，但是大部分孩子上到初中就辍学了。100 户 500 口人家的村子，以前就只有几个大学生，现在大学毕业的人稍微多一点。

为了解勃欧族语言使用情况，调查组对汪雅村和麦泊尔区（MYAE PHYL）的勃欧族的语言使用情况进行了调查。汪雅村是东枝市勃欧族自治区蕉达尤镇的一个自然村，共有 100 来户 500 左右人口，除少数入赘该村的其他民族如傣族（自称"傣族"，他称"掸族"）的男子外，其余都是勃欧族。麦泊尔区位于东枝市的西北部，共有 8000 户 4 万左右人口，其中四分之三是勃欧族，也有少部分傣族、茵达人、德努、华人和印度人。这两个地区的勃欧族多数是双语人，使用勃欧语和缅语，少数是三语或多语人，不同程度地掌握英语、泰语、傣语和克伦语等。

为了准确掌握掸邦勃欧族的语言使用情况，课题组采用了入户问卷调查和访谈法随机对勃欧自治区汪雅村和麦泊尔区 13 户勃欧族家庭（除去 5 岁以下语言能力尚未成熟的儿童）57 位居民（13 户共 57 位村民，第 1 户的户主为傣族，没有计入）的语言能力和使用情况进行了调查。下面是具体的调查结果和分析。

一　勃欧族母语使用情况及其成因

我们对 13 户家庭中的 57 名勃欧族居民进行了随机调查。通过数据分析，我们看到汪雅村和麦泊尔区的勃欧族完整保留并稳定使用母语。具体数据见表 4–46。

表 4–46　　　　汪雅村和麦泊尔区的勃欧族母语使用情况

地区	户数	人口	熟练		略懂		不会	
			人数	百分比（%）	人数	百分比（%）	人数	百分比（%）
汪雅村	3	12	12	100	0	0	0	0
麦泊尔区	10	45	45	100	0	0	0	0
合计	13	57	57	100	0	0	0	0

如表 4–46 所示，这两个地区的勃欧族居民全部能熟练使用母语，母语活力强大。

为考察汪雅村和麦泊尔区的勃欧族母语是否出现代际差异，我们分不同年龄段对其母语能力进行统计，具体情况见表 4–47。

表 4-47　　汪雅村和麦泊尔区不同年龄段的勃欧族母语掌握情况

年龄段（岁）	调查人口（人）	熟练		略懂		不会	
		人数	百分比（%）	人数	百分比（%）	人数	百分比（%）
5—15	5	5	100	0	0	0	0
16—39	28	28	100	0	0	0	0
40—59	14	14	100	0	0	0	0
60 岁以上	10	10	100	0	0	0	0
合计	57	57	100	0	0	0	0

　　从表 4-47 可以看出，这两个地区的勃欧族母语能力基本相同，不存在代际差异。57 位各个年龄段的居民都能熟练使用母语。

　　以上调查数据显示了汪雅村和麦泊尔区勃欧族极高的母语水平。我们还对麦泊尔区不同年龄段的 7 位居民在家庭交际语域内的母语使用情况进行了调查分析，结果如表 4-48 所示。①

表 4-48　　　　麦泊尔区不同年龄段的 7 位居民在家庭
交际语域内的母语使用情况

交际双方		调查对象及所选语言						
		①	②	③	④	⑤	⑥	⑦
长辈对晚辈	父母对子女	缅-勃欧	勃欧语	缅-勃欧	勃欧语	勃欧语	勃欧语	勃欧语
	祖辈对孙辈	勃欧语	勃欧语	勃欧语	勃欧语	勃欧语	勃欧语	勃欧语
	公婆对儿媳	缅-勃欧语	勃欧语	缅-勃欧	勃欧语	勃欧语	缅-勃欧	勃欧语
晚辈对长辈	子女对父母	缅-勃欧语	勃欧语	缅-勃欧	勃欧语	勃欧语	缅-勃欧	缅-勃欧
	孙辈对祖辈	缅-勃欧语	勃欧语	缅-勃欧	勃欧语	勃欧语	缅-勃欧	缅-勃欧
	儿媳对公婆	缅-勃欧语	勃欧语	缅-勃欧	勃欧语	勃欧语	缅-勃欧	缅-勃欧语
同辈间	儿子与儿媳	缅-勃欧语	勃欧语	缅-勃欧	勃欧语	勃欧语	勃欧语	勃欧语
	父亲与母亲	勃欧语	勃欧语	缅-勃欧	勃欧语	勃欧语	勃欧语	勃欧语
	丈夫与妻子	缅-勃欧	勃欧语	缅-勃欧	勃欧语	勃欧语	勃欧语	勃欧语
	兄弟姐妹之间	缅-勃欧	勃欧语	缅-勃欧	勃欧语	勃欧语	勃欧语	勃欧语
主人对客人	对本族	勃欧语	勃欧语	勃欧语	勃欧语	勃欧语	勃欧语	勃欧语
	对非本族	缅语	缅语	缅语	缅语	缅语	缅语	缅语
	对陌生人	缅、勃欧、英	缅-勃欧	缅语	缅-勃欧	缅语	缅-勃欧	缅-勃欧

---

① 这 7 名勃欧族分别是：① Nang Ei Ei Mon，25 岁；② Daw Thein Tin，53 岁；③ Khun Nyun Aung，26 岁；④ Dawsoesoe Than，32 岁；⑤ Daw Nang Win Shwe，46 岁；⑥ Daw Nang Than Yee，39 岁；⑦ Nang Khan Nam，22 岁。

从以上 7 位居民在家庭内部语言使用情况的调查结果来看，我们认为勃欧语是勃欧人家庭内部必不可少的交际工具。长辈与晚辈之间、同辈之间、与本族之间都会使用勃欧语交流，与非本族客人使用缅语交流，对陌生人使用缅语或兼用缅语和勃欧语交流；长辈对晚辈更倾向于使用勃欧语。但晚辈对长辈会兼用勃欧语和缅语。如：Nang Ei Ei Mon（25 岁，本科）、Khun Nyun Aung（26 岁，大三）、Daw Nang Than Yee（39 岁，高中）、Nang Khan Nam（22 岁，高中）在家庭内除使用勃欧语外还兼用缅语。

不同场合的语言选用也是考察母语活力的重要指标。我们调查了这 7 名居民在不同场合跟本族人交流时的语言使用情况。结果如表 4–49 所示。

表 4–49　　　　麦泊尔区 7 位居民在不同场合跟本族人
交流时的语言使用情况

对象交际场合		本 族 人				
		缅语（人）	母语（人）	兼用缅语和母语（人）	英语（人）	汉语（人）
见面打招呼		0	5	2	0	0
聊天		0	6	1	0	0
生产劳动		0	6	1	0	0
买卖		0	6	1	0	0
看病		0	5	2	0	0
开会	开场白	0	7	0	0	0
	传达上级指示	0	7	0	0	0
	讨论、发言	0	7	0	0	0
公务用语		0	7	0	0	0
广播用语		0	7	0	0	0
学校	课堂用语	0	7	0	0	0
	课外用语	0	5	2	2	0
节日、集会		0	7	0	1	0
婚嫁		0	7	0	1	0
丧葬		0	7	0	1	0

表 4–49 显示，母语是本族人之间必不可少的交际用语，被测的 7 人在见面打招呼、聊天、生产劳动、买卖、看病、开会、学校、节日集会、婚

假丧葬等场合都会使用母语交流。Khun Nyun Aung（26 岁，大三）在见面打招呼、聊天、生产劳动、买卖、看病、课外等场合还会兼用缅语。Nang Khan Nam（22 岁，高中）在见面打招呼、看病、课外等场合也会兼用缅语。所有的被调查者一致认为，勃欧族掌握勃欧语很有用。他们说，在麦泊尔区，有的老年人不太会说缅语，只会说勃欧语。可见，麦泊尔区用母语就能满足语言交际的需要。

我们用人物访谈法和问卷调查法随机对麦泊尔区 9 位居民的语言态度进行了调查。对于"您的第一语言是什么？"这个问题，9 人选勃欧语，没有人选缅语。问到"您认为勃欧人掌握勃欧语有没有用？"时，6 人选很有用，3 人选有些用，没有人选没有用。当问到"您认为学好本民族语的目的是什么？"时，9 人选择保护和传承本民族语言、文化。问到"家庭生活中，您认为下面哪种语言最重要？"时，9 人选本民族语言。问到"如果有人在外地学习或工作几年后回到家乡，不再说本民族语言，您如何看待？"，5 人选反感，1 人选无所谓，1 人选不习惯，2 人选可以理解。问到"如果您家里的人不愿意说本民族语了，您是什么态度？"时，7 人选反对，2 人选无所谓。问到"在说缅甸语的人面前跟朋友或家人说本民族语，您有什么感受？"时，7 人选自豪，1 人选自然，1 人选无所谓。问到"您希望子女最好说什么语言？"时，8 人选本民族语言，1 人选英语。

以上这些回答显示，勃欧人对自己的母语有高度的认同感，最先习得的语言是自己的母语。所有勃欧人极力想把母语传承给下一代，在孩子开始学说话时就教他们勃欧语。家庭内部都主要说勃欧语。另外，农村的勃欧族小孩 20 岁之前都要求去寺庙里学习勃欧文。我们在汪雅村调研时，村民 U Khun Aung Tick 告诉我们说："绝大部分勃欧族人都信奉佛教，勃欧族村庄都有寺庙，佛经用勃欧文撰写，寺庙里的和尚除主持佛教事务外，还有一项重要任务是教勃欧族小孩勃欧文。我父母那个年代是 20—45 岁年龄段的人都要去学习，现在要求 20 岁以下的小孩利用暑假三个月的时间去寺庙学习勃欧文，无故不能缺席。"即使在外面工作的勃欧人，回到家里都要说勃欧语，如我们发音合作人 Nang Ei Ei Mon，现在在东枝市做导游。她说："虽然我做导游，经常会接触不同国家、不同民族的人，对他们我说英语或者说缅语，但回到家里和家人主要说勃欧语，和本族人也主要说勃欧语。我们不会忘记我们的传统文化和语言。"

母语是汪雅村和麦泊尔区勃欧族家庭内部及本族人之间必不可少的交际用语，全民稳定使用，不存在代际差异。形成这种现状的原因是什么？通过调查以及对所得数据的分析，我们归纳为以下五点：

（一）相对集中的民族分布是勃欧族人母语稳定使用的一个前提。勃欧族自治区的汪雅村共有 100 来户 500 左右的人口，除少数入赘该村的其他民族如傣族（自称"傣族"，他称"掸族"）的男子外，其余都是勃欧族，汪雅村周围也是勃欧族村寨。村内和村子之间交际村民基本上都只使用勃欧语。麦泊尔区共有 8000 户 4 万左右的人口，其中四分之三是勃欧族，只有少数傣族、茵达人、德努、华人和印度人，该地区的勃欧人在家庭内部和本族人之间主要使用勃欧语交际。

（二）对母语的认同度较高。通过访谈和调查问卷分析我们知道，这两个地区的绝大部分勃欧族对本民族的语言文化具有较强的民族感情，保护本民族语言文化的愿望强烈。上文统计的语言态度也体现了这一点。

（三）这两个地区，族内婚姻比例较高。我们在访谈中了解到，勃欧族并不排斥与其他民族通婚，但绝大多数家庭都是勃欧族的族内婚姻。我们统计的 13 户家庭中，族际婚姻只有第 1 户家庭 1 户。因此这两个地区的家庭夫妻间自然而然会使用勃欧语，下一代有自然习得勃欧语的环境。在家庭内部的交流中，勃欧语也是使用最多的。

（四）勃欧族是一个相对封闭的民族，与外界交往较少。我们在汪雅村调研时，村民 U Khun Aung Tick 告诉我们说："村里除少数几个做生意的和四五个修摩托车的，常去东枝购买零件外，其他村民都在家里从事农业，很少去东枝或其他地方。"麦泊尔区的勃欧族与外界交往稍微多一点，但我们在访谈中了解到将近三分之一的人也是在家里从事种植业。

（五）寺庙是勃欧语得以代代相传、稳定使用的一个重要保障。首先，勃欧族村民在寺庙里拜佛都是使用勃欧语和勃欧文。在访谈中了解到，勃欧族人基本上都信仰佛教，每个勃欧族村庄都有一个寺庙，佛经用勃欧文撰写，在寺庙里拜佛都使用勃欧语。其次，现在寺庙的和尚还专门给 20 岁以下的小孩开设勃欧语课程。尽管每个勃欧族村庄都有政府开办的学校，但都没有开设勃欧语课程，寺庙就承担起教授勃欧族小孩勃欧语的责任。20 岁以下的小孩除在家庭和村庄内习得勃欧语外，都得利用暑假的时间去寺庙学习勃欧文。这是勃欧族的母语得以代代相传的一个重要保障。

二　勃欧族兼用缅语情况及其成因

在调查勃欧族母语勃欧语使用情况时发现，汪雅村和麦泊尔区的勃欧族多数是双语人，不仅全民使用母语，大部分还兼用缅语。缅语已经成为勃欧族人生活中重要的社会交际工具。表 4–50 为勃欧族缅语使用能力统计。

表 4–50　　　　　　　　　汪雅村和麦泊尔区的勃欧族兼用缅语情况

地区	户数	调查人口（人）	熟练		略懂		不会	
			人数	百分比（%）	人数	百分比（%）	人数	百分比（%）
汪雅村	3	12	4	33.3	6	50	2	16.7
麦泊尔区	10	45	32	71.1	13	28.9	0	0
合计	13	57	36	63.2	19	33.3	2	3.5

　　表 4–50 显示，汪雅村和麦泊尔区勃欧族居民熟练兼用缅语的比例不是太高，而且两个地区还存在明显的差异：麦泊尔区勃欧族居民缅语的掌握情况要好于汪雅村。在我们调查的汪雅村 12 名村民中，能熟练使用缅语的只有 4 人，占总人数的 33.3%；略懂的为 6 人，占总人数的 50%；不会的有 2 人，占总人数的 16.7%。这与我们访谈中了解到的情况一致。汪雅村村民 U Khun Aung Tick 告诉我们："我们村大部分人的缅语水平是略懂，只有去下缅甸或缅甸人聚居的地方打过工的少数几个人缅语较好。"麦泊尔区 45 名居民中，能熟练使用缅语的共有 32 人，占总人数的 71.1%；略懂的为 13 人，占总人数的 28.9%；没有不会缅语的人。调查中我们还发现，麦泊尔区能熟练使用缅语的居民分布不均匀，使用能力"熟练"的集中在第 4、5、6、9 户，"略懂"的集中第 7、8、10、11、12 户。

　　为进一步掌握勃欧族兼用缅语的情况，我们将 57 名勃欧族居民按年龄段进行了统计和分析。我们发现，勃欧族不同年龄段的人在缅语使用能力上存在显著差异。具体数据分析见表 4–51。

表 4–51　　　　　　　不同年龄段的 57 名勃欧族居民缅语掌握情况

年龄段（岁）	调查人口（人）	熟练		略懂		不会	
		人数	百分比（%）	人数	百分比（%）	人数	百分比（%）
5—15	5	4	80	1	20	0	0
16—39	28	20	71.4	8	28.6	0	0
40—59	14	10	71.4	3	21.4	1	7.2
60 岁以上	10	2	20	7	70	1	10
合计	57	36	63.2	19	33.3	2	3.5

　　如上表所示，勃欧人兼用缅语的熟练程度存在明显的代际差异，其熟练程度随年龄段的增加呈递减趋势。其中，兼用水平最高的是 5—15 岁这

个年龄段，熟练比例为80%；16—39岁和40—59岁这两个年龄段，熟练比例相同，都为71.4%，但40—59岁这一年龄段中有1人不会缅语，16—39岁这个年龄段没有不会的；兼用水平比例最低的是60岁以上人群，熟练比例为20%。

为什么兼用缅语的情况在汪雅村和麦泊尔区勃欧族中会呈现如此差异？我们对57名居民做了进一步调查，发现兼用缅语的熟练程度与受教育程度有关。以下是具体数据分析表。

表4-52　　　　不同文化程度的57名勃欧族居民缅语掌握情况

文化程度	调查人口（人）	熟练		略懂		不会	
		人数	百分比（%）	人数	百分比（%）	人数	百分比（%）
文盲或半文盲	1	0	0	0	0	1	100
小学及以下	16	5	31.3	10	62.5	1	6.2
初中	17	13	76.5	4	23.5	0	0
高中及以上	23	18	78.3	5	21.7	0	0
合计	57	36	63.2	19	33.3	2	3.5

表4-52显示，文化程度与兼用缅语的熟练程度成正比，即文化程度越高，兼用缅语的比例越高。文化程度为文盲的不会说缅语，而高中及以上文化程度的熟练掌握缅语的比例高达78.3%。近几十年来，缅甸政府加强了基础教育建设，在勃欧族自治区的每个村庄都开办小学，村民从幼儿园开始就接受系统的缅语文教育。同时，勃欧族也逐渐重视起教育。因此，接受过学校教育的勃欧人都能不同程度地兼用缅语。

在与非本族人的交往中，我们也能看到勃欧人兼用缅语的一些特点。我们再以上文的7名被测者为例，分析他们在不同场合与非本族人交流时使用缅语的情况。结果如表4-53所示。

表4-53　7名勃欧族在不同场合与非本族人交流时使用缅语的情况

对象交际场合	非　本　族　人				
	缅语（人）	母语（人）	华语（人）	英语（人）	其他（人）
见面打招呼	7	0	0	0	0
聊天	7	0	0	0	0
生产劳动	7	0	0	0	0
买卖	7	0	0	0	0

对象交际场合		非 本 族 人				
		缅语（人）	母语（人）	华语（人）	英语（人）	其他（人）
看病		7	0	0	0	0
开会	开场白	7	0	0	0	0
	传达上级指示	7	0	0	0	0
	讨论、发言	7	0	0	0	0
公务用语		7	0	0	0	0
广播用语		7	0	0	0	0
学校	课堂用语	7	0	0	0	0
	课外用语	7	0	0	0	0
节日、集会		7	0	0	0	0
婚嫁		7	0	0	0	0
丧葬		7	0	0	0	0

表 4–53 所列的各种交际场合中，被测的 7 人在不知道交际对象的身份时，都会用缅语交流。我们的发音合作人 Nang Ei Ei Mon（25 岁，导游）对我们说，在买卖、看病、婚礼、丧葬、祭祀等场合，不知道对方的民族成分时，她就说缅语；假如是外地人，担心对方听不懂，她也说缅语。

我们对麦泊尔区 9 个勃欧族人进行了语言态度问卷调查。对于"您认为掌握缅甸语有没有用？"这个问题，4 人选"很有用"，4 人选"有些用"，1 人选"没有用"。问到"您认为学好缅甸语的目的是什么？"时，8 人都选"便于与外族人交流"，1 人选"升学的需要"。当问到"在社会生活中，您认为下面哪种语言最重要？"时，7 人选"标准缅甸语"，1 人选"缅甸语当地方言"，1 人选"标准缅甸语和本民族语言"。

以上这些回答显示，麦泊尔区勃欧人对缅甸通用语——缅语认同感一般，他们意识到在社会生活中，缅语很重要，但在内心感情上又不是很愿意去学习缅语。因此，他们的缅语水平整体不是太高，且存在较明显的城乡、代际差异。形成这种现状的原因是什么？通过调查以及对所得数据的分析，我们归为以下三点：

（一）传统观念和习俗使得多数勃欧人，尤其是农村的勃欧人失去接受缅文教育的机会。勃欧人主要依靠学校教育来学习缅语，但多数勃欧人由于传统观念和习俗的束缚而失去了接受缅文教育的机会。我们在汪雅村调研时，村民 U Khun Aung Tick 告诉我们："我们村里有小学和中学，大部分学生到初中就辍学了，只有少数去东枝上大学。村里大学毕业的只有 10 个左右。"当我们问到原因时，他说："辍学率高有两个原因吧！一方面，勃欧族的女孩到十五六岁时就会有许多追求对象，这时父母就会避开，让他们自由恋爱、结婚，很多女孩年纪轻轻的就结婚了。另一方面，即使大学毕业，很多人也是回家从事农业，所以他们的父母就会觉得读书没用，读了那么多书还是回家当农民，就不大主张他们上学。"

（二）勃欧族人的经济模式是阻碍勃欧族人掌握缅语的一个重要原因。大部分勃欧族人祖祖辈辈在家从事种植业，外出经商或打工的较少，这就失去了与外界交往的机会。调查组前往勃欧族村寨调研时，沿途看到很多勃欧族人在田间劳作，为种植的大蒜除草、浇水。

（三）相对集中的民族分布限制了勃欧族使用缅语的机会。如上文分析，汪雅村和麦泊尔区的勃欧族分布集中，尤其是汪雅村。这种民族分布有利于母语稳定使用的同时也妨碍了居民对国家通用语缅语的掌握。

三 小结

综上所述，汪雅村和麦泊尔区勃欧族人语言使用情况的特点是：全民稳定使用母语，60%多的勃欧人使用母语的同时能熟练兼用国家通用语缅语，少数受教育程度较高的还能兼用英语。母语和缅语互相竞争互补。目前，母语仍然处于强势地位。在现代化进程中，如何处理好母语和国家通用语缅语二者间的和谐互补关系，将是勃欧族人面临的巨大挑战。

表 4-54 掸邦勃欧族语言使用情况入户调查表

家庭编号	家庭关系	姓名	民族/支系	年龄（岁）	文化程度	第一语言及水平	第二语言及水平	第三语言及水平	掌握何种文字
1	户主	U Lar	傣族	35	小学	傣语，熟练	勃欧语，熟练	缅语，略懂	
	妻子	Nam Phon	勃欧	48	小学	勃欧语，熟练	缅语，略懂	傣语，略懂	
	长子	KamThan	勃欧	28	小学	勃欧语，熟练	缅语，熟练		
	次子	U Tun	勃欧	18	初中	勃欧语，熟练	缅语，略懂	英语，略懂	
	女儿	Aung Gyi	勃欧	16	高中	勃欧语，熟练	缅语，略懂	英语，略懂	
2	户主	U Khun Aung Tick	勃欧	34	小学	勃欧语，熟练	缅语，熟练		
	妻子	Daw Nam Nge	勃欧	33	小学	勃欧语，熟练	缅语，略懂		
	岳母	Daw Nam Call	勃欧	69	文盲	勃欧语，熟练			
	长女	Nam Phone	勃欧	13	初中	勃欧语，熟练	缅语，熟练		
	儿子	Maung Gui	勃欧	11	小学	勃欧语，熟练	缅语，略懂		

家庭编号	家庭关系	姓名	民族/支系	年龄（岁）	文化程度	第一语言及水平	第二语言及水平	第三语言及水平	掌握何种文字
3	户主	U KHUN AUNG TICK	勃欧	21	初中	勃欧语，熟练	缅语，熟练		
	妻子	Nam Phai	勃欧	20	初中	勃欧语，熟练	缅语，略懂		
	岳母	Ka Lar	勃欧	45	小学	勃欧语，熟练			
4	户主	U Aung Zae Ya	勃欧	80	高中	勃欧语，熟练	缅语，熟练		
	妻子	Daw MoeTun	勃欧	66	小学	勃欧语，熟练	缅语，熟练		
	长女	Daw Nang Win Shwe	勃欧	46	初中	勃欧语，熟练	缅语，熟练		
	长子	Kun Aung Thein	勃欧	40	高中	勃欧语，熟练	缅语，熟练	泰语，略懂	
	侄女	Nang Phyo Than Myae	勃欧	15	高中	勃欧语，熟练	缅语，熟练	英语，略懂	
5	户主	U Kyaw Aye	勃欧	59	高中	勃欧语，熟练	缅语，熟练	英语，略懂	
	妻子	Daw Thar Thar Thew	勃欧	49	初中	勃欧语，熟练	缅，熟练		
	长女	Nang Su Su Mon	勃欧	30	本科	勃欧语，熟练	缅语，熟练	英语，略懂	
	长子	Kun Shar Shar	勃欧	28	初中	勃欧语，熟练	缅语，熟练		
	次女	Nang Ei Ei Mon	勃欧	25	本科	勃欧语，熟练	缅语，熟练	英语，熟练	
	次子	Kun Aung Kyaw Myint	勃欧	20	初中	勃欧语，熟练	缅语，熟练		
6	户主	Daw Thein Tin	勃欧	53	初中	勃欧语，熟练	缅语，熟练		
	长女	Nang Nu Nu Win	勃欧	24	本科	勃欧语，熟练	缅语，熟练	傣语，略懂	
	长子	Kun Aung Htick	勃欧	22	高中	勃欧语，熟练	缅语，熟练		
7	户主	U Tick Lwin	勃欧	55	小学	勃欧语，熟练	缅语，熟练	傣语，略懂	
	妻子	Daw Nang Kam Bo	勃欧	60	小学	勃欧语，熟练	缅语，略懂		
	长女	Daw Nang Than Ye	勃欧	39	高中	勃欧语，熟练	缅语，熟练	傣语，略懂	
	外孙	Kaung Htet Aung	勃欧	13	初中	勃欧语，熟练	缅语，熟练		
	外孙	Kun Soe Than	勃欧	10	小学	勃欧语，熟练	缅语，熟练		
8	户主	Daw Pyu	勃欧	69	小学	勃欧语，熟练	缅语，略懂	傣语，略懂	
	长女	Daw Mu	勃欧	47	初中	勃欧语，熟练	缅语，熟练		

续表

家庭编号	家庭关系	姓名	民族/支系	年龄（岁）	文化程度	第一语言及水平	第二语言及水平	第三语言及水平	掌握何种文字
	次女	Daw Thi Thi Kyi	勃欧	39	初中	勃欧语，熟练	缅语，熟练		
	三女	Daw Thi Thi Aye	勃欧	37	高中	勃欧语，熟练	缅语，熟练		
	外孙女	Nang Kan Ni Ni	勃欧	22	高中	勃欧语，熟练	缅语，熟练	英语，略懂	
9	户主	U Pan Sein Aye	勃欧	50	高中	勃欧语，熟练	缅语，熟练	克伦语，熟练	
	妻子	Daw Nang Chwun	勃欧	55	高中	勃欧语，熟练	缅语，熟练	英语，略懂	
	长子	Kun Min Ko Ko	勃欧	30	初中	勃欧语，熟练	缅语，熟练	英语，略懂	
	次子	Kun Nyun Aung	勃欧	26	大三在读	勃欧语，熟练	缅语，熟练	英语，略懂	
10	户主	U Maung Than	勃欧	59	初中	勃欧语，熟练	缅语，略懂		
	妻子	Daw Nang Kan Laung	勃欧	58	小学	勃欧语，熟练	缅语，略懂		
	长女	Daw Nang Nu	勃欧	40	初中	勃欧语，熟练	缅语，熟练		
	次女	Daw Moe Moe Than	勃欧	32	高中	勃欧语，熟练	缅语，熟练		
	长子	Kun Tun Naing	勃欧	24	高中	勃欧语，熟练	缅语，熟练		
11	户主	U O	勃欧	67	小学	勃欧语，熟练	缅语，略懂		
	妻子	Daw Nang Mat	勃欧	63	小学	勃欧语，熟练	缅语，略懂		
	长女	Nang Ti Dar Myo	勃欧	38	初中	勃欧语，熟练	缅语，熟练		
	次女	Nang Myint Myint Maw	勃欧	33	本科	勃欧语，熟练	缅语，熟练		
	三女	Nang Thet Moe	勃欧	30	高中	勃欧语，熟练	缅语，熟练		
12	户主	Ko Myin Hlaing	勃欧	37	高中	勃欧语，熟练	缅语，略懂		
	妻子	Daw Oat	勃欧	73	小学	勃欧语，熟练	缅语，略懂		
	长女	Nang Thein Shwe	勃欧	30	本科	勃欧语，熟练	缅语，略懂		
13	户主	U Phu Tick	勃欧	68	小学	勃欧语，熟练	缅语，略懂		
	妻子	Daw Sein Lay	勃欧	69	初中	勃欧语，熟练	缅语，略懂		
	长子	Kun Aung Myint	勃欧	38	高中	勃欧语，熟练	缅语，略懂		
	次子	Kun Own Kyaw	勃欧	36	高中	勃欧语，熟练	缅语，略懂		

第六节　仰光印度人的语言使用现状

仰光的印度人有世代生于斯长于斯的，也有英国殖民时期迁进来的。本节对仰光市印度人的语言生活进行描述，考察其语言使用的演变及其成因。

一　印度人家庭语言使用情况

由于缅甸籍印度人内部民族多、宗教多、语言多，我们调查对象的母语也不尽相同。我们随机调查抽取了 11 个印度人家庭进行语言使用情况调查。

（一）印度人母语使用能力

这 11 个印度家庭共 58 人的母语能力见表 4—55。

表 4—55　　　　　　　　　　印度人母语能力统计

年龄段（岁）	合计	熟练		略懂		不会	
		人数	百分比（%）	人数	百分比（%）	人数	百分比（%）
5—15	6	3	50	0	0	3	50
16—39	26	4	15.4	16	61.5	6	23.1
40—59	22	11	50	5	22.7	6	27.3
60 岁以上	4	4	100	0	0	0	0
共计	58	22	38	21	36.2	15	25.8

5—15 岁的青少年有 6 人，其中 3 人的第一语言为母语，水平为"熟练"；另外 3 人不会说母语，其第一语言转为缅语，水平为"熟练"。16—39 岁的青年人有 26 人，其中 11 人的第一语言转为缅语，水平为"熟练"，占该年龄段调查人数的 52.4%；这 11 人中，有 6 人懂母语，水平为"略懂"，其余 5 人都不会母语。40—59 岁的中年人有 22 人，其中 11 人的母语水平为"熟练"，占该年龄段调查人数的 50%，还有 8 人的第一语言已经不是母语，而转用为缅语，水平均为"熟练"。60 岁以上的老年人有 4 人，全部以母语为第一语言，而且使用水平均为"熟练"。

整体来看，58 个缅籍印度人中，有 22 人的母语使用水平为"熟练"，占调查总人数的 38%；21 人的母语水平为"略懂"，占调查总人数的 36.2%；还有 15 人不会讲母语，这部分人占调查人数的 25.8%。四个年龄段中，60 岁以上的老年人母语使用能力最高，百分之百为"熟练"级；其次为 40—59 岁的中年人，百分之五十的人母语使用能力为"熟练"。青少年和青年人的母语使用能力逊于 40 岁以上的人，可见母语传承出现断层。

（二）印度人缅语使用能力

这 11 个印度人家庭共 58 人的缅语能力见表 4–56。

表 4–56　　　　　　　　　　　　　印度人缅语能力统计

年龄段（岁）	合计	熟练		略懂		不会	
		人数	百分比（%）	人数	百分比（%）	人数	百分比（%）
5—15	6	3	50	3	50	0	0
16—39	26	22	84.6	4	15.4	0	0
40—59	22	20	90.5	2	9.5	0	0
60 岁以上	4	3	75	1	25	0	0
共计	58	48	82.8	10	17.2	0	0

16—39 岁年龄段的青年，26 人中有 22 人的缅语使用水平为"熟练"，其中 11 人的第一语言已转为缅语；另有 4 人的缅语能力为"略懂"。总体来看，印度人都会说缅语，其中熟练级的高达 84.6%。40—59 岁的中年人有 22 人，20 人的缅语能力为"熟练"，占该年龄段调查人数的 90.5%，其中以缅语为第一语言的有 8 人；其余 2 人的缅语能力为"略懂"。60 岁以上的老年人有 4 个，都会说缅语，其中 3 人缅语使用能力为"熟练"，占该年龄段调查人数的 75%；还有 1 人的缅语使用能力为"略懂"。

整体来看，58 个缅籍印度人全部都会说缅语，其中 48 人的缅语使用能力为"熟练"，占调查总人数的 82.8%；其余 10 人的缅语使用能力为"略懂"，占 17.2%。四个年龄段中，缅语水平最高的是 16—69 岁的中青年人；青少年和老年人的缅语水平稍差一些，原因是青少年的受教育程度略低，老年人的交际范围有限。

（三）印度人第三语言使用能力

58 名印度人会说的第三种语言不尽相同。5—15 岁年龄段的 6 个青少年不懂任何第三种语言。16—39 岁年龄段的 26 个青年人中，11 人懂英语，其中 3 人的使用能力为"熟练"，8 人为"略懂"；5 人懂若开语，水平为"熟练"；3 人懂法语，其中 2 人的使用能力为"熟练"，1 人为"略懂"；还有 7 人不懂任何第三语言。

40—59 岁年龄段的 22 个中年人中，2 人懂若开语，水平为"熟练"；3 人懂英语，水平为"熟练"；其余 17 人不懂任何第三种语言。60 岁以上的 4 个老年人中，有 1 人懂英语，水平为"略懂"，其余 3 人不懂任何第三种语言。

综上所述，58 个印度人会说的第三种语言分别为英语、若开语和法语。懂英语的有 15 人，其中 6 人的使用水平为"熟练"，9 人为"略懂"。懂若开语的有 7 人，使用水平全部为"熟练"。懂法语的有 3 人，2 人的使用能力为"熟练"，1 人为"略懂"。除此之外，共有 33 人不懂第三种语言，占调查总人数的 57%。

二　对调查问卷的统计和分析

我们向 8 个印度人发放了《家庭内部语言使用情况调查表》、《不同场合语言使用情况调查表》以及《语言态度和语言观念调查表》并全部收回。通过对这三类调查问卷的统计和分析，了解到仰光印度人的语言使用情况和语言态度。

表 4–57 为调查对象的个人情况。

表 4–57　　　　　　　　　调查对象基本信息

编号	姓　名	性别	年龄	教育程度	语言	宗教
1	WIN WAR TIN TUN	女	17	大一	缅，英，法	伊斯兰
2	MAY THA YA PHI PYE	男	17	大一	缅，英，法	伊斯兰
3	YAMIN NWE OO	女	18	大二	缅，英，法	伊斯兰
4	MG MAY HTOO	女	18	大二	印，缅，英，法	佛教
5	THEINGI HEIN	女	18	大二	印，缅，英，俄	佛教
6	U HLA HTWE	男	42	小学	缅，印	佛教
7	NINX SHAN	男	43	小学	印，缅	基督教
8	DAW ROSE SI	女	64	初中	印，缅	基督教

（一）家庭内部语言使用情况调查统计

表 4–58 为 8 个印度人家庭内部语言使用情况调查表。

表 4–58　　　　　　　缅族家庭内部语言使用情况调查

交际用语交际双方		所选语言			
		缅语	印度语	英语	其他
长辈对晚辈	父母对子女	5	5	0	0
	祖辈对孙辈	4	6	0	0
	公婆对儿媳	5	6	0	0

交际用语交际双方		所选语言			
		缅语	印度语	英语	其他
晚辈对长辈	子女对父母	5	4	0	0
	孙辈对祖辈	5	4	0	0
	儿媳对公婆	4	5	0	0
同辈之间	祖父母之间	4	4	0	0
	父母之间	7	5	0	0
	兄弟姐妹之间	7	3	0	0
	儿子与儿媳	8	3	0	0
主人对客人	对本族客人	7	3	0	0
	对非本族客人	8	0	0	0
	对陌生人	8	0	0	0

2 个年轻人——17 岁的 WIN WAR TIN TUN 和 17 岁的 MAY THA YA PHI PYE，无论与长辈、同辈还是客人，全部使用缅语交流，缅语是家里的唯一用语。从他们的家庭语言使用情况入户调查表也可以看出，他们的父母都是四五十岁的中年人，家里子女有两三个，都是 17 岁以下的青少年，家庭成员的第一语言都已转为缅语，不会说本族语——印度语了。18 岁的 YAMIN NWE OO 家共有 5 口人，父母和她们兄妹三人，全家人的第一语言也都转用为缅语，只有长辈对晚辈说话时是印度语和缅语两种语言都用，其他情况如晚辈对长辈、同辈之间以及主人对客人，都是全部使用缅语。42 岁的 U HLA HTWE 家语言使用情况也是如此，除了祖父母之间和父母之间使用印度语和缅语双语以外，其他人都只用缅语交流，全家三口人的第一语言都转为缅语，印度语的能力都为"略懂"。

另外 4 个调查对象：18 岁的 MG MAY HTOO、42 岁的 U HLA HTWE、43 岁的 NINX SHAN、64 岁的 DAW ROSE SI，家庭内部长辈、同辈和晚辈之间都还使用印度语，但在中青年的同辈之间也倾向于使用缅—印双语。从 4 个家庭的语言使用情况入户调查表来看，他们的母语印度语没有完全衰退，中老年人还能熟练使用印度语，青年人和青少年的印度语能力大多为"略懂"，个别已不会说了。

（二）不同场合语言使用情况调查统计

表 4-59 为不同场合印度人语言使用情况调查表。

表 4–59　　　　　　　不同场合印度人语言使用情况调查

交际对象交际场合		本族人				非本族人		
		缅语	印度语	英语	其他	缅语	印度语	英语	汉语
见面打招呼		4	7	0	0	8	0	2	1
聊天		8	2	0	0	8	0	0	0
生产劳动		6	4	0	0	8	0	1	0
买卖东西（集市、店铺）		7	3	0	0	8	0	0	0
看病		8	0	0	0	8	0	0	0
开会	开场白	5	3	0	0	8	0	0	0
	传达上级指示	5	3	0	0	8	0	0	0
	讨论、发言	4	2	0	0	8	0	0	0
公务用语		6	1	0	0	8	0	1	0
广播用语		8	0	0	0	6	0	1	0
学校	课堂用语	8	0	0	0	8	0	0	0
	课外用语	7	0	0	0	8	0	0	0
节日、集会		6	4	0	0	8	0	1	0
婚嫁		5	5	0	0	8	0	0	0
丧葬		4	5	0	0	8	0	0	0

印度人和本族人在见面打招呼、节日集会、生产劳动和开会时会使用母语，其他如在看病、公务、广播、学校等场合下几乎不用母语；而即便是与本族人的交流中，缅语在所有场合下使用频率都很高。在与非本族人的接触中，缅语更是达到了百分之百的使用频率，个别人会在打招呼、公务、广播、节日中使用英语，但英语的使用频率不高，缅语是调查对象和外界使用最多、频率最高的语言。

（三）语言态度和语言观念调查问卷统计

表 4–60 是对这 8 个印度人的语言态度和语言观念的统计分析。

表 4–60　　　　　　语言态度和语言观念调查问卷统计

序号	题　目	选　项	人数	百分比（%）
1	您认为掌握缅甸语有没有用？	A. 很有用	7	87.5
		B. 有些用	1	12.5
		C. 没有用	0	0

续表

序号	题　目	选　项	人数	百分比（%）
2	您认为学好缅甸语的目的是什么？	A. 找到好工作，得到更多的收入	4	50
		B. 升学的需要	2	25
		C. 便于与外族人交流	6	75
3	您认为掌握本民族语言有没有用？	A. 很有用	3	37.5
		B. 有些用	3	37.5
		C. 没有用	2	25
4	您认为掌握本民族语言的目的是什么？	A. 找到好工作，得到更多的收入	1	12.5
		B. 便于与本族人交流	1	12.5
		C. 保护和传承本民族语言、文化	6	75
5	在家庭生活中，您认为下面哪种语言最重要？	A. 标准缅甸语	8	100
		B. 缅甸语当地方言	0	0
		C. 本民族语言	2	25
		D. 英语	1	12.5
		E. 汉语	0	0
		F. 其他	0	0
6	在社会生活中，您认为下面哪种语言最重要？	A. 标准缅甸语	4	50
		B. 缅甸语当地方言	0	0
		C. 本民族语言	2	25
		D. 英语	4	50
		E. 汉语	0	0
		F. 其他	0	0
7	您认为将来少数民族语言会消失吗？	A. 不会	3	37.5
		B. 会	4	50
		C. 有较大的可能性	0	0
		D. 可能性不大	1	12.5
8	您希望本地广播站、电视台用什么语言播音？	A. 标准缅甸语	3	37.5
		B. 缅甸语当地方言	1	12.5
		C. 本民族语言	1	12.5
		D. 英语	3	37.5
		E. 汉语	0	0
		F. 其他	0	0

续表

序号	题　目	选　项	人数	百分比（%）
9	您希望开会时用什么语言？	A. 标准缅甸语	7	87.5
		B. 缅甸语当地方言	0	0
		C. 本民族语言	1	12.5
		D. 英语	0	0
		E. 汉语	0	0
		F. 其他	0	0
10	如果有人在外地学习或工作几年后回到家乡，不再说缅语，您如何看待？	A. 可以理解	2	25
		B. 反感	4	50
		C. 不习惯	0	0
		D. 无所谓	2	25
11	您最希望掌握哪种外语？	A. 英语	2	25
		B. 汉语	0	0
		C. 印度语	4	50
		D. 其他（法语）	2	25
12	如果您家里的人不愿意说缅语了，您是什么态度？	A. 赞同	2	25
		B. 无所谓	4	50
		C. 反对	2	25
13	在说缅甸语的人面前跟朋友或家人说本民族语，您有什么感觉？	A. 别扭	2	25
		B. 无所谓	2	25
		C. 自然	2	25
		D. 自豪	2	25
14	您希望子女最好说什么语言？	A. 标准缅甸语	4	50
		B. 缅甸语当地方言	0	0
		C. 本民族民族语言	1	12.5
		D. 英语	3	37.5
		E. 汉语	0	0
		F. 其他	0	0
15	您愿意把子女送到什么学校？	A. 用缅语授课的学校	5	62.5
		B. 用本民族语言授课的学校	0	0
		C. 用英语授课的学校	3	37.5
		D. 用汉语授课的学校	0	0

对调查结果的分析：

对"掌握缅语有没有用"这个问题，87.5%的人全部"很有用"；对于"学好缅语的目的"这个问题，选择最多的原因是便于与外族人交流，其次是找到好工作、提高收入，最后是出于升学的需要。

对"掌握本民族语言有没有用"这个问题，2 人选择"没有用"，2 人选择"有些用"，只有 3 人选择"很有用"。这 3 人是 18 岁的 THEINGI HEIN、43 岁的 NINX SHAN、64 岁的 DAW ROSE SI ，他们都认为掌握印度语的目的是找到好工作、保护传承本民族的语言和文化。而其他年轻人一致认为掌握印度语没有用或者用处不大。17 岁的女孩 WIN WAR TIN TUN 是仰光外国语大学法语专业大一学生，她对掌握印度语的目的这个问题没有做出回答，因为她认为掌握印度语没有用，自然不认为有何目的。通过其他渠道我们了解到，印度的方言有 200 多种，彼此讲不通，很多印度年轻人觉得有外族人在场时讲印度方言是件丢脸的事，他们更愿意讲缅语。因此，回答"家庭中哪种语言最重要"这个问题，8 个调查对象全部选择了"标准缅语"，其中 2 人（MG MAY HTOO、THEINGI HEIN）还多选了"印度语"，1 人多选了"英语"。印度人的家庭内部以缅语为最重要的语言，反映了印度人已经不认为其母语有保留传承的价值，缅语有上升到第一语言的趋势。同样，在"社会生活中哪种语言最重要"这个问题上，上面 2 人 MG MAY HTOO、THEINGI HEIN 的选择中还是包括"印度语"在内，而其他人或者选择"标准缅语"，或者选择"英语"。他们自己也意识到母语在他们的生活中的比重越来越小，有 4 人认为将来其母语会消失。

对于"您希望本地广播站、电视台用什么语言播音"这个问题，选择"标准缅甸语"和"英语"的比例相同，都为 37.5%，只有 1 人希望用"本民族语言"。在"您希望开会时用什么语言"这个问题时，有 7 人选择"标准缅甸语"，只有 1 人选择"本民族语"。

而对"希望子女说好什么语言"这个问题，选择"标准缅语"和"英语"的最多，各占 50% 和 37.5%。只有 1 人愿意子女说好印度语；对"希望把孩子送到什么学校"这个问题，5 人选择"用缅语授课的学校"，3 人选择"英语"，没有 1 人选择"用本民族语授课的学校"。

对于"怎样看待外出工作或学习几年回到家乡不再说本族语"这个问题，表示接受和反对的人各占一半。而对"如果家里人都不愿意说本民族语了，您是什么态度"这个问题，表示"赞同"和"无所谓"的共占 75%，只有 25% 的人表示"反对"。

对于"在说缅语的人面前跟朋友或家人说其他民族语言，您有什么感觉"这个问题，"别扭"、"无所谓"、"自然"、"自豪"的人各占 25% 。在这个问题上,调查对象的感受不尽相同,43 岁的 NINX SHAN、64 岁的 DAW ROSE SI 感到"自然",同为 18 岁的 THEINGI HEIN 和 MG MAY HTOO 感到"自豪"。中老年印度人使用母语的频率更高,他们说印度语习以为常,不觉得在外族人面前说本民族语不妥。从问卷的其他题目上可以看出,两个年轻人对母语的认同感还是很高的,愿意学习母语、使用母语,不难想象为何他们会觉得说母语很自豪。

对印度人语言观点和语言态度的问卷调查表明,调查对象全都认为缅语是最重要的语言,在家庭生活和社会活动中都把缅语作为第一语言来使用;半数以上的调查对象希望自己的下一代说好缅语、上缅语学校,对于放弃使用本民族母语的现象抱有不在意、无所谓的态度,并认为将来本族语有消失的可能性。只有个别调查对象希望学好母语,传承本民族文化。

三 仰光印度人语言使用特点及成因

通过以上对语言使用情况入户调查表的统计和对三种调查问卷的分析,我们看到印度人语言使用有如下几个特点:第一,母语出现衰退,中青年以下的印度人的母语能力极少有熟练的;第二,第一语言出现转用,由母语转为缅语,并且各个年龄段的印度人在家庭内部和社会生活中都习惯使用缅语作为交流工具;第三,英语能力偏低,大多不会英语。仰光印度人语言使用现状特点的形成原因主要有历史因素、民族矛盾因素、生活环境因素以及宗教信仰因素。

(一)历史因素

印度人是在英国殖民时期来到缅甸的,是跟随英国的殖民政策来印度垦荒种地的,因此 20 世纪 50 年代以前他们掌握了缅甸很大一部分土地。吴努时期,缅甸政府颁布《国家公有化条例》,收回了印侨的土地。到了奈温时期,由于排外政策的确立和排外事件的发生,很多印侨被迫离开缅甸回到了印度。以后,印度人从事的行业各种各样,但总体上属于社会底层。印度人中也有非常富裕的人,但是比例较少,贫富差距很大。

曼德勒福庆学校有位校工,今年 58 岁,祖籍是印度。他告诉我们,他父亲在仰光出生,母亲在曼德勒出生。小时候他见过外婆,外婆只会讲印度语,不会讲缅语。他父亲那个年代,印度人还很多,都聚居在一起,所以父母那一辈人的印度语都比缅语好。他的父亲先学会讲印度语,上学后才学会缅语。小时候,父亲教他说印度语,到现在他的印度语还是比缅语好。到了奈温时期,很多印度人回了祖籍国。现在,印度人住得都很分散,很多人都不怎么会说印度语了。他的妻子也是印度人,比他小 10 岁,不懂印度语,只会说缅语,因为周围环境中缅族人最多。

据了解，印度人跟缅族以及其他少数民族通婚的不多，但是如果与其他少数民族通婚，父母也不会反对，因为都是佛教徒。如果是父母安排的婚姻，一般不会跟缅族、华人、少数民族通婚。虽然也有通过自由恋爱跟其他民族通婚的，但是数量很少。据一位印度人告诉我们，印度教的部分传统文化已经丢失了，比如喜事和丧事的仪式都已经简化了。重要的节日有印度佛教节（10 月 4—5 日）和点灯节（11 月 26—27 日），节日时也不要求必须穿印度服装，可以根据自己的喜好选择服饰。

（二）民族矛盾

在 ZAY STREET 开日用杂货店的年轻夫妻 TIN HTWE 和 KHIN MARCHO 告诉我们，他们与父母讲印度语，但是他俩之间讲缅语。没有其他民族在场时，他们偶尔也会说印度语，但是大部分时间他们都在超市里，来往的其他民族很多，他们就不能说印度语，因为有些地区的民族冲突让他们比较敏感，不愿因讲印度语而引起缅人的反感。他们有两个孩子，儿子 6 岁，女儿 5 个月大，孩子们的第一语言已经变成了缅语，也没有学习过印度语。

旁边一个土产五金店门口有几名印裔妇女坐着聊天，我们上前跟她们攀谈起来。她们是母女三人，母亲叫 HJ. DAW TIN TIN，今年 58 岁，大女儿叫 HJ. DAW ZARLIN，32 岁，小女儿叫 HJ. SANDARLIN，29 岁。她们是信仰伊斯兰教的印度人。母亲和大女儿穿着缅族的艳丽服装，小女儿穿着印度现代服装。聊天时有一个头戴围巾、身着黑色高领长袖长裙的年轻女人走过，我们问这母女三人她为什么不穿穆斯林传统服装，母亲回答说，这里不是印度人的国家，穿成那样会引起别人的反感，所以她们宁愿穿缅族服装；即使穿印度服装，也是经过改良的现代印度服装。在语言使用方面，母亲的第一语言还是母语，缅语是她后学的。女儿们的第一语言转变成了缅语，说得比印度语还好。母女之间习惯用缅语交谈，并不觉得有任何别扭之处。大女儿说她的大儿子 13 岁了，上英语学校 7 年级，母语一点都不会说，缅语是第一语言，英语是第二语言。他从幼儿园起就上了英语学校，打算 10 年级毕业后参加国际英语水平考试，将来去国外的大学上学。我们问她为什么不把孩子送到公立的缅校，她说缅校的教育水平一般，孩子大学毕业也没有好出路，她家经济条件好一些，让孩子从小就在英语学校接受教育。

OO TIN MYINT 是两个八九岁大的男孩的父亲。他告诉我们，他们生活的这个地区民族关系还是和谐的，没有发生过大的冲突。不久之前仰光市另外一个地区发生了印度人和缅族人之间的冲突，至今还未完全平息。伊斯兰教印度人的领袖也多次试图和缅甸政府交涉谈判，争取提高印度人的政治待遇和生存环境，但是效果甚微。为了避免民族矛盾，更好地生存和发展，他们选择说缅语、穿缅服、取缅甸名字，来适应、融入缅甸的社会。

（三）生活环境

我们在仰光市 SAM CHUANG MIAE NIGONE 地区的 ZAY STREET 访查时，路遇两个边走边聊的印度年轻女孩，说的似乎是缅语，我们走近问她们能否访谈一下，她们很友善地答应了。其中一个姑娘说，她们彼此用缅语交谈，其他族人也都是如此，因为从小在家也好在学校也好，周围的缅族人占大多数，其他民族也经常接触，缅语是所有人的通用语，沟通起来方便。而印度语是她们的父母都不太说的语言，教给她们的时候发音也不是完全标准的，她们说起来也感到别扭、不地道，干脆就不用母语交流了，而转用了缅语。现在，大多数印度人在家庭内部和社会环境下都是缅语说得更多，不觉得有任何难为情或反感讨厌的情绪。

42 岁的 U HLA HTWE，在 ZAY STREET 路口有一个小店铺，卖牛奶和其他小食品。他是印度教派的。他告诉我们，他是在缅甸出生的第三代印侨，但是他不知道自己的祖籍地在哪里，爷爷和爸爸没有告诉过他。他在家里跟妻子和孩子说缅语，在外面做生意也说缅语，见到本族亲友会用印度语打招呼，但交流主要还是缅语。这条街上的印度人几乎都是缅语说得多，偶尔也在缅语中夹一些印度语。我们问他，除了依据法律，印度教的印度人是怎样进行内部管理的？他说一个片区内会有一个领袖，是大家推举出来的，主要负责婚丧、节日方面的事情。他们的领袖也会责骂他们不讲本族语，但是大家还是不肯说，由于用得少，说母语时舌头硬，不如说缅语那么流利顺畅，所以大家都选择缅语作为交流工具。

（四）宗教信仰

印度人内部有不同的宗教信仰之分，比如伊斯兰教、印度教、佛教、基督教等，这从我们随机调查抽取的印度人语言情况入户普查表中可以看出。不同宗教的印度人，大多也互不来往。从他们在祖籍国印度的分布来看，其过去的生活地区不同，语言或方言也不相同，相互之间不能通话；来到缅甸后，语言和宗教相异的印度人并没有共同的民族感情和心理，相互之间缺少凝聚力，一般都是以宗教为界限彼此独立，语言使用情况也是各有其特点。SAM CHUANG MIAE NIGONE 这一带的印度人以伊斯兰教的人数最多，经访问我们发现伊斯兰教印度人中年以下几乎都以缅语为第一语言。他们也不在意，不为此感到忧虑。做房屋中介的中年妇女 DAW WAR 告诉我们，伊斯兰教印度人中有很多开办学习母语的补习班，通常出于传承母语和本民族文化的目的，不收取任何费用。此外，清真寺里专门教授母语，青少年在缅文学校课余经常到清真寺学习母语，但家长对他们的母语使用能力并不感到担忧。DAW WAR 20 岁的女儿跟在她身边，她的第一语言是缅语，平时很少说母语，母语的能力为"略懂"，即只能听得懂一些，也会说一些。

表 4—61　　　　仰光印度人的语言使用情况入户调查表

家庭关系	姓 名	年龄	宗教	文化程度	第一语言及水平	第二语言及水平	第三语言及水平
户主	U TIN TUN	42	伊斯兰	高中	缅，熟练	—	—
妻子	DAW SANDAR WIN	41	伊斯兰	大学	缅，熟练	—	—
长女	RYIN PHYU TIN TUN	17	伊斯兰	大一	缅，熟练	—	—
次女	WIN WAR TIN TUN	17	伊斯兰	大一	缅，熟练	—	法，略懂
户主	U TUN AUNG	55	伊斯兰	大学	缅，熟练	—	—
妻子	DAW MAY KHAIN	44	伊斯兰	大学	缅，熟练	—	—
长女	MAY THA YA PHI PYE	17	伊斯兰	大一	缅，熟练	英，略懂	法，略懂
次女	MAY THA YA WAI PYE	13	伊斯兰	七年级	缅，熟练	—	—
三女	MAY THAWTHR PYE	6	伊斯兰	二年级	缅，熟练	—	—
户主	U KYAW KYAW OO	48	伊斯兰	高中	缅，熟练	—	—
妻子	DAW SEIN KYI	51	伊斯兰	高中	缅，熟练	—	—
长子	YAN BAING	23	伊斯兰	大本	缅，熟练	英，略懂	—
长女	YAMIN NEW OO	18	伊斯兰	大二	缅，熟练	英，熟练	法，熟练
次子	YAN MYEINLO	14	伊斯兰	八年级	缅，熟练	—	—
户主	U THAN SOE	62	佛教	高中	印，熟练	缅，熟练	英，略懂
妻子	DAW KHIN KHIN HTAY	50	佛教	高中	印，熟练	缅，熟练	—
长子	KYAW NAING WIN	30	佛教	大本	印，略懂	缅，熟练	英，熟练
次子	KYAW SAW OO	25	佛教	大本	印，不会	缅，熟练	英，熟练
长女	MG MAY HTOO	18	佛教	大二	印，略懂	缅，熟练	英，熟练
户主	DAW NI LAR	44	佛教	高中	印，略懂	缅，熟练	—
长子	AUNG SITHR HEIN	23	佛教	大本	印，略懂	缅，熟练	英，略懂
长女	HNIN LEI HEIN	21	佛教	大本	印，略懂	缅，熟练	英，略懂
次女	THEINGI HEIN	18	佛教	大二	印，略懂	缅，熟练	英，略懂
户主	DAW ROSE SI	64	基督教	初中	印，熟练	缅，略懂	—
弟弟	MAUNG TIN	58	基督教	高中	印，熟练	缅，略懂	—
妹妹	DAW SU ZI	47	基督教	初中	印，熟练	缅，略懂	—
二子	SHEW THAN OO	35	基督教	初中	印，熟练	缅，略懂	—

续表

家庭关系	姓　　名	年龄	宗教	文化程度	第一语言及水平	第二语言及水平	第三语言及水平
长女	DAW TIN SHWE	32	基督教	高中	印，熟练	缅，略懂	—
孙子	AUNG MYAT KYAW	16	基督教	初中	印，熟练	缅，略懂	—
大孙女	ZIN MAR OO	21	基督教	大学	印，熟练	缅，略懂	英，略懂
二孙女	ZIN NIN PHYO	15	基督教	初中	印，熟练	缅，略懂	—
三孙女	ESTER	12	基督教	七年级	印，熟练	缅，略懂	—
四孙女	NEIN NEIN	6	基督教	二年级	印，熟练	缅，略懂	—
户主	ROBERT	64	基督教	初中	印，熟练	缅，熟练	—
大妹	DAW JULI	60	基督教	初中	印，熟练	缅，熟练	—
大弟	CHARLY	52	基督教	初中	印，熟练	缅，熟练	—
二妹	Y BABY	46	基督教	初中	印，熟练	缅，熟练	—
二弟	NINX SHAN	43	基督教	小学	印，熟练	缅，熟练	—
户主	U HLA HTWE	42	佛教	初中	缅，熟练	印，略懂	—
妻子	CHAW CHAW	41	佛教	初中	缅，熟练	印，略懂	—
长女	LWIN MU OO	16	佛教	高中	缅，熟练	印，略懂	—
户主	U MYINT THEIN	54	伊斯兰	高中	缅，熟练	印，略懂	—
妻子	DAW TIN TIN YI	45	伊斯兰	高中	缅，熟练	印，略懂	—
长子	ZAW MYO HTET	30	伊斯兰	本科	缅，熟练	印，略懂	—
次子	KYAW ZAW THEIN	26	伊斯兰	本科	缅，熟练	印，略懂	英，略懂
长女	MI MI MYINT THEIN	23	伊斯兰	本科	缅，熟练	印，略懂	英，略懂
次女	EI YADANAR MYINT THEIN	19	伊斯兰	大三	缅，熟练	印，略懂	英，略懂
三女	TIN ENDRA MYINT THEIN	16	伊斯兰	十年级	缅，熟练	印，略懂	英，略懂
户主	U SAI TUN SEIN	54	伊斯兰	高中	印，熟练	缅，熟练	若开语，熟练
妻子	DAW NWR	46	伊斯兰	高中	印，熟练	缅，熟练	若开语，熟练
长子	AUNG MIN	29	伊斯兰	大本	印，略懂	缅，熟练	若开语，熟练
次子	AUNG KYAW MIN	26	伊斯兰	大本	印，略懂	缅，熟练	若开语，熟练
三子	THET AUNG	24	伊斯兰	大本	印，略懂	缅，熟练	若开语，熟练
四子	AUNG WIN	21	伊斯兰	大三	印，略懂	缅，熟练	若开语，熟练
长女	KHIN TAZIN AUNG	18	伊斯兰	大一	印，略懂	缅，熟练	若开语，熟练
户主	BILKIS	52	伊斯兰	大本	印，熟练	缅，熟练	英，熟练
妹妹	LIN LIN	46	伊斯兰	大本	印，熟练	缅，熟练	英，熟练
弟弟	THEIN NAING	44	伊斯兰	大本	印，熟练	缅，熟练	英，熟练

第五章　缅甸的华文教育

第一节　缅甸华文教育概况

一　华文教育历史

缅甸华文教育的历史与缅甸华人的发展历史密切相关，还受各个时期政治风云的变动制约。

华人大规模迁徙到缅甸要追溯到 20 世纪 50 年代左右，之前的华文教育因为华人甚少还不成规模。大批华人的到来，将华文教育不断向前推进。排华事件使华文教育一落千丈，直到 20 世纪末期华文教育才得以复兴。目前，缅甸的华文教育正走向现代化、国际化。

（一）华文教育的初创期

20 世纪 50 年代以前，华文教育处于启蒙阶段，华文教育零星出现。当时，缅甸华人人口数量甚少，华人均通过家庭熏染和教育传承汉语和传统文化，同乡会和观音亭成为在缅华人聚集的场所。

（二）华文教育的兴盛期

20 世纪 50 年代末期至 60 年代初期，是缅甸华文教育兴盛发展的黄金时期。华文教育作为正规教育出现，具有很高的地位。

20 世纪 50 年代，大批华人迁入了缅甸。缅甸混乱的政坛中出现了一位颇具影响力的侨领——尹兆国。尹兆国在当时的华人社会中具有很高地位，担任过曼德勒云南同乡会会长，并与当时的吴努政府关系密切，在缅甸国会担任过议员。

华人的政治地位是由其经济地位决定的。当时曼德勒仰光等各大城市随处可以见华人的商铺。商铺的名称全部采用汉语书写，保持着中国的风格。商铺前车水马龙、生意兴隆。

华人在政治、经济上的重要地位促进了华侨团体各项事业的发展。华侨首先兴办华文报刊，这一时期的华文报刊有 10 余种。华侨社团大量出现，据统计 1958 年[①]缅甸华侨社团已达到 548 个。

---

① 李祖清：《缅甸华人汉语教学现状研究》，华中师范大学 2010 年，博士学位论文。

这一时期，缅甸政府允许华侨开办华文学校，并让华文学校具有自主权利，有权自行决定教材的选用、课程的设置和教师的聘用。在这样的背景下，华文学校的队伍迅速扩大。1953 年缅甸就有 253 所华校；1959 年，华校增至 280 所，教师 916 人，学生 34473 人。[①]仰光是当时华文教育的中心。仰光南洋中学培养了大批的人才，他们成为至今在缅甸各大城市的华文推广事业中仍具有影响力的人物。

50 年代，缅甸的华人分为两大派——亲大陆派和亲台湾派，导致了华文教育的分裂和对立。仰光、曼德勒等地的华文学校都存在两派的竞争，其中亲大陆派取得了主导地位，并得到中国领事馆和国家领导的支持。周恩来总理曾多次访问缅甸，会见华文学校师生，从而提高了缅甸华文学校的办学热情。

20 世纪 50—60 年代是中缅两国关系最为亲密的时期，华人具有较高的政治、经济地位，由此华文教育得到了空前的发展，并培养了大批的汉语人才，这些人才在以后的华文教育发展中起到了重要作用。

（三）华文教育的衰落期

20 世纪 60—70 年代，华文教育由于动荡的政治局面开始衰落，走向了低谷。

1962 年奈温将军上台以后，政府颁布法律命令将所有私有企业和学校收归国有，沉重地打击了华人的经济和华文学校，华文教育一落千丈。尽管如此，华文教育并没有停止，很多华文教育工作者采用"打游击"的方式转入地下教学，以补习班的形式延续着华文教育。

然而 1967 年爆发了"6·26"事件，缅甸的华文教育遭到致命的一击。当时的左派爱国华侨学生宣传红卫兵思想，佩戴毛主席像章，引起了缅甸民众的强烈不满，从而引发了反华流血事件。事件成为缅甸华文教育的分水岭，缅甸南部仰光周围的华文教育全面停止，华人的地位和形象受到了很大的负面影响。华文教育的全面停止，导致了华人缅化的加速，很多这个时期出生的华侨至今不会讲汉语。

（四）华文教育的复兴期

20 世纪 70—80 年代，缅甸的华文教育开始复苏，教材主要来自台湾，去台湾留学成为华文教育的主要出路。20 世纪 90 年代初期以来，华文教育蓬勃发展。

20 世纪 70 年代，亲大陆派遭到了毁灭性的打击，亲台湾派开始逐渐复苏，他们利用果敢少数民族和学习佛经的名义开办了名字各异的华文学校，

---

① 李祖清：《缅甸华人汉语教学现状研究》，华中师范大学 2010 年，博士学位论文。

如"果文学校"、"佛经华文学校"、"佛经五戒学校"等。亲台湾派的学校与台湾的关系较为密切，因此采用台湾的教材，教授繁体汉字和注音符号。亲大陆派的华文学校也借机重新以汉语补习班的形式开始复苏。

20世纪80年代亲台湾派的华文教育已经取得了一定的成绩，得到了社会的认可。亲台湾派与台湾的关系更加密切。每年台湾到缅甸录取数百人到台湾留学，大量的华侨到台湾学习，并打工挣钱寄回家里。去台湾深造成为当时缅甸北部地区学习汉语的主要出路。

20世纪90年代随着国内经济的迅速发展，中缅关系日益紧密，1993年曼德勒开设中国总领事馆，领事馆关注华文教育，沉寂了几十年的亲大陆派爱国华文教育阵营开始复苏。曼德勒福建同乡会决定重新开办学校，仰光和东枝也迅速重新办学，这样"福庆"、"东华"、"福兴"、"东方"等学校逐渐兴起。90年代后期，华侨学校的兴办得到了国侨办和侨联的高度重视，并为华文学校提供教材。以"面向当地"、"华文教育国际化"为宗旨的华文教育全面复兴。

90年代中后期，国侨办、云南省侨办和驻缅甸总领事馆鼓励青少年回国参加夏令营和寻根活动，让华裔青年了解中国改革开放后的新面貌，提高学习华文的志趣和热情。

进入21世纪以后，国侨办和国内高校加大了与缅甸华文学校的合作往来，为海外华校解决师资问题，为华校的教师举行师资培训班，举派国内教师到仰光、曼德勒、腊戍、东枝等地进行师资培训。国内汉语教育的教材和消息不断涌入缅甸华校，华文教育全面振兴，最终走上了国际化的道路，实现了复兴。

二　华文教育现状

2010年，缅甸改革开放后，中缅两国的关系越来越密切。随着中缅两国的政治、经济、文化等各方面的交流日益增多，特别是两国的经济合作关系不断加强，掌握汉语和缅语的双语人才的需求量越来越大，想学习汉语的人越来越多。为了满足需求，缅甸的华文教育不断出现了许多新形式、新思路。缅甸联邦当局对缅甸的华文教育的政策、态度与过去相比有了变化。尽管如此，目前对华文教育的态度是"睁一只眼闭一只眼"、"不冷不热默许"的态度。民间华文教育仍然属于非正式教育，给办学带来很多困难。

目前，缅甸华文教育的形式可分为官办的正式教育和民办的非正式教育两种。除了仰光外国语大学和曼德勒外国语大学开设的汉语系属于正规教育外，其余都属于民办的非正式教育。从教学性质上看，官办的汉语教学属于第二语言教学；民办的依对象而异分为两种，一种是母语教学，另一种是第二语言教学。

一般认为，曼德勒及其以北的缅甸北部地区（被称为"缅北地区"），属于母语教学；仰光及其以南的缅甸南部地区（被称为"缅南地区"），属于二语教学。

缅甸北部和缅甸南部两个地区的办学形式、教学对象及教学方法都各有差异。因此，下面按教育形式及区域分别分析阐述缅甸华文教育的现状。

（一）缅甸北部的华文教育现状

缅甸北部的华文教育主要是在曼德勒省、掸邦和克钦邦。

东北部的掸邦、北部的克钦邦与中国云南省接壤。掸邦的总人口4818331人，华人400086人，占8.303%的比例。克钦邦的总人口1356451人，华人21510人，占1.586%的比例。[①]缅甸北部华人多，尤其是云南人相对较集中，对华文教育的开展有许多方便之处。

该地区是中缅两国进出口产品的主要陆路口岸。由于两国边贸繁荣的原因，缅北的一些克钦人、傣族人多多少少都会说一点云南话，云南话是多数人使用的语言。所以在缅北，华语是语言交际中需求量最大的语言。

掸邦华校所设地区可分为15个：腊戍地区、南坎地区、木姐地区、南兰地区、南渡地区、胶脉地区、昔卜地区、滚弄地区、果敢地区、东枝地区、景栋地区、东枝地区、果敢地区、大其力地区、丙弄地区。掸邦地区共有112所华校。该地区规模较大的华校主要有明德学校、果文学校、东华学校、兴华学校、黑猛龙学校、圣光学校等。其中明德学校是全缅甸规模最大的学校。全缅甸共有19所，分布在两个省一个邦。在曼德勒省有2所、仰光省有1所，但在掸邦有16所。

克钦邦华校所设的地区可以分为4个：密支那、八莫、和平、巴敢。华校共有5所。

缅北的华校分为学前班、小学和中学三个层次。学制分别为学前班1年、小学6年、初中3年。教学对象绝大多数是华人，年龄5—20岁的学生，从小就会说汉语。然而，该地区的华校以母语授课，所用教材是台湾出版国语教材，以繁体字为主。开设的课程比较多，有国语、社会、历史、地理、数学、化学等。简体字使用的普遍率越来越高，有些掸邦华文校的小学生课程里，增加了一门《汉语》课，所用教材是以简体字编写的中国大陆暨南大学出版的《汉语》教材。对当地的学习者来说，《汉语》教材的难度没有《国语》的大。学校开设《汉语》课程的目的主要是学习汉语拼

---

① 邹丽冰：《缅甸汉语传播研究》，中央民族大学2012年，博士学位论文。

音和简体的书写。

近年来当地华人的教育观念有所转变。以前比较重视华文教育。现在重视缅文学校的教育，但也兼顾华文学校的教育。为了符合当地的情况，很多华校都利用缅文学校上课之前和下课之后的时间来授课。有的华校以全日制上课的形式改成早晚上课的形式。缅文学校暑假三个月和周末是华文学校教华文的黄金期。

曼德勒省的华校所在地区可以分为 5 个，曼德勒地区、抹谷地区、彬伍伦地区、望濑市、果岭市。华校共有 22 所。曼德勒省的华文教育情况与两个邦的情况有所不同。除了曼德勒地区的华校以外，其他 4 个地区的大多数华校都属于母语教学范畴，以繁体字为主。

曼德勒地区母语教学和二语教学并存。比较有代表性的华校有福庆语言电脑学校（福庆孔子课堂）、孔教学校、明德学校。福庆语言电脑学校（福星孔子课堂）是缅北地区具有第二语言教学代表性的学校。孔教学校是具有母语教学代表性的学校，开设课程和上课时间与掸邦、克钦邦的华校大同小异。

（二）缅甸南部的华文教育现状

由于历史和地域的缘故，缅南的华文教育起步较晚，发展规模远远比不上缅北地区。1855—2006 年，仰光是缅甸的首都。排华事件主要发生在仰光。排华事件给仰光与其附近地区的华人，心理上带来了创伤，使得他们对华文教育采取了极其谨慎小心的态度。缅北部离政治中心较远，相比之下办学不存在太多顾忌，因而后来的华文教育能够得到较快发展。

缅甸的政治、经济和文化中心的仰光是缅南地区华文教育发展最好的城市。近几年来，随着缅甸的改革开放，仰光的华文学校如雨后春笋般地大量涌现。现在的华校不但以华人寺庙、同乡会和宗亲会的名义办学，还以私立华校的名义办学。

华校与中国国内院校的来往也越来越频繁。当地华校不但能聘请中国的老师来授课，还能与中国国内院校合作开设孔子课堂。华校的领导和老师们都到中国来参加汉语教学交流等方面的活动。仰光的华校与对外的交流越来越多，规模也越来越大。这是缅南地区排华后所没有的华文教育发展新形式。

新政府对民间华文学校的发展形势虽不排斥，但尚未全部未开。华文教育仍不能同当地国民教育接轨，还属于是民间私办。

在仰光办华校的人仍有些顾忌。起华校的名字的时候，极其谨慎。大部分华校都是以"×××孔子课堂"、"×××学苑"、"×××中心"、"×××补校"、"×××补习班"来命名，直接用"×××华文学校"的极少。

目前，仰光有 20 所民办华校：福星孔子课堂、东方语言与商业中心孔子课堂、庆福宫华文学校、妇协教育中心、正友语言与商业中心、九龙堂天后华文学校、孔圣庙华文补习班、舜帝妙善华文补校、福洲三山文艺中心、义联汉语学习中心、 甘建分社华文补习班、福同仁华文补习班、天才华文补习班、慈爱佛学修读中心、甘观音庙华夊补习班、圆满学苑、晋江公会华文补校、广东工商双语翻译班、仰光明德学校、金光学菀。

以上所示的华校中，除了正友语言与商业中心以外，其余的都属于第二语言教学。汉语作为第二语言教学的华校中福星孔子课堂、东方语言与商业中心孔子课堂、庆福宫华文学校是最具有代表性的学校。

仰光的教学对象都是以汉语作为第二语言或者作为外语来学习的华人（绝大多数是广东人和福建人）、缅甸人和印度人。仰光一带，华人的使用语言普遍转为缅语为母语。

仰光的二语华校，除了东方语言与商业中心孔子课堂以外，其余的都以补习班的形式进行教学，一周只有 3 个课时。

课程设置较为单一，一般以一个班为一个课程。开设的有小学汉语班、初中汉语班、新实用汉语班、高级写作程班、会话班、长城汉语班、商务汉语班、HSK 课程班、快乐汉语班等。

国家的语言政策、当地人民的教育观念及其对华语的需求量决定了华文教育发展的速度。目前，缅甸第一重视的外语仍然是英语。英语与国民教育接轨，政府开办的正规学校把英语和缅语都作为必修课。华语仍未与国民教育接轨，然而华校的课程安排和课时安排上带来诸多不便。"华校走上合法化、正规化"是在缅所有华校的展望。

第二节　曼德勒的华文教育

一　曼德勒华文教育的概况

曼德勒省总人口 6396472 人，华人 50994 人，占 0.797%的比例。曼德勒省非营利的私立华校共有 22 所，分布在曼德勒省的 5 个地区。具体是曼德勒地区 4 所、抹谷地区 13 所、彬伍伦地区 3 所、望瀬市 1 所、果岭市 1 所。

曼德勒地区的华文教学是母语教学和二语教学并存两类。非营利的私立华校共有 3 所：福庆语言电脑学校（福庆孔子课堂）、孔教学校、明德学校。福庆学校是汉语作为第二语言教学的具有代表性的学校，后三所是汉语作为母语教学的学校。其中孔教学校是曼德勒地区最大的华文学校，也是汉语作为母语教学的具有代表性的学校。

二　曼德勒福庆语言电脑学校个案研究

（一）曼德勒福庆语言电脑学校基本情况

福庆语言电脑学校（以下简称福庆学校）是曼德勒市四所私立华文学校中规模最大的、影响力最大的。1993 年 11 月由福建华侨创办，学校位于福建同乡会院内。2008 年得到曼德勒总领事馆的推荐，获中国国家汉办批准，签订了《关于建立福庆孔子课堂的协议》。2009 年 5 月，由云南大学副校长挂牌"孔子课堂"。2009 年 10 月获中国侨办批准为"海外华文教育示范学校"。同年荣获汉办孔子学院总部颁发的"汉语考试优秀考点奖"。2012 年 3 月成立"云南海外文化教育中心曼德勒分中心"及"云南教育国际合作与交流曼德勒工作处"。2012 年 8 月与云南大学民族研究院合作，由高学历本土教师队伍组织成立"缅中语言与文化研究中心"，其宗旨是"让中国人了解缅甸，让缅甸人了解中国"。2013 年"研究中心"再度与云南大学国际留学生院合作，成立"缅甸汉语教学研究中心"。2013 年先后与云南大学留学生院、中央民族大学两所高校合作，设立相关学院的"研究生实习基地"。2013 年 2 月，与国侨办示范学校一起牵头成立"缅北华文/汉语教学促进会"，旨在联通缅北华校和汉语教学机构。目前已与缅北 130 多所华校建了互信关系。图 5-1 为曼德勒福庆语言电脑学校教学楼。

图 5-1　曼德勒福庆语言电脑学校教学楼

2010 年以来，该校充分利用本校高学历教师，将本校教师外派至曼德勒市以外的其他城市教学点——马圭、旺兰、啤谬、旺邦、八莫、望濑、密铁拉、东敦枝、杰沙、抹鲁、洞缪 11 个教学点开展教学。教学点涵盖曼德勒省、实皆省、马圭省、勃固省、掸邦及克钦邦等省邦。如今，福庆学校孔子课堂已成为缅北地区的"汉语教学中心"。

福庆学校现有的 42 名教师当中有 3 名博士、4 名在读博士、14 名中国硕士、2 名缅甸硕士、2 名中国本科毕业、22 名缅甸本科毕业（其中 15 名毕业于华侨大学华文教育专业境外硕士研究生班。）

曼德勒福庆语言电脑学校作为缅甸北部汉语教学中心、缅甸中部语言与文化研究中心、缅甸北部华文教学促进会、人力资源中心、信息培训中心等在华文教育中发挥着重大作用。

1. 缅甸北部汉语教学中心

福庆学校自 2010 年 5 月，在中部马圭省省会马圭市设立了第一个汉语教学点。随后，应各侨领的要求先后在周边各省市建立了汉语教学点，目前已建立 11 个教学点，其覆盖范围见图 5-2。其中马圭市、旺兰市、啤缪市、旺邦市的汉语教学点已开办三年，在初级班的基础上已开设中级班。

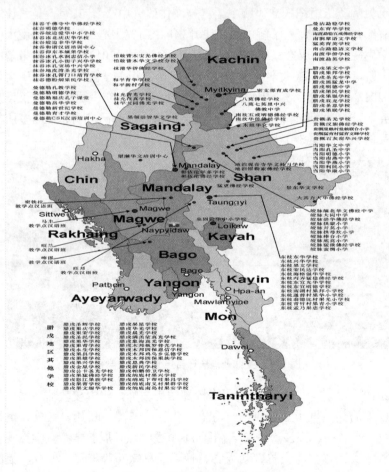

图 5-2　福庆学校教学点分布

汉语教学点也取得了一定的成绩。八莫佛经学校具有悠久的历史，但一直采用落后的中国台湾教材，与福庆学校建立合作以后，开始走上了汉语国际化的道路。2013 年 9 月，经福庆学校的推荐，八莫的一位教师被中央民族大学汉语国际教育专业录取，并享受孔子学校全额奖学金。马圭市的一名学生在华校学习两年以后，顺利通过 HSK5 级，2012 年被北京航空航天大学机械工程硕士专业录取，并享受国家全额奖学金。

2. 缅甸中部语言与文化研究中心

福庆学校在大力推广汉语教育的同时，充分认识到缅甸和中国文化交流和传播的重要性，于 2012 年 8 月 25 日成立了"缅中语言与文化研究中心"。研究中心的成员主要由毕业于中央民族大学、云南大学、广西民族大学、云南师范大学的具有博士、硕士学位的本校教师组成。其宗旨为"让缅甸人了解中国，让中国人了解缅甸"，做好缅中友谊的桥梁和纽带。

缅中语言与文化研究中心成立以后，曾两次为中国企业商会、在缅甸的中国珠宝协会等举办缅甸文化讲座。让中国商人了解缅甸文化，以促进缅中贸易往来。为中国石油管道公司的缅族工程技术人员开设中国文化讲座，让缅甸员工了解中国文化，更好地与中国员工沟通合作。

缅中语言文化研究中心还积极参加科研工作。与云南民族研究院共同承担"金与玉——缅人与华人调查研究""缅甸民族志"等课题。参与"缅甸投资指南""缅甸文化"等研究专著的编写工作。应缅甸著名历史学家 CHIN SAN WIN 的邀请，与云南大学民族研究院合作，翻译《中国古籍中有关缅甸资料汇编（共三册）》。在福庆学校建校二十周年、孔子课堂挂牌五周年、第十届东南亚华文教学研讨会来临之际，研究中心还举办了"缅中文化展"，展示了缅甸的传统文化用品、服饰、乐器等，为促进缅中文化交流互动起到了积极作用。

3. 缅甸北部华文/汉语教学促进会

缅北华文/汉语教学促进会成立于 2013 年初，由福庆语言电脑学校、东枝东华中学、腊戌果文学校三所缅北华文学校牵头，密切联系缅北 130 余所华文学校和汉语教学机构。其主要任务为向缅甸华文学校和汉语教学机构传递中国国侨办、国家汉办等有关机构的汉语教学信息，有效地为缅甸的华文学校和汉语教学机构服务。

促进会负责一年两次的汉语水平等级考试（HSK）、中华文化大赛、大/中学生"汉语桥"中文比赛、中华大乐园等大型活动的筹备和组织工作。促进会的成立时间虽然不长，但已经有效传递了很多有效信息，如夏令营活动、云南侨办的培训班活动、员工招聘信息、考试通知、奖学金通知、访问团活动等。

4. 人力资源中心

人力资源中心成立于 2013 年，主要由本校教师组成。其宗旨为服务于社会，为公司和企业提供汉语人才。目前福庆学校与很多中国企业建立了密切的联系：中资企业商会、珠宝商会、中国石油公司、中国有色金属公司、东方航空公司、云南建筑工程公司等。曾为中国石油管道局的 50 余名缅甸工程技术人员开设了汉语培训班；为曼德勒各大宾馆举办了"旅游实用汉语"培训班；为中缅合作珠宝加工公司招聘员工并举行汉语会话培训班。

5. 信息培训中心

福庆语言电脑学校，在大力发展汉语教学的同时，放眼世界、与时俱进，开设了电脑培训班。20 世纪 90 年代末以来福庆以超前的理念开办了电脑培训班，并加入曼德勒电脑协会，入股曼德勒信息开发集团。福庆学校目前拥有的三栋教学楼中，其中一栋为信息楼，在 MICT PARK 大厦拥有两个电脑教室。目前拥有数十台电脑，学生可以自由上网，校园内设有无线网络。福庆学校的所采用的光纤宽带技术在缅甸处于领先地位。

（二）曼德勒福庆语言电脑学校课程介绍

福庆语言电脑学校的课程内容非常丰富，主要有语言教学和计算机教学两大部分。其中语言课程包括汉语、英语、缅语班，分为正规班和速成班；计算机课程包括基础班和高级班。

1. 汉语课程

（1）正规班

正规班的教学对象为 5—12 岁的小学生，学制 6 年。一个学期 6 个月，一年两个学期。主要课程有汉语、历史地理、中国文化常识等。目前学生人数为 200 余人。

（2）速成班

速成班包括幼儿园、成人会话班、速成小学班、速成初中班、速成高中班、大专函授班、专升本函授班、HSK 强化班等。

（3）高级幼儿园

目前，福庆学校有两所幼儿园，一所为福庆学校与和顺联谊会联合举办的位于和顺联谊会馆内的"喜洋洋"幼儿园，一所为福庆学校校园内的"福娃娃"幼儿园。两所幼儿园共有近百名幼儿学生。幼儿的年龄在 3 岁到 5 岁，主要课程有识字课，以认读汉语、英语、缅语语言基础知识为教学内容，以游戏、唱歌等适合儿童的方式教学。

（4）成人会话班（初级）

成人会话班的学生主要是缅校高中毕业的成年人。共学习两个学期，每个学期三个月，以掌握基本的汉语口语会话为主。首先学习汉语拼音拼读，利用汉语拼音学习日常汉语会话，不学习汉字的读写。2008 年以来，会话班采用国家汉办教材《天天汉语》、《商务汉语》、《长城汉语》等，现有学生 100 余人。

（5）速成初级班

会话班结束以后，可以进入初级班学习，初级班共三年，3 个月为一个学期。初级班开始学习汉字读写。教材采用国侨办编写的《汉语》、汉办编写的《新实用汉语课本》等，共 12 册。初级班毕业时，学生已经具备 HSK3 级到 4 级的水平。现有学生 200 余人。

（6）速成中级班

初级班毕业以后可以进入中级班，共两年，每学期 3 个月。主要教材有《中级汉语》、《桥梁》及高级口语课程。中级班毕业时学生具备 HSK5 级水平，可以直接到中国的合作院校就读大学本科。现有学生 200 余人。

（7）速成高级班

高级班是中级班的延续，学制两年，每个学期 3 个月。主要学习高级汉语课程，高级班毕业时学生已具备 HSK6 级水平，现有学生近百人。

（8）汉语言文学大专函授班（师资班）

汉语言文学大专函授班先后与云南大学、云南师范大学联合举办，学制两年，一个学期 6 个月。每个学期结束时，云南大学派两三位教授到福庆学校面授课程和考试。主要课程有现代汉语、高级汉语、中国历史地理、写作、计算机原理、古代汉语、古代文学、文化概论、现当代文学、中国哲学史等。开课以来共有来自云南大学、云南师范大学的十多位教授亲临教学。每届函授班学员 20—40 名。

（9）汉语言文学专升本函授班（师范类）

专升本函授班是与云南师范大学联合举办的，学制两年，每个学期 6 个月。第一个学期学习《语言学概论》、《汉语教学法及案例分析》、《现代汉语词汇》；第二个学期学习《现代汉语语法》、《汉字概况》、《中国古代诗词赏析》、《毕业论文写作指导》；第三个学期学习《中国文学概况》、《古代汉语》、《美育》、《国学经典导读》，面授时进行毕业论文开题报告；第四学期的课程由《中国影视欣赏》、《中国书法》、《中国民族歌舞》、《太极拳》，同时完成毕业论文，并参加论文答辩。目前学生 30 余人。

（10）HSK 强化班

每年的 HSK 考试前开始强化班，每期 3 个月到 6 个月，学生主要是准备去中国读大学的高中毕业生。

2. 缅语课程

缅语班的课程主要为中国赴缅留学生、中资机构职员开办。近几年来还为果敢族的学生开设缅语学习班。目前学生有二十余人。

3. 英语课程

英语课程主要为幼儿园儿童开设简单对话班，以英语基础知识和日常基本会话为主要内容。

4. 计算机课程

（1）计算机基础班

基础班主要学习基本的办公软件的操作，如 Word、Excel、文字输入法和上网的基本操作等。

（2）计算机高级班

高级班主要学习平面设计、程序设计、网络和网页设计等计算机操作知识。

5. 外地教学点课程

福庆学校的 11 个教学点普遍设有幼儿班、成人会话班、初级班和中级班。每个教学点的学生数在 70 人到 80 人。

三　曼德勒孔教学校简介

1951 年创办的光华学校是孔教学校的前身。在当时那种情况下办华文学校并不是一件容易的事。只有经过政府允许，教育机构才能合法存在。

缅甸是个佛教大国，尊佛拜佛读佛经是缅甸人民一生中最重要的大事。有智慧的侨领知道中国的孔孟之道中贯穿着佛家的思想，所以认为如果能把缅甸佛教佛经翻译为中文，编一套从一年级到初中的课文，让华人既学缅文又学中文，华文就能顺利地用在教学中。于是光华学校就改名为孔教学校，即称孔子学术研究会。

最初，来就读的学生人数不多。学生都是在上完缅文学校后才到孔校上课，属于补习性质。他们边读佛经，边读华文，用的教材是中国台湾的孔孟课本。直到现在，孔教学校还是曼德勒规模最大、教师力量最雄厚、学生人数最多的学校。该校共有东、西、南、北四个校区，师资有 100 余人，从幼稚园到高中三年级共有 142 个班级。缅北各地的华侨学生在此校学习华文，学生共有 7000 多人。

学校的课时安排较为合理，课程设置也比较丰富。小学和初中分为早上班（6:00—8:00）和下午班（3:30—5:30），周课时为 12 节。开设课程有国语、公民、历史、地理和数学。高中的上课时间是早上 6:00—12:10，周课时为 42 节。开设课程有国语、英语、物理、化学、地理和历史。

第三节　掸邦东枝的华文教育

一　东枝的位置及华人分布

东枝是缅甸掸邦的首府，人口有 480 多万。其中华人有 40 多万，占总人口的 8.3%，已在同乡会登记的华人户口有 3620 户。

东枝地区的华人，其祖籍地主要是云南、福建、广东三省，此外还有四川、浙江、江苏、江西、湖北、湖南等省。其中人数最多的是云南籍，其次是福建籍，第三是广东籍。其中云南省籍华人有 3000 人，占该地华人总人数的 83%，福建籍有 500 人，占 14%，广东籍有 120 人，占 3%。没有在同乡会登记的华人还有一些。城区华人的分布呈"大杂居、小聚居"的格局。

东枝地处缅甸北部，与仰光、内比都等南部城市相比，有"天高皇帝远"的特点；与景栋、大其力等边境城市相比，处于缅甸的内部。东枝这一特殊的地理位置和众多的华人人口，使其汉语教学有着便利的条件，不利因素的影响相对较少。如果说腊戍地区的汉语教育是"遍地开花"、"欣欣向荣"，那么东枝的汉语教学可用"稳定发展"、"持续进行"来形容，比仰光和内比都等南方城市的汉语教学相对发达。

本节主要分析东枝地区汉语教学的历史及现状进程。

二　东枝华文教育的历史

在缅甸，学习汉语的学生可分为两类——华裔和非华裔。华裔学生的汉语教学称为"汉语作为母语的教学"；非华裔的汉语教学称为"汉语作为外语的教学"。本节主要探讨针对华裔学生的汉语教学。

由于个人经历不同，母语不一定是其第一语言。以东枝城区华裔的语言情况为例，有的华裔家庭（云南籍），孩子出生后就教他们说汉语（云南方言），家庭用语主要是汉语，汉语保留、传承得很好，这种情况下他们的母语就是其第一语言。而有的华裔家庭（广东籍和福建籍），因历史原因很多人已经不会说汉语，家庭用语以缅语为主，但他们仍然能听得懂汉语甚至能说一两句，这样的情况我们说他们的母语仍然是汉语，缅语是其第一语言。我们把针对以上两种学习者的汉语教学都称为"汉语作为母语的教学"，把"汉语作为母语的教学"的学校称为"华文学校"（简称"华校"），其教学称为"华文教学"。郭熙（2007）提出："华语定义为以普通话为核心的全球华人的共同语，即它是现代汉语的标准语，同时指'语'，也指

'文'。从这个意义上说，'华文教学'指的是华人共同的标准语的语文教学。"①

东枝华文教育的历史大致可分为以下几个时期：

（一）华文教育的发展期（20世纪60年代）

谈东枝的华文教育，要先从缅甸的华文教育说起。缅甸华文教育始于19世纪末，最初由缅甸华侨通过个人筹资在民间开办。根据郝志刚（1997）的研究，1872年（清同治十一年），仰光广东观音庙即开设了以读《三字经》、《千字文》为主的私塾。当时的私塾，大都设立在寺庙、宗祠和会馆内。②

较为正规的华文学校开创于20世纪初，多由闽侨和粤侨发起创办。1904年，缅华社会第一所华校——中华义学成立；1909年，仰光福建女子学校（即"福建女师"）成立。1921年，缅甸华侨中学（简称"华中"）于仰光成立，被称为缅甸华侨的最高学府。同期还有粤侨创办、合并的粤侨公立育德学校。1926年，华侨女子中学成立。至此，已创办50多所中小学。

第二次世界大战期间，多数华校惨遭破坏而停办。1946年，抗战胜利后，缅甸各地华校重整旗鼓，纷纷复办，华文教育又踏上新的征途。1948年，仰光成立了"缅华教师联合会"，把侨教方针、教学交流、师资培训和教师调配纳入了有组织、有系统的统一领导和管理中，使当时的首都仰光成为全缅华文教育的中心。1948年5月20日，仰光南洋中学（简称"南中"）成立。

到1948年缅甸独立时，政府政策比较宽容，华侨凡申请办学的都能获准，因此各种层次的中小学校纷纷成立，遍及全缅各地，华文教育蓬勃发展。这是华文教育鼎盛辉煌的黄金时代。据统计，当时共有300多所华校，教职工700多人，学生约18000人。仰光及其近郊有47所各类华校，包括13所中学、22所小学、1所师范学校、2所教会学校、9所夜校。其他各地共有华侨中学4所，小学173所。③

东枝位于缅甸的北部山区掸邦（前缅甸联邦的成员国之一，是一个以掸族为主体的多民族地区），临界中国云南省木姐地区，与缅甸其他地区联系紧密。其独特的地理位置使其成为中缅政治、经济和文化的桥梁，吸引了不少华人来此经商、定居。华人走到哪里，最为重视的是子孙后代的教育问题。一批有识之士即发起办学的号召并付诸行动，华文教育随之发展起来。当时缅甸政府的政策相对宽松，不仅允许缅华开办汉语学校，而且

---

① 郭熙主编：《华文教学概论》，商务印书馆2007年5月出版。

② 郝志刚：《缅甸华人华侨华文教育》，《东南亚研究》1997年第4期。

③ 李祖清：《缅甸华人汉语教学现状研究》，华中师范大学2010年博士学位论文，第32～33页。

同意自由设置课程、选择教材以及聘任教师。华校的办学时间是全日制，星期一到星期六上课。这一时期，政府承认汉语学校，允许其高中毕业生参加全国高考，享有和其他民族的学生同样的权利。此时最具代表性的两所华文中学是成立于 50 年代的东枝中华中学和东枝华侨中学，前者主要教繁体字，后者主要教简体字。

（二）华文教育的低潮期（20 世纪 60 年代至 70 年代）

20 世纪 60 年代，缅甸东枝地区和其他地区一样，华文教育受到巨大冲击和破坏。1963 年军政府上台，颁布了《企业收归国有法》，给华人的企业和经济以沉重一击。1965 年，缅甸政府公布了《私立学校国有化条例》，又给华文教育以致命摧残。全缅近 300 所华校全部被收归国有，改为缅校并按缅甸的教育大纲开展教学，民间的华文教育就此被取缔。

东枝的华文教育虽然受到如此沉重的打击，但还是顽强地生存了下来。东枝中华中学和东枝华侨中学在侨领们的大力支持下，由正规的办学方式转变成非正规的补习方式，教学工作者分散开办补习班，小规模地开展汉语教学，为以后的恢复埋下了种子。

1967 年 6 月 26 日，仰光发生了"反华流血事件"，东枝的华文教育几近覆没。为不使中华文化失传、子孙后代忘记母语，还是有老师坚持开办补习班。补习班的人数严格限制为最多 10 人，补习地点为侨领家或个别学生家里。每次上课都从后门偷偷摸摸地进出，不敢携带中文课本，只带着一张纸的课文，就这样东躲西藏地艰难补习。有些年轻人受不了这种精神压力，最终放弃了汉语学习。这一时期的华文教育几近瘫痪，直接导致华人后裔缅化速度加快，造成今日东枝地区很多 40 岁以下的福建籍、广东籍华裔都不懂中文，不会说汉语了。

（三）华文教育的复兴期（20 世纪 80 年代末至 21 世纪初）

1988 年，缅甸爆发了全国民主示威运动，随后调整了内外政策。到 90 年代，缅甸虽然加入了东盟，但是部分国家仍然排斥缅甸，只有中国真心对待缅甸，缅中关系更加亲密。①中国经济强势崛起，中缅经贸、文化交流逐步深入，汉语在世界的地位不断提高。在这样的形势下，华文教育在缅甸也日渐受到重视。

80 年代末期，缅北地区的华裔纷纷冲破阻碍，相继办起了华文学校。至 90 年代中期，东枝兴华中学、东枝东华语言与电脑学校、东枝果文学校以及荣民达学校等均已创立并发展壮大起来。中国的汉办、云南省侨办、侨联等部门关注东枝的华文教育并积极投入，间断数十年的大陆简体汉字

---

① 熊琪、张小克：《缅甸汉语教学概况》，《世界汉语教学概况》2006 年第 3 期。

的汉语教育逐渐复苏。

三　东枝华文教育的现状（2000 年至今）

自 20 世纪 90 年代开始复苏的缅甸华文教育，进入新纪元后得到进一步发展，在学校的数量、规模、办学层次以及师资配备等方面，均呈现良好的发展态势。除了东枝市区内的兴华中学、东华学校、果文中学和荣民达四所学校之外，周边县、乡级学校还有猛述树人学校、孟邦佛经学校、科崀新光学校、科崀侨光学校、猛乃建华学校、南站明华学校、南站文华学校、班云振华学校、翁德比果光学校、莱卡华文学校、海格强华学校等 11 所学校。①

下面我们从学校性质、办学规模、教学方式与内容、师资结构、生源情况以及 HSK 考试等方面来考察东枝地区华文教育的现状。

（一）学校性质

20 世纪八九十年代，为了取得合法地位，东枝地区的华校常以宗教名义办学，所以佛经学校很多。如孟邦佛经学校、东宜五戒学校。果文中学在办学初期，上课时每人都带着一本佛经书，遇到政府部门来检查，赶紧把汉语课本藏起来，拿出佛经来读。即便是以宗教学校的形式存在，也要呈报内政部批准，这无疑给办学带来很多困难。有的华校靠与当地军政首脑的关系立足，关系好时可以正常教学，关系紧张时就难以为继。后来随着两国政府的密切往来，缅甸政府也开始默认汉语学校，不再严格限制。

当时东枝地区的华校都是由侨领侨贤发起创办的非营利性私立学校。进入 21 世纪以后，政府对华校的政策是"睁一只眼闭一只眼"，既不严格限制华校的开办，也不给予法律上的正式认可。

（二）经济来源

华校的经济来源主要是学生学费，包括报名费、教材费、学费、杂费，部分学校还收取建筑费。此外，每年春节学校会组织拜年队，向家长及社会贤达募集办学经费。华文学校是非营利教育，所得学费都由董事会的财政统一管理，部分作为教师的薪资。一旦教师薪资不够，则会用学校基金进行补贴。对于家庭贫困的学生，学校一律免除学费，以资鼓励和支持。

（三）学生来源

兴华、东华和果文三所学校在地理位置上形成了一个三角形。各自招生的对象都是学校周边附近的适龄青少年。兴华学校的学生以云南籍华裔占绝大多数，其次是傣族、缅族和勃欧族。东华学校的学生 60% 是云南

---

① 兴华学校副董事长李祖韬先生提供，谨致谢忱。

籍华裔，其次是福建籍和广东籍华裔，还有少数缅族、傣族、印度人等。果文中学的学生主要是果敢族，也有住在附近的各省籍华裔、缅族和傣族等民族。

随着华文教育的发展及汉语教学的多元化，教学对象从华裔扩展到非华裔。由于中缅边贸的需要，缅北地区对华文教育的需求更为迫切，不少缅族人也将自己的子女送到华文学校学习，其中包括缅族高官的子女。

（四）学校规模

据调查，东枝地区的华校在最初开办时大多没有固定的校舍，通过借用各省籍华裔会馆或侨领家来办学。随着时代的发展和进步，各华校在侨领侨贤的号召下、校董团的努力筹募下纷纷买下了合适的地皮，建起了属于自己的教学楼。

调查组重点调查了兴华中学、东华学校和果文中学。下面是这三所学校的建校过程和目前规模。

1. 兴华中学

兴华学校是云南联谊互助会创办的。20 世纪 70 年代初，掸邦很多地区发生动乱。原住在山区乡镇的云南籍华人为求财产和生命安全，纷纷迁进东枝市区。从几十家陆续增至几百家，目前已有两千多家。一旦安身立命的问题解决后，首先考虑的就是教育问题。为使中华文化发扬光大，保持传统礼俗和习惯，子孙后代会说自己的语言、会写自己的文字，凡是华人集居的社区纷纷聘请华文教师开办汉语补习班。应各方面的需求，云南籍华裔于 70 年代初就成立了云南联谊互助会，为乡亲们谋求福利、发展文化事业。因补习班已不能满足人才培育的需求，1980 年由联谊互助会选出文教组，将所有的补习班合并，统筹管理。

1990 年云南会馆建成。此时政府对华文教育稍有放松，可以集中办学。1991 年在会馆东面购得一所旧屋，与会馆相连，将学生集中起来教学。学生从当初的三四百名发展为一千多人，校舍不足急需扩建。1994 年，又在会馆西面买了相连的两栋民房，先建了一座砖夹木结构的校舍，可安置 10 个班级，校舍紧张稍有舒缓。1998 年继续筹资，兴建一座四层楼的教学楼，期间因资金不足和外来压力导致数度停建，最终于 2002 年竣工投入使用。现有教室 32 间、办公室两间、电脑室一间、图书室一间、打印室一间及保管室一间。①

全校现有幼儿班 3 个、幼稚班 7 个、小学班 17 个、初中班 6 个、高中班 4 个。小学、初中已有 34 届，高中已有 13 届，是东枝地区办学时间最

---

① 东枝兴华中学办校简史由兴华中学副董事长李祖韬先生提供，谨致谢忱。

长、规模最大的中学。毕业生每年都有前往中国大陆多所高校和台湾地区深造进修的，也有不少学生到中国大陆、泰国、新加坡、马来西亚以及欧美国家打工。

2. 东华学校

东华学校的前身叫东枝汉语佛经学校，成立于 1994 年。在陈公文、黄新生、杨茂仁等侨贤侨领的号召领导下，福建同乡会、广东会馆和福州三山协会的理事们大力支持，学校得以创办成立。当时的办校筹委会借用三个会馆作为临时校舍，于 1994 年 5 月 2 日正式开始办起了东枝汉语佛经学校，推举林光辉为校长。1998 年，新一届建校筹委会被选举出来，陈修松为主任，黄永忠为副主任，林明生负责财政。筹委会认为急需筹资购买地皮建筑校舍，福建同乡会和广东会馆各负责 400 万元缅币，福州三山协会负责 300 万元缅币，学校拨出 100 万元缅币，总共筹募了 1200 万元缅币，购买了一块宽敞理想的地皮。第二年，三个会馆继续分批筹募建校基金，得到了华侨救济会、东枝华侨学校校友会及各界华人华侨和学生家长的热心捐助。学校于 2000 年动工，2002 年落成，耗资共 4700 多万元缅币。2002 年 2 月 2 日举行了落成典礼，同年 10 月 6 日选举成立了第一届董事会，确定学校改名为"东枝东华语言与电脑学校"，简称"东华中学"。①

东华学校占地面积约有 6900 平方米，建筑面积约 650 平方米，环境优雅，绿树成荫。现有幼儿园、幼稚班、小学、初中和高中。小学教学班 17 个，初中教学班 3 个，2014 年 1 月 26 日毕业了一届高中生。学生教室、教员办公室、图书室和电脑室等共有 30 多间教室。

3. 果文中学

东枝果文中学的前身是尊圣小学，创办于 1985 年 10 月 25 日。当时白塔村村民生活艰苦，大多以做小买卖、饲养家畜、种植蔬菜和打零工为生。孩子们上学要去 2 千米以外的兴华学校，由于道路坎坷不便行走，很多小孩无法继续读书，失学人数日渐增多。许鸿文、陶子海、胡仙林、李世华、黄纯礼等几位果敢族贤达人士眼看问题严重，聚集起来商讨对策，决定创办一所果敢族自己的学校。在大家的响应之下，募集了一笔基金，买下了一块地。虽然校舍简陋，仅有几间破旧茅屋，但东枝果敢族的汉语教育开始迈出了第一步。其后历经师资短缺、经济拮据、生源不足等种种艰难。

1996 年，当时的校董团董事长陶子海、校长李世华、副校长黄纯礼等人向果敢文化会主席罗星智先生提出请求，商讨解决方案，最终决定将校名改为果文学校。同年，某社会人士看中了学校的一小方土地，与校方商

---

① 东枝东华学校办校简史及现况由东华学校校长林光辉先生提供，谨致谢忱。

榷盖一间孔庙、一间稽房，功德钱收入全部用来扶持学校。全校师生为之精神大振，每天上课之余的大部分时间都用来劳作，终于建成了一排威武的神庙。之后由于学生数量激增，前来庙会祭孔的人员和车辆来往频繁，为保证学生的安全，另择校舍作为教学之用，原校舍用作外地学生的宿舍。[1]

新校址选在东枝市区白塔村内，购置资金来自孔庙和稽庙开光时得到的捐款，另外每学期报名时学生家长或多或少都有一些捐助，还有一些教师跟着地方长老四处募集，就这样使学校逐渐发展壮大。学校现有教师 26 名，学生 965 人，华裔占 80%左右，还有傣族、缅族和勃欧族等。

（五）教学管理

1. 教学用语：华校主要以教授汉语为主，兼教数学、常识、历史、地理、品德、美术等副科，这些副科也都用汉语教学。学生听不懂时，老师使用缅语作为媒介语言进行解释。

2. 办学层次：东枝城区的华校一般包括从幼儿低班到高中高班的所有阶段。其中，幼儿园 1—2 年制，幼稚班 2 年制、小学 6 年制、初中 3 年制、高中 3 年制。过去只有兴华学校办到高中，至今已有 13 届高中毕业生，现在东华学校和果文中学也都有了高中。2014 年 1 月 26 日这两所学校的第一届高中生毕业。东枝城区内的另一所学校——荣民达，是兴华学校的分校，只办到初中。其他村镇学校也都大多办到初中，有的学校只有小学。

3. 教学时间：由于学校地位不合法，华校只能利用缅校的课余时间来办学，教学时间非常有限。平时一般分两个时段：早上 6:00—7:45；下午 4:00—5:30。兴华中学和东华学校都只上早上时段的课，每节课 45 分钟，课间休息 10 分钟；周一至周五连上 5 天。周六、周日上午 7:00—11:45，总共 5 节课，每次课间休息 10 分钟。果文中学早上和下午两个时段都上课，周六、日也是上午 7:00—11:45 上课。

每年的 3 月 1 日和 9 月 1 日分别是华校的上、下学期开学日期。每学期有 22 周，最后两周是复习周与考试周，教学时间只有 20 周。4 月、5 月、6 月是缅甸高考后的暑假，华校利用这一时段开设全日制汉语教学，周一至周六每天上午 7:00—11:45 上课，一周上课时数达 30 节。

华校教学都是利用缅校的课余时间，学校不能按照正规的教学制度要求学生，特别是遇到缅文学校考试或有其他活动时，有些学生好几天都不能来华校上课，这就造成了学生汉语水平参差不平的情况，华校的教学计划和方案也很难确保实施。学生由于同时兼顾两所学校的学习，学业负担较重。为既要保证学习质量又要减轻学生的学习负担。一般读完小学 6 年

---

[1] 东枝果文中学办校简史由果文中学校长赵秀兰女士提供，谨致谢忱。

级后，学生就停掉华校的学习，专心在缅校上 8、9、10 年级，考上大学后再来继续华文学校的学业，所以华校高中生很多都是缅校大学本科生。

4. 教材使用：兴华中学、东华学校和果文中学虽然都是汉语作为母语教学的学校，但是三所学校的办学历史和学生来源都不一样，教材使用方面各有其特点。兴华中学和果文中学以台湾版教材为主（台北国立编译馆主编，1996 年出版），学习注音符号和繁体字。东华学校 2002 年以前使用台湾教材，2002 年之后开始采用中国大陆暨南大学出版社的《汉语课本》，直到 2010 年东枝的华校得到中国国侨办赠送的大批教材，东华学校也开始采用这批教材，包括小学 6 年的 12 册课本，中学 3 年的 6 册课本。

兴华学校的学生以云南籍华裔为主，缅族、傣族和勃欧族等当地民族占少数。果文中学的学生以果敢族为主，也有一些云南籍和其他少数民族学生。云南籍华裔学生和果敢族学生从小在家庭里习得了母语（云南方言），母语就是他们的第一语言，缅语为第二语言，汉语无论在家里还是在社区里都是其主要的语言工具。对他们而言，汉语作为母语的教学在语言理解上困难不大。除了云南籍华裔外，还有福建籍和广东籍华裔，他们的父辈由于受到 20 世纪 60 年代排华事件的影响，已经大多不会说汉语，所以他们出生后就习得了缅语，缅语是其第一语言，却不等同于母语。还有部分缅族和其他少数民族的学生，对这些非华裔的学生来说，使用大陆教材还是适当的。

5. 课程设置：华文小学开设的课程有国语、数学、社会、健康教育；初中和高中除小学的课程外又增加了地理、历史、物理和化学。小学到高中的国语与数学都是主修课程，其他的都是辅修课程，因此国语与数学课每星期各 4 节，其他课程只有一节到两节。除国语课外，其他课程如数学、物理、化学、地理、历史等也都用汉语授课。所用教材多数是台湾地区的国语教材（繁体字，标注音符号）。国语课的教学内容多为历史故事、人物介绍、文化、古诗等。东华学校使用大陆教材，还增加了一门"三常课"：文化常识、历史常识、地理常识。

学校规定每学期必须教完一册课本。例如小学一年级到六年级共有 12 册，每册一般都有 20—22 篇课文，因此每星期必须教完一课，也就是 4 学时讲完一篇课文。缅甸华校的教材、教学时间、教学对象大致都相同。学校规定每学期必须要教完每门课的一册书。

虽然校方领导和老师深知，仅靠书本知识很难促进学生五育（德、智、体、群、美）的全面发展，但是由于华校利用缅校的业余时间办学，教学时间非常有限，所以副科只是形式而已，得不到学校的重视。例如东华学校在创办初期，也曾有过体育课，可是后来取消了。目前，音乐课和美术课只能趁缅校放暑假时（3—6 月）插入教学，其他学校也大体如此。

（六）学校管理

华文学校的管理机构大多相同。学校由董事会管理，设董事长 1 名，副董事长 2 名，秘书、外交、财政、会计、稽核、总务及校长各一名。董事长多由为学校捐款最多的人来担任，董事会成员多为热爱华文教育以及中华文化的社会贤达和热心人士，他们所做的工作都是义务性的，不计报酬。董事会的职责包括：制定学校的规章制度，筹备学校经费，聘请教师，购买教学设备。董事会每学期开一次会。如有重要事情，会临时召集开会。学校内部采用"层级管理"模式。校长由董事会聘任，主抓学校的具体事务。校长下设副校长 2 名，副校长下还有教务主任和训育主任，教务主任主要管理教师和教学，训育主任主要管理学生品德纪律、行为规范。主任、副校长、校长层层向上，下一级对上一级负责，职责分明，各司其职。

调查组了解到，东枝地区的华校对教师的管理比较严格，老师必须按时上课，一旦请假就会被扣薪水，也不允许请长假；对学生的要求相对宽容，只是规定学生要按时出勤，遵守课堂秩序，如果学生不来上课，只要向老师请假即可。不过学校严格要求考试纪律，严抓作弊行为。

（七）师资结构

东枝华文学校聘用的教师主要有两种人，一种是 20 世纪 60 年代毕业于仰光华侨中学和南洋中学的老教师。这些老教师业务能力较强，教学经验丰富。另一种是从本校初中毕业班和高中毕业班的学生中录用的学业成绩优异者，其中有的也已取得缅甸大学学历。教师的薪水很低，不够养活一大家人，愿意当教师的大多是女性。

华校由于引不来高学历、高素质的汉语教师，于是就派本土教师走出去深造和提高教学能力。近年来，中国国侨办、省侨办及国家汉办经常提供短期教师培训，邀请缅北华校校董团和资深教师前往学习。国家汉办提供政府奖学金名额，使符合要求的缅甸汉语教师得到机会，前往大陆多所高校攻读汉语硕士或博士学位。云南师大、云大等高校与东枝华校联合成立函授汉语专业专升本学历进修班，兴华、东华和果文等校有十几名教师将于 2014 年 4 月拿到文凭。中国侨办也委派资深教授赴缅做定期的讲学培训，东枝地区是定期培训的试验点。美中不足的是，交流培训的时间较短，数周至一个月，师资力量仍有待进一步提高。

（八）HSK 考试情况

从 2001 年开始，在中国驻缅甸大使馆的努力下，中国国家对外汉语教学办公室举办的汉语水平考试（HSK）在缅甸推行。当时的考点只有仰光外国语大学，参加人数有 100 多人，考试时间只有 12 月一次。2002 年增设曼德勒考场；2009 年增设腊戌考场，考试时间增加为 5 月和 12 月各一次；2011 年增设摩谷考场、东枝考场、啤谬考场、勃生考场。直至 2011 年，缅甸的 HSK 考场共有 7 个，参加人数已达 1800 人左右。[①]

东枝考场设立当年，许多华校学生踊跃报名。除了东枝市区内的东华学校、兴华中学、果文中学、荣民达学校之外，属东至市区乡村的东宜、海格两处的华校以及外地的孟邦、丙弄地区的华校，也都有学生报名参加考试。因此，2009 年东枝考场是全缅甸 4 个考点中报考人数最多的，不同级别[②]考试的人数也是最多的。表 5–1 是 2009 年东枝 HSK 考试报考人数统计表。

表 5–1　　　　　　　　2009 年东枝 HSK 报考人数统计

学校 ＼ 考试级别	少儿级	基础级	中级	合计
东枝东华学校	71	24	98	193
东枝兴华中学	5	45	84	134
东枝果文中学	3	20	79	102
东枝荣民达学校	6	——	3	9
东宜光华学校	——	1	14	15
海格强华学校	2	14	1	17
孟邦佛经学校	——	——	14	14
丙弄勐稳学校	——	3	21	24
共计	87	107	314	508

2010 年，缅甸全面推行 HSK 新版试卷，考试改为六个级别，评分只有合格、不合格两种。另外，少儿级（YCT）考试分成四个等级。同年 5 月，东枝地区报考人数见表 5–2。[③]

---

① 数据引自邹丽冰《缅甸汉语传播研究》，中央民族大学博士学位论文，2012 年。

② 2009 年 HSK 考试分为少儿级、基础级和中级，各级考试成绩评分为 A、B、C 三个等级。

③ 数据由东枝东华学校办公室主任黄国辉先生提供，谨致谢忱。

表 5-2　　　　　　　　2010 年东枝地区 HSK 报考人数统计

考试级别 学校	YCT 二级	YCT 四级	HSK 二级	HSK 三级	HSK 四级	HSK 五级	合计
兴华中学	—	—	5	8	8	4	20
东华学校	136	46	2	4	67	61	316
果文中学	—	—	—	—	6	28	34
东宜明德学校	—	—	—	—	—	6	6
东宜光华学校	—	—	—	—	42	4	46
丙弄勐稳学校	—	—	14	—	3	3	20
孟邦佛经学校	—	—	—	—	1	2	3
海格强华学校	—	—	—	—	17	—	17
果光学校	—	—	—	—	—	1	1
果华学校	—	—	—	1	—	1	2
果联学校	—	—	—	—	2	1	3
瑞良瑞华学校	—	—	—	—	—	5	5
大其力地区	—	—	—	—	—	1	1
共计	36	46	21	13	146	117	479

随着 HSK 考试的不断推广，更多的学生希望通过考试来检测自己的汉语水平，并为今后的学历深造提供条件。很多人认为，HSK 考试有利于学生申请留学中国以及今后从事与汉语有关的工作。

四　东枝华文教育存在的问题及对策

（一）师资力量薄弱

据统计，东枝地区共有 22 所学校，教师 175 人，学生 4000 多人。教师年龄两极分化，教龄参差不齐；学历普遍较低，多为华校初中毕业，极少有缅校本科学历；教师队伍不稳定，人员流失严重。

东枝华校的教师中，女教师占多数，大多是华校初中毕业、缅文高中毕业的学历，极少有缅文大学本科学历。教师年龄两极分化，老教师和年轻教师所占比例较大，中间断层现象较为突出。教龄偏高的老教师出于对华文教育的热爱，全心全意长期在学校服务，他们对中国文化了解得多，在古文、诗词和书法等方面都有良好功底，可是不易接受新的教学理念和教学方法。教龄偏低的年轻教师容易接受新鲜事物，在教学中充满活力，课堂形式生动活泼，能够提高学生学习汉语的兴趣，但是许多人往往不安心于教学岗位，一有更好的机会就会离开学校。

华校教师队伍不稳定，年龄结构两极分化，学历结构偏低。究其原因，主要是因为华文学校在缅甸不是合法正规的学校，教师的薪资来源是学费，各校创办初期均遭遇种种艰难，教师的工资都难以保证。由于学校不合法，教师退休后拿不到退休金，生活各方面难以为继。男性当教师无法养活一大家人，女性当教师是出于无奈，除了在学校的教职工作，还开办补习班增加一些收入。另外，教师工作的发展空间不大，培训机会不多，无法满足教师人员自我提升的愿望。

这样的师资状况，很难保证汉语教学的水平和质量，引起了华文教育工作者的重视和反思。现在，东枝很多华校的校董和校长都开始重视这一问题，积极打开渠道派送本校教师前往中国学习深造。如：兴华中学目前已有 5 位教师就读于中国的高校，其中一名在云南师大华文学院攻读博士学位，两名攻读硕士学位，还有两名教师在中央民族大学国际教育学院攻读硕士学位。东华学校已有 3 名教师分别取得了中央民族大学、泉州华侨大学、广西南宁民族学院的硕士学位，今年还将有 12 名教师取得云南师范大学汉语言专升本学位。正如曼德勒福庆学校李祖清校长所言："华文教育战线上的老师们，应该不停地努力提高自己的水平。我们福庆学校有这样一个观点，必须重视学历教育。邓小平说，'发展才是硬道理'，我们换句话说，'搞华文教育，学历才是硬道理'！做老师的如果不努力提高自己，一直在原地踏步，我们如何能够教育学生，华文教育又如何提高到国际化、现代化的程度，并实现可持续性发展？"①

（二）缺乏本土汉语教材

东枝地区的华校从 20 世纪 90 年代建校以来，使用的教材主要是台湾1989 年版的繁体字教材。从 2007 年开始，陆续得到中国大陆的九年制义务教材以及中国侨办免费赠送的汉语系列教材。目前各校台湾教材和大陆教材都在使用。

台湾教材的问题是：1. 由于交通不便，运输困难，直到现在都在用黑白纸制的翻印教材；2. 内容陈旧过时，而且没有教师手册和练习册。做练习题时，学生不得不跟着教师抄写，所耗时间多，抄写非常浪费时间；3. 繁

---

① 参见李祖清：《缅甸汉语教学的本土化与国际化（二）》，缅甸报纸《金凤凰》2013 年 12 月 16 日，华文教育版 B05 页。

体字教学过程只是让学生一笔一画地抄写，没有将汉字分为形声字、会意字、假借字、象形字等帮助学生认字、写字，学生要牢记的笔画特别多，给他们增加了很多压力。大陆教材的问题是：1. 从拼音开始、简体字为主的课本主要针对海外华侨学习汉语的第二语言教学，对东枝华校的华裔学生来说程度较浅，不能使学生得到更深的知识；2. 虽然是免费的教材，但是运费昂贵，从中国瑞丽发到东枝要经过几个关卡、几道程序，有时候学校开学了课本还没到；3. 中国的教材都是按照全日制来编写的，语文、数学、自然、品德、历史、地理、生物、科学等课程至少每周35课时，而缅甸的华校教学时间短，每周仅20课时，只能从中挑选一些重点科目来教。而且大陆教材文科内容非常宽泛，有些不宜在缅甸使用。由此可见，能不能找到一套适合缅甸学生的汉语教材，能不能找到一条捷径购买教材，这些都是缅甸的华校面临的问题。

在缅甸的基础教育中，缅文学校是有合法地位的公立学校，华文学校在缅校课余时间以外办学。华校应采用有针对性的教材、华文教学时限和教学情况来编写的汉语教材。教材要紧密结合缅甸的国情和文化，根据华校的教学情况、学习时限以及学习环境等编写。面向全日制学校学生的教材要偏重课堂练习，使学生在课堂上掌握知识点、做好练习。面对成年人的教材内容应该考虑学习者的接受能力，课文一定要精，适用性强。最好有一部分汉—缅双语教材，以便非华裔学生学习汉语时使用。另外，华校的教学设备简陋，教师上课就只有一块黑板、一支粉笔。现代化的教学设备能起到辅助教材的功效，学校在选用与时俱进的教材的同时，还应配备现代化教学设备，辅以多媒体教学手段，利用好图书、卡片和教具等，使学生感到直观教学的乐趣，增加学生的学习兴趣及求知欲望。

（三）课程设置重复浪费

各华校开设的课程繁多，都是根据当地情况自行开设，没有可依据的统一的课程大纲，也没有统一的汉语考试标准，无法从整体上衡量学生的汉语水平，也无法在校际实现学历互认。由于上文提到的原因，笔者在实地调查中发现，东枝的华校大多开两门汉语课：使用台湾教材的《国语》课和使用大陆教材的《汉语》课，其实都是中国文化和文字的浓缩与结晶，在教学课时有限的情况下两样都学，增加了老师和学生的负担，达不到良好的教学效果。

另外，华校的课程设置和缅校的也有重复，华裔学生的学习负担较重，既要在缅校学习缅语讲授的各种课程，又要在华校学习汉语讲授的各种课程。其实，两类学校开设的数学、物理、化学和英语等主要课程大致相同，区别只在于授课语言不同。重复开课，造成了各方面资源的浪费，既耗费师资，又加重学生负担，影响学习效率，对其升学和就业并无太大帮助。

校长林光辉说："华文学校真正的发展前途是自己办一个合法、正规、全日制的私立学校，面向全社会招生，既教缅文，又教中文，高中毕业生能直接参加缅甸的高考。尽管目前缅甸政府的立法还不健全，还不能批准我们的申请，但已经有机遇去做这件事，就一定要去争取。"

（四）学校管理欠完善

为了促进汉语教学的发展，近年来东枝各华校的校董、校长及资深教师多次受邀前往中国参加培训项目。东枝的华文教育正逐渐走向汉语教学规范化、科学化的道路，但谁出资谁有发言权，外行管理内行的现象较为突出。

华校教学能否井然有序地进行，并得以不断发展壮大，与学校管理密不可分。兴华学校的副校长李心准认为，为进一步推进华文教育，要不断加强完善学校的管理。[①]

综上所述，我们看到，东枝地区的华文教育历经波折——20 世纪 50 年代的稳定发展、60 年代至 80 年代的低潮时期以及 90 年代后的复兴时期，现在已经迈向了 21 世纪的蓬勃发展期，机遇和挑战同时存在，东枝的华文教育将越办越好。

---

① 陈小红：《缅甸东枝地区汉语教育发展状况调查报告》，中央民族大学硕士论文，2011 年。

第六章　访谈录

第一节　曼德勒地区访谈录

一　曼德勒福庆语言电脑培训学校校长李祖清访谈录

访谈对象：福庆语言电脑培训学校校长李祖清，男，58 岁，缅籍华人
访谈时间：2014 年 1 月 17 日
访谈地点：曼德勒福庆语言电脑培训学校集思阁
访谈及整理者：朱艳华、彭茹

问：请您简单介绍下您的个人经历。

答：我的经历跟华文学校有关，小学时在我们这里的华侨中小学校上学。才读到 2 年级，也就是 1964 年，学校就被政府收为国有，就没有再读下去了。1967 年仰光出现反华浪潮，同年 6 月 26 日发生了流血事件。政府对华文教育很反感。60 年代以后，华文学校基本上没有了，70 年代以后有的华文学校以别的名义重新办学。当时，我心里有失落感，希望有一所自己的华文学校。我们的华文学校被政府收为国有之后，我就在政府办的学校里面上学，同时在家里学习华文。

1974 年在曼德勒读大学，学物理专业，后来又读硕士，1984 年硕士毕业。1983 年我开始开电器修理店。但那时我心里一直不服，因为中国大陆的华文教育一直没有人办，报国之心无法施展。1993 年 11 月福建华侨及一些热心教育事业的侨领们，在原"华侨中小学校"的校址上创办了"福庆宫托儿所幼儿园"，这就是今天福庆语言电脑培训学校的前身。经过 20 年的发展，这所学校已经成为缅北地区培养人才的沃土，弘扬中华文化、发扬爱国主义教育的基地。我的心愿终于实现了，有了一所属于我们自己的华文学校，为培养后代做出了贡献。

问：请问您是在哪里出生的？

答：我是 1956 年在曼德勒出生的，从小我就接受中国文化。你知道那时候我们看什么小说呢？我们看《林海雪原》这样的小说，从小就培养了热爱中国的情感。缅甸是我们的祖国，中国是我们的祖籍国，爱国应该是指既爱祖国也爱祖籍国。我们学校的办学方针是"面向当地，胸怀祖国，放眼世界"，这句话是周总理提出来的。我们的目标就是通过华文教育这种民间外交来促进居住国缅甸跟祖籍国中国之间的友好关系。对我们这些华人来说，中国跟缅甸的关系就像娘家和婆家的关系，娘家跟婆家的关系好了，我们才会好，娘家跟婆家的关系不好，我们也不会好。

问：在缅甸，缅语和英语的地位如何？

答：实际上只有缅语才是缅甸的官方语言，比如政府公文、法律文件等都只有缅文的，没有英文的。

问：华语在缅甸的使用情况怎样？

答：目前，华语只在华人社会使用，主流社会根本不用，想进入缅甸的主流社会很难。缅甸没有孔子学院，只有孔子课堂，因为政府不愿意设立孔子学院。我们现在在努力争取使华语融入主流社会。2014 年我们学校的发展目标是让华文教育进入和尚庙。

近年，缅甸政府颁布了《私立学校法》，允许民间开办私立学校。有些人就幻想，是不是可以开办华文学校了，但是我仔细研究过这项法令，其实政府对开办私立学校是有很多限制的。政府要求私立学校的课程设置、教材必须跟政府完全同步，教师必须是在公立学校任教五年以上的，高考也是全国联考。

政府允许私立学校附加一门外语，但是附加外语只能在正常上课时间以外，也就是在下午三点半正规课程结束以后上。据我所知，私立学校已经批准了 100 多所，但附加外语大部分是英语，只有少数几家开华语课。附加外语的教材都必须上报教育部审核。

我们学校几乎不可能申请成为私立学校，因为有两个不利条件。一是《私立学校法》规定，学校不能跟外国有联系，但是我们学校的孔子课堂跟中国的汉办、侨办和侨联都有关联。二是学校不能涉及宗教，其实我们学校也跟宗教有关联，我们是以佛教的名义办学，比如我们学校就是由福庆宫福建同乡会捐资兴办的。

我们现在把和尚庙作为进入主流社会的一个切入点，已经跟内比都的一个和尚庙取得联系。他们非常希望我们在他们那里设立华文教学点。

问：您为什么会把和尚庙作为华语教育进入主流社会的切入点？

答：缅甸的和尚和中国的不一样。在缅甸，和尚代表了先进的文化。在村子里没有法庭，没有学校，和尚庙就是法庭，就是学校。总之，村里人有事没事都找和尚。战乱的时候，和尚庙还是避难所。和尚庙不仅给和尚传播佛法，还教他们各种文化知识，比如开设数理化课程。曼德勒就有和尚大学，数学和英文都是和尚们的必修课。

在缅甸，和尚并非只知道念佛诵经，他们在社会生活的各个领域都发挥着重要的作用，慈善机构、法庭、红十字会……到处都有他们的身影。和尚就是缅甸人的精神领袖，而且缅甸的精神领袖不止一个，每个村都有一个。外国有的投资者在缅甸投资办厂，遭到当地居民的抵制，领头的就是和尚。美国人和日本人早就认识到缅甸和尚这支力量的重要性。我的一个在新华社做编辑的朋友说，中国公司在举办与缅甸方有关的活动时从不邀请和尚参加。他经常对他们说，我们做编辑的只能影响一个报社，但和尚却能影响一大批缅甸人。

另外，缅甸和尚的处事方式灵活，不像政府那么死板。比如现在你们想去参观曼德勒大学，必须向教育部提出申请，再经过一系列复杂的审批程序之后才行。但是如果你们想访问和尚庙，给他们打个电话，得到他们的同意就可以了。所以我在这里呼吁，中国政府一定要重视缅甸和尚的政治功能。

问：为什么和尚愿意成为华文教育的传播者？

答：和尚学华语，不一定是为了要跟中国打交道。缅甸的和尚很有远见，知道哪些力量对他们有帮助，他们看到了华人雄厚的经济实力，华人是寺庙最主要的施主。只有依靠华人的力量，才能使自己更强大。

在缅甸，和尚是不能经商的，但和尚可以为商人提供一些便利，这当中也包括华人。奈温时期，个人开采玉石是违法的，有些华人就把开采出来的玉石存放到和尚庙里，政府不会去搜查和尚庙，他们赚到钱之后自然就会感激和尚，会给寺庙捐款。

以前缅甸的首都在仰光，现在搬迁到内比都，但新首都的经济、文化都还没发展起来。为了扩大内比都的影响力，政府在内比都举行了几次国际性的经济、文化活动，比如玉石拍卖会、东南亚运动会，吸引了世界各地的人参加，其中就有大量的中国人。中国人在内比都旅游、观光、购物都需要翻译，和尚也看到了中国人强劲的购买力，他们意识到华语在今后将会有旺盛的需求。

问：政府的《私立学校法》限制开设华文学校，那么在和尚庙里开设华文课有没有什么障碍？

答：政府不会反对，因为没有触犯他们的法律。

问：政府对少数民族语言教育的态度怎样？

答：曾经有一篇报道，题目是《中文难道真的成为缅甸的第二外语了吗？》，里面说到在密支那能看到很多中文的招牌，却没有看到克钦文的招牌；掸邦木姐也能看到很多中文招牌，但也看不到掸族文字的招牌。因此，有些人就质问，为什么可以堂而皇之地学中文，却不可以学少数民族语言文字？但实际上很少有私立学校开设少数民族语言课程，这是因为少数民族人口少，语言使用范围小，学会之后用处也不大，即使开设了也很少有人学。那私立学校出于经济方面的考虑，一般也就不会开设了。

问：您认为应该怎样处理好中缅关系？

答：我觉得应该尊重当地的文化。有些人对缅甸文化一无所知，有时把自己的主观意志强加给缅甸人，这样就很难融入当地文化，甚至会造成严重的后果。比如，缅甸人很忌讳脚，不能用脚触碰他人，但有些人在缅甸人面前跷起脚来。我觉得缅中两国需要多了解对方的文化，所以我写了一本《投资缅甸指南》，想让中国人知道，想在缅甸投资不仅要懂得投资方面的法律法规，还要了解缅甸的文化。

问：缅甸政府是怎样看待华人的？

答：缅甸政府将华人分为三类，他们的身份证用不同的颜色来区分。一类是原住民，他们的身份证是粉红色的，这些人其实是果敢和佤邦地区的汉族，他们的身份证上民族一栏填的是果敢族、佤族。第二类是已经入籍的华人，他们的身份证有两种颜色，七八十年代入籍的是蓝色的，90年代以后入籍的是绿色的。他们的民族一栏填的是缅甸公民—华人。第三类是还没入籍的华侨，他们没有身份证，只有居留证。身份证是一张卡片，居留证就是一张纸。他们不是缅甸公民，是中国公民，是外侨。

问：主要是哪些人在你们学校学华语？

答：生源主要是华人、缅甸人、印度人。华人占一半之多，缅甸人占三分之一多一点。我们学校分正规班和速成班，正规班学制6年，对象是

5—12 岁的学生。速成班分初、中、高级班，初级班三年，中级班两年，高级班一年，对象是高中毕业生。

问：这些学生学习华语的目的是什么？

答：华人是为了寻根，缅甸人是为了谋生。正规班华人多，速成班缅甸人多。两种班印度人都比较少。

问：学校上课时间怎样？

答：正规班有两个时间段，早上 6 点到 8 点，或下午 3:30 到 5:30。速成班也是两个时间段，下午 5:30 到 7:00，下午 7:00 到 8:30。

问：你们都使用哪些教材？

答：正规班使用国侨办编写的《汉语》教材，速成初级班使用国侨办编写的《汉语》和汉办编写的《新实用汉语课本》等教材，中级班除使用速成的新实用汉语教材外，还使用桥梁和北语的高级口语等教材。

问：你们学校有多少学生？

答：正规班、速成班各 400 名，电脑班最多时也有 400 名左右，最少时 200 名左右，但电脑班的人数在逐渐减少。速成班的学生流动性比较大。

采访者结束语：今天就谈到这里，谢谢李校长很坦率地给我们谈了很多有见解的话。我们很钦佩您为了中缅友好、弘扬中华文化所做的贡献。

二　曼德勒福庆宫福建同乡会理事长黄鹏飞访谈录

访谈对象：曼德勒福庆宫福建同乡会理事长黄鹏飞，男，77 岁，缅籍华人

访谈时间：2014 年 1 月 19 日下午

访谈地点：曼德勒福庆宫福建同乡会办公室

访谈及整理者：彭茹

问：请简单介绍一下您的经历。

答：我 1937 年出生于仰光的一个乡下，7 岁没有父母，舅舅培养我上华文学校，那时家里很困难，每次都申请免费。在华文学校前前后后上了四年半。不过我老师说我聪明，让我不断跳级，这样才得以上到初中一年

级，十六七岁就出来工作了。1958 年我来到曼德勒，被福庆宫福建同乡会的元老们看重，任命我为文教组组长，一直做到现在的理事长。

问：您是你们家的第几代华人？
答：第三代。我父母在缅甸出生。祖父为了谋生，来到了缅甸。

问：您会哪些语言？
答：闽南话、华语、缅语。闽南话是跟家人学会的。华语之前说得不是很流利，但自从在福庆宫福建同乡会任职后，我的华语水平提高了很多。我没有上过缅文学校，缅语都是自学的，因为要与外族人交流，自然就学会了。

问：您的家人都会哪些语言？
答：我家一共有四口人，太太、一个儿子和女儿，儿子和女儿都还没结婚。我太太会闽南话、华语、缅语。儿子和女儿只会一点闽南话，缅语很好，他们上的都是缅文学校。

问：您儿子和女儿不会闽南话和华语，您是什么感受？
答：很无奈。闽南话和华语是我们的根，根不能断。但是对于我们福建人来说，华语太难学。而且我孩子出生后恰逢华文学校被收为国有，没有机会学华语。现在我们正通过福庆语言电脑培训学校把我们的孩子一个一个地从"垃圾堆里"捡回来，我们的秘书小杨就是我们"捡"回来的。

问：请您介绍一下福庆宫福建同乡会的情况。
答：福庆宫又叫福建观音亭，据先辈传说和宫殿内挂的匾联，大概是1879 年兴建而成。相传本宫所用的材料是仰光庆福宫重建落成后的剩余材料，由于枝叶同本，灵钟同气，就称为"福庆宫"。据先辈说，当初观音亭没有管理机构，只是隔年用打卦的方式选举几位炉主，负责宫里的佛教事务。1924 年由苏春生、苏文章、张木莲等在观音亭内发起组建"福建公司"，后改名为"福建公会"，负责主持观音亭的宗教事务、协助处理同乡会的工作和创办学校，从此观音亭成为我们福建同乡会宗教、教育和福利事业的重要场所。

1942 年，由于日本入侵缅甸，观音亭的一切事务被迫告停。1945 年缅甸光复，1946 年曼德勒的华侨互助会、华侨学校、福建同乡会相继在这里设立。1952 年由郑汉卿、林连发、林桂枝、雷天辉、胡道流五人捐资在观音亭的东南角修建福建同乡会会所，从此福建同乡会才有正式的会所。60年代初是华侨中小学最鼎盛的时期，因学生数量多，学校董事会曾在唐人街（现政府学校14号中学）修建中学部校舍，一直办到高中，培育了不少人才。

1982年，观音亭与同乡会联合，定名为"福庆宫福建同乡会"，并成立第一届职员，决议通过该组织的宗旨：供奉观音菩萨、弘扬中国佛教文化、传承传统风俗习惯、发扬中华民族精神、促进同乡感情、协助同乡办理婚丧喜庆事务。我们福建同乡会有三宝，这里有我们的两宝：宫庙和学校。

问：刚才您说福建同乡会有三宝，您已提到了两宝：宫庙和学校，还有一宝是什么？

答：还有一宝是坟山。宫庙是我们福建同乡会拜佛、办理婚丧事务的场所，后天我们有一个同乡的儿子将要在礼堂举行婚礼。为什么要修坟山？首先，我们中国人都讲究去世后要有藏名之地；其次，通过坟山让我们的后代知道自己的祖先是谁。一会儿我还要去打理坟山的事情。教育非常重要，尤其是华语教育，刚才我说了，华语是我们的根，根不能断，所以我们创办了福庆语言电脑培训学校。

问：曼德勒其他祖籍的华人是否也有类似的同乡会会馆和宫庙？

答：都有。云南同乡会的会馆最大。

问：平时在宫庙里开会或举办节日、婚丧活动时你们都使用哪些语言？

答：开会时先用华语，然后再翻译成缅语，因为宫庙里还有一些其他民族的工人，加之有些同乡也不会华语。在讨论问题时，用华语谈不通的地方就用缅语。节日、婚丧活动上如果有其他民族的朋友参加，先用华语主持，然后再翻译成缅语。同乡在下面交流时，年长的、会闽南话的多用闽南话交流，也会掺杂一些缅语，而年轻的更倾向于使用缅语。

问：昨天我们参观了福庆语言电脑培训学校，学校是由福庆宫福建同乡会创办的，请您谈谈它的历史。

答：1965年，缅甸外侨学校，包括所有的华文学校全部被收为国有。从那时开始，我们福建人没有了自己的华文学校，孩子们就只能偷偷摸摸地上家庭华文补习班。即使这样，政府知道后也不高兴，华文教育断了将近二三十年。断了华文教育，就等于断了我们的根，所以我们福建同乡会的元老们，包括前几届理事长，认为无论如何福建同乡会一定要在福庆宫观址内重新办华文学校。我们就从托儿所办起，因为孩子的启蒙学校非常重要。当时，包括我在内，冒着被抓的危险我们开办了这个学校。从 1993 年我担任福建同乡会文教组组长到现在担任董事长已经21年了。当时才100多个学生，这 100 多个学生都是爱国家庭教师送过来的。我在被选为文教组组长后的第一次会议上说，我们的后代不能再像我一样，不会华语，不识字，我们一定要把学校办起来。我们拥有了教学楼，种子已经发芽，希望大家能齐心协力，不要让我一个人浇水。因为担子很重，我像乞丐一样乞求大家帮助我。当时我是流着眼泪说这些话的。我还对大家说如果薪水不够，我从自己口袋里掏。大家都很感动，当中有几个爱国青年走过来对我说，理事长（当时我是文教组组长，也是副理事长），今天您说得非常好，说出了我们的心里话，您走在前面，我们跟在后面，一定要把学校办起来。我们冒着生命的危险，把学校办起来了，成功了。当然，当初我们是用佛教来做掩护的，叫作福庆佛经学校。全缅甸华人都睁大眼睛看着我们，看政府是否会干涉我们，我们能否办下去。后来，政府开始兴办网络电脑学校，我们就去入股，要了两间教室，这样我们的学校才得以成为正式的培训学校，星星之火得以燎原。

问：缅甸的华文教育情况怎样？

答：上缅甸只有 10% 左右的人学华语，情况还算好，下缅甸缅化很严重，只有 2%–3% 的人学华语。

问：为什么上缅甸和下缅甸差别会这么大？

答：这有几个方面的原因。一是上缅甸的华人祖籍是云南的多，下缅甸的华人祖籍是福建和广东的多些。云南话和华语本来就很接近，但闽南话和广东话与华语的差别大，学习起来很困难，很多人不愿意学。二是祖籍是云南的华人尤其是中缅边境上的云南人仍不断涌入缅甸，而祖籍是福建和广东的近年来很少再有进入缅甸的，所以上缅甸本身就会华语的也很多。三是以前中国经济不太好，很多人觉得学好华语没多大用处，所以他们宁愿去美国、英国留学。

问：您觉得这里的华文教育前景会怎样？

答：会越来越好。首先，中国政府推行睦邻政策，中缅关系友好，这让我们华人能有一个良好的学习华语的环境。其次，中国经济日益强大，越来越多的人包括缅族、印度人等其他民族都愿意学习华语。像我们福庆语言电脑培训学校，在上缅甸现已有 11 个教学点，今年 3 月准备在首都内比都成立第 12 个教学点，规模会越来越大。

问：目前您最希望中国政府为缅甸华人做些什么？

答：希望中国政府能够通过大使馆、领事馆与我们当地华人在经贸上有更多的沟通与合作，为我们提供一些技术上的帮助，这样会有事半功倍的效果，也是我们梦寐以求的。

问：为什么会有事半功倍的效果？

答：缅甸的华人基本上融入了缅甸社会，对当地情况很了解。如果中国政府与我们合作，就可以少走一些弯路，中国的贸易会更上一层楼。缅甸华人去中国投资经商，经常会上当受骗，如果有政府的帮助，就会大大降低损失。

采访者结束语：今天就谈到这里，谢谢黄理事长为我们提供了这么多宝贵的信息。

三 曼德勒福庆宫福建同乡会前理事长李璜珀访谈录

访谈对象：曼德勒福庆宫福建同乡会前理事长李璜珀，男，86 岁，缅籍华人

访谈时间：2014 年 1 月 20 日上午

访谈地点：曼德勒福庆宫福建同乡会办公室

访谈及整理者：彭茹

问：请简单介绍下您的经历。

答：我 1928 年 11 月 7 日在福建省泉州市南安县水头镇林柄乡出生，1948 年高中毕业，1950 年正月底在伯父（当时在缅甸，任董事长）的帮助下，离家由厦门乘轮船来到缅甸。到仰光后，通过伯父的关系，在丰美分公司隆丰美当书记、会计。1950 年我被举派到曼德勒分公司丰美栈任职。1956 年结婚，我太太也是华人。之后，我就带领我的兄弟在缅北开办土产品商店，当时我们的生意做得很不错，在仰光都设立了办事处。1964 年，缅甸政府实行国有政策，我和兄弟经营的产业全部被收为国有，数年的辛劳全部化为乌有。之后，兄弟各奔东西，做了一些小生意。1973 年，我的太太去世，留下了三男三女。后来儿女逐渐长大，相继大学毕业。为了生活，我带领他们经营布料，也兼做玉石经纪行业，生活才慢慢稳定下来。1982 年我被选举为福庆宫福建同乡会的首届秘书，后来担任过秘书长、副理事长、理事

长等职，也担任过福庆语言电脑培训学校的董事长、校长，现在是退而不休。

问：您伯父是什么时候来缅甸的？

答：在我七八岁的时候他就来到了缅甸。

问：您伯父为什么来缅甸？

答：我们家在农村，山地多、田地少。那时候在家乡发展不好，为了寻求更好的发展，就下南洋缅甸来谋生。加上我伯伯读了几年书，有学问，能够在外面闯荡。

问：您伯父当初在缅甸做些什么？

答：伯父先到缅甸的仰光，做一些土产品的小生意，如豆类、洋芋等。我来到缅甸的时候伯父的生意已有一定的基础，与新加坡、马来西亚、中国香港等地的公司都有生意上的来往。因为我有文化，在公司都是高级职员，薪水很高，在那个年代我发展得很快。

问：从您的经历看，您一直在为福建同乡会的华文教育事业做贡献。请问您的小孩他们都会华语吗？

答：都不会。只有老大会一点闽南话，他当时和他的外婆在一起生活，学会了一点闽南话，其余都不会了。很遗憾！

问：您来曼德勒时曼德勒的发展怎样？

答：缅甸的自然条件非常好，比福建好多了。这里土地肥沃、水资源丰富，自然灾害也少。中国要不就是水灾，要不就是旱灾。在缅甸种田地的不辛苦，秧插下去后，不用管太多，就等着收成。所以我来曼德勒时，这里就出产很多农作物，有大蒜、辣椒、各种豆类等，这些都出口到印度、马来西亚。那时交通也还不错，公路都有了。但军政府没有发展经济的经验，这几十年曼德勒的经济都在倒退。

问：曼德勒的工业怎样？

答：曼德勒的工业主要是外国来投资的多，中国在这里投资的也不少，主要是土产加工厂、布料加工厂、成衣加工厂等。曼德勒的经济大部分掌握在中国人手上，中国人很能吃苦耐劳。

问：曼德勒大概有多少华人？

答：具体数字不确定，流动性很大，有四五万人。

问：曼德勒的华人主要来自中国哪些地方？

答：主要来自云南、福建和广东，还有少数来自四川、山东、湖北、湖南等地的远征军。云南的占多数，福建和广东的数量相对要少些，而且基本上是从下缅甸仰光等地迁来的。

问：除远征军外，其他华人都是因为一些什么原因来缅甸的？

答：广东和福建的华人主要是为了谋生或逃难过来的，国民党时代为逃避抓挑夫（壮丁）。云南和缅甸本来就近，他们很容易就过来了。当初中国的局势不是太好，很多人就过来缅甸谋生，现在中国局势好了，过来的就少些了。

问：华人在缅甸主要从事一些什么职业？

答：当初福建人在缅甸主要是做一些小土产生意，买卖豆类、洋芋等，现在各行各业都做了。广东人主要是从事建筑和制造业（制造家具）等。当地人常把祖籍福建的华人称作"长袖"，把祖籍广东的华人称作"短袖"。因为福建人做生意时都穿戴整洁，而广东人干活时都是穿着短袖或挽起衣袖。祖籍云南的华人主要是做玉石和布料生意，把中国的布料，主要是丝绸拿到缅甸来卖。

采访者结束语：今天就谈到这里，谢谢李理事长为我们提供了这么多宝贵的信息。

四 德宏州贸易商会驻缅甸曼德勒商务代表处主任李其贵访谈录

访谈对象：德宏州贸易商会驻缅甸曼德勒商务代表处主任李其贵，男，47岁，云南德宏州瑞丽市人

访谈时间：2014年1月16日

访谈地点：德宏州贸易商会驻缅甸曼德勒商务代表处

访谈及整理者：王玲

问：李主任，您好！您出生在梁河县，位于中缅交界处，又会一口流利的缅语，对缅甸一定比较熟悉。您觉得这里的社会风情、道德行为、民族心理有哪些特点？

答：总的来说，缅甸是一个传统的平和的社会。人们友善、温和、好相处、乐于助人，偷盗现象很少，人与人之间的仇恨少，欺诈行为也少。人们的物质欲望不强，这可能是因为他们与外界社会接触不多，还停留在传统生活方式上。此外，缅甸全民信佛，对佛教的信仰十分虔诚，无论贫

富，都会把他们收入的很大一部分投入到佛教建筑、佛教礼仪、佛教用品、佛教仪式等活动中，每年的佛事活动很多，需要花费很多金钱，还要送小孩去寺庙学习、生活。佛教对缅甸整个社会、文化影响很大，与佛教有关的事情占缅甸老百姓生活的很大一部分。

问：既然缅甸人民的宗教信仰很虔诚，那为什么还会出现一些矛盾？请简单谈一下您的看法。

答：主要是历史原因。第二次世界大战后，缅甸从英国殖民统治下获得独立并建立国家政权。在这样的情况下，缅族生活的区域就扩展到了边境地区。比如，北边的中缅边境，原来是一些少数民族生活的区域，有景颇族、傣族、德昂族和汉族，东边是佤族、傣族、孟族等很多个民族，这些民族以前都是各自为政的，所以缅族首领就约请各民族的头领到掸邦的彬龙镇签了"彬龙协议"，大家同意成立一个联邦政府。它不是用武力打下来的，是通过谈判达成的。协议签了之后，大家也相安无事一个时期。随着时间的推移，一些少数民族就觉得政府没有给他们充分的自治权、发展权、自主权，就想独立出来，所以就与中央政府产生武装冲突，打打停停。多种因素造成了缅甸不稳定的局面。缅甸成为一个国家，其历史遗留问题决定了他的命运。当然，国际政府间的较量也是一方面原因。但其国内经济发展不充分，中央政权不集中，军队力量不强大，是其中的决定因素。

问：李主任，您是德宏州贸易商会驻缅甸曼德勒商务代表处主任，请介绍一下商会的办会宗旨。

答：我们商会 2012 年 12 月进入缅甸，正式挂牌是在 2013 年。商会成立的目的是促进德宏经济发展，促进中缅双边合作。目前，中国政府给予瑞丽充分、优惠的发展政策，即"国家重点开发试验区"，作为面向缅甸、南亚、东南亚的特殊的经济区来发展。这也是我国"西部大开发"的政策。西部边远地区、内陆要发展，德宏也要发展，但是怎么发展？国家给予了特殊的优惠政策。在这种背景下，德宏思考了自己的发展战略，依靠自己的区位优势，与缅甸连接，有良好的口岸、通道，要求我们把缅甸这一块的工作做好，所以就设了这个办事处。我们要做好中缅人员、车辆、货物等通关便利顺畅的工作，尽量达到中缅各方面的协调一致，创造良好的贸易环境和投资环境，建设好道路交通基础设施、搭建中缅合作的法律保障框架，为贸易、为投资服务。

这个办事处目前有三个人，主要是与缅甸各政府机构、商会、协会、大企业等部门打交道，要熟悉人、熟悉事，起到桥梁纽带的作用，为促进德宏经济发展、加强中缅关系服务，使方针政策真正落到实处，办好事、办实事。我认为，今后中缅双方各个行业都会加强沟通，经常保持友好往来。比如，你们搞语言研究的来到这里与当地打成一片，也在一定程度上促进了中缅文化的交流和发展！

问：缅甸是一个民族众多而且复杂的国家，跟中国相比，这里的民族问题有哪些特点？他们解决民族问题的经验教训对我们中国有哪些值得借鉴或者引以为戒的地方？

答：中国历史上早已形成统一的国家，当前的中央政府强大，中央对各地区的政策比较成熟。在政策上，我们国家实行民族平等、民族团结、各民族共同繁荣的民族政策，对不同民族一视同仁，给予各个民族充分的发展机会，没有大小、尊卑的区别。但缅甸的政权不稳定，曾是英国的殖民地，第二次世界大战后，缅甸获得独立，缅族首领约请各位头人坐在一起签订了一个建立联邦的协议，同意成立一个联邦政府，是通过谈判达成的，所以中央政权对地方的控制力不强，不同民族的发展机会也不平等，中央政府的权威性没有完全树立起来，以至于民族矛盾不断，甚至发生武力冲突。

问：您觉得缅甸的教育情况怎么样？教育体制是否完善？社会是否重视知识分子？

答：目前缅甸的教育比较落后，政策不到位，体制不健全，资金、人力、财力、制度等都有些欠缺，只是进行一些基础的语言和数理化方面的教学。我以前接触到一个矿业部领导，他说他们那么大的一个部门就一个博士，而且是五六十年代的博士，说明缅甸这个国家人才非常短缺。很多老百姓，比如农村贫穷的人家仅仅接受一点简单的基础教育，接受高等教育的只是少部分。这么多年，都是军人说了算，军人所受的教育还相对好一点。有人认为咱们国内教育改革失败，其实我觉得中国这种竞争式教育虽然也存在需要改革的地方，但是在大方向上还是正确的。我个人觉得我们国家的高考制度还是很好的，只是一些偏激的、稀奇古怪的地方需要改革一下。为什么我们国家的人力比较强，这跟竞争意识是有很大关系的。从小学、初中到高中，这一时期逼迫学生去读书、学习、钻研，这对人的整体智商的提高有很大好处，对大脑的开发、智力的发展有很大作用。像西方提倡的让孩子小时候自由地玩，我觉得不一定对。上了大学学哪个专业其实并不重要，关键是在大学里形成一个良好的思维方式，学会思考。现在，缅甸在教育方面确实不怎么好，估计以后会好的，等他们国家经济发展起来，有钱来办学了，各种观念创新了，制度更新了，教育就会很快赶上来。当然，要成就一代人需要好多年的时间，肯定需要几十年的时间。另外，我觉得缅甸人平和的精神状态，生存压力和竞争意识不强与教育不发展也有一定关系。

1988 年学潮对缅甸教育的负面影响也很大。自那之后，缅甸政府就不再重视高等教育，把高等学校分散到偏僻的地方，教育投入不足，这与维护政府统治有一定的关系。

当然，老百姓对大学生还是很尊重的，哪个家庭出了大学生还是很引以为豪的，会庆祝，甚至会把照片挂在客厅。这种现象在华人家里更普遍，华人更重视教育。少数民族家庭的大学生相对少些，整个社会的知识分子就比较少，平均到各个家庭就更少了。缅甸政府虽然实行义务教育，学生不掏学费，但是课堂教育质量得不到保证，而且少数民族语言和华文教育在公办学校里没有，所以，很多学生还需要在课下上各种类型的补习班和私立学校，这方面的花费也是很大的，只有有钱人才能上得起。

采访者结束语：好，今天就谈到这里，谢谢李主任接受我们的访谈。

五　缅甸曼德勒福庆孔子课堂缅中语言与文化研究中心中方主任何林访谈录

访谈对象：缅甸曼德勒福庆孔子课堂缅中语言与文化研究中心中方主任何林，男，43 岁，云南省石屏县人

访谈时间：2014 年 1 月 17 日

访谈地点：缅甸曼德勒福庆语言电脑培训学校

访谈及整理者：王玲

问：何主任，您好！作为孔子课堂的中方代表，请您介绍一下自己以及工作性质。

答：我是彝族，云南省石屏县人，现任教于云南大学民族研究院，2013年 4 月 25 日来到这里。孔子学院是一个在国外开办的传播中华文化的学校或培训机构，它的主体是外方的大学或者学院，与中方某一个大学合作。外方的学校或者教育机构想办孔子学院，就向中国国家汉办提出申请，中方经讨考核批准之后，就由中方合作大学派出中方代表。我就是云南大学派出的与这个学校进行合作接洽的中方人员。

问：我们这里为什么称为孔子课堂而不是孔子学院？它与福庆语言电脑培训学校（以下称"福庆华文学校"）是什么关系？

答：没错。按照中国"孔子学院"的建制，它应该是建立在一个大学里面，是这个大学里的一个独立学院。由中国某一所大学作为合作方，派出人力、提供资源，在汉办的支持下与外方学校合作运行。但是，我们这里的"孔子课堂"与"孔子学院"有些不一样，这里的外方合作方不是缅甸的官方大学，而是华语补习学校，是一所私人开办的培训机构。由于自身的特殊性，所以福庆华文学校和孔子课堂的性质是重合的，福庆华文学校的硬件、软件、师资力量等是全部投入到孔子课堂的，所以福庆学校就是孔子课堂，孔子课堂也就是福庆学校。你们今天看到的缅语班是临时性的，有学生就招。

问：果敢人在缅甸是一个独立的民族，您怎么看？我们这里果敢学生的缅文班是怎么形成的？

答：一般人觉得果敢人是汉人，这一点应该承认。果敢地区挨近中国，以前果敢人用的教材都是中国的，而且只会讲汉语方言或普通话，大多不会讲缅语。现在遇到许多困难和问题，缅甸政府对他们的看法是：属于缅甸人但又不会讲缅语，只会说外国话汉语。但是果敢人以前认为他们自己是中国人，抱怨是中国抛弃了他们。当然这是不入流的说法。但是后来我看到一本专门讲果敢人的书，他们非常鲜明地说自己是缅甸人，是缅甸的一个少数民族，即果敢族。按照缅甸的民族划分来看，这个果敢族（果敢人）又属于掸族。因为缅甸的民族是按照邦和地区来划分的，跟文化的关系不大。比如克钦邦即克钦族，以前包括 12 个支系民族，现在包括 6 个支系民族。像掸邦，它也有很多个支系民族，这些支系民族统统放在掸邦这个大盘子里。像果敢，它也属于缅甸 135 个支系民族之一。所以，果敢人也认为自己是缅甸人，是缅甸的少数民族果敢族，不是华人。私底下，从文化角度讨论，说自己是汉人，是炎黄子孙，是华人。但是从官方角度来看，没人承认他们是华人。所以果敢人和华人的关系很微妙。一般我们的文章不把他们当作华人来看，当然从广义的文化层面来看，华人是可以包括他们的。缅甸政府规定，1948 年以前生活在该地区的就是世居民族，自然拥有一个独立民族的身份，这对果敢人是很有利的。如果想要否认这个事实或者自己想转换成华人身份，是会遇到很多麻烦的，会有很多的挑战。果敢人生活的地区，对于缅甸和中国来说都是边远地区。他们要想进入缅甸社会很难，缅甸人不认你，因为你文化上没有认同感，缅语也不会。要并入中国也不可能。汉语再好，也不可能去中国参加高考。他们可以去中国留学，但去中国工作或者做中国公务员，进入中国国家体系是不可能的。所以他们的领导人开始思考这个问题，自己孩子的前途在哪里。果敢班就是在这个背景下形成的。他们有个果敢会馆，他们的孩子从果敢过来集中在那里学习。他们想学缅语去哪里学呢？去缅甸的缅文学校的话跟不上，不适应。所以，就找到了我们这样一个非政府性质的培训学校，进行长期合作。他们在这里学 3 年，毕业后有毕业证书，至于官方是否承认并不重要，关键是掌握了语言。最终他们还会去缅甸官方的学校学习。

问：缅甸是怎么划分民族的？

答：我个人认为，缅甸的民族认同、国家认同存在一定的问题。它没有进行过正式的民族识别，就笼统地按地域来命名。比如克钦包括 6 个民族支系，把景颇、傈僳、独龙、怒族等全部包括进去，把果敢人划归为掸族。这与中国的民族划分不一样。这样的民族划分一定程度上也造成其民族关系比较松散，各个民族对国家的认同感淡薄。其实，掸邦的掸族、克钦邦的克钦族等，可以称为掸邦族系组合体、克钦族系组合体。

问：缅甸过去有一段时间排华，现在华人与缅甸当地人也出现一些矛盾和不愉快，根源是什么？

答：大概有以下几个方面的原因：一是历史积怨，华人比较勤劳，在缅甸比较会赚钱，所以财富流入华人圈，就会引起部分缅人的眼红和不满。当然也有部分华人不知道律己，不尊重当地习俗，造成缅人的不满。历史上，缅族与华人的关系是很好的，"胞波"就是那个时候缅人和华人之间的称呼，即同胞兄弟。他们认为华人比较温和，更好相处，更容易信奉佛教。但是抗日战争和 20 世纪 50 年代后的政治运动促使大批华人涌入缅甸，而缅甸本土已经闹"米荒"了，而后又进来那么多华人，社会就开始骚动。1962 年 6 月，政府为了转移视线，就掀起了"6·26 排华事件"，这是中缅关系恶化的分水岭。"文化大革命"又有大批华人迁入缅甸，华人社会对财富的分享，更加剧了缅甸社会对华人的仇恨。二是 21 世纪之后，中国商业输出，如建大坝、挖矿等是新时期中缅矛盾的焦点。这些事情，容易被缅甸政府中的反华势力利用，他们把中国的商业输出解读成经济、文化侵略，转移老百姓的视线。三是在缅甸的部分中国人不了解缅甸的文化。比如，忽视和尚在缅甸的重要性，还有一些官员就公开讲缅甸的文化是"布施文化"，即"乞丐文化"，他们的言行冒犯了缅甸的民族感情，虽然花钱不少，却得不到认可和感恩，花钱不落好。而美国、日本的企业、机构就会先花很多时间和精力去深入了解缅甸本土的习俗、文化，再对症下药，这就容易博得缅甸人的好感。四是中国并不完全了解缅甸的国情，中国对缅甸的援助是面向缅甸政府，但钱不一定能到百姓手中。中国认为援助了政府就是援助了人民，其实百姓不认账。

采访者结束语：您的观点对我们很有启发，谢谢您接受我们的访谈。

六 福庆语言电脑培训学校华语教师李瑞文访谈录[①]

访谈对象：福庆语言电脑培训学校华语语言文化中心主任助理、教师李瑞文（中文名字，缅文名字为 KHIN SWESWE WIN），女，36 岁，缅族人

访谈时间：2014 年 1 月 17 日

访谈地点：缅甸曼德勒福庆语言电脑培训学校

访谈及整理者：乔翔

问：您好！您的华语说得这么好，请问您是从什么时候开始接触华语的？

答：最早接触华语是我上缅文初中时。那时，身边有几个华裔朋友，总听到他们讲华语。虽然他们讲的是云南话，但是对我而言那就是中国话。我父亲做铁艺生意，来家里订货的多数是华裔，他们说华语我们都听不懂，每到这时我就想，如果自己懂华语就好了。1994 年我 16 岁，刚刚考上曼德勒大学的物理学专业，由于政治动乱，一年后我才进入大学学习。我爸爸有位朋友是福建的华裔，他介绍我来福庆语言电脑培训学校（以下简称"福庆学校"）学习华语。福庆学校 1993 年成立，我是第二届学生，可以说是跟着学校一起成长起来的。

问：请简单谈谈您的教育经历和工作经历。

答：刚开始学习华语时，我有点胆怯和畏难。因为来报名时，华语课本已经教到了第十三课，而全部课程是二十课，别人都已经学过了基本的汉语拼音，掌握了一些汉字和词组，而我一点基础都没有，连"爸爸、妈妈"都不会说，我不知自己该怎么学习。我的启蒙老师一位是林忠廉，一位是古双乡，他们鼓励我，招收了我。一位老师课前辅导我，一位老师课后辅导我。我自己也花了很多时间，一边学前面的拼音、笔画和生字，一边学后面的课文，就这样慢慢地赶上了其他同学。

我在福庆学校的华语学习是从小学到专科的。1995 年我进入曼德勒大学的物理系，白天去大学上课，下午五点半到七点来福庆学校上课，一周上六天，星期日休息一天。过年、泼水节或独立节也放假，但假期不多。大学二年级时，遇上了政治动乱，曼德勒大学停学三年（1997—1999 年），

---

① 访谈内容以本次谈话为主，具体数据援引自其本人的博士论文《缅甸教育制度背景下中小学汉语课程大纲编制研究》，中央民族大学博士学位论文，2012 年。

全国的大学都停课了。福庆学校没有受动乱的影响，照样开办授课，我在这里读了小学。2000 年大学复课，我一边上大学，一边在福庆学校上初中。那时候我掌握了基本的汉字和词组，但是华语读写和听说水平都一般，因为当时师资力量有限，语言环境不好。初中两年学习造句、写作和阅读，使用中国大陆的教材。也有很多老教师从其他华语书籍中摘选一些文章，有古代汉语也有现代汉语，更偏重现代汉语。

在福庆学校上高中一年后，2000 年 8 月，学校与云南大学成教院合办了汉语专科函授班，我就转入那里继续学习，三个月面授一次，每次 7—10 天。2002 年 7 月，我从汉语言文学专业专科函授班毕业，开始正式担任福庆学校的华语教师。

2003 年，我从曼德勒大学物理系本科毕业，继续在本校攻读物理学硕士学位，于 2005 年毕业。直到 2009 年，李祖清校长给我们几位教师推荐了中国政府奖学金，鼓励我们申请留学中国。因为我已有硕士文凭，就顺利申请到了北京中央民族大学汉语传播专业的博士生资格。2012 年博士毕业，我又回到福庆学校继续教书。

问：作为一名缅族人，您为何对华语有如此浓厚的兴趣？
答：我本身对语言很感兴趣。高考后等了一年才能进入大学，这期间我就去学英语和华语。上大学后，英语、华语和物理专业无法同时学习了，必须考虑要放弃哪一个？我想华语才学了一年，基础不稳固，而英语从幼儿园就开始学习了，英语的水平高于华语，所以决定放弃英语学习华语。

问：通过怎样的努力才取得国际汉语传播专业的博士学位？
答：刚到北京时，天气、交通、饮食以及其他方面都不适应。我是缅族人，环境是慢慢适应来的。我们缅甸有五宝——佛、法、僧、父母和老师。这五种人的地位是同等的，对老师我们是毕恭毕敬的。过去缅甸人见到老师会说，要多打孩子，让他们长进。当然现在这种观念有所改变，也不喜欢老师打孩子了。刚到民大，我很不适应大学课堂。缅甸的大学课程除了缅语外，其他课程——物理、数学、英语都是英语授课。我对中国的高等教育很陌生，上课时感觉很吃力，因为我的华语水平不如中国学生，虽说汉语专科函授班毕业，但是水平有限。另外，缅甸的课堂都是老师讲，学生听。而在北京，课堂的教学互动比较多，我们缅甸学生还像在国内的课堂那样保持沉默，即使有想法也不敢说出来。北京的老师就会误解我们，是不是没有认真学习，没有想法，词汇量不够，或者不明白教学内容？由于不了解，这样的误会有很多次。加上我是理科生，和文科生的思维不一样，需要慢慢调整，受到了很多打击，有时候真的想放弃。但是李校长和家人都鼓励我说："你没有退路，遇到什么困难，哭一哭就好了，哭完了继续做下去。"所以我决定不管遇到多大的困难，都要坚持下去，拿到学位。所以这三年，我提高了很多，主要是书面语方面提高很大，以前在缅甸主要注重提高华语的口语能力。

问：听您这么一说，确实能体会到您当时的困难。那最终是怎样完成学业，顺利答辩的？

答：我的毕业论文《缅甸教育制度背景下中小学汉语课程大纲编制研究》，是博士第二年定题的，查阅资料很不方便。我姨妈在政府学校任职，我不懂的地方都打电话问她。官方资料是不给留学生的。我努力了好几次，找了关系也不行。网络上能找多少就多少。有些缅文科目也是我自己整理出来的。关于缅甸华语教学历史，我参考了李校长的博士论文和学校的资料。论文历经几稿修改，最终如期完成并顺利答辩。

问：您在中国读书期间，最大的收获和感受是什么？

答：最大的收获是我的华语水平提高了，学到了很多教学方法。以前我不懂教学法，也不知道口语和书面语的区别，到北京后才接触并学习了这些知识。我还交到很多外国朋友，跟缅甸大使馆的人员建立了良好的关系。坦白地说，跟大使馆的联系对我的华语提高有很大的帮助，大使馆的武官经常找我担任口语翻译。

问：既然您是中国政府奖学金的受益者，您认为这样的政策对缅甸有何影响？

答：缅中经济和政治关系越来越密切，中国政府奖学金将对缅甸的社会有所帮助。最近闭幕的东南亚运动会，有很多在中国取得硕士、博士学位的人去担任翻译。其他少数民族如克钦和华裔也都能通过这个项目去中国学习华语。我们学校课题研究组的一位和尚成员就是云南大学硕士毕业的，他承担缅甸佛教文化研究专题，这个研究成果将对中缅佛教交流产生积极的影响。

问：那么您的家庭情况和家人的语言使用情况是怎样的？

答：我家9口人，父母、6个兄弟姐妹和我，其中5个姐妹、1个弟弟。我们六姐妹全都从曼德勒大学毕业，我是老大，物理系硕士；二妹、三妹都是经济管理系本科，前些天她俩都拿到了曼德勒外国语大学中文系的专科文凭；四妹缅语系本科；五妹化学系本科；六妹动物学系本科。二妹出嫁了，其他姐妹都在家里，一起帮家里做事。我是华语教师，三妹在家里开办自己的华语补习班；四妹是会计；五妹是电脑教师，在家里开了电脑培训班；六妹还没有工作，正在一所补习学校学习 LCCA 项目（英国文凭），这种学校教会计、电脑之类的技能。我们的家庭用语完全是缅语。除了我以外，二妹和三妹也懂华语，她俩在福庆学校学习了五六年，又在曼德勒外国语大学中文系拿到专科文凭。二妹结婚后不在家住，家里只有我和三妹会说华语，其他人都不懂，我们之间不好意思说华语，所以家庭用语全部为缅语。

问：听了您的介绍，感到您家非常重视教育，其他缅族家庭也是如此吗？

答：我们缅族人认为，小孩至少要拿到本科文凭，女孩子也一样。不光我家，全社会都是如此。如果有例外，原因不外乎是家庭贫困和智力障碍。如果自己的孩子没有接受过高等教育，父母都觉得没有面子。我们上学的费用不高，普通家庭都能承担。从 1990 年开始，缅甸政府实施了"全民教育"（Education For All）计划，父母也一直鼓励我们好好学习、多受教育。除了上公立学校，私立学校开办的补习班，爸爸妈妈也都支持，比如我和二妹、三妹上了福庆学校、四妹和五妹学了会计和电脑技能、六妹正在上财会补习学校。缅甸古代封建社会重男轻女，女孩会一般的读写就可以了，不让多读书，主要在家做家务。1948 年 1 月 4 日缅甸脱离英国殖民统治后，民主政府倡导本族文化教育，全民性的教育就慢慢发展了起来。

问：我接触到的不少缅甸女孩子都是单身，似乎没有恋爱结婚的打算，这方面您愿意谈谈吗？

答：是的。可以谈，没有忌讳。很多现代女性接受了高等教育，掌握了多种技能，能够自己养活自己。父母不催促女儿结婚，社会上也没有异样的眼光，我个人很享受单身生活，因为我喜欢自由自在，结婚后会有很多限制，比如不能出去进修或者旅行。以前的妇女婚后都做家庭主妇，不可以外出工作，近几年这种情况才有变化。为了增加家庭收入，已婚妇女也可以出去工作了，但是经济状况好的家庭还是不让女人工作。我的一位朋友婚前在银行工作，婚后公婆和老公不许她继续上班，就待在家里照顾孩子、料理家务。我的一个学生也是这样，家庭经济条件好，怀孕后就不让工作了，现在连华语家教也不做了。面对求婚者，现代女性更多地考虑对方的家庭环境、物质条件、人格品德以及是否志同道合。

问：请谈一谈缅甸的基础教育情况。

答：缅甸基础教育学制是 10 年（小学 4 年，初中 4 年，高中 2 年）。学前教育（Pre-school Education）学制 3 年，包括日托幼儿园和学前学校，招收 3—5 岁儿童。小学教育属于义务教育，学制为 4 年，正常入读年龄为 5—9 周岁。中学教育分为初中和高中，初中学制为 4 年，入读年龄为 10—13 岁；高中学制 2 年，入读年龄为 14—15 岁。为扩大就业面，除普通高中外，缅甸还有职业高中、中专技术以及其他职业教育。职业教育根据国内的实际需求设置课程，学制不定。在基础教育阶段，国家举行两次大型考试。第一次考试时间是在初中最后一年，根据考试成绩把学生分为文科和理科；第二次考试时间是在高中最后一年，根据考试成绩决定上大学的资格。

问：能否具体谈一下基础教育所包含的各层次教育的目标、宗旨及落实情况。先说说缅甸的学前教育吧。

答：缅甸学前教育学校由教育部、社会福利部、非政府组织和其他私人机构等单位投入管理。根据 2004 年至 2005 年的统计数据，教育部管理的幼儿园有 802 所，学生总数有 18998 人。社会福利部出资经营 60 个日托所和学前教育学校，社区和家庭也参与幼儿保育和发展活动。基础教育司推行学前教育计划，鼓励有额外教师和教学空间的国立学校开办学前班。克钦族浸礼会在克钦邦和北部掸邦城市和农村地区开办了 160 个日托所，缅甸妇幼福利协会开办 157 个日托所。在联合国儿童基金会的帮助下，仰光、曼德勒和掸邦建立了 17 个社区幼儿保育和发展中心，并支持基础教育部进行学前教师的培训。此外，联合国开发计划署和教科文组织还实行了"小学教育"项目，资助 45 个贫困村推广社区幼儿保育和发展计划。缅甸学前教育并非义务教育，由缅甸政府社会福利部主管，包括日托幼儿园和学前学校，招收 3—5 岁儿童。其目的在于提高学生的入学率，通过学前教育向幼儿提供一个生活、游戏、社会化的教育环境，为学生进入小学学习做准备。

问：那么缅甸小学教育的基本情况是怎样的？

答：宪法规定，缅甸儿童都有权利接受义务教育。原则上，义务教育指的是前 5 年的基础教育（一年幼儿园和小学 1—4 年级）。政府规定适龄儿童必须进入小学就读，5 岁时应入小学读 1 年级，但是为了提高学生入学率，缅甸教育行政部门特别针对未入学的逾龄学童规划了一套加速提升的课程。例如满 7 岁或 8 岁的儿童必须入学接受 3 年教育，超过 9 岁的则必须接受 2 年精简教育。为了能在减缩的时限中完成初等教育，教育行政部门还根据正常学制学习教材设计了一套精简教材和教师教学参考手册，以帮助逾龄学童学习和教师教学。入学初期逾龄学生除了被安排与一年级学生共学外，还需要进一步接受个别教学。为了能够让学生尽早升上高年级，缅甸的逾龄教育政策采取学生本位（The Child Centered Approach，CCA）和历程性评量的系统（Continuous Assessment System），1、2 年级的评量主要采取口试测验，3—5 年级则根据课程教材内容进行分段评量。精简加速课程的实施使缅甸解决了民众失学的问题，同时提高了人民的素质。

问：小学阶段包括哪些课程？

答：缅甸小学教育每学年分为两个学期，共 36 周。学校的教学课程涉及各个学科，兼顾文理，旨在培养学生的综合素质。初等小学阶段和高等小学阶段的共同核心课程是缅文、英文和数学，初等小学的阶段性学科是生活技能、自然科学和道德与公民，高等小学的阶段性学科是社会科学（历史、地理）和基础科学。缅甸小学教育的一个明显特征是重视英语。

问：英语为什么会受到这么大的重视呢？这与缅甸英属殖民地的历史有关吗？

答：是的，英语在缅甸受到高度重视有其深刻的历史根源。从 1885 年缅甸沦为英国殖民地的半个多世纪以来，英国殖民者在缅甸的土地上实行了专制的殖民统治——用西方的意识形态侵略缅甸的传统本土文化，强制缅甸学校开设英语课，实行双语教学。缅甸独立后，政府为了促进与国际社会的交流和本国经济社会的发展，加强了英语教育。例如，国家电视新闻都用缅英双语播出，国内几类大报都有缅英两种文本，全社会良好的英语学习环境更能激发学生的英语学习兴趣。缅甸的英语教学都是从学前班开始的，幼儿学习简单的英语词汇和日常对话。从小学到高中都开设英语课，学校重视培养学生的英语听说能力，英文教材都有"听说入门"，教材很系统，循序渐进。英语课堂活泼生动，教学形式多样化，教师通过各种教具，如图画、实物或设置具体场景来激发学生对英语的学习兴趣。

问：再谈一谈缅甸的中学教育好吗？

答：缅甸的中学教育包括初中（5—8 年级）和高中（9—10 年级）两个阶段，每学年分为两个学期，共 36 周。初中阶段除缅文、英文和数学 3 门共同核心课程之外，还另外加入初级职业课程。初中每周 35 个课时，每课时 45 分钟。高中阶段除缅文、英文、数学、社会科学（地理、历史、经济）及自然科学（物理、化学、生物）等核心课程外，学生还必须另外选修 3 门课程（开设的选修课程包括物理、化学、地理、生物、经济、历史、缅甸史等）。缅甸的中学教育也同样重视英语学习。中学毕业之后，学生能用英语进行日常生活会话，英语还成为初中和高中入学考试的科目之一。在高考中，英文与缅文、数学都是必考科目，文科还加考历史、地理、经济学，理科加考物理、化学、生物学。

问：缅甸的高中生高考压力大吗？通过什么样的考试方式进入高等院校？

答：在中学阶段学生要参加中考和高考两个重要的国家考试。中考在 8 年级举行，学校按考试情况把学生分为文科和理科；高考在 10 年级举行，通过高考的学生可接受大专和大学教育。为增加学生接受初中教育的比例，缅甸政府积极增设后期初等教育学制。我这里有详细的数据，我们一起来看一下：据统计，1997 年缅甸共有初中 2091 所，高中 924 所，中学的女性净入学率为 38%，男性为 35%，初中入学率较高中入学率高约 15 个百分点。2006 年缅甸共有初中 3067 所，学生 199.2 万人，教师 5.7 万人；高中有 1806 所，学生 64.9 万人，教师 1.7 万人。为了能顺利通过考试升入大学，缅甸高中生也需要刻苦学习，一些父母为了让子女能接受更好的培训和指导，把他们送进私人寄宿学校学习。寄宿学校每年接收 500 多个学生，专门针对高考作辅导。但在市场经济的大环境下，缅甸的私人寄宿学校面临着相当大的竞争压力。

问：缅甸也是一个多民族国家，政府有无专门针对少数民族的教育政策？

答：有的。为了发展边疆中等教育，截至 2004 年缅甸政府在边疆地区开办了 69 所初中和 21 所高中。除了学校数量的增加和硬件设施的完善之外，缅甸政府还针对边疆少数民族地区编写适合本地区的文化教材，如手工编织、家禽养殖、农产品加工和果树栽培等，并开设各类有特色的实用课程，将识字与科学知识学习结合起来。

问：华语教育在缅甸开展得怎样？您认为是什么原因产生这样的效应？

答：缅甸的华语教学始于 20 世纪初，经历了 50 年代的稳定发展、60 年代至 80 年代的曲折发展、90 年代的恢复发展等阶段，进入 21 世纪以来，缅甸的华语教学开始出现蓬勃发展。原因我认为是中国经济的持续发展，以及中缅贸易往来的日渐密切。好多中国的公司来缅投资，会华语的话容易找到工作。比如中石油管道公司缅籍的员工都是工程系毕业的，被送到福庆学校学习基础华语课。我们学校的毕业生很多都去中国的公司上班，比如在缅甸中国东方航空公司做翻译；去广州的珠宝公司工作；去台湾的期货市场做事；等等。用华语的环境场所越来越多了，我们缅甸人对华语学习的兴趣也就高了。

问：福庆学校在华语传播和华语教学方面做出哪些努力和贡献？

答：自 1993 年创立以来，福庆学校一直致力于华语教学发展。近 5 年来，福庆完成了华语教学、师资队伍建设的本土化进程。2012 年与云南大学民族研究院合作，以高学历本土教师队伍组织成立了"缅中语言与文化研究中心"。2013 年"研究中心"再度与云大国际留学生院合作，成立了"缅甸华语教学研究中心"。2013 年先后与云大留学生院和中央民大两所高等院校合作，设立相关学院的"研究生实习基地"。福庆学校积极向外派出高学历高素质的本土教师，孔子课堂教学点目前已有 11 个，涵盖四省两邦；HSK考点增至 7 个。福庆孔子课堂华语教学点的影响力在不断增长。

问：您认为目前华语教学在缅甸面临哪些问题？

答：我觉得主要有三个问题：一是教师的素质整体上不高；二是师资力量比较薄弱；三是缺乏本土华语教材。缅甸的华语教师虽然都是缅甸大学毕业的，但是华语水平还有待提高。福庆学校算是缅北华校的一面旗帜了，我们送出去又走回来的教师队伍从学历到能力都是很高的，但是其他地区、其他学校的就差强人意了。缅甸华语教师数量不多，我们福庆学校开设的教学点是很多，可是教师人手却不够了。我们也挑选优秀的高中毕业生或者专科毕业生前往其他教学点任教，但是去几个月后就回来了，再派其他老师去。为了让老师们安心工作，外派教师的工资和食宿条件都很好，可是我们都不愿意背井离乡去工作，即使我们愿意，父母也不愿意，在外没多久就叫我们回来。最后一个问题，缅甸至今没有本土的华语教材，都是用北京语言大学或暨南大学出版的华语教材。

问：您对缅甸华语教学的现状有何改进意见？

答：提高教师素质，增强师资力量。像我一样通过中国政府奖学金到中国留学深造，至少也要去中国参加短期培训。现在，奖学金的名额不少，申请程序越来越简便，但很多人还不知道，要多多宣传这些政策，让更多的缅甸华语教师受益。有些缅北地区的华语教师虽然华语水平较高，但是因为不会说缅语、没有缅甸政府颁发的高等学历学位，就不能享受这个机会。我身边就有这样一个例子：有一个腊戍的学生，华语水平很高，书面语比我强几倍，但他只读过两三年缅文校，没有取得缅文学历，虽然 HSK

考分最高，也不具有申请留学中国的资格。他只能接受在北京语言大学举办的为期 6 个月的华语培训。他感到非常遗憾，对我说：回去会告诉本族青少年，一定要学好缅语拿到文凭，将来到中国读书深造。

问：为什么腊戍的这个学生没有好好学习缅文，考取缅文大学获得高等学历呢？

答：缅北（腊戍、木姐、八莫、东枝等地）的云南华裔和果敢民族都很爱祖籍国，不愿意接受缅语教育，而要自己的青少年保持纯正的华语。但现在认为不读缅文很吃亏，意识到问题的严重性，观念也有所改变，把子弟送到曼德勒的果敢会馆寄宿，一边上缅文学校，一边来福庆学校学习华语。

问：其他地区的华裔也是如此吗？

答：不是。缅北和缅中的华裔都是重视华语传承的。缅南地区（仰光、内比都）福建、广东的华裔较多，大多属第三、四代移民，语言、文化、生活等各方面早已本土化，有些人连自己的祖籍和中文姓名都说不出来了。缅南地区一向注重英语学习，希望子女到欧美国家和新加坡留学。那里华语教学开展得不好，近几年才有了孔子课堂。

问：您博士毕业后又回到母校继续教华语，您认为您的教育背景及毕业论文所研究的课题对您的教学和研究有什么帮助？

答：我的留学经历对我的教学和科研非常有益。以前我不懂什么教学法，读博士期间通过上课、实践和查阅文献，系统地了解了教学法，现在能够运用到我的课堂上，指导我的教学。读博期间我写过不少课程论文、学期论文，还发表了几篇学术论文，最主要的是完成了毕业论文，这些写作经历都使我得到了专业的训练，学会了如何查阅文献、收集资料、设计大纲、撰写修改等。最近我们申请到了云南大学的课题——《缅甸文化概论》，我也是课题组成员之一。

问：你们计划如何完成这个课题？

答：我们组织了一个课题组，李祖庆校长是项目主持人，其他成员除了我还包括本校的三四个老师，都是中央民族大学国际汉语硕士生，还有一个云南大学汉语硕士生，但是他的职业是和尚。我们目前在收集资料，计划 2014 年完成。大家各有分工：有人负责珠宝文化；有人负责饮食文化；有人负责服装文化；我负责乐器文化；和尚负责佛教文化。我们都是本土人，比中国学者更扎实，比如服饰从古代演变到现代，除了文字描述还有照片佐证；饮食文化方面，鱼汤米线、茶叶拌等传统饮食应该会有更加翔实有趣的描写。这都是我们的初步构想，还需要踏踏实实地去做。

问：您的学生对学习华语有兴趣吗？您觉得自己的教学效果如何？

答：我教小学、初中、高中、还有一个专升本班。每天都教几个班，备几种课。不同层级的学生，使用的教学方法也不同。小学主要教汉字笔顺、拼音、发音、词汇和造句。初高中注重文章分析，巩固书面语词汇。对 16 岁以上的成年人班级，我们不是一上来就教汉字，而是先上三个月的会话课，全部用拼音教学，使用的教材是《商务汉语》《天天汉语》。三个月的会话课上完，学生们就能说得很不错了，这时才让他们上一年级。发音和意思都懂了，教汉字的书写就容易多了，两周到三周就掌握了笔画。成人班里有 50 多岁的人，由于做生意需要用华语，学习起来很有兴趣；还有些工作人员，接触中国人的机会多，喜欢学习会话课，日常用语都会说了。学生们学习兴趣浓厚，我们教得也很有成就感。

问：今天跟您的访谈收获了很多，非常感谢您的耐心回答。

答：不客气，还有什么需要帮助的就请告诉我。

七　福庆语言电脑培训学校幼儿园园长徐雪玉访谈录

访谈对象：福庆语言电脑培训学校幼儿园园长徐雪玉，女，缅籍华人
访谈时间：2014 年 1 月 20 日
访谈地点：缅甸曼德勒福庆语言电脑培训学校
记录及整理者：乔翔

问：你好，园长。你在幼儿园工作多长时间了，请介绍一下自己的经历好吗？

答：好的。我从曼德勒大学工业化学系毕业，现在福庆语言电脑培训学校（以下称"福庆学校"）与云南大学合办的汉语专升本专业进修，今年 4 月毕业，现在是论文撰写阶段。同时，我还是中国华侨大学在职硕士生，每半年去昆明参加一次面授。我在福庆学校工作 3 年了。

问：你是华裔吧？

答：是的。我是福州籍华裔，在缅甸是第三代。我爷爷奶奶从中国来到缅甸时还不懂缅语，后来他们学说缅语，说得比较好。我从小在家说的

是福州话，在学校和社会上说的是缅语，2001 年我来到福庆学校学习华语，从成人会话基础班学起，一直达到现在的华语水平。

问：你在福庆学校任教以来，一直负责幼儿园吗？

答：不是的。2011 年，我留校担任福庆学校的华语教师，被派往万邦城市的教学点教书，一年后又回来了，先在小学班任教，后来负责幼儿园的管理、教学工作，也有一年多了。

问：幼儿园有几名老师，都是什么民族的？

答：一共 4 名老师，其中 3 个缅籍华裔，祖籍都是福建的，还有一个缅甸的傣族。缅籍华裔从小在家里学的都是汉语方言，不是标准普通话。

问：幼儿园有多少个宝宝，都是哪些民族的，分班级上课吗？

答：我们"福娃娃"幼儿园现有 33 个宝宝，年龄从 3 岁到 5 岁，其中有 22 个云南籍华裔，4 个缅族，4 个缅华混血，2 个印度人，1 个傣族。没有特别的分班，玩耍游戏时所有的孩子都在一起，到上课时间时，4 个老师各自负责几个孩子，按年龄把他们分开学习。

问：班里华裔宝宝人数最多，孩子们之间交流是用华语还是缅语？

答：主要还是缅语。课堂上老师和他们说华语，不明白的地方用缅语解释。华裔父母一般都忙于生意，没时间多照顾他们，请了缅甸的保姆照看。孩子们跟老师说华语，一见到保姆就说缅语，转换得很快。他们整天在一起，自然就习得了缅语，见到缅族人就说缅语。所有孩子一起玩耍时，相互之间也是说缅语。

问：家长为什么要把孩子送到福庆学校的华语幼儿园？

答：现在会说华语的华裔太少了，为了让孩子会说华语，不忘自己的祖籍国，认同自己的身份，很多父母都把孩子送到华语幼儿园。其实我们也不是单纯使用华语的，课堂用语要求用华语，辅助以缅语解释，相当于用第二语言教授华语。缅族孩子说华语也说得很好了。我问过一位缅族妈妈，为什么把孩子送到这里，她说孩子喜欢说华语，回到家还自言自语，她都听不懂。

问：我看到桌子上有一摞作业本，幼儿园的孩子也有作业吗？

答：是的，要做作业，不然家长不乐意。不过我们的作业不多，也不是每天都有。每次就让他们写半页或一页的英语字母或者汉语拼音。

问：缅甸的学生学业负担重吗？

答：不重。主要是作业少，升级的压力也不大，上大学的比率很高。到高考前，缅校 8 年级的学生就不来学华语了，专心备考。考试科目有缅语、数学、英语、物理、化学、地理、历史，也是按文理划分的。

问：大学生毕业后存在就业难的问题吗？

答：不是很难。有三分之一的学生毕业后回到家里，帮忙打理家里的生意。

问：上完大学又回家做事，不觉得上大学没有用吗？不认为在政府部门、公司或者企业工作更体面？

答：不会那样想啊。我们上大学或者念更高的学位，是为了增长知识、开阔眼界、拓展思维、锻炼能力。比如我现在教华语，假如让我做跟工业化学有关的工作，我再复习一下也能拿得起来。缅甸的社会风气是，无论从事哪行哪业，最重要的是看你有没有敬业精神。

问：从事公务员、医生、工程师和律师等职业要通过什么方式？

答：缅甸的学生上大学，不能跨省选学校，在哪里考就上哪里的大学，除非特殊学校，其他地方没有，才可以跨省去读。比如，全国只有两所外国语大学——仰光外国语大学和曼德勒外国语大学，还有曼德勒医科大学。学生选择专业要看考分，分数最高的专业第一是医学，第二是工程学，等等。公务员要考试录取，大概是 1:100 的比例。我不敢说缅甸没有人情关系网，但还是比较少的，主要靠个人的能力。

问：你对缅甸的教育现状满意吗？

答：还有提高的空间吧。比如：改革教育制度，改变教学方法，提高教师素质。缅甸学生很少自习，应该还要多多自学。教学方法主要是满堂灌，老师讲、学生听，应该增加师生的互动，鼓励学生发挥创造力。现在缅文中小学校的教师至少是本科毕业，参加师范大学的培训班、考试及格后才能任教，不过我认为教师的素质还要进一步提高。

问：好的，谢谢你接受我们的访谈。

答：不客气。再见。

八 缅甸来华留学生赵紫荆访谈录

访谈对象：缅甸来华留学生赵紫荆，女，43 岁，缅族
访谈时间：2013 年 12 月 28 日上午
访谈地点：中央民族大学留学生公寓 507 室
访谈及整理者：彭茹

问：请简单介绍一下您的经历。

答：我 1971 年 7 月 26 日在仰光出生，初中三年级那年，也就是 1984 年随父母迁到了曼德勒。1988 年被曼德勒大学化学系录取，但是刚好碰上国家动乱，直到 1991 年才得以上大学。1995 年大学毕业，那时国家还处于动乱阶段，我父母不放心我外出找工作，就帮我开了家服装设计店。工作之余有大量的空闲时间，而且我很喜欢学习，于是从 1997 年 7 月开始我就学习华语。当时我参加了一个速成班，叫福庆孔子课堂。那里的学生都是成年人，每天只学习一个半小时，从晚上 6:30 到 8:00。在福庆孔子课堂，我从基础会话班一直上到特别班。不过在特别班我只学习了一个多月，因为那时云南大学和福庆孔子课堂合作办学，来我们学校办函授班，因此我就上函授班去了。云南大学的函授班是两年制的，前六个月让我们在福庆孔子课堂教师的指导下自学，之后才面授。2003 年 8 月我留在了福庆孔子课堂教华语，试用期四个月后转正。2004 年 7 月我从云南大学函授班毕业，2008 年 9 月我去了广西师范大学攻读语言学及应用语言学语法教学方向的硕士学位，2010 年 6 月毕业。毕业后我继续在福庆孔子课堂教华语，2011 年 9 月来中央民族大学攻读博士学位至今。不过之前我来过北京，2002 年至 2008 年（2007 年除外），在福庆孔子课堂的组织下，几乎每年我们都要来中国各地参加各种夏令营和短期培训班学习华语。我觉得这种方式很好，对我学习华语很有帮助。

问：您为什么会学习华语？

答：我对中国文化有浓厚的兴趣。记得小时候，我爸经常会看一些中国的电视和电影，都是些武侠片，我也跟着看。这激发了我对中国文化的兴趣，我就想学习华语，以了解更多的中国文化。

问：您父母对您学习华语的态度怎样？

答：我父母不太赞成我学华语，尤其在上大学之前，我父亲希望我把英语或日语学好。当然，现在他们不反对我了，因为我已经读到博士，他

们看到我有很高的学历，很高兴。我爸希望我们学习成绩好。

问：您父母为什么不赞成您学华语？

答：因为我父亲觉得学英语或日语更好。英语是我们的外语，升学都要考英语，他希望我学好！

问：那他为什么让您学日语？

答：他自己会日语，觉得学好了日语可以与日本人做生意、赚钱。

问：那学好华语就不能赚钱吗？

答：他可能觉得不如日语吧！

问：请您介绍一下您的家庭情况。

答：我家一共有五口人，爸爸、妈妈、弟弟、妹妹和我。弟弟和妹妹都已结婚。爸爸和妈妈都是军人，现在已经退休。我爸爸是工程师，妈妈是军医护士，她有少尉的军衔。弟弟是地质学博士，在日本攻读的博士学位，现在是大学教授。妹妹没有像我们两个读这么多的书，她之前跟我一起在福庆孔子课堂学过华语，现在她还在经营当初我和她开的那个服装店。

问：您家庭成员的民族成分怎样？

答：都是缅族。不过严格说来，我父母都不是完全的缅族。我爷爷是缅族，但我奶奶一半缅族，一半克伦族。我外公一半缅族一半克伦族，我外婆是克伦族。

问：您家庭成员都会哪些语言？

答：爸爸很有语言天赋，他会好几种语言。他会的语言有缅语、英语、日语、泰语、傣语。缅语是母语，英语和傣语较好，自由交流没问题，日语和泰语会简单的交流。妈妈就只会缅语和英语了，英语也没有爸爸的那么好。不过她也会一点克伦语，会听会看，常常唱克伦语的一些歌曲，因为她们在部队，都要求会一些民族的歌曲。弟弟会的语言也很多，会缅语、英语、日语、傣语、华语。他曾去日本留学，所以日语很好，能自由交流。英语也很好，华语稍微比傣语差点，傣语他能懂能说。妹妹的语言天赋不如我和弟弟，她也只会缅语、英语、华语。但英语和华语只会听，不太会说。我会缅语、华语、英语。现在华语比英语好。

问：您爸爸是如何掌握那么多语言的？

答：刚才说了，我爸爸很有语言天赋，而且他是部队的工程师，经常要和各种人打交道，就学会了很多语言。缅语是从小就学会了。英语是在学校学会的，我爸爸上学那会儿，英语是我们国家的官方语言，因为那时我们国家是英国的殖民地。之所以会傣语，是因为他之前在傣族地区工作过。日语他是和一些朋友学会的，他的一些朋友会日语，经常和他们接触，他就学会了。泰语的话，也是和一些朋友接触后学会的，泰语和傣语很相似，所以很快就会。

问：那你们家庭成员之间，主要用什么语言交流？

答：和爸爸、妈妈当然是用缅语了。和弟弟、妹妹有时我会说华语，因为他们都会一点华语。现在在我回家或出门时，爸爸偶尔会和我说"回来了"、"再见"等简单的华语。

问：请您介绍下曼德勒省的情况。

答：曼德勒省的面积大约 1430 平方英里，由 7 个市组成，下设 30 个郡区。据 2010 年 12 月的统计数据，曼德勒省共有人口 618 万。曼德勒市是曼德勒省的省会城市，也是缅甸的第二大城市，由 7 个区组成，是缅甸的经济、文化中心。它的人口和面积我不太清楚，得问问那些在政府部门工作的朋友。曼德勒的工业不是很发达，以加工厂为主。农业相对发达，主要种植茶叶和豆类产品。对外贸易也比较发达，主要是跟中国人来往，但以进口为主。民族主要有缅族、傣族，有少数的克钦族、钦族，也有很多华人。曼德勒是拥有华人最多的城市之一。这些华人主要来自云南，也有来自福建和广东的（数量较少）。缅甸把来自福建的华人称作"长袖"，把来自广东的华人称作"短袖"。在缅甸，大多数华人都经商，他们很勤劳，很有钱，没有入缅甸籍的华侨不能参政。华人很少和缅族或其他民族通婚，老一代华人思想相对保守，年轻一代较开放，穿着大胆而时尚。该市的教育也很好，比如，医科大学全国只有两所，曼德勒市就有一所。每年高考排名，全国前十名者都有曼德勒市的考生。曼德勒市民主要信仰佛教，也有少数信仰基督教、伊斯兰教和印度教的。佛教最盛行，曼德勒拥有的和尚和寺庙最多，每年与佛教有关的活动也很多，比如最隆重的有点灯节和偷鸡节。佛教徒都很虔诚，每个男生一生至少要当一次和尚，否则不能结婚。每天早上市民会早早起床准备食物，等待和尚前来化缘。注重建佛纪念日，一般至少要庆祝三天，有夜市、传统舞蹈表演、和尚布道等活动。每年的公历 10 月到来年的 1 月，因为纪念活动，市区经常会出现交通堵塞。

这是曼德勒特有的一种现象。曼德勒的特产主要有油、茶叶和各种豆类产品。

问：请您谈谈缅甸的教育情况。

答：缅甸的学制是：幼儿园两年到三年（但不强制上），小学四年（加上基础班五年），初中四年，高中两年，大学分专科、本科、硕士、博士。专科至少四年以上，都是一些很好的专业，比如医科、计算机、工程、林业、农业。本科是四年，专业不如专科好。考试制度是：小学五年级有一个全市统一的升学考试，初中四年级有一个全省统一的升学考试，高中二年级就是全国统一的考试，在每年的 2 月底进行，相当于中国的高考。缅甸算是比较重视教育的，就拿收费来说吧，我们的教育经费基本上都是由政府负责。政府规定小学、初中全免，高中我上学那会儿只交人民币五毛左右。大学需要缴纳的学费也很少，看学校专业而定，理科、文科不多，医科稍微多一点，一个学期也就 15 块人民币左右。缅甸教育一个比较特别的地方是，学生必须在生源所在地上学，小学、中学、大学都是如此。比如，我的户口现在在曼德勒市，那我只能在曼德勒市上学。如果想去外地上学，必须拥有那个城市的户口，但这个非常困难。除非你父母迁到另外一个城市工作，你就可以跟随父母把户口迁过去。与中国相比，缅甸教育还有一个特色是，学校不为学生提供住宿，无论是小学还是大学，学生都不住校，家庭住所离学校较远的学生可以自己在学校附近租房子住。缅甸的学校只有一次长假，就是公历 3 月到 5 月。较重大的节日期间也会有十天左右的小长假，比如点灯节、圣诞节各有十天的小长假。

问：请您介绍下缅甸的主要节日。

答：缅甸的节日很多，基本上每个月都有节日，并且节日大多都与宗教有关。主要的节日有泼水节、点灯节、织不馁袈裟节。

泼水节在每年公历的 4 月 13—17 日，是缅甸人的新年佳节，也是缅甸所有传统节日中最隆重最热闹的节日。13—15 日大家一般都去外面泼水，16—17 日就做善事，比如，请和尚、朋友或邻居来家里吃饭，或者把做好的食物送去给他们。在缅历初一那天很多人会守戒，泼水节期间守八戒，平时也要守五戒。八戒是：不杀生、不说谎、不偷东西、在感情上不出轨、不喝酒、中午 12 点之后不进食、不参加娱乐活动、为人和气。前五戒在平时也要遵守的。这期间，普通人也可以去寺庙里修炼，因为平时大家工作很忙。在缅甸有这样的规定，男生 20 岁之前一定要当一次和尚，否则不能结婚。

点灯节在每年公历的 7 月 15 日左右，其实有点像感恩节。这一天，我们都要给父母、师长和领导买礼物。如果在外地留学或工作，也要嘱托家里的兄弟姐妹给父母送礼物。在那天，曼德勒的市长会参加公众活动，和大家一起在曼德勒最有名的佛塔前的广场上点蜡烛许愿。

织不馁袈裟节，华人又称偷鸡节。在每年缅历的 8 月 15 日。那天全市有织袈裟比赛。袈裟织好后会堆放在一个大大的架子上，等待那些此前一直在寺庙修道，连续三个月不外出的和尚前来抽奖。民众也会玩一些偷东西的游戏。人们会把家里的一些食物放到院子外面，晚上 12 点以后，邻居或朋友会故意前往偷取，拿回家里食用。

采访者结束语：今天就谈到这里，谢谢你。

九　缅甸来华留学生龙威访谈录

访谈对象：缅甸来华留学生龙威，男，26 岁，缅族
访谈时间：2013 年 12 月 28 日
访谈地点：中央民族大学留学生公寓 507 办公室
访谈及整理者：朱艳华、彭茹

问：请介绍一下您的经历。

答：我 1987 年 7 月 24 日出生于缅甸中部马圭省（Maguay）的稍埠市（Chauk）。在缅甸我们搬了很多地方，因为我爸爸是政府部门的工作人员，他调去哪里我们就跟着去哪里。七八岁时去了同一个省的另一个市，后来又搬到缅甸南部德林达依省（Tanin Thayi）的丹老（Myeik）市，那时我才十几岁，在那儿待了三年。15 岁那年爸爸调去曼德勒，从那时起我们家人就一直住在曼德勒，至今已经十几年了。因为那时我们快上大学了，不再随着爸爸调动，而是在曼德勒定居了下来。我高中、大学都是在曼德勒上的，大学就读于曼德勒外国语大学汉语系。

问：您什么时候开始学习汉语？

答：2003 年 12 月 15 日我开始学汉语，到今天正好 10 年零 12 天了。尽管 2003 年才开始学汉语，但是中国文化我们很小就接触到了，小时候我看了很多中国的电视剧。最先进入缅甸的外国电视剧就是中国 1986 年版的《西游记》，后来金庸的武侠剧、《包青天》等也陆续被引进。那时《西游记》还没有翻译成缅语，只配有缅文字幕。当年那些电视剧都是中国赠送给缅甸的。今年新播了一部电视剧《金太郎的幸福生活》，是第一部有缅语配音

的中国电视剧。这部电视剧是由我翻译的，总共 40 集，我用了两个月的时间才完成。

我 2007 年大学毕业，2008 年拿到毕业证。我们那儿都是毕业后一年才能拿到毕业证。毕业后不久我爸爸出了车祸，他右手受伤，伤势很重，不能工作了。我就在电力部门帮他做一些工作。这样，在长达一年多的时间里，我没有再接触汉语的环境。

一次偶然的机会，我又能重新学习中文了。缅甸农历 7 月，是我们的教师节。每年教师节时我都会去拜访我们曼德勒外国语大学的老校长。2010 年那次拜访老校长时，他询问了我当时的境况，问我想不想去中国，我说想。当时福庆孔子课堂的校长是老校长的学生，老校长就向他推荐了我。来中国留学需要参加 HSK 考试。按规定，汉语水平只有达到中级 A 等才有资格申请来北京留学。我通过了，但是证书没拿到，这样就只够资格申请去云南大学。后来获知中央民族大学的吴应辉院长正好还有两个招生名额，我就阴差阳错到了北京。

2010 年本来要来北京的，但恰逢汉语桥缅甸赛区由福庆孔子课堂主办，福庆孔子课堂需要 20 名选手参赛，正好还差一名。福庆学校的校长就推荐我去参加，因此来北京的时间就被推迟了。这次比赛我拿到了缅甸赛区的第一名，这样就有机会参加由湖南卫视承办的"汉语桥"总决赛。总决赛共有来自 62 个国家的 107 名选手参加，最后我拿到了"优秀学生奖"。为了体验中国文化，承办方还组织我们去湖南张家界土家族寨子与老乡同吃同住了三天两晚。

比赛结束后，我就来中央民族大学攻读硕士学位了。2010 年 9 月 1 日入学，专业是汉语国际教育。2011 年 4—5 月我又参加了"汉语之星"，取得了很好的成绩，荣获北京市高校"十大汉语之星"称号。我也成为我们学院第一位获得这个奖项的留学生。

问：您的汉语非常标准，一点也听不出是外国人。您还参加过哪些跟汉语有关的工作？

答：2011 年 7 月 15 日我回国实习，在福庆孔子课堂教汉语。在那期间，我很荣幸地接到一项翻译任务。那就是在中国供奉的佛牙舍利要去缅甸巡游，打算在那里巡展 48 天，在仰光、内比都、曼德勒三个城市巡游。那时候我负责曼德勒地区的翻译，这种机会很可能一辈子只有一次。

任务完成后，我于 2012 年 2 月 26 日返回北京，同年 7 月硕士毕业回国。回国前我接到了中国国际广播电台的一个电话，说将要在我国播出《金太郎的幸福生活》，问我能不能承担这部电视剧的翻译工作。我接下了这份活，回国之后在福庆孔子课堂边教书边翻译，花了两个月的时间才完成。其间，我申请去中央民族大学攻读博士学位。

问：您什么时候开始对汉语感兴趣？

答：就是看了中国电视剧《西游记》、《包青天》之后。考大学时，我的分数距离我们那里最好的大学医科大学只差了 6 分，这样我就报了外国语大学，选择了汉语专业。之所以会选择汉语，是因为英语从小就学，不想再学了，韩语听着不舒服。其实一开始我就喜欢汉语。

问：请您介绍一下您的家庭情况。

答：我家有 4 口人，爸爸、妈妈、弟弟和我。我们家人除我会汉语外全都说缅语。现在弟弟也会一点汉语，HSK 考试通过了 4 级，现在备考 5 级。平常在家他不说汉语，但他听力很好，中国电视剧、电影都不用我翻译，他自己都看得懂，有时候他还可以给妈妈翻译。我们都喜欢看中国的电影、电视剧，特别是古装片。古装片，韩国怎么拍都拍不出中国的那种味道。中国的电视剧，技术方面，新版比旧版好；但剧情等方面，旧版比新版好。

问：您父母对你们学汉语的态度怎样？

答：他们觉得会一门外语总比不会好，而且他们知道我喜欢汉语。读博士我爸爸就特别支持。我妈会尊重我的决定，只要我喜欢她都会让我做。现在在缅甸，外语里面，英语、汉语最好找工作。2012 年以前，去一家公司应聘首先要会英语；现在在曼德勒，会汉语是应聘者应具备的首要条件。因为现在缅甸跟中国的合作特别多。当然，如果汉语和缅语都很好，找工作就非常有优势。有一个缅甸人去中石油应聘，汉语说得特别流利，但他不会缅语。结果老板没有聘用他。因为在缅甸的边境地区，有很多人汉语说得很好，但是缅语说得不好，他们的第一语言是汉语，缅语是第二语言。这种情况，工作也不太好找。

问：请您介绍下曼德勒省的情况。

答：曼德勒省在缅甸的中部，缅甸以曼德勒省和马圭省为中心，分为上缅甸和下缅甸。生活在这里的有缅族、华人、印度人、傣族、克钦族。缅族最多，占到 60%，其次是华人，占 20%左右。缅甸的华人可以加入缅甸籍，但不是那么容易。而且如果第一代华人没有入缅甸籍，以后想入缅甸籍，手续就非常复杂。如果华人加入了缅甸籍，民族就写成汉缅族，身份证的颜色是粉红色；如果他们没有入缅甸籍，就没有身份证，只有居住证，民族成分那栏依然是华人。生活在缅甸的印度人也是这样。

问：曼德勒的宗教信仰如何？

答：曼德勒四大宗教有，佛教、基督教、印度教、伊斯兰教。民众信仰自由，但政府只出资扶持佛教，比如建佛塔等，对其他宗教政府不会出资扶持。缅甸佛教最盛行，90%左右的缅甸人信仰佛教，因为缅甸的文化是离不开佛教的。第一个王朝蒲甘王朝的国王对佛教有特殊的感情，从那时起整个缅甸基本都信仰佛教。佛教盛行的另一个体现是缅甸的节日大部分与佛教有关。缅甸差不多每个月都有节日，其中有 7 个是跟佛教有关的。比如，点灯节期间，人们都要专门为和尚做袈裟，举办做袈裟比赛。普通男子 20 岁之前或 20 岁左右必须要去寺庙里当一回和尚，否则不能结婚。因为在寺庙里当和尚，大家就会把自己的全部工作都放下，让心灵彻底接受佛教的洗礼。

在缅甸，佛教如此盛行，所以和尚的地位也就特别高。比如来了一个小和尚，总统在那儿，如果只有一把椅子，那么总统得让座儿。因为缅甸古时候没有学校，皇族子弟都在寺庙里学习，皇族子弟当上皇帝之后，寺庙的和尚就成为国师了，所以地位很高。现在国家如果有什么大的动荡，只要有威望的大和尚出面就能平复。在农村，每个村子都有寺庙佛塔，村长解决不了的事情，就可以去找寺庙的住持来定夺。现在的政府领导虽然不在寺庙学习，但还是尊崇佛教。

问：普通男子在寺庙当和尚主要做些什么？

答：我们在寺庙里当和尚，主要是念佛经、打坐。我当过三次和尚。第一次是在 13 岁，第二次是在 16 岁，第三次是在 21 岁。在寺庙当和尚时，要剃头、穿袈裟。我们那边的袈裟偏深红色。每天早上 4 点起床，洗漱后在佛堂里拜佛半个小时左右。结束后休息一会儿，5 点钟左右拿着钵去市里化缘。在缅甸，市民一般凌晨 4 点就要起床，在家里做好饭菜，等着和尚前来化缘。我们外出化缘时不能穿鞋，必须光着脚走。5 个人一排，一排一排地走。化缘也不能多要，钵满了就得回来，一般 6 点钟左右结束。回来之后把化缘得来的东西倒进一个大盆里，休息一会儿，6 点半左右开始吃早餐，吃的都是我们化缘得来的食物。吃饭的时候不能出声。我曾经去过一个寺庙，里面有三千多和尚，吃饭的时候，一点声音都没有，我们还以为里面没人呢。在那种环境里，感觉自己的心灵很平静。饭后，8 点多，那些专职和尚就要学《三藏经》之类的佛经，一直学到 10 点。我们这些临时和尚就打扫寺庙，那个寺庙很大，跟中央民族大学差不多大。打扫结束后就打水洗澡，11 点左右吃午饭。比较富裕的寺庙中午不需要出去化缘，名头不大的寺庙，9 点左右又得出去化缘准备午餐。中午可以休息一会儿，1 点半左右寺庙会敲钟，大家就得起床。2 点上课，学习佛经。我们不用考试，专职和尚要考试，每年考一次，时间是在 3 月底泼水节之前。缅甸有专门的佛教学校，从小学、中学一直到大学。他们的考试很难，大学可能没几个人能通过。如果考试通过了，政府会颁发证书。最高级别的考试通过之后，总统会亲自颁发证书。颁发证书时，总统要跪在地上，和尚坐在台上，总统双手捧着证书递给和尚。但每年全国只有几十个人能通过这种级别的考试。得到证书之后，他们就可以留校任教。

问：曼德勒的经济情况怎样？

答：曼德勒是缅甸的第二大城市，也是上缅甸的经济中心。曼德勒工业、农业都有，对外贸易也很发达。工业主要是钢铁、水泥、汽车制造等。农业主要是种植水稻，芝麻、豆类等，水果也很多，比如有芒果、菠萝、橘子，这些水果基本上都出口到中国了。外资企业基本上是中国的，西方的不多，西方国家主要去仰光投资。南部比较倾向于西方文化，比如"照片"，仰光话就借用英语，说成$fo^{31}to^{31}$，而曼德勒话说成$d\varepsilon\math'{}^{44}bo^{31}$。曼德勒的外资公司跟中国的交往比较早，有较悠久的历史。

问：曼德勒农民的经济来源主要是依靠什么？

答：缅甸的母亲河伊洛瓦底江穿过缅甸，建城的时候一般会选有水的地方，曼德勒位于江中东部位置，曼德勒市护城河的河水会随伊洛瓦底江而涨落。这里水土肥沃，适宜种植。农民的收入主要是靠种植水稻、芝麻、豆类等农作物和芒果、菠萝、橘子等水果。缅甸的地很多，没有地的话，找到一块没有主人的地就可以自己种植，有的农民也会租种他人的地。农民的地是祖上传下来的。以前军政府时期，农民的土地政府要征用的话，是无条件的，不给补偿。现在政府要征用的话，要给经济补偿。在缅甸，外出打工的农民不多，一般只有郊区的农民才会去城里打工，偏远地区的一般都不出来。郊区的农民，他们早上去城里，干完活晚上就回家。

问：曼德勒的饮食怎样？

答：很杂，中餐、西餐都有。传统的饮食也有，以酸辣居多。缅族吃饭时，右手抓饭，左手用勺子舀菜。菜放在碗里，饭放在盘子里。主要吃饭，吃菜比较少。别的民族也基本一样，华人可能用筷子。我们家里也有筷子，吃面的时候用筷子。

问：曼德勒的教育情况怎样？

答：在上缅甸，教育最好的就是曼德勒，比如医科大学全国只有 2 所，仰光一所、曼德勒一所。除医科大学外，还有牙科大学、护士大学、计算机大学、理工大学。其中曼德勒医科大学最有名。总之，好大学、好专业基本上都在曼德勒，总共 9 所。

在缅甸，医科大学的录取分数线最高，其余依次是外国语大学、牙科大学、理工大学，历史、地理专业分数线比较低，三四百分就可以上。高考满分是 600 分，每门课至少要达到 40 分才能上大学。一共考 6 门课，缅语、英语、数学是文理科都要考的科目，理科除必考科目还有物理、化学、生物学，文科除必考科目还有历史、地理、经济学。

缅甸初等教育的学制是：小学 4 年，初中 4 年，高中 2 年。幼儿园可以上也可以不上，国家没有硬性规定。大学基本上都是本科，只有理工大学分专科、本科，文科没有专科，只有本科。专科 2 年，理工大学也打算把专科拿掉。本科学习年限由专业而定，医科大学本科 7 年，基础学习是 1 年，专业学习是 6 年。一年级时所有的学生一起上，然后依照期末考试的成绩分专业，眼科的分数要求比较高。其他专业本科从 2011 年开始都是 4 年，但我读大学那时候是 3 年。硕士 3 年，博士 3—6 年。我国从小学到大学都是免费的，只要象征性地交一点，每学期交相当于人民币 15 元左右的费用。但是大学不提供住宿，外地的学生都是在外面自己租房子住。大学生的学习任务很重，从上午 9 点到下午 4 点都有课，中午 12 点到 1 点是午饭时间，基本没有时间到外面兼职，除非晚上打工。

问：高中升大学时，有全国统一的考试吗？

答：2000 年以前是全国统一考试。但 2000—2010 年，每个省出一套试卷，送到中央，中央再随机分配。从 2011 年又开始统一考试了。考试时间一般是 2 月底或 3 月初，泼水节之前，要到 8—9 月才公布成绩。这段时间学生可以根据自己的兴趣爱好做一些自己的事情。缅甸没有机器阅卷，很多大学的资深教师要去中央阅卷。阅卷期间是封闭管理，答案出来之后阅卷老师才能出来。我们报考大学时，大多数只能是哪个地区的考生报哪个地区的大学。比如，曼德勒的考生只能报考曼德勒的大学，东枝的考生就不能报考曼德勒的大学。除非父母有工作上的调动，子女才可以跟随着去另一个城市上学。比如，我爸是政府工作人员，如果他调去仰光了，那么我们拿着调令，去很多政府部门签字之后才可以去仰光上大学。

问：你们国家高学历的人多吗？

答：每年毕业的学生很多，但是高学历的不多。我们那儿找工作首先要有一个文凭，先看文凭，再看能力。你中文再好，没有文凭也没有人要你。高学历的人才一般不会待在国内，因为我们那儿赚的钱不多。大学讲师，比如汉语系的老师刚进去时拿的工资不到 1000 元人民币。大学教授、校长，一个月的工资，也只有人民币 2000 元多一点。我们那边物价不高，北京一个烤红薯 3 元，可是我们那里 3 元全家都吃饱了。

问：请介绍一下曼德勒的华语教育情况。

答：目前整个缅甸的华文教育都没有合法化。假如想学习华文有三种途径：第一是去公办的外国语大学，比如仰光外国语大学和曼德勒外国语大学；第二是去华侨华人开班的华文学校；第三是可以去私人开办的短期培训班。曼德勒目前规模比较大的华文学校有四所，分别是孔教、明德、昌华、福庆。孔教的学生人数最多，有 2000 多人，其余三所也有一千三四百的学生。福庆的教材来自中国汉办和云南省侨办，其余三所使用的教材大多来自中国台湾。福庆的教师都是本土的，但有来自中国汉办和侨办的两位督导员，督导员每两年换一次。其他三所学校既有本土的教师也有外派的教师，外派教师主要来自中国台湾。福庆分正规班和速成班。正规班的学生年龄为 5—15 岁，速成班主要是成年人，大学生和一些社会人员都有。正规班每天学两个小时，授课分两个时间段，一个是早上 6—8 点，一个是下午 3:30—5:30。速成班每天学一个半小时，授课也分两个时间段，一个是下午 5:30—7:00，一个是 7:00—8:30。学生可以按照自己的时间选择学习的时间段。其余三所学校就是全日制的，一天学习 5—6 个小时。曼德勒外国语大学于 1997 年成立，汉语系分本科、中文文凭（Diploma in Chinese）、人力资源开发中心（Center of Human Resource Development）三种类型。现在本科学制为四年，中文文凭、人力资源开发中心各三年。本科班的学生都是曼德勒本校的学历生，中文文凭班的学生都是其他大学的在读生，人力资源培训班的学生为已取得某学位的社会人士。本科班一年级每天 3 课时，二年级每天 4 课时，三年级每天 5 课时，四年级每天 6 课时，上课时间在 9:00—16:30 这个时间段。本科除专业课以外，还有一些选修课，我们那会选修课有缅语、英语、语言学、国际关系、历史和哲学等。中文文凭班和人力资源开发中心班都是每天 2 课时。中文文凭班的上课时间为 7:00—9:00，人力资源开发中心班的上课时间为 17:00—19:00。现今曼德勒外国语大学汉语系本科已有 12 届毕业生,每届 50 多人,总共将近有 600 名毕业生。

问:您认为目前曼德勒的华语教学主要面临哪些问题?

答:目前,曼德勒地区华语教学面临的问题主要有师资不足、缺乏针对性和实用性强的教材。以曼德勒外国语大学汉语系本科班为例,三个年级学生总共有 200 人,但教师才 13 人,每个教师一天的上课时间为 6 小时,这些教师长期处在超负荷的工作状态之下,必然影响到教学质量。曼德勒外国语大学汉语系本科班使用的教材都是北京大学和北京语言大学出版的对外汉语系列教材。如《汉语教程》(北京大学出版社)和《初级汉语课本》(北京语言大学出版社)。这些教材出版于 20 世纪 90 年代,内容较陈旧,且难度较大,不符合缅甸教师和学生水平实际,给教师的教学和学生的学习都带来了一定程度的困难。

采访者结束语:你讲得非常好,感谢你接受我们的采访。

十　缅甸来华留学生晏彩蕊访谈录

访谈对象:晏彩蕊,22 岁,硕士在读,心理学学士,汉语国际教育
访谈时间:2013 年 12 月 7 日
访谈地点:中央民族大学留学生公寓
访谈、整理者:李春风

问:请介绍一下您的个人及家庭情况吧!

答:我出生在缅甸曼德勒省彬伍伦市,离曼德勒 42 千米。彬伍伦是缅甸著名的旅游胜地,华人、印度人多,缅甸人比较少,差不多各占三分之一吧。那里气候很好,四季开花,是缅甸的“花都”,每年都有花市展览会,很有名,很漂亮,是缅甸比较重要的城市。我家里有七口人:爸爸、妈妈、四个哥哥和我。父母以前做生意,现在退休在家了。大哥管理一家电脑公司,二哥、三哥也是在不同行业里做管理,四哥医学院毕业以后去美国工作。除了四哥,其他三个哥哥都结婚了。三哥跟父母住在一起。二哥有两个小孩,三岁的女儿和一岁的儿子。二嫂是福建人,生在仰光,都被缅化了,但只会说普通话,不会说方言。

问:仰光缅化得很厉害?

答:因为仰光市以前是缅甸首都,经济发达,缅人也很多。那里只许

开车不允许有自行车、摩托车。

问：现在的首都是哪里？
答：是内比都，那是一座很华丽的城市，马路宽阔。

问：您的家庭语言使用情况是什么的？
答：我们在家里都说云南话，从小在家就说云南方言。但哥哥们的家里用缅语交流。

问：您什么时候开始学会云南话、普通话、缅话的？难学吗？
问：出生以后就学说云南话了。缅话和普通话都是6岁上学以后学的。不过父母为我们请了一个缅文家庭教师，她从我出生起就住在我们家了，所以她也教过我一点缅文。6岁上政府的缅文学校，同时还上华文学校。但是只能利用课余时间，早上8点以前、下午放学以后才能去华文学校学习汉语，中间没间断过，大学期间没去了。小时候，哥哥会监督我学习汉语。缅文对我来说有点难，普通话嘛，我觉得云南话和普通话有声调的差别，没什么太大不一样的，但是汉语挺难，我还是要很努力地学。我的云南话和普通话水平是一样的。

问：请问您祖上是哪一代人从哪儿迁到缅甸的？
答：听父母讲过，爷爷奶奶都是云南潞西人。我以前在彬伍伦年多高校毕业，祖籍填的是云南潞西。爷爷好像是军人。现在清明节的时候，父母会去云南找晏氏祖坟，已经找到了始祖和很多一个家族的人。前面有九代人了吧，我们的名字都是按照家谱排下来的。

问：亲戚会来缅甸吗？
答：他们不会来缅甸。中国人到缅甸定居很困难。

问：我曾在云南看到嫁来中国的缅甸人。您知道吗？
答：知道。我还有朋友的姐姐嫁到瑞丽。如果男方有户口，应该可以在中国落户。有的人有两个国家的户口，这样是为了便于做生意。有的家庭条件好的，会送小孩去广州、上海等地留学。

问：爷爷奶奶那一代会说缅语吗？爸爸妈妈呢？如果您在家里说缅语怎么样？

答：爷爷奶奶那一代他们不太会说缅语，也听不太懂；父母一代能说也能听得懂缅语，都挺好的。比如我妈妈读的是缅甸独立女校，那里考试、管理非常严格，所以她的缅文学得很好。我们交流都用云南话交流。我曾经试过在家说缅语，父母就会制止我，问我为什么说缅语。爷爷奶奶那一代人可能很生气。

问：哥哥的小孩将来也会去学汉语吗？
答：肯定要学，现在只是两代人想讨论什么时候让孩子去学习汉语，我父母希望孩子上幼儿园的时候去华文学校学，哥哥他们还想再考虑一下。就算哥哥他们不让小孩学汉语，父母也没办法，因为他们不住在一起，我父母也没办法教小孩说汉语。

问：您平时用什么语言多一些？
答：用汉语方言多一些。我跟朋友交流多数用汉语方言。我们那里会说云南话的很多，整个缅甸云南人最多，福建其次，还有广东。可能是因为有那个环境吧，我家周围同姓的亲戚很多，光父母的兄弟姐妹就有 9 个，表兄妹也多。他们都是在缅甸出生的。

问：您所在城市的华人都还会汉语吗？
答：华人社区都说汉语，除非跟缅人才说缅语。我觉得差不多都会说的。但是像仰光那边的福建人很多都不会说自己的方言了，缅化得严重，可能就只有称呼还没变，再到下一代可能就不会说汉语了。

问：华人跟其他民族通婚的多吗？
答：爷爷奶奶那一代是肯定不会接受了。爸妈都还是比较传统的，我们家、亲戚都比较排斥与外族人结婚。就算他们觉得没什么，但在我们那个环境下可能也会不愿意接受的，我们这一代倒觉得没关系。

问：为什么会有这种想法呢？这样想的人多吗？
答：因为我们是云南人。像我这样想的人还是挺多的。跟家庭环境有关系吧。

问：你怎么看华人不会说汉语？
答：我不会因为他们不会说汉语感到不高兴。但爷爷奶奶那一代应该不会接受，父母一代应该可以接受得了。

问：缅甸愿意学汉语的人多吗？

答：除了缅化得厉害的华人，应该都愿意学吧。而且现在在缅甸，因为工作的需要，年轻人让下一代学汉语的越来越多了。

问：你们在华文学校用什么课本？

答：我们用台湾课本。现在缅甸的华文学院逐渐换成大陆课本。

问：您学的是繁体字？

答：是的，写的都是繁体字。我是在本科三年级到福庆学校后才开始慢慢学习简体的。我的大学在郊区，福庆学校在市中心，挺远的。

问：你为什么选择到福庆学校读书？

答：我本来就打算到中国读书，来到瓦城读书以后，开始留心打听可以到中国读书的途径。听说福庆学校跟中国的学校有联系，所以到那读书。我的很多同学都是这么来到中国的。

问：缅甸选择来中国读书的人多吗？

答：以华人为主吧。缅甸其他民族的人去新加坡、澳洲读书的比较多，也要看家里的条件。如果去新加坡读书，除非读书非常好，否则不能申请到奖学金。中国一年消费四五百万到一千万缅币，其他国家如澳洲、美国很贵。

问：您现在有奖学金吗？

答：每个月有 1700 块钱左右。但如果成绩平均分不够 90 分，就扣除奖学金。

问：你们在缅甸过什么节日？

答：家里过中国的传统节日。父母那一代不过什么缅甸节日，年轻人会过。

问：怎么过春节？

答：大年三十晚上祭拜祖宗，准备饭菜、磕头，年轻人守岁，大人不用守岁。大年初一开始走亲戚，给红包。近几年因为有战事，缅甸禁止放鞭炮，所以不怎么放了。

问：您觉得现在华人缅化的速度加快了吗？

答：下缅甸（缅南）缅化得快一点，有些地区可能缅化得慢一点。因为我们这一代年轻人都能接受缅化了，可能速度要加快了吧。

问：您从这毕业后有什么打算吗？

答：我打算毕业后回去工作。来这里学习的一半原因是家人想让我来见识，读完以后回去做有关汉语教育的。

问：缅甸各职业的待遇怎么样？

答：缅甸政府学校教师每月工资最低八万缅币，以前更少。这次开始改革，也许 2014 年工资会成倍增长。以前是医生、理工科、工程等工资待遇高。华文学院教师工资高一些，私立学校工资最高。据说最高的达到一个月六十几万缅币。

问：缅甸学校教育高考严格吗？

答：很难。高考结束后就万事简单了，大学内容不难。

问：您觉得缅甸的民族关系怎么样？

答：前段时间，全国范围内，印度人跟缅人闹得很不愉快。政府规定，印度人只能去自己人开的商店买东西，不允许他们到其他民族开的店里购物。据说政府准备制定政策，控制印度人的人口。华人信仰佛教，而且这几年中缅友好，关系密切，国家重要机构有华人，所以政府对华裔不是很歧视，比较重视，也不会欺负我们。不过因为华人比较富裕，遭到嫉妒，互联网上会有一些不服华人的言论，但是总体来说冲突不大。我觉得在缅甸的华人还是低调点得好。

（这时，访谈对象的同学接着说道："缅甸华人很团结。但我们觉得自己很可怜。在缅甸，他们说你们中国人，不把我们看成缅甸人，我们也觉得我们是中国人，为自己是中国人感到骄傲、满意。朋友间还常常开玩笑，说因为华人这里的经济才会有发展。可在中国，比如我去昆明，他们说'这些缅甸人……'他们以为我们听不懂，其实我听得懂，但我一句话也说不出来。没来到中国前，我一直自以为还是中国人。从那一天开始，我就觉得自己很可怜，我们到底是哪国人？哪里是我的祖国？我现在还这样想，我妹妹她们就不这样想了，她们都觉得自己是缅甸人。"）

问：华人都信仰佛教吗？

答：都信佛教。出生后没选择。

问：缅甸华人担心孩子们被缅化吗？

答：家庭教育比较传统的，怕孩子被缅化，反应很强烈。但是现在年轻人越来越能接受这些了。

问：你们以后会逼着自己的孩子学汉语吗？

答：我肯定会逼着小孩学汉语的，不想让他们忘记自己是中国人。而且多学一种语言总是好的，我又会说中文，我肯定会跟小孩说汉语，教他汉语。有的人家从小不说中文，以后很可能就不学了。语境很重要。现在很多人家为了将来工作，慢慢重视汉语了。

问：我觉得缅甸人的英语都很不错。

答：是的。英语在缅甸学校是必修课，从幼稚园就开始学说英语。在缅甸会英语找工作也占优势。大多数缅甸人更重视英语，因为缅甸人高中毕业后，继续读本科或是出国留学，都需要英语很好。不过华裔多数更重视汉语，因为他们可能会选择来中国。

问：缅甸其他民族来中国留学的人多吗？

答：除了华裔以外还是有很多缅甸人来学的。从北京来看，人数超过我们的想象。但是我觉得很多缅甸人还不了解中国，如果有条件会选择澳大利亚、美国等其他国家。比如电脑方面专业，他们还是首选外国学校。

问：缅甸英语学校多吗？

答：我知道的在瓦城比较多，用英国 UK 教材，在缅甸学习三年后就可以到英国深造。缅甸政府承认他们的学历。

问：缅甸政府承认中国学校的学历吗？

答：目前还不承认，也许以后会承认的。我觉得缅甸人很多都不了解中国。

采访者结束语：今天就谈到这里，谢谢你。

第二节　掸邦地区访谈录

一　东枝市麦泊尔区 Nang Ei Ei Mon 访谈录

访谈对象：Nang Ei Ei Mon，女，25 岁，勃欧族，导游，现住掸邦东枝市西北部的麦泊尔区

访谈时间：2014 年 1 月 24 日

访谈地点：前往勃欧族集市的路上

访谈及整理者：彭茹

问：缅甸勃欧族一共有多少人口？

答：现在还不知道具体有多少。

问：勃欧族主要分布在缅甸哪些地方？

答：主要分布在孟邦、掸邦、克伦邦、克耶邦。最初，主要居住在孟邦，后来才慢慢迁徙到掸邦、克伦邦、克耶邦等地。关于"勃欧"族这个名称有个传说，据说勃欧族的母亲是条龙，父亲是个凡人。有一天，龙化成一个漂亮的姑娘，下凡遇上了这个人，两人相爱并结为夫妻。后来这个人知道妻子是条龙后，就抛下她逃跑了。有一天龙下了一个蛋，她就用力把蛋摇破，把蛋壳撇开，让龙子脱壳而出。于是，"勃"就是摇、"欧"就是撇开的意思。

问：这些勃欧族是散居还是聚居？

答：散居和聚居的都有，掸邦南部聚居的比较多。

问：你们的祖先来自哪里？

答：据说来源于藏族、孟人，但目前还没有依据，仍在考察之中。

问：勃欧族的居房是什么风格的？

答：勃欧族人的居房都是两层楼，大部分用竹篾编成，稍富裕的人家用水泥和砖头修建房屋。楼上住人，有卧室、厨房、客厅，楼下用来储存粮食和一些杂物。入室需要脱鞋。

问：勃欧族的经济来源是什么？

答：勃欧族主要依靠种植大蒜、稻谷、烟叶、大豆、玉米等农作物和一些热带水果为生。以前种植大蒜的比较多，但近两年大蒜降价，现在种植牛油果的多了。

问：勃欧族有哪些传统的节日？

答：勃欧族最隆重的节日是纪念一位叫苏丽雅萨拉的皇帝的。"苏丽雅"指太阳，"萨拉"指月亮。据说这位皇帝是在太阳升起、月亮下去的时候出生的。这一节日从缅历元月前十天（公历3月）开始，第一天是足球比赛，直到元月前两天才结束，接下来是跳舞比赛和选美比赛。勃欧族的农业、教育等事业是从苏丽雅萨拉皇朝才开始慢慢发展起来的。其他传统节日还有放烟节、剃发为僧节。放烟节也叫招雨节，每个村子举办的具体时间不同，一般在雨季之前，也就是 6 月前举行。剃发为僧节一般都在夏季集体举行。此外，勃欧族还过缅甸传统的泼水节和点灯节。

问：勃欧族与其他民族通婚吗？

答：有，但是不多。

问：目前政府允许勃欧族开办自己的民族学校吗？

答：目前还没有政府开办的勃欧语学校。勃欧族大部分信仰佛教，少数信仰基督教。勃欧族小孩都利用暑假三个月的时间，去寺庙学习勃欧文。一般都是寺庙的和尚教授，有时和尚还会为每个村子培训两名勃欧语教师。

问：现在勃欧族的孩子都还会说勃欧语吗？

答：农村的孩子都会说，但是城里出生的勃欧族小孩缅语要好些，已经不太会说勃欧语了。

问：政府是否颁布一些有利于勃欧族发展的政策？

答：缅甸政府在每个勃欧族村子都设有一个医疗诊所和一所学校。生活方面，国际组织 ANGER 常会过来给予村民一些帮助。捐款资助一些贫困家庭，或者定期举办一些讲座，宣传有关卫生和农业方面的知识。

问：你认为目前勃欧族的发展存在哪些问题？

答：东枝南部和北部都有勃欧村寨，但国际组织 ANGER 去南部赞助和做讲座的多，北部的勃欧村寨发展相对比较落后。应该多在北部村寨举办一些有关卫生条件和健康方面的讲座。因为很多勃欧族的孩子年纪轻轻的就结婚了，然后又离婚、再婚，这样对身体健康不利。加之他们对生育也没有节制的意识，很多家庭会一个接着一个地生很多孩子。

采访者结束语：今天就谈到这里，谢谢你。

二 东枝市勃欧族自治区汪雅村村民 U Khun Aung Tick 访谈录

访谈对象：U Khun Aung Tick，男，21 岁，勃欧族，汪雅村村民
访谈地点：勃欧族自治区汪雅村
访谈及整理者：彭茹

问：你们村村民的年收入多少？
答：村民的收入要看拥有的土地而定，土地多的收入就多些。一般年收入在 300 万缅币左右。

问：这个村子里有摩托车的人多吗？
答：现在中国进口的摩托车都很便宜，几乎每家每户都有。

问：手机每家都有吗？
村：不是每家都有。但现在有手机的家庭也挺多的，基本上都是年轻人用手机。

问：这边的村民还有哪些家电？
答：现在每家都有电视机。

问：政府还没有给你们供电，你们都使用锂电池吗？
答：对，政府还没有供电，晚上我们才能用锂电池供电。

问：勃欧族去城市打工的多不多？
答：不多，我们村只有少数几个去泰国、马来西亚打工，赚了钱回来养家。

问：你们村的教育普及率怎样？有多少大学生？
答：我们村有 100 户 500 多口人，孩子们大多上到初中就辍学了，只有少数去东枝上大学。全村大学毕业的只有 10 个人左右。

问：为什么大部分孩子上到初中就辍学了？

答：辍学率高与两方面的原因有关吧！一方面，勃欧族的习俗是女孩到十五六岁时就会有许多追求对象，这时父母就会避开，让他们自由恋爱、结婚，所以很多女孩年纪轻轻的就结婚了。另一方面，即使大学毕业，很多人也是回家从事农业，所以他们的父母就会觉得读书没用，不大主张他们上学。

问：你们村有几所学校？
答：我们村有一所小学和一所中学。

问：你们村的村民都会说勃欧话吗？
答：我们村里住的都是勃欧族人，所以都会讲勃欧话。

问：村里有勃欧语学校吗？
答：没有勃欧语学校，但是有教授勃欧语的寺庙。20 岁以下的小孩都要利用暑假三个月的时间去寺庙学习勃欧语。我妈妈那个年代是 20—45 岁的人都要去学习。

问：除教授勃欧语外，寺庙里还开设其他课程吗？
答：还开设了教巴利文的课程。没有数学、英语等课程。

问：寺庙里的和尚是不是掌管整个村里的所有事情？
答：不是。和尚只管村里教育的事情，其他事情由村长掌管。村长由村民选举产生，每三年选举一次。

问：村民们都会说缅语吗？
答：我们村多数人的缅语水平是"略懂"，但是我的缅语很好。一般缅语好的人都去下缅甸或缅甸人聚居的地方打过工。

问：学校不是教授缅语吗？为什么大部分村民不会说缅语？
答：在学校，有缅甸老师传授缅语，但有些孩子听不懂，有些孩子听懂了也不说。在家里，大人和孩子常看有缅语配音和缅语字幕的韩国电视剧，能听懂、看懂字幕，但也不太会说。另外，村里除了少数几个人常去东枝，有的去做生意，有的去买摩托车零件，其他村民很少去东枝，都在家里从事农业，所以使用缅语的机会不多。

采访者结束语：今天就谈到这里，谢谢你。

三 东枝市勃欧族妇女基金会工作人员访谈录

访谈对象：Hkun Sanda，男，勃欧族，27 岁，P.W.E.F（勃欧妇女基金会）工作人员；Nan SuSu Mun，女，勃欧族，30 岁，P.W.E.F（勃欧妇女基金会）工作人员

访谈时间：2014 年 1 月 25 日上午

采访地点：掸邦东枝市

访谈整理者：岳麻腊

问：你最先学会的是勃欧话还是缅语？你的勃欧文是在哪里学的？

答：从小就在家里和村里生活，先学会了勃欧话，缅语是从上小学才开始学的。勃欧文是去寺庙，跟和尚学会的。

问：现在的学校里教勃欧文吗？

答：过去，农村的孩子利用假期去寺庙里跟和尚学习勃欧文，所以他们都懂一点。而城里的小孩没有人教，所以不懂勃欧文。现在，缅政府允许在勃欧族学生比较集中的农村小学开设勃欧文，听说明年开始可以在政府的学校里教勃欧文，教材也已经编好了。但是城里的勃欧族小孩还是跟其他民族的学生一起学习，能否开设勃欧文不清楚，可能难度比较大。

问：勃欧族的父母重视孩子的教育吗？

答：勃欧族老的一代人没上过学，识字的人不多，所以现在的父母都比较重视教育，多数都让孩子读到小学毕业。有些父母为了使子女学得更好，送他们到缅族地区的学校上学，贫困家庭的小孩就寄宿在老师家或寺庙里。小学毕业，或读完 8 年级、10 年级的勃欧族青少年，有不少人回家帮助家里干农活；还有些到泰国或马来西亚打工。总的来说，大学生比较少。

问：与周边民族相比，如掸族，勃欧族的教育程度是高的还是低的？

答：掸族读书的人比较多，情况比勃欧人好。

问：在大学里的勃欧族老师多吗？当教授的多不多？

答：东枝大学只有两个勃欧族老师，其他大学有没有不知道。当教授的一个都没有。勃欧族参加工作的人很少，东枝地区 10 所中学才有 3 个勃欧族教师。

问：农村的勃欧人主要经济来源靠什么？收入有多少？种田收获的粮食够一家人吃吗？

答：多数人家种豆子、稻谷和大蒜，也有种水果的。没有田地的人家租种别人的地，或给别人打工。但因为使用化肥对土壤的破坏较大，大蒜种植没有以前好了。没有认真计算过收入，大蒜好的时候可以卖两三百万缅币，年成不好的时候也有亏本。粮食一般够全家吃，有时候有剩余的可以卖掉。

问：你认为勃欧人发展中最大问题是什么？如何解决这些问题？

答：我认为勃欧人最大的问题是经济不发展，经济不发展教育也落后。因为没有文化，还是按祖辈传承下来的耕作方法，种植产量不高，质量也不好，生产出来的产品卖不了好价钱。解决这些问题关键是提高文化素质，掌握科学技术。

问：大学毕业在政府部门申请工作困难吗？你申请过吗？
答：很不容易。我没有申请过。

问：勃欧族与其他民族的关系如何？
答：各民族和睦相处，过节的时候都互相邀请参加，没有什么隔阂。互相通婚的也很多。

采访者结束语：今天就谈到这里，谢谢你。

四　缅甸东枝兴华学校副董事长李祖韬访谈录

访谈对象：东枝兴华学校副董事长李祖韬，男，60 岁，缅籍华人
访谈时间：2014 年 1 月 25 日
访谈地点：缅甸掸邦东枝宾馆（Taunggyi Hotel）
访谈及整理者：乔翔

问：东枝共有几所汉语学校？各自的办学方式有何特点？
答：东枝市区内有高中的汉语学校就是三所：兴华学校、东华学校和果文学校。其中以兴华学校的办学时间最长、学生人数最多，1980 年成立至今已有 13 届高中毕业生了。东华学校和果文学校虽然有高中，但至今还没有毕业班。我们兴华学校是直接用汉语教学的学校，而东华和果文是用第二语言教授汉语的学校。中国国家侨务办公室（简称"国侨办"）给我们

的教材是针对第二语言教学的学校的，对我们来说就太简单了。我已经把这个情况向国侨办反映了，他们正在着手编写适合我们学校的教材，应该很快就能出来。

东枝市区内还有一所叫荣民达的华文学校，它只办到初中，只有一百多个学生。它可以算是兴华学校的分校，但是两个学校财务各自独立，兴华可向其提供师资方面的帮助。

问：除了您提到的市区内的这些学校，还有其他小规模的学校吗？

答：还有一些小的学校在东枝市区乡村，有十几所。只有50名学生、2个老师也可以成立一个学校，数量我还不太清楚，不好估计。我知道有两所比较大的学校，比如距离东枝180英里以外的勐述市，有一所规模不小的学校，300多个学生、10多个老师，学生一半是当地傣族，老师也有傣族。我们这边就有这样的特点，不一定华文就只教我们华夏子弟，有很多当地民族的子弟都涌入我们华校，包括印度人和其他少数民族。还有勐伴也有一所汉语学校，有300多个学生，三分之一是当地民族，其他的是云南籍华裔。

问：东枝的这些汉语学校之间有联系吗？在师资、生源和奖学金方面存不存在竞争？

答：有联系，很频繁。没有竞争，只有互助。例如，东华学校或兴华学校曾经有来自中国大陆或者台湾地区的培训班，只要我们能做到，就把其他汉语学校的教师召集过来参加这些培训班。为了让老师们得到高效果、高质量的培训，我们出资给他们安排中餐。所以我们之间没有竞争，只有互助。

问：东枝的云南籍华裔当初是怎样产生了办学的理念和行动？

答：我们的老一辈很担心下一代被缅化，不会讲汉语了，才发起办学的义举，我父亲就是最早的校董之一。最初就是请一个老师在家教，后来逐渐发展起来，各地都有了一定规模的汉语学校。大约在1963年，学校被收归国有，但我们的华文教育从没有间断过，还是坚持补习。一个老师在家办一个补习班，负责几个学生。我父亲那时候每到晚上，就拿着一把小戒尺，叫我们念书、写字，他亲自教我们汉语。大概在1980年，东枝的云南籍老乡成立了联谊互助会，也就是云南会馆，为老乡们办福利事业和发展文化教育。后来，补习班已不能满足要求，于是在1980年由联谊互助会选出文教组，把各个补习班集中合并，调整编排，划分班级，老师也轮流教学。

问：您父亲那一辈和您这一辈在发展华文教育方面有什么不同吗？

答：我们的心态不一样。我父亲那一辈很着急，很怕下一代小孩不会讲汉语，被缅化后忘记了中华文化。但是我们这一代倒没有上一代那么焦虑了，因为现在有这么多汉语学校，还有这么多人会说汉语，我一点都不担心今后小孩子不会说汉语，完全没有这个顾虑。

问：东枝地区的汉语教学开展得这么好，与华人家长的重视是否一定有关系？

答：是的，我们学校是非营利性的机构，校舍建设、设备增添和教师薪水都靠云南会馆老乡们的募捐。目前我们正在加盖教学楼，这笔资金也很多要靠华裔中的贤达和家长捐助。我给你讲一个亲身的经历。很多年前，有一次我送最小的女儿去上学，在校门口遇到一个华人妇女，背上背着一个孩子，还一手领着一个孩子，她是送孩子来上学的。那天东枝的雾很大，我一下子就被打动了，心里问自己：我们有那么重要吗？值得这位母亲这样做吗？从那时起，我才意识到自己做的事情多么有意义，也下决心一定要继续做好。

问：缅甸的华裔分为云南籍、广东籍、福建籍、湖南籍等，其中前三种人数最多。据了解，不同祖籍的华裔对其汉语方言或普通话的传承不尽相同，这是什么原因？

答：东枝的华裔以云南人为主。我们云南籍华裔靠近中国，在家里说的都是云南方言。广东籍和福建籍的华裔住在缅南仰光那样的大城市。缅甸出现排华事件时，为确保人身安全，很多华人在家里都改说缅语了，这样他们的下一代就不会说汉语了，很多人连自己的祖籍地和汉语姓名都不知道。

问：您对他们不会说母语的这种现象感到忧虑吗？

答：一点都不担心。再给你讲两件事。有一次我乘飞机从广州回缅甸，同机还有很多缅甸人，大多会说一点汉语，他们是做生意的人，经常往返于缅甸和广州。我旁边的那个缅甸人，却是汉语什么都不会说，是另一个会说汉语的缅族人帮他要东西吃。这个缅族人跟我说，必须会说汉语才能做好生意。就连非华裔都觉得汉语重要，我们就更应该说好汉语了。

我还见到过一个汉语学校的校长，他是仰光50里以外的一个地区的。这位校长决定自己办一所汉语学校，教他们下一代孩子说汉语。他还自己出钱让学生到中国领事馆参加活动，有人不理解他，骂他随便和中国方面往来，担心再次发生像中缅冲突那样的事件。他的学校现在只有 50 多个人，但是我跟他说，我很佩服你，我们有一千多人学校的校长不算什么，你只有 50 多人却还在坚持，这才是应该敬佩的。所以说，我觉得没有什么好顾虑的，有了这所学校，那边的汉语教学会慢慢发展起来的。李祖清校长也在做同样的事，他在那里开了一个教学点。

问：东枝地处缅北山区，是否在华文教育对外交流沟通方面存在不便？您经常提到"管道"一词，目前是否畅通？

答：以前大陆国侨办对我们不了解，彼此之间还是存在着交流不畅的情况。但是现在完全没有障碍了，无论是跟中国大陆方面还是台湾地区，我们都保持着友好的联系。我们不涉及政治，完全出于为子孙后代学习汉语、了解中华文化的目的，接受他们的教材和培训，也把本土教师送出去深造。

问：我们知道，您回到过祖籍国多次，请谈谈您的心得感受。

答：好的。临沧有一个清水河口岸，为了发展那边的贸易，2010 年临沧市副市长和侨办、外事办来到东枝，访问了云南会馆，看到我们很亲切、好沟通，就让我当翻译，和掸邦政府签了很多经济合约。包括租用缅甸的土地种甘蔗，然后回收运往临沧的糖厂榨糖。因为中国的蔗糖需求量很大，国内市场供不应求，就来缅甸租地雇人种甘蔗。现在临沧工业区有一个糖厂，每天用掉的甘蔗原料有 1 万吨，大都是从缅甸运过去的。2011 年兴华学校受到云南省芒市侨办的邀请，组织了一个包括校董在内的 50 人的团队到芒市师范学院接受培训，培训期间 5 位校董去了思茅、景洪和临沧等地，参观访问了临沧师专，看到那里的办学条件非常好。2012 年 4 月，由临沧市侨办主办、临沧师专承办的教师培训班向兴华学校和周边其他华校发出了邀请，这一次的培训为期 10 天。

问：参加了这两次培训，老师们有什么体会？

答：大家都觉得很有收获，得到了提高。过去不太清楚汉语教学的方法，参加了培训班才了解了有关教学的理论和方法，回来后教学上提高了一大步。

问：除了云南，还去过中国的哪些地方？

答：还去过沿海地区。2013 年 6 月，省侨办组织了为期 10 天的"资深教师华夏行"，成员包括东华学校的 6 位校董和兴华学校的 4 位校董。我们参访了云南师范大学呈贡校区华文学院以及云南师范大学的老校区；参观了云南大学留学生院；然后去了厦门华文学院、集美华文学院和泉州华侨大学。

2013 年国侨办文化司举办了"资深教师·校董·校长·杰出人士华夏行"。参加者来自 30 多个国家，共 300 多人。国侨办副主任马儒沛做了讲话，菲律宾华教中心主席颜长城、北京华文学院院长周锋也在会上做了发言。会后大家分别前往不同的地方参观访问：董事团去了新疆；校长团去了南京；杰出人士去了山东；优秀教师去了重庆。这次的活动为期 11 天。

问：参加了这么大规模的会议，又去了那么多地方，您有什么样的体会？

答：我觉得很高兴，很自豪。看到祖国经济发展得这么好，国力这么强大，身为缅籍华人也觉得很骄傲。

问：您对自己华人的身份是怎样认识的？

答：原先在一张报纸上看到国内有人把我们缅籍华人称为 foreigner（外国人），我感到很不开心。我就是中国人呀，只不过取得了缅甸的国籍，我们的身份证上都写着"中国人"。

问：东枝都有哪些民族？彼此相处得如何？

答：东枝有傣族（掸族）、缅族、汉族、克钦族、克伦族、勃欧族等。各民族老百姓相处得很好，相互之间打成一片。我们这里傣族很多，长期生活在一起，我都会讲傣语，很多傣族也会说汉语，兴华学校就有不少傣族学生来学习汉语。他们的泼水节我们也过，我们的春节他们也来拜年，我们都很欢迎。

问：作为东枝的华裔，创办了自己的教育，有着安居乐业的生活，心理上有什么感觉？

答：现在中国的实力强大了，缅甸的很多商品、技术和工程师都是从中国来的，我们华人华侨也会觉得精神上有了支柱，心里有了底。

问：华文学校的教师有没有流失现象？如何稳定建设教师队伍？

答：目前还没有。我们近一两年才把教师和老师送到中国去深造。目前在云南师范大学有两名本科生、一名硕士生，在北京中央民族大学有两名硕士生。即使将来他们不回到兴华，他们也会用自己学到的知识服务于社会，这也是好事。他们去读书前都跟学校签了协议，但是那有用吗？我觉得做事靠的是自己的心。所以，对教师流失的事我没有任何顾虑，不去想将来的事，先把眼前的事做好。

问：兴华学校的学生出路如何？

答：我们的高中毕业生每年都有二三十个到中国台湾各大专院校以及中国暨南大学、厦门华侨大学、云南师大、北京语言大学、中央民族大学等高校深造的。毕业生还有到中国台湾地区、泰国、新加坡、马来西亚和欧美国家做事的。学生们的前途还是很好的。

我给你讲一个例子。我的外甥在英国曼彻斯特大学拿到了管理学硕士学位，他到新加坡求职的时候，应聘一家中国台湾的电子公司，面试时主考官看到他的文凭是英国硕士，他们想招聘的是成绩在前20名的硕士生。主考官又看到他简历上写着懂中文，就很不礼貌地把一本台湾杂志丢给他，说："你是英国的硕士，你又说自己懂中文，你懂多少，念给我听听。"我外甥拿起来就读给他听，那个主考官惊讶了，说："你一个缅甸人，拿到了英国的硕士文凭，还懂中文。听你读了这本杂志，还懂繁体字，我真的惊讶了。"后来，他被录取了。他告诉我说："舅父，我第一个想到的就是兴华，而不是我的英国硕士文凭。是兴华给我的中文教育救了我。"

问：缅甸的汉语教育可以说经过了创建期、停滞期、恢复期以及现在的蓬勃发展期等阶段，这种发展将如何持续？如何协调与缅文学校的关系？

答：目前华文教育发展得很好，而且只能是越来越好。至于能不能进入缅文学校，那是政府的事情，不是我们能左右的。现在缅甸的两所外国语大学都有中文系，这也是重视汉语的一种表现吧。

问：李董事长，从接触中我们深深感到您很有思想，很有能力，为发扬中华文化和华文教育做出了重要的贡献。所以我们想进一步了解您的成长过程和教育经历。

答：我父亲是三兄弟，一个妹妹。两个兄长年轻时就去世了，男孩就剩我父亲一人。他读书的年龄正好是抗日战争时期，腾冲已被日本人占领，他在腾冲县益群中学的学习就中断了。我们腾冲县和顺乡的男子到一定年龄就来缅甸学做事，他就跟同伴一起来到缅甸当徒工。到能独立时，就在掸北的当阳市开了自己的店铺，姐姐和我就在那里出生了。后来我父亲的店铺失火，我们搬到了京西，在一个村庄里卖东西，后来又失火了，父亲因为搬重物受了伤，再也不能干重体力活了，我们就又搬到了另一个城市勐述。那时我才五六岁，在勐述开了一个店铺，发展得还不错。

1960年左右，父亲在京西时就跟别人一起办学校，有3个幼稚班，我就在那里开始读书。学生人数不多，50多人，都是周围的华人，请族里的一位伯父（字子文）教书，大家都叫他李校长。我父亲是学校的董事之一。

我们当时用的是新加坡的教材，南洋课本。上 2 年级时，我们搬到了勐述，当地已有一个小学，我就在那里读书。后来，我父亲当上了那个小学的校长。我在那里读了 3 年后，就去了掸北昔卜育文学校。学校规模很大，提供住宿，在那里读 3 年级、4 年级、5 年级。那时我们不学习缅文，全天都上华文学校。读完五年级时，华校就被收归国有了。我父亲的生意也转到了掸南东枝，我们就来到了东枝，那时我才 14 岁。

当时东枝的华文教育已经是补习性质的了。我和姐姐早上补习汉语，其他时间上缅文学校。在东枝读了一年之后，遇到了中缅事件，就又回到勐述读缅校，那时我父亲怕我们把中文忘掉，每天晚上拿着一个小竹片，亲自教我们念中文。勐述的缅校只办到 7 年级，8 年级时我又转到丙弄的缅校继续读书。我在丙弄高考，第一年没考上，复读一年后考上了东枝大学生物系，学了两年后又到瓦城大学读书，我是 1979 年从瓦大毕业的。

因为我总是在外面读书，和父亲都是用中文通信，除了汇报生活和学习情况，还要给父亲买办货品，清单都是用汉语写。汉语就是这样练出来的，如果不这样练习，很多人就把汉语忘掉了。父亲对我的影响很大，我现在做兴华学校的副董事长，其实也算是子承父业。

问：听说您有一个幸福的大家庭，能不能跟我们谈谈是怎样培养自己子女的？

答：我有六个孩子，四个女儿，两个儿子。我父亲给他们取名，依次是芬、芳、薇、继（威、远）、菁。大女儿、二女儿和三女儿都就读过新加坡南洋理工学院，后来大女儿和三女儿又去新加坡管理大学念书，拿到了管理专业本科学位；小女儿还在新加坡读中学；大儿子在泉州华侨大学拿到了本科学位，现在做生意，缅甸和中国两边跑；二儿子刚刚参加工作，也在新加坡。这次过年除了二儿子外，其他孩子都回来了，还带回来大女婿和三女婿。

他们自己喜欢念书，很用功，看到大姐的榜样，就一个个都去那边学习和工作了。我的三女儿原来是曼德勒大学外国语学院日语专业，功课非常好，考试总拿第一名，她喜欢学日语，在这方面很有天分。本来有一个赴日留学的机会，但是申报表格交上去后，被缅甸的老师看到是缅籍"中国人"的身份，竟然取消了她的资格。她非常痛心，无论我怎样劝说，就是不肯继续念下去，退学后考取了新加坡南洋理工学院。前段时间，我去新加坡参加了她的毕业典礼。你看照片。

问：喔，好幸福的一家人。您的孩子培养得很成功呀！

答：成不成功不知道，莽莽撞撞地去做了。

问：孩子们都在国外工作，没有他们在身边，感觉孤不孤独？

答：也没有什么。让他们留在缅甸，也没有好的工作给他们做，不如让他们出去闯。我也在新加坡给他们买好了一套房子，兄弟姐妹们住在一起，彼此照顾。

问：2014 年马年春节就要到了，在新的一年里您有何计划？目前对您而言最重要的事情是什么？

答：今年我想继续给更多的师生提供机会，让他们去祖籍国深造学习，将来为兴华的教育发展贡献自己的力量。对我来说，这就是最重要的事。

问：今天跟您的访谈非常愉快，学到了许多。谢谢您。祝兴华学校越办越好！

答：好的，谢谢！

五　东枝东华语言与电脑学校林光辉校长访谈录

访谈对象：林光辉，男，福建籍华人，78 岁，缅甸掸邦东枝东华语言与电脑学校校长。

访谈时间：2014 年 1 月 28 日星期二

访谈地点：东华学校教师办公室

访谈及整理者：乔翔

问：林校长好！请谈谈您的个人经历。

答：我 1936 年出生于仰光，是福建籍第二代华裔。小学就读于仰光国民小学，初中在中正中学，高中在南洋中学，这些都是华侨办的华文学校。缅文学校我读到高中毕业。1957 年，我从南洋中学毕业，留校教书。1965年，南洋中学被缅甸政府收归国有①，我继续在学校工作了一年，改教缅语并兼管寄宿生。1967 年 6 月的"排华事件"后，我只身一人来到东枝躲避。我躲到克伦族的村寨里，结识了我的太太并成家立业。长期和克伦族一起生活，我学会了克伦语，还会写克伦文字。我曾经学过修表手艺，来东枝后靠修表谋生，后来发展到开手表店。

1994 年，由陈公文、黄新生、杨茂仁等侨贤侨领们发起兴办华文教育的号召，得到了福建同乡会、广东会馆和福州三山协会三个社团的理事会

---

① 1965 年以前缅甸华文学校已有 300 多所。1965 年因缅甸实行《私立学校国有化条例》，所有华校被收归国有。

的大力支持，组成了办校筹备委员会。侨领们打听到我，聘请我来当校长，当时是义务帮忙的，一直当到现在。

问：请您谈一谈东华学校的历史发展。

答：1994 年 5 月，借用福建同乡会、广东会馆和福州三山协会作为临时校舍，办起了东枝华文佛教学校，推举我为校长。刚办起来的学校很热闹，从幼儿园到小学、初中部、成人汉语夜校都有。到了今年学校才发展完整，从幼儿班、幼稚班、小学、初中到高中毕业班都有了。那时老师们很辛苦，三个会馆之间跑来跑去地教学。1998 年，新一届建校筹委会被选举出来，陈修松为主任，黄永忠为副主任，林明生负责财政。筹委会认为急需筹资购买地皮建筑校舍，福建同乡会和广东会馆各负责 400 万元，福州三山协会负责 300 万元，学校拨出 100 万元，总共筹募了 1200 百万元，购买了这块宽敞理想的地皮。第二年，三个会馆继续分批筹募建校基金，得到了华侨救济会、东枝华侨学校校友会及各界华人华侨和学生家长的热心捐助。学校于 2000 年动工，2002 年落成，同年 2 月 2 日举行了落成典礼，10 月 6 日选举成立了第一届董事会，确定学校改名为"东枝东华语言与电脑学校"，简称"东华中学"。

问：东华中学的校舍面积多大？有多少间教室？

答：大约有 1 英亩，约 0.4 公顷。除了教学楼和操场这一块，南边还有一些空地可供扩建。学生教室、教师办公室、图书室、电脑室加起来有 30 多个房间。

问：东华中学的师生人数分别是多少，都有哪些民族成分？

答：我校现有学生 1000 人左右，教师 35 人，其中以云南籍华裔占多数，大约占 60%，另外还有广东籍、福建籍的华裔以及当地其他民族，如缅族、傣族和印度人等。

问：教师的学历结构是什么情况？

答：教师大多有缅校大学本科学历，我校初中毕业，后来有部分是高中毕业。以前仰光华侨学校培养出来的老师担任高班的老师。近几年我们外派教师到国内短期培训或深造攻读专升本、本科及硕士学位。现有中央民族大学、泉州华侨大学、广西南宁民族学院毕业的硕士三名。今年还将有 12 名教师取得云南师范大学汉语言专升本学位。此外，中国汉办外派教授袁春红协助管理教学和辅导，还有 4 位外派志愿者教师参与教学工作。

问：东华中学的教材和教学有什么特点？

答：从 2000 年开始，我们学校采用中国国侨办为东南亚华校编制的教材：小学汉语十二套、初中汉语六套和汉语拼音教材；另外，我们开设"三常"课，即文化常识、地理常识和历史常识。高中课本是我们自己的教材，参考中国的高中教材自己编写的。

我们的教学特点，一是教汉语拼音，使用简体字，这与兴华中学和果文中学不同，它们使用台湾出版的翻印教材，教注音符号和繁体字；二是我们的初中生都开设电脑教学，学校共有电脑 20 台，电脑教师 3 名，教电脑基础应用和方法操作。

问：学校是通过什么方式来检测汉语教学效果的？

答：我们用汉语水平考试 HSK 来要求学生：小学毕业一定要考过 HSK4 级，初中要考过 HSK5 级，高中要考过 HSK6 级，考不过的只发给结业证书，不给毕业证。考试不及格的也能补考。

问：报考人数多吗？通过率是多少？

答：东华学校是东枝地区 HSK 的考点，第一年是 2009 年 5 月，有 500 多人报考，分初级和中级，当时过关的很多，大约 90% 以上的通过率。2010 年开始有了 6 级，分为 4 级、5 级、6 级，这 4 年来报考的人数降低了，因为考过的就不再考了，加上其他学校配合得不大好，认为没有多大作用，所以人数降低了。但是报考的学生中，通过率还是很高的。

问：哪些民族的孩子汉语学得更好一些？

答：当然是华人的孩子汉语学得更好，但是其他少数民族也很用功、很聪明。他们自己也有体会，中文越来越重要，在社会上、生意上用得越来越多，家长也要他们来读。

问：汉语学校只管教汉语吗？有没有也督促学生读好缅校？

答：有，鼓励他们读好缅校。现在华人学生升学率高，有不少都去读医科了。一般都是汉语学校上完 6 年级就停下来，没有时间兼顾缅校和华校了。他们专读缅校到 10 年级，考上大学后一边读大学一边继续汉语学习。

问：为什么要让华人小孩念好缅文学校？

答：我们要让小孩们融入当地社会，融入缅甸社会的主流，就必须要提高他们的教育水平。我们不说"缅化"，而是说"融入社会主流"。因为我们生在缅甸、长在缅甸，必须重视国民教育才能长期在这里生存。

问：果敢人的情况如何？

答：果敢族虽然是缅甸的少数民族之一，但他们在山地集中居住，不大通缅语，和其他民族来往少。现在他们也认识到了这个问题，把一批子弟送到曼德勒的果敢会馆，一边学缅文一边上华校。

问：各省籍华人都是怎样来到缅甸的？

答：果敢族是明朝汉族后裔，他们的身份是缅甸的少数民族之一，但语言和风俗却跟缅族不同。云南人算是华侨，从边境陆地来来往往，到这边谋生，获得了缅籍。广东、福建籍华人是漂洋过海来谋生的，很多都是先到新加坡，然后再来到缅甸。缅南大城市的华人以福建、广东籍的为主，缅北的以云南籍为主，现在也有很多下到仰光去了。虽然我们申请到了缅籍，但缅甸政府和社会还是把我们当成华人，不和其他民族一样同等看待。

问：学生们知道他们读华文学校的意义和目的吗？

答：他们知道。家长也会告诉他们，念华文学校是为了学习继承汉语，保持中华传统文化，不忘祖宗、不被缅化。

问：除了上课，学校对学生进行品德教育吗？每个班级有没有班主任、班长、各种委员等职务？

答：我们有学生守则，不同于别的学校的是每周都有一次周会，对学生进行思想动员或品德教育。礼堂地方小，各年级分开。有时在周六，有时在周日。也组织唱歌、演讲等活动，让学生有表现的机会。每个班级都有班主任和班长，但我们不是全日制学校，组织还不健全，校内的活动比较少。

问：您有没有想过争取汉语教学合法化？华校被确立为正规学校？

答：我们正在考虑这个问题，准备办一个符合缅甸教育制度的合法的私立的全日制学校。既教缅文，又教中文，面向全社会招生，高中毕业生能直接参加缅甸的高考。现在的政府立法还不健全，还不能批准我们的申请，但已经有机遇去做，一定要去争取。

现在这种上学方式，学生在缅校和华校之间跑来跑去，有的还在外面上补习班，很浪费时间和金钱，应当有我们自己主办的正规学校，既能学习汉语又能接受缅文教育，并且能跟全国高考接轨。这才是华文学校真正的发展前途。

周总理提醒过我们，要把华文学校当地化。仰光就曾办过这样的学校，比如华侨中学、南洋中学。虽然只办了三年就被收归国有了，但非常有成效，80%以上的学生都能考上大学，很多有识之士和贤达名流都是从那里毕业的。现在，我们的董事会也开始考虑这个问题了，这才是真正的前途。

问：以您这样的年纪，还坚守在校长的岗位上，您打算培养继承者吗？

答：没办法，不能退休，找不到合适的人选前还要坚持做下去。我们也在年轻的一辈中培养继承者，我看有一两个也比较合适，这要看董事会的决定了。如果我的身体可以，就继续做下去。希望新上来的校长能把学校继续负责好，把华文教育越办越好。

问：您家里的语言使用情况是怎样的？

答："排华事件"后，缅甸的华人在家里都不敢说汉语，都改说缅语了，周围的环境也是缅语说得多。因此 20 世纪 60 年代至 70 年代的那些华裔都不会说汉语了。我的三个孩子第一语言都是缅语，我太太是克伦族，不会说汉语，所以我们的家庭用语就是缅语。直到我在广东会馆教成人汉语夜校，才让孩子们去学了一点汉语。那时的成人汉语夜校有六七十个学生，分成两个班，我和另外一个叫刘勇的老师教。学费不高，目的是让学生学会基础的汉语会话，教了相当一段时间。但是我的孩子们汉语说得不太好，反而是我跟孙子在讲汉语普通话。我家的情况算是福建籍华裔家庭的代表，四五十岁的都不太会讲汉语，到他们的儿女或孙辈，因为有了汉语教学，上汉语学校、学会汉语的反倒多了起来。

问：好的，今天跟您的访谈收获很大，谢谢。

答：不客气。

六 东枝东华学校办公室主任黄光辉访谈录

访谈对象：黄光辉，男，60 岁，福建籍缅甸华人，东华学校办公室主任
访谈时间：2014 年 1 月 28 日
访谈地点：东华学校教师办公室
访谈及整理者：乔翔

问：您好。您是何时到东华学校工作的？请简单谈一谈您的个人经历。

答：1994 年建校时，我就到这里工作了。我主要教数学，兼教汉语常识。我出生于 1954 年，在仰光华侨小学念书，汉语水平应该算是小学毕业。华校被收归国有后，我赶快去福建女子师范学校读中一，当时的校长是粟秀玉，她在缅华教育界很有名。粟校长大约是 1929 年出生，1965 年回到了中国，现在在北京生活。1975 年，我从仰光大学化学系毕业，1976 年来到腊戌的政府电报局工作。但是家里认为政府公务员没有出路，还是出来做生意好，于是我在 1977 年来到了东枝。到东枝后开了店铺，空闲时从事些社会工作，主要是华侨会馆的工作，与缅甸民间或者社区活动有关。当时只有广东会馆和三山会馆，福建会馆是 1991 年才建成的，之前福建籍华裔就在三山同乡会和其他省籍的华裔一起活动。

问：从办学规模来说，东华、兴华与果文这三所学校有何区别？
答：校舍是东华的大，人数是兴华的多，果文中学是果敢族的学校，跟东华的规模差不多大。

问：那么三所学校在教材使用和课程设置方面相同吗？
答：兴华和果文是汉语为母语的教育，东华是第二语言教学。课堂用语是汉语，不理解的情况下用缅语解释。兴华中学和果文中学使用两种教材，中国台湾出版的《国语》和大陆出版的汉语教材，以《国语》为主，大陆教材为辅；东华学校用过的教材有中国台湾课本、新加坡课本、华侨课本，买到什么就用什么。从 2000 年开始，我们使用北京语言大学出版的教材，主要教汉语，还增加了"三常"课——中国文化、中国历史、中国地理。其他两所学校没有"三常"课，他们教中国台湾的地理、历史和常识课本。

问：东华的学生主要是什么民族？
答：学生还是云南籍华裔最多。缅北是云南人多，早期东枝云南人很少，后来进来的多了。除了华裔学生，还有当地其他民族，比如傣族、印度人，但是比例不大。少数民族的孩子也很聪明，很用功，学得也不错。

问：请问东华学校的办学特点是什么？
林校长：我们学校跟其他学校不同的是，我们教汉语拼音和简体字。学校以汉语教学为主，因为学生多半在缅甸学校就读当地课程，我们只教汉语来补充他们的需求。我们的教学属于第二语言教学，因为大多数学生在家都没有使用汉语，汉语是他们的第二语言。

问：这些学生在家都不说汉语，是什么原因造成的？

林校长：因为广东籍华裔出现了中间断层，很多四五十岁的人都不会说汉语了，被缅化的人比较多。父母都不会说汉语了，小孩自然也不会说，他们多数跟缅甸学生在一起，学习汉语的机会很少。东枝这种情况也比较多，广东籍华裔的汉语保留得不大好，而云南同乡是后期才进来的，母语保留得比较好。

问：广东籍华裔是怎么来到东枝这里的？

答：我们是漂洋过海来的，很多都是先到新加坡和马来西亚，然后进入缅甸。讲起来要说到很久以前了，几乎要推到郑和下西洋的时候了。以前大城市以福建广东籍为主，云南人在缅北山区一带，现在仰光、曼德勒的云南籍多了。

问：您家里主要使用哪种语言？

答：在家里，我们是汉语和缅语都说。我太太也是福建籍华裔，但是我们之间缅语和汉语都说，因为我们跟外界接触时缅语用得多。我太太开店铺，来买卖的人各个民族都有，必须说缅语才能沟通，说汉语让别人听不懂还是不大好。我们和孩子也是两种语言交叉使用，孩子们之间更习惯于说缅语，他们从小就在缅校上学，跟周围的同学和老师使用缅语的机会更多。这在福建籍华裔中很普遍，我家其实不能算典型，我的孩子们的汉语水平就算是好的了。有时候我不在家，华裔客人还是他们来招待的。

问：这么说，您的孩子们的第一语言应该是缅语了？

答：孩子们的第一语言都是缅语，但是他们赶上了好时机，东华学校刚成立时他们就来学习汉语了。我的大女儿1986年出生，没上学前就在家里补习中文了。学校开办第一届，她就来念小学。其他孩子也都陆续上了东华学校，但除了小女儿读到中二以外，其他都只上完小学就没有继续读中文。因为我这五个孩子，有三个就读缅甸医科大学，医科大学的分数在全缅高考中的分数是最高的，他们上完汉语高小后必须停掉汉语课，专心在缅校念书，准备参加高考。考上医科大学后他们离开家里去外地读书，就不能再来东华学习汉语了。不过，我二女儿说，她的汉语听说能力在医院里也不比中国来的医生差。

孩子们在汉语学校的成绩都很优秀，三女儿2008年18岁时在省侨办举办的海外中国文化竞赛中取得优胜奖，得到了去昆明参加冬令营的资格。最小的女儿目前在东枝电脑大学读书，汉语中二时提出要停掉汉语学习，因为她是大学班里的班代表,社会活动很多,时间和精力有限,无法兼顾汉校和缅校的学习。我们也不勉强她,她已经是成年人了,只要她会说汉语就行了。

问:华裔学生能在缅文学校中有这样的表现,真是不容易啊。您的女儿很优秀。

答:我的女儿和杨茂林的孙女同班同学,他的孙女能够坚持念下去,反而是我女儿不能继续下去。前天她们还去了茵莱湖,去宣传环境保护,不让湖水变脏。

问:占用了您的时间,谢谢您的耐心。
答:不客气。

七 东枝果文中学教师座谈会记录

参加会谈者:调查组全体成员、果文中学校长赵秀兰(女,60 岁,果敢族,东枝果文中学校长)及该校 10 多位老师
会谈时间:2014 年 1 月 28 日
会谈地点:东枝果文中学教师办公室
记录、整理者:乔翔

赵校长:各位教授,各位老师,你们好。欢迎你们来果文中学参观访问。我先简单介绍一下学校的情况。我校创办时人数比较少,只有四五十个人。20 多年来,由于社会人士对学校的关心和支持,还有老师们的辛苦付出,学校才从很艰难的环境中慢慢地成长起来。虽然现在学校还有很多不足,但我们学校在东枝华文教育方面也取得了一些成就。我们很注意,不去触犯缅甸政府的政策,也没受到政府的干涉。如果政府有什么节日、活动,或者要接待缅甸高官,我们学校都会参加。

果敢人在缅甸是合法的少数民族之一,政府对我们学校也是半承认状态。这所学校属于少数民族的学校。这里有几张照片,讲的是缅甸争取独立的时候,果敢人就参与了。现在校舍比较简陋,还希望得到外界的帮助。我们已得到各方的帮助,比如我们现在的课本是云南省侨办送的。如果还有不清楚的地方,欢迎各位老师提问。

戴庆厦:你们教繁体字还是简体字?
赵秀兰:有繁体字也有简体字,《国语》那套教材就是繁体字的。但是

我们以简体字为主，现在懂得繁体字的人很少。

戴庆厦：学校目前有多少老师和学生？

赵秀兰：老师 26 名，学生 965 名，华人比较多，占 80%左右，还有傣族、缅族、侗族（勃欧族）等。所以学生和老师中还是果敢人多，我们在内部也把自己归为华人。学生中，高中生占 10%，初中生占 30%，小学生的比例最高。因为缅文学校的高中功课很紧张，读到 9 年级、10 年级，时间就不够了，孩子们读完华校的初中就必须把汉语学习停下来，全力准备缅文学校的高考，所以我们的高中生比例最小。等到他们考上了大学，再回来念华校。几乎每个地区都有这种情况。

朱艳华：老师当中有掸族（傣族）吗？

赵秀兰：没有，大部分是果敢族。有一个侗族（勃欧族）老师，今天没来。

朱艳华：不同民族的学生学习汉语时，难易程度有区别吗？

赵秀兰：我们觉得没有区别，因为他们都是从幼儿园就开始学习汉语了。假如是三、四年级从外地过来插班学习的话，就有点困难了。现在很多勃欧族汉语说得很好，勃欧族是什么民族我们都讲不清，但他们的华语讲得非常好。

朱艳华：不同民族的孩子从小就学汉语吗？

赵秀兰：是的，从小就说华语了。

朱艳华：其他民族是和果敢族通婚后才学会汉语的吗？

赵秀兰：也不是，就是通过生活中接触或来华校学习就学会了汉语。纯勃欧族在家讲勃欧话，在华校就说汉语。我们华人从小在家也讲华语。

戴庆厦：现在在座的这些老师，除了华语以外，都会讲缅语吗？跟缅族说得差不多吧？

赵秀兰：都会，都会。我们的训导主任就是缅文大学毕业的。在座的这些老师缅文程度都很高，缅语说得跟缅族差别不大。请大学毕业的老师自我介绍一下。

陶润润（女，40 岁）：我出生在腊戌，是我家在缅甸的第五代。缅语是我五六岁上学后开始学的，一边上缅文学校，一边上华文学校。家里兄弟姐妹之间汉语说得多，缅语说得少。

杨世舒（女，28 岁）：我的祖籍在云南腾冲，我在东枝出生，在缅甸是第四代。我的第一语言是汉语（云南话），第二语言是缅语。我三四岁开始学说缅语，5 岁上学后开始学写缅文。我丈夫是缅族人，当检察官，他不会说汉语，我们之间讲缅语。跟兄弟姐妹就说汉语了。

许兆华（女，21 岁）：我在东枝出生，是第三代。我妈妈是缅族。我户口本上的民族写两种：缅族和汉族，不过自己更倾向于写缅族。我妈妈也会说汉语，家里通常都是说汉语。我的一个妹妹和两个弟弟也都是汉语好，缅语也好，他们都在上大学。

戴庆厦：这么说云南话保留得没有问题了？
赵秀兰：是的，没问题。

戴庆厦：你们都是从小说缅语？学会缅语需要几年时间？
杨世舒：差不多都是三四岁就开始说缅语了，因为外部环境都是说缅语，学习四五年就跟缅族的水平一样了，看到每个字都会读。

戴庆厦：你们说缅语，缅族能听得出来你们是华侨吗？
杨世舒：有些听得出来，有些听不出来。
赵秀兰：像我们讲得不好的，就听得出来。

曹美爱：请问学校开设的课程有哪些？
赵秀兰：有《国语》、《汉语》、《数学》、《英语》、《历史》、《地理》。

曹美爱：为什么要开设《国语》和《汉语》两门课程？
赵秀兰：因为《国语》是繁体字，《汉语》是简体字，我们想让孩子繁体字和简体字都学到，所以就加了一门《国语》。

曹美爱：是否可以理解为《国语》教材比《汉语》教材难度大？学生在学习时会不会觉得乏味？
赵秀兰：也没有。因为我们教学时间相当少，每天 6 点到 7 点半就结束了，大家都抓紧时间学，孩子们对每一门功课都喜欢学。

戴庆厦：你们学校的教学时间有多少？

赵秀兰：周一到周五是早上 6 点到 7 点半，周六和周日是早上 7 点到 11 点半。

曹美爱：课堂上的教学用语是什么？
赵秀兰：普通话。

曹美爱：刚才校长说，果文中学是缅甸政府承认的少数民族学校，那有没有让学校走向合法化的想法？
赵秀兰：有啊。我们一直都在想办法往前走，让学校和缅甸的全民教育接轨。20 年前我们还不敢想这个问题，这 10 多年间还是有一点空间去做。以前我们上课时都带着佛经书，一旦有政府官员来查，就赶紧把佛经拿出来读。现在没有这种情况了，而且我们必须和政府沟通。

曹美爱：学校课程中有没有开设缅语？
赵校长：没有。我们的时间不够，都用来教汉语。

乔翔：果文中学的英语课，使用的教材及教法跟缅校的有何异同？
赵校长：英语教材都是采用缅甸的教材。学生在缅校和华校都学英语，所以他们的英文水平还可以，没什么问题。

岳麻腊：学生高中毕业后，有没有送到其他地方学汉语？
赵校长：有。去中国大陆和台湾读书的也有，大部分都去找自己喜欢的工作。继续读书需要家长的支持。现在缅甸很多年轻人，初中、高中毕业后就去国外找工作，比如新加坡、泰国、马来西亚等。

岳麻腊：学校跟外界的高校有哪些联系？
答：经常联系的学校是云南师范大学和云南大学。他们每年都有师资培训团过来讲课，我们这里的老师也经常被他们邀请过去观光、学习，省侨办也有这种安排。

乔翔：教师队伍够不够？
答：不够。我们正在跟中国汉办申请志愿者或外派教师，但是希望渺茫，不知能不能成功。在缅甸，找老师还是不容易的。从国外请老师，有签证的问题、居留的问题；另外，教师的工资比较低，吸引不来人才。

戴庆厦：老师们除了在本校教学，有没有在外面兼职？

赵田娟（女，36岁）：兼职没有，有开补习班的。学校允许老师自己在家开补习班，增加一点收入。

戴庆厦：校长和老师们有什么问题希望我们往汉办和侨办反映的吗？

赵秀兰：最希望有外派教师和志愿教师。另外，学生多了，教室不够，准备再盖一栋教学楼，这是设计规划图，是我们董事长带头发起、策划的，预计经费是3亿多，现在只有1亿多，还差一点。

岳麻腊：我会跟省侨办反映的，他们也是想帮忙做一点事情，但是不知道要从哪里做起。

赵秀兰：东枝没有孔子课堂，我们也想过办一个，但是环境太差了，也就不敢谈这个问题了。还要岳教授帮忙给我们反映一下。

戴庆厦：云南省侨办来过这里吗？

赵秀兰：来过，每年都来一次。

戴庆厦：生源没有问题吧？

赵秀兰：没有。华人父母都愿意把孩子送过来。现在的问题主要是课时不够、教室不够。

杨媛媛：学费是怎样收取的？

赵秀兰：我们的学费很低，一个月几千块缅币，折合人民币几十块钱。

乔翔：刚才听到您说，果文、东华、兴华三所学校在地理位置上形成了一个三角形，这种分布对招生有什么影响？

叶老师：东华和兴华在市区，东华的学生主要是各省籍华裔，兴华主要是云南籍华裔，我们果文中学主要是果敢人。我们所在的社区，居民的民族不同，所以学生以当地人数最多的民族为多，其实就是按区域招生，学生就近上学。

赵秀兰：我们学校什么民族都收，果敢人也多，云南人也多，还有其他省籍的华裔，当地的其他少数民族。

乔翔：听说昨天你们学校举行了毕业典礼？

赵秀兰：是的，小学和初中毕业生典礼。我们的高中现在还没有毕业生。

乔翔：教师的学历结构是什么情况？

赵秀兰：大多数是华文学校高中毕业，缅文 10 年级以上。我们已有 6 位老师参加了云师大的汉语函授本科班，今年又有 8 位老师报了名。

岳麻腊：学校是什么时候建立的？

赵秀兰：我们学校是 1985 年成立的，当时叫作"尊圣小学"。后来迁到别处，那个地方现在用作外地学生的宿舍。现在的校址处于东枝市白塔村，是这里唯一的一所果敢中学。我们学校在周边村寨还有四个分校：果光小学、果化小学、果联小学和果帮小学。

朱艳华：东枝地区的果敢族，40 岁以上的会说缅语吗？

赵秀兰：应该都会说，可能有些人口音上带有汉语的语调，让人听出来他是果敢族。

朱艳华：学生下课后，用缅语还是汉语交流？

赵秀兰：在学校都是说汉语，在家里也多数说汉语。但是他们的缅语水平和汉语水平一样高，因为他们大多数时间待在缅文学校。

乔翔：40 岁以上的果敢人受教育的情况如何？缅语说得好坏是否与教育程度有关？

赵秀兰：40 岁以上的果敢人的汉语程度都很好，缅文程度大部分都是一般，当然高水平的也有，大学毕业的也比较多。果敢地区长大的人，生活在边区，没有机会走出来，就不太通缅语。但是在东枝或者其他城市里，学习的机会更多，会说缅语的果敢人就多了。

乔翔：缅甸政府有没有在果敢人的聚居地开办缅语学校？

赵秀兰：有是有，但是果敢人的地方华人太多，都讲汉语，缅语懂得不多。我们读书的时候在腊戍果文学校，腊戍也有缅文学校，但是缅语程度不高的学生就不给报名。而我们去学缅文又有一个问题，两三年过去后我们学到的缅文很少，反而是缅文老师把我们的汉语学去了。现在腊戍的这种问题还很多，我们东枝倒还没有这种现象。腊戍果文中学是这样的，学生上完中文课，缅文老师就在那个地方接着上缅语课，这样三年过去缅文老师就把汉语学去了。很多小孩子学会缅语的机会相当少，所以腊戍的小孩很多来东枝学缅文。

戴庆厦：这次出来调查才知道这样一个很有意思的现象：果敢族在缅

甸是一个少数民族，如果在中国就属于汉族。不知你们在心里愿意属于哪个民族，果敢族还是汉族？

赵秀兰：果敢族。

戴庆厦：我们在曼德勒遇见一些果敢学生，给他们测试了一下四百词，发现汉语水平都很好，缅语水平不很高，有的还不会。我问他们吃饭怎么办，他们说吃饭就在学校，上街还有点困难。是不是说，果敢人比较聚集的地方，缅语说得都不好？

赵秀兰：是的，他们在山区长大，现在有些家长有这个意识把他们送出来念书，不然很多都不会讲缅语。能够到曼德勒，学习的环境比较好，父母亲也放心，但是这部分人还是占少数。腊戌那边不是没有接受缅语的机会，只是缅文老师都被同化了，慢慢都会讲华语了，小孩子很少能学会缅语。

戴庆厦：城镇里的果敢人讲缅语的程度好一些，这与他们有机会上缅文学校有关吧？

赵秀兰：是的，城镇里的果敢小孩三四岁就上缅文的幼儿园了，从小就开始学习缅语了。

戴庆厦：校长您估计一下，果敢人里会缅文的比例是多少？

赵秀兰：我估计不出来。果敢人很多，高学历的很多，不懂缅语的也很多，我不敢说有多少比例的人不会说缅语，因为我不是很了解，很多年都没有回果敢地区了。只是知道那边学习缅语很困难，他们生活中也不需要。

戴庆厦：我们问那些果敢青少年，为什么以前不学缅语，他们说在家里学了缅语没什么用。又问他们不会缅语的话，将来怎么找工作，他们说也许就到中国去找事做了。

赵秀兰：现在我们学校有一个政策，只要考上缅文10年级都有鼓励奖。假如考上大学，家庭经济困难，果敢文化会每个月资助10万块；如果考上医学专业，每个月20万。

乔翔：果敢文化会是什么时候成立的？

赵秀兰：我十多岁念书的时候就有文化会了，那时文化会有什么活动，学校的学生都去参加。

王玲：这里的孩子更倾向去哪个学校上学，果文还是兴华或者东华？

赵秀兰：学生都是按照片区来上学的，挨近我们学校就上这里，挨近那两所学校就上那里。没有什么分别。兴华和东华里也有果敢人，果文中学也有云南籍、广东籍和福建籍的华裔，以及当地其他民族。

乔翔：果文中学里是否有不想去念缅文学校的学生？

赵秀兰：大部分都喜欢去缅校念书，只有极少人不喜欢去，都能点得出来是谁。这些学生都是懒人，不但不想学缅文，连中文也不想学。大部分学生都是放学后赶着去缅校。

戴庆厦：我们想了解一下赵校长的经历。

赵秀兰：我1954年出生在果敢地区，9岁时移居到腊戍读书，腊戍是华人最多的地方。在腊戍果文中学高中毕业后，我留在学校服务，从幼稚班教起，一共教了14年。1979年，我来到了东枝，在果敢文化会的补习班教书。那时候没有学校，都是补习班形式。1994年，我来到了果文中学；2001年，当选为校长。

戴庆厦：你们的职务是选举出来的吗？

赵秀兰：是董事会任命的。

朱艳华：董事会不管学校吧？

赵秀兰：董事会主席也是文化会的领导，平时有重大事情我们都要向董事会呈报，由他们批准。如果是不太大的事情，我们学校就自己解决了。

朱艳华：那是说，他们不管学校，平时都有各自的生意？

赵秀兰：是的。不过重要的事情都要呈报给董事长。

戴庆厦：好的，今天我们来到果文中学，了解到很多情况，非常难能可贵。谢谢校长和各位老师，我们回去后也会帮你们反映学校情况的。

赵秀兰：谢谢。谢谢戴教授、岳教授和其他各位老师。欢迎你们多指点。

八　翁得比果光小学教师赵家莲访谈录

访谈对象：赵家莲，女，30岁，缅甸果敢族，东枝翁得比果光小学汉语教师。

访谈时间：2014年1月28日

访谈地点：东枝市德庞碧村
记录、整理者：乔翔

问：您的汉语说得这么好，是什么教育学历，当老师有多长时间了？
答：我读完了汉语学校初中，缅语学校 10 年级。我妈妈一直在果光小学教书，二妹读到缅校 9 年级，汉校初中毕业，妈妈说学校老师不够，就让二妹去当老师。二妹教了三年，去年要去仰光那边发展，正好我和孩子他爸回来探亲，二妹就让我顶替她去教书。过段时间，我也许就离开这里了。

问：请简单介绍一下果光小学的情况。
答：果光小学是我们德庞碧村的村小，就在离我家不远的村子中央，是用一户人家的旧屋当作校舍用的，共有 4 间教室，4 个老师，70 多名学生。教学层次是 1–6 年级，开设的课程有国语、数学、英语和汉语。使用的教材和果文中学的小学一样，除了中国台湾的《国语》教材，还有国侨办资助的教材，就是北京华文学院编写的《汉语教材》1–6 年级共十二册。4 个老师每人负责 1–2 个年级，上课时两个年级的学生坐在一个教室里，这边做练习，那边教写字。学生读完小学，可以到下面的果文中学继续念初中。

问：4 个老师教 70 多个孩子，会不会有点吃力？
答：是的，还是有点吃力。

问：两个班的学生同时上课，课时不够吧？
答：是有点不够。我们上两个时段：早上 6 点到 7 点半，下午 4 点半到 6 点。周日休息，因为小孩上学很辛苦，就让他们休息一天。

问：果光小学的学生都是这个村子的吗？都是什么民族的？
答：都是这个村子里的，主要是果敢族，其次是傣族。

问：为什么会有傣族学生？
答：他们的祖父辈是汉—傣族，就是汉族和傣族通婚的后代。因为生活在果敢人的村寨里，也要让他们的小孩子会说汉语，就把他们送来念华文小学了。有的也是需要汉语，喜欢汉语，就来学习汉语了。

问：村里除了果敢人，还有傣族，他们会说汉语吗？

答：有的会说，有的不会。

问：那么果敢人说什么话？

答：在家里都说汉语，出去后缅语和汉语两种语言都说。因为这里就是这样，周围说缅语的多嘛。

问：你出生后，爸爸妈妈教给你的是什么话？

答：就是汉语。缅语是我们上幼稚园后学会的。幼稚园里大部分是缅族的小孩。我记得自己开始不会说缅语，上学后慢慢学会的。开始学也是有点难的，耳濡目染就学会了。

问：你家里兄弟姐妹有几个？念了几年书？

答：一共有五个。我是老大，还有二妹、三妹、弟弟和四妹。我是缅校 10 年级，汉校初中毕业；二妹缅校 9 年级，汉校初中毕业；三妹小时候身体不好，上完缅校小学就不念了，现在果文中学念高一，将来也出不去，就让她回来在这里教书；四妹现在是东枝大学的大一新生，同时在果文中学读中二。

问：那你家是有传统的，妈妈、二妹、你，还有将来的三妹，都是果光小学的老师。

答：因为自己的学历低，也不能去哪里，这里的学校也缺老师，就来学校服务了。

问：那你三妹各科都能教吧？

答：她数学、语文都能教，英语可能难一点，她的英语没那么好。初中毕业后，她也教过一年，从幼稚园到六年级都能教，边学边教嘛。

问：这是最小的妹妹吧？多大了，在哪上学？

答：是的，这是四妹，今年 17 岁了，在东枝大学理化系上大一，这些天大学放假了，她每天上午去城区里的果文中学念中二，放学后再回来。

问：四妹是大学生啊。应该是你们家学历最高的吧。

答：是的，她学习很用功。我们村除了她，还没有大学生。

问：四妹在缅校和果文学校同时上课，平时住在哪里呢？

答：住在老师家里。果文学校的老师给她提供住宿。

问：我看到屋外放着一个婴儿床，家里有小宝宝吗？

答：是的，是我弟弟的儿子。这是弟弟的二女儿，5 岁了，马上就上小学。他的大女儿 7 岁，去上缅文小学了，现在还没放学。弟媳妇也在家，她刚生完孩子，是个儿子，刚刚 45 天大。

问：你弟媳妇也是果敢人吗？

答：不是，她是缅族人，但她有果敢人的血统。她的爷爷是果敢人，娶了缅族人，她的爸爸妈妈就不会说汉语了，到她这一代都说不清祖上是从哪里来的了。不过她听得懂一些汉语，只是不会说，和我们都说缅语。

问：那你弟弟是怎么认识你弟妹的，他们的家庭用语全部都是缅语了吗？

答：我弟弟上大学时认识了我弟妹，因为太喜欢了，大二时就退学回家结婚了，那时我弟妹已经大学毕业了。因为觉得上大学也没什么用，弟弟就放弃学业了。我们村除了我四妹在读缅文大学，到现在还没有几个大学生呢。我弟弟一家都说缅语，这个小女儿听得懂一点汉语，但不太会说，过段时间就让她上学，一边读缅文学校一边上果光小学。

问：大学学历对果敢人来说不是很重要吗？有了本科文凭，找工作会容易一些吧？

答：是，是。但是他有自己的主意，家里也不好勉强他。

问：弟弟的大女儿去上缅校，放学后还要去果光小学上课吗？

答：不去，果光小学放假了。缅文小学是 2 月放假，现在她在准备考试。缅文学校 3 月、4 月、5 月放假后，果光小学开学，上全天的课，从上午 9 点上到下午 3 点。因为平时时间很少，所以缅文学校放假后我们就抓紧时间，整天上课。

问：那你的大侄女喜欢去上学吗？

答：喜欢。她的学习是第一名，中文学校第一名，缅文学校也拿奖。

问：那你的家庭呢？主要用什么语言？

答：我孩子的爸爸也是这个村里的果敢人，我俩结婚后到老街那里去闯荡，有了孩子后回来住一段时间。孩子他爸总跟我说，不要跟儿子说缅语，要跟他说果敢话。孩子快两岁了，正在学说话，汉语和缅语都听得懂了；听得懂缅语是因为周围有缅族人跟他讲缅语，他就会听了。

问：你和孩子的爸爸怎么想到要去老街那边？

答：老街是果敢人的主要聚居地，我们想过去看看那边是什么环境，好不好找事做。

问：你的缅语说得怎么样，家里其他人都会说缅语吗？

答：我还可以吧，缅校 10 年级毕业，从上幼儿园起就开始学缅语了。我们几个姊妹也都是缅校高中毕业及以上，缅语说得都不错。比四妹还小的这几个——弟弟的两个女儿，姑姑的两个儿子，最大的 13 岁，最小的 5 岁，也都习惯说缅语，因为他们大部分时间在缅文学校里，接触的老师和同学大多说缅语。家里尽量跟他们说汉语，担心他们不会说汉语了。我父母这一代及以上，缅语就说得没我们好了。父母的缅语水平是略懂吧，听得懂也能说一些。我奶奶 76 岁了，就只会听一些，说是不会说的。

问：奶奶是怎么听得懂缅语的？

答：她经常把家里种的蔬菜和黄豆拿去集市卖，集市上什么民族的人都有，大家都说缅语，她听得多了也就略微知道些，也会说一点半点的。在家里，她说果敢话，我弟妹能听得懂，弟妹说缅语，她也听得懂一点。

问：那她出去看病怎么办？医院离家远吗？

答：这里附近就有医院，瑞仰社区医院，政府开的医院，不开车的话骑摩托车也可以去。也可以到东枝去看病，没有果敢人开的医院。年纪太大的人也不用出去看病，可以把社区医院的护士叫到家里来。

问：缅甸老百姓看病，有没有公费医疗，国家给不给报销？

答：没有，我们看病都是自费。政府的医院收费少一些，私人医院多一点。东枝医院的医疗水平还可以，可以做手术，也不用排队等候，去了就可以看。

问：妈妈在果光小学教书多少年了？

答：记不起来了。我记事起她就在那里教书了，中间有一段时间休息，后来又去当老师。你看，这是她和我二妹去中国参加培训的照片（2011 年 4 月泰国缅甸学历函授培训班・缅甸华校负责人・华文教师培训班）。

问：那是她们第一次去中国吗？

答：应该是，我不知道。

问：那你去过中国吗？

答：没有，我只是去过瑞丽口岸。

问：知道你的祖籍地在哪里吗？

答：我们是中缅边界那里的。

问：奶奶呢，在哪里出生的？

答：奶奶出生时就在边界了，滚弄那边。

问：奶奶出生时就是缅甸籍了吗？

答：是的，我们也是这样，身份证是缅甸籍。

问：那你觉得自己什么人，中国人还是缅甸人？

答：我也不知道。我们应该是中国人吧，但是我们在这生活，还是要照缅甸的习俗去做。自己也知道是中国人，可是也不去想那么多。这边就是这样吧，也没有什么。

问：你喜欢当老师吗？

答：怎么说呢，这里的小孩比较辛苦吧，家里经济条件也不好，他们又要上学，又要做这个做那个，在学习上就不太专心，教起来有点头痛。

问：那你要继续当老师吗？

答：我们要回老街去了，学校也找好了新的老师。

问：好的，谢谢你。

第三节　仰光市地区访谈录

一　缅甸来华留学生杨玉访谈录

访谈对象：杨玉（THET YU NWE），女，38 岁，缅族，博士后
访谈时间：2013 年 7 月 19 日
访谈地点：中央民族大学留学生公寓 507
访谈整理者：李春风、曹美爱
翻译：曹美爱

问：请介绍一下您的个人情况吧。
答：我 1974 年 10 月 25 日出生在仰光市 Lamadaw 镇，1979 年开始在 Dagow 镇读小学。这个镇有十四五所小学。初中时，家里就搬到 Kyayktada 镇，在那里读完中学、高中。在仰光大学读植物学专业，一直读到博士。2009 年博士毕业后到仰光西部大学当老师。工资有 5 万缅币（人民币约二三百元）。教了两年后，辞职申请意大利 TWAS-CAS 项目奖学金后来中国读书。要在中国读一年，现在来了三个月了。

问：家里出于什么考虑搬家呢？
答：方便爸爸做生意。我们这边的三个镇彼此离得很近，镇上的居民经常在这几个镇之间搬迁。这三个镇的经济环境差不多，有很多公司，所以很多人可以搬家。爸爸在原来的镇开店，后来政府要在那边修建，把店撤除，他就到另一个地方继续开店，卖家用电器。

问：缅甸物价高吗？
答：不能跟北京比。在缅甸打工的人收入低，做生意的收入比较高，物价比较高。

问：您家住在哪里？
答：现在搬到离商场近的地方，在市区的两个房子都租出去了。

问：住的地方以什么人居多？
答：缅族居多。有华侨，但很少。

问：请介绍一下您的家庭及语言使用情况吧。

答：我家可能六七代以前是中国人。曾祖父以前在孟邦那边，讲福建家乡话，不太会说缅语。奶奶88岁了，身体很好，脾气不太好，是在缅甸出生。父亲叫USEIN HIN，65岁，去世了，缅族，有华人血统。母亲叫DAW KHSOU OHN，65岁，缅族，是缅族和克伦族混血。母亲和外婆都不会说克伦语，只说缅语。爸爸在世的时候讲缅语，他会福建话，但不跟我们讲，因为妈妈听不懂，不喜欢听。妈妈和奶奶关系不太好。缅甸华侨娶了缅甸媳妇，公婆就不喜欢。现在也有这种情况。因为婆媳关系不好，父母结婚后，父亲就跟着来到妈妈这边，父亲那边的事情就都不知道了。平时也很少跟祖父、祖母联系。外婆是在孟邦那边住，后来跟妈妈在现在的地方定居。

问：父亲什么情况下说福建话？

答：父亲出门见到福建人一般都说缅语，偶尔说福建话。在家从来不说福建话。

问：爷爷、奶奶的缅语怎么样？

答：爷爷去世了，我不知道。很多年以前在缅甸说华语就有点麻烦。奶奶的父母不太会缅语，只用福建话交流。奶奶缅语、福建话都会，但习惯用缅语。我的叔叔、姑姑已经不会福建话了，只会缅语。我们同辈分的都不会说福建话。姑姑嫁了台湾人，学会了汉语。但奶奶不让她跟着去台湾，所以还在缅甸。奶奶很强硬。

问：是不是有华人血统的家庭里，老人说话比较算数？

答：有可能。妈妈那边的父母态度没这么强硬。

问：还过中国的传统节日吗？

答：都过。春节、清明节等。中秋节、端午节、元宵节是爸爸一个人去寺庙拜，其他人不过。但是爷爷、奶奶，这些节日都过。

问：叔叔、姑姑为什么不学福建话？

答：我觉得是因为叔叔、姑姑去仰光那边上学，偶尔才回家，所以奶奶也不要求学了。爸爸是长子，不跟父母生活，而是跟祖父母生活在一起，所以学会了福建话。

问：在缅甸，有无华人血统，在心理上有什么不一样的吗？

答：我觉得没有。我只是觉得我是有华人血统的。

问：缅甸各民族关系怎么样？

答：缅甸人一般都比较纯朴，自得其乐，跟别的民族很和谐。有些人可能有一点点不喜欢某个民族，但这种人很少。缅甸和华人比较好相处。有的民族也不愿意跟缅族亲近，他们的信仰让他们接受了一种思想，认为民族间是有等级的。

问：您了解印度人在缅甸的发展历史吗？

答：以前印度人没那么多，现在越来越多，而且在传教。如果他们娶了别的宗教信仰的女人，这个女人要皈依穆斯林，没有选择余地，清真寺还会给钱。

问：因这种方式结婚的人多吗？

答：嫁给穆斯林的人多不多不知道，如果嫁给穆斯林的话就绝大部分都要信仰穆斯林。嫁给别的民族的穆斯林女人少，特别少。

问：缅族人结婚、丧葬等风俗习惯是什么样的？

答：要看对象，如果对方家里有缅甸人的，就尊重缅族的习惯；如果娶的是华人，也按照华人的习惯。我们家是以缅甸人的礼仪办事的。如果爸爸想过中国的节日的话，妈妈也跟着过。有时候会有一点点小冲突，但是还会互相忍让。

问：您能听懂什么语言？

答：缅语、英语，一点点汉语。孟邦说缅语和孟语。

问：华人都加入缅族吗？

答：多数吧。因为如果父母拿到粉红色的卡（永久居住证），小孩就不麻烦，现在还比较好拿。我爸爸拿的时候有点麻烦，不容易拿到。

问：请介绍一下您的家庭成员情况。

答：爸爸、妈妈、大姐、大哥、二姐、我、弟弟。大姐 TIN TIN NWE，44 岁，初中文化；姐夫 KO AUNG CHO，50 岁，大学毕业，植物学专业，他已经去世了。他们有两个孩子，分别是长子 WAT YAN MIN THU，23 岁，

大学二年级，经济学专业，会缅语、英语；次子 MIN HTUT KHAUNG，12
岁，初中，会缅语、英语。

问：您想学习汉语吗？
答：不想学。缅甸用汉语的地方很多。但是我做生意的地方用不到，
我生活的地区用不到，就没动力去学了。

问：父亲去世后，家里人继续做生意吗？
答：我家大哥、弟弟继承了父亲的产业。有的人家会因为分家产出现
伤感情的事情，要看个人的欲望大不大。我们家没有这种情况。

问：哪些地方用到汉语？人们是怎么学会汉语的？
答：掸邦那边华侨比较多，所以用汉语的比较多。缅甸年纪大的华侨
也用自己家乡话交流，见到华侨就习惯讲家乡话。我周围没有跟我说汉语
的人。但是有的华侨朋友在家里说汉语，他们都是在华校学会了汉语，华
侨都愿意把子女送到华校去学汉语。我们小时候，政府和缅族有排华情绪，
华校开办得很少。那时我也没有华侨朋友，也就没有跟着去学。周围朋友
的小孩都去英文学校。
　　我有一个朋友的小孩读了缅文学校，也读了华文学校。这个孩子现在
23 岁，他小时候家长没有让他学汉语，担心给他学习压力。有的小孩即使
去华校学习，也不会说，达不到交流的程度。

问：您希望小孩将来学汉语吗？
答：希望他学，多学会一门外语很好。外语中英语是最重要的，到中
国才觉得汉语重要。

问：缅甸主要信仰什么宗教？
答：信佛教。缅甸是佛教国家，所以大多数人还是信佛教的。

问：您觉得缅甸城乡差别大不大？
答：差别很大。生活方面、传统习俗、收入等都有差别。城市比较开
放，传统习惯不一样。乡村偏僻贫困的地方很多，交通条件很差。农村人
到了城市以后，有些过得比城里人好，有些有自卑感。那些比较勤奋的人、
有知识，容易过得好。

问：缅甸人重视教育吗？

答：缅甸人越来越重视教育了。

问：您觉得缅甸人生活压力大吗？

答：我家是爸爸、妈妈一起经商。缅甸一家之主的男人去做生意的比较多，一个人工作就可以养活一家了。现在生活节奏快了，压力也大了，如果不上进就会落伍。国家开放后，自然就会带来这些现象。现在缅甸开放了，小孩视野开阔了，欲望也大了，父母为了圆他们的梦想，就要努力工作。

问：您觉得国家开放了，经济发展得快吗？

答：以前的缅甸是封闭状态，通信、媒体很封闭，不发达，电话卡比手机还贵。那时电话卡将近一万块，现在便宜了，但还是比中国的贵。现在政策变化很大，去年开始允许媒体发表自由言论。现在政府正在规划改革政策，现在跟以前比，经济发展了很多。但还需要时间，毕竟开放还不久。

问：您所在的城市除了缅族以外，还有其他民族吗？

答：还有缅族、华侨、印度人。在仰光市内，少数民族很少。

问：据您所知，现在少数民族说自己的民族语言吗？

答：要看少数民族居住的地方：太偏僻的地方，人们不会说缅语，只用自己的母语交流；城里的少数民族都懂缅语，一般都不会说自己的民族语言了。

问：各民族从外表看，能看出来吗？

答：一眼就能看出来。各民族交往得很好，这跟缅甸人民的性格有关系：随和、善良，以及信佛等原因。

问：您觉得人口特别少的民族有没有被缅族同化的可能？

答：不会。缅族没有同化的欲望，少数民族保留得比较好。

问：近几十年年轻人的思想有什么变化吗？

答：有改变，有的地方变好了，有的地方变坏了。比如说开放带来了一些弊端：娱乐场所多了，有些城里小孩不爱读书了。好的方面是科技发展以后，小孩对科技比较感兴趣，学习越来越好。开放必然有好处，也会带来弊端。

问：缅甸英语好的年轻人多吗？会汉语的多吗？

答：缅甸年轻人有两种，一种是学习上进的，一种是学习不上进的。有一定经济实力的父母支持孩子读书，孩子的英语学得很好，找工作也有优势。现在汉语是第二主流外语，会汉语的年轻人越来越多了。

问：在缅甸做生意的人多吗？

答：越来越多了。

问：税收怎么样？优惠政策多吗？

答：税不高。小生意的都不收税。以后不知道怎么样。在家里开店不挂牌子，就不收税。在缅甸生活，人们很容易知足。

问：您回国以后想做什么工作？

答：我想从事植物研究。在缅甸搞研究，能够得到的资助很少，一般都要自己掏钱或是家里资助。我很喜欢研究植物，所以才做这些事情。

问：除了因为喜欢这个专业以外，还有别的原因吗？

答：搞研究除了自己感兴趣以外，还因为国家缺乏这样的人才。植物研究方面的人才，包括我全国只有三个。缅甸植物样品很多，没有人研究归纳，出书立著，非常可惜，所以我想做这方面的事情。

问：家里人支持吗？

答：以前爸爸觉得读那么多书没用。现在我们认为读书还是有用的。

问：家里人重男轻女吗？

答：没有。缅甸男女都是平等的。

问：婚恋自由吗？

答：一般都是自由恋爱的多。嫁不出去的才要去相亲。读书多的，就比较难结婚，还有不婚主义者。做研究、爱读书的人一般就不想结婚，结婚了就会耽误读书。

问：不婚主义者是不是越来越多？

答：年轻一点的有这种想法，30 岁以后就可能想结了。缅甸没有计划生育。

问：不同民族之间通婚的多吗？

答：有。不普遍。

问：缅甸离婚的人比较少吧？

答：缅甸离婚率很低。结婚后再离婚的很少。缅甸人认为婚姻是终身大事，离婚是不得已的，没有办法了。

问：现在培养小孩成本大不大？

答：不大。国家的义务教育负责到高中，不用交学费。一般缅文学校不交学费，或只交一点点。但是私立学校的学费比较昂贵，比如英文学校、缅文贵族学校等。

问：学校之间的教学质量差别大不大？

答：公立缅文学校之间没什么质量差别。

问：有没有中国人到缅甸后定居、不回中国的？

答：没有。一般就是去经商。

问：您觉得北京好吗？

答：饮食不太习惯，住的还可以。

采访者结束语：今天跟您谈了很多，谢谢您。

二　汉语补习教师郑瑞发访谈录

访谈对象：郑瑞发，男，63 岁，缅甸籍华裔，祖籍地中国福建省，从事汉语补习 20 余年

访谈地点：仰光市新开发区

访谈时间：2014 年 2 月 6 日

记录、整理者：乔翔

问：郑老师好！早就听说，您是仰光华文教学界很有名气的汉语教师，

请介绍一下您的教学方法好吗？

答：我是纯粹的华侨，在缅甸出生。我的学生有华裔也有缅甸人，但不管是什么人，他们的母语都是缅语。我的教学属于汉语作为第二语言的教学，授课中我用缅语作为辅助语言解释汉语知识，非用这个方法不可，这样学生才学得快；用汉语解释，他们领悟不出来。我这个教学法有优点也有缺点。优点是：学得很快、很巩固。学生小学毕业以后，基本上都能阅读普通汉语书报，也能听得懂汉语。我是怎么做的呢？我把所有的课文都印写成汉语拼音，把生字、生词都讲请清楚，再让学生根据汉语拼音写出汉字。我这种教学方法最大的缺点是：学生学完后不能进行口语表达，因为没有训练口语的环境。但是这也不怕，他们一旦到了讲汉语的环境，口语表达一下就上去了。

问：在汉语作为第二语言的教学中，用第一语言缅语作为教学辅助用语，学习效果还可以？

答：高考后的学生，我一堂课教四五课都没问题。我曾经教过一个缅族学生，他考上了医科大学，高考五科优等、一科良好。他的领悟力很高，学习效果非常好。同样是用缅语教汉语，其他缅族学生就没有他领悟力高。我问那些学生，你们高考缅语考了多少分？他们说刚刚及格。而那位医科学生的缅语高考是优等。由此，我悟出一个道理：母语学得好，第二语言才能学得好。比如说，"大胆"和"勇敢"在汉语中是有区别的，缅语同样有这样的词汇之别。遇到这种情况，母语学得好的缅族学生一点就破，很容易上手。那位医科学生，是破纪录的。6个月学完了小学课程。一周上两次课，每次一个半小时。刚开始一次学一两课，慢慢地他觉得吃不饱，后来一堂课讲三四个小时，他都跟我配合得很好。下一次去上课，我让他把上次学过的拼音全部写成汉字，把课文也抄写下来。我还当面批改他的作业，他明白的地方跳过，不太懂的地方我再解释。比如，同音异义字没有问题了，结构助词"的""地""得"用得很正确，读课文抑扬顿挫，语音语调标准，我就知道他都理解、掌握了。对其他学生也是同样的教学方法，每一次作业批改都相当于一次小测验。经常练习、纠错，对学习效果的提高很有帮助。

问：您的学生中，华裔的多还是缅族的多？

答：都差不多吧。我还教过一个缅族学生，才14岁，家里是政府高官。他的悟性也很高，5个月学完了小学课程。他申请到奖学金去美国留学了，一个月后给我寄来一张明信片，虽然也有错别字，但是语法都正确。他在美国读脑外科了，不久前还来见我。我的学生中华侨也有，缅甸人也有；成年人多，还有一些高龄的，五六十岁的都有。有一个老先生 77 岁了，是留苏回来的工程师，跟我学了一年多汉语。

还有一个来缅中国台湾商人的女儿也跟我学过汉语，回台湾后要参加一个他们地区的汉语水平考试，可是有关考试的范围和资料都没有，我就想办法查阅、收集资料，给她进行考试辅导。后来她回台湾后，参加了那里的汉语水平考试，成绩很不错。

2000 年，福建会馆的汉语教学班缺老师，聘请我去教书，我那个班级从最初的 6 个学生发展到后来的 24 个。2001 年，仰光外国语大学举办第一届汉语水平考试，我的学生去参加基础级水平考试，当时他们才读到第七、八册，还没有上高小。一共有 10 个学生去考，个个都考过了，其中一个名列第二，还有一半名次是前十名。

问：这说明您的教学方法很成功。
答：不是，学生比较努力。他们都是成年人，最大的 25 岁左右，华裔的比较多。他们来学汉语的目的很简单，就是想学懂。他们已经有学习母语的意识了。曾经有一个学生，我跟他说，以你的水平，能去图书馆阅读书报了，但他说不敢去，就连宴会都不敢参加。他说："我的长相非常中国，可是如果讲不好中国话，我会觉得好丢脸哎。"他有这个意识，所以他学得好。

我就喜欢"知其然，而后知所以然"。学生学不好，我会分析原因；学生学得好，我也会分析原因。我自己没上过什么学校，教汉语全凭自己的兴趣，如果我不这么做，怎么能教得好学生呢？我这个人忧患意识比较强，一见到学生首先就怕教不好。

问：您教过的那些学生，现在汉语使用得多吗？
答：用啊。有一个缅族学生，到现在还在做汉语家庭补习。一个缅甸人，在教汉语啊。他就是启蒙老师啊。还有几个缅族学生汉语学得很好，去新加坡打工，回来说："到那边是我挑工作，不是工作挑我。我一跟别人讲话，对方就惊讶地看我，问我是哪里人。知道我是缅甸人，他们都不相信，说还没有见过缅甸人说汉语说得这么好的。"新加坡很需要懂汉语的人才，只要去找工作，没有不接收的。

问：您在教学方法上很有一套。20 多年来，您一直都是去学生家里进行一对一式的汉语教学吗？没有想过去华文学校里任教，让更多的学生受益吗？

答：仰光市的汉语补习学校多，很少有正规的华文学校。而且学生都在缅文学校上学，没有时间去上华校。2002 年，福建同乡会创办的福星学校邀请我去任教，但是看了当时的情况和我自己的处境，没有时间去，就谢绝了这次邀请。

其实，仰光的中文教育已经出现断层了，我这把年龄是正规华校最后一届小学毕业生，再小一点的就完全没有小学毕业生了。论汉语文化程度，我仅是小学毕业而已。缅甸有一段时间，华文小学办得非常好，比如"华中"和"南中"，教员很多都是中国大陆来的共产党员，还有一些国民党远征军里的知识分子，比如现已 90 多岁高龄的刘大江还在世呢。以前的学者很多都来过缅甸，闻一多在这里办过报。

问：那您对仰光华文教育的断层现象感到担心吗？

答：很担心哪。我本来是搞家庭教育，后来很多都是亲戚朋友的子弟，6—8 个一起教。我跟朋友们说，我身体也不大好了，屋子就是这么大，你们不嫌弃就一起过来学，我分文不取。我只是求心安而已。虽然我日子过得很充实，不觉得无聊，一天忙到晚，但如果整天都是养狗、散步、搞伙食，那人生就太没有意义了。如果能做一点自己想做的事情，不是更有意义吗？所以，我现在很希望有学生来我这里学习，我的目的就是让他们懂汉语。

问：您真是个有奉献精神的人。

答：我们那一代人的传统观念还是很强的，我们受到来自老家的老一辈的言传身教。还记得小时候，我爷爷总是说："我要回老家，我要回老家。"可以一年又一年，一拖再拖，始终没有再回去过。他们没有回去，并不是乐不思蜀，而是条件所迫。他在这里勤勤恳恳劳作，得到的收入全部寄回老家，自己不留分文。如果我们把这里的所得都留下，早就能当老板了。他却没留多少，只留一点周转资金。

问：您爷爷的祖籍是哪里？为什么来缅甸？

答：我爷爷是福建永春人，35 岁时来到仰光的郊区，在那里种菜养猪。他出来的原因是，30 年代初期，老家闹土匪，他被土匪绑票了。从土匪手里逃脱后，他就来到了缅甸，因为这里有他一个堂弟。他在堂弟家里当长工、种地。后来他自己也种起地来。我父亲 13 岁时，老家的叔公和婶娘要来缅甸，我奶奶就托他们把我父亲带过来。我爷爷有 3 个儿子，我爸爸是老二，只有他一个人来到缅甸，我奶奶和其他叔叔都在老家。爷爷和父亲在这里挺苦的。早上 3 点就起来浇菜，浇到 9 点才回家做饭吃。吃过饭后又去地里锄地、拔草，到下午 3 点又开始浇水。就这样辛勤劳动，种好的菜拿到城里去卖。当时交通不方便，仰光人吃的蔬菜都靠郊区农民种菜供应。

问：你们回过祖籍国吗？

答：我们从来没有回过祖籍国，我更是生于斯长于斯的。我到十几岁的时候，缅语讲得还不好。我的舅舅、叔叔、阿姨都讲福建话，因为他们都是从国内福建来的，讲的都是家乡话。福建话也是中国话，语法上跟普通话也没什么出入，所以当时老师教我们就是用母语教学法。后来，我用母语教学法教我的学生就不行，必须用缅甸来教汉语。

爷爷、爸爸干的种菜、养猪之类的活计，我都会干。缅甸地很多，资源丰富，天然条件非常好。缅甸文化和中国文化相去甚远。缅甸人信佛，说人生没什么了不起，吃顿饭等着哪一天死，说得半是半非。我是无神论者。

问：那您有丰富的中国文化知识，这是从何而来的？

答：我的老师培养了我的阅读能力，我从小喜欢阅读；至于发音呢，也全部得益于我的老师。那时缅华的发音都不准。有一位缅甸外交官，到北京后娶了一位小学音乐教师。我这位语文教师为了教准我们，就去拜这位音乐教师为师，向她学了注音符号，那时还没有拼音。老师从注音符号开始，看着字典把注音符号转写成拼音，因为懂得拼音后再学注音符号也是很简单的。碰到台湾学生，就教注音符号；碰到华裔学生，就教汉语拼音。

我喜欢看古典文学，《三国志》、《东周列国传》等。这些书都能从图书馆借到，那个图书馆还是郭沫若题的词呢。我爷爷、我爸爸虽然都是种菜的，但他们都不是文盲，后来我才知道，原来他们说的一些口头禅都是儒家学说。我们老家那个地方保留着纯粹的中国传统。60 年代中期我们也读过毛主席语录，唱过"东方红"、"大海航行靠舵手"。我也参加过华侨学生闹的学潮。当时的形势就是那样，我们那　代人就是那样了。下一代人就不一样了，观念不同了。我们是属于顽固派的。

问：现在经济发展了，社会进步了，大家都不用搞运动，都好好过日子了。

答：是呀。我以前都在老地方住，就是仰光的郊区，离市区有 10 千米的路程，一年半以前我才搬到现在这里。那个地方是印度人的聚居区，以前华侨也多，排华事件后大多全家迁徙回国了。那时候烧杀抢呀，我有一位表姐在福建女师冲突中受难了，那段时期真是不堪回首啊！

问：印度人和中国人来缅甸的途径是相同的吗？

答：印度人来缅甸有几种原因。最早是英国殖民统治时期，英国政府官员一到缅甸就发现这里的气候条件很适合推广种植稻米，想要把缅甸发展成一个大米出产国，于是大力鼓励当地人种植稻谷。但是，缅甸人是很现实的，够吃就行，不想多干。英国人就把印度农民整船整船地运过来，海上和陆地都走。英国要攻打缅甸时，也用了印度商人的很多钱，所以向他们承诺，缅甸成为英国的殖民地后，就给印度商人相应的土地和地位。英国统治缅甸后，一些大市场、大商场都由印度人垄断了。

问：华侨在缅甸都从事哪些行业？

答：华侨刚来仰光，还在码头当过苦力。听我阿姨说，当时国民党的大使亲自跑到码头，对这些华侨说，干这一行没有什么不好，但是要克勤克俭、积累本钱，另找出路。现在，华侨大多做生意，从小生意到大生意都有。

问：听说华侨种地的不多。

答：对，种地的没有，种菜的不少。以前，缅甸人不懂得种菜，路边的野菜都采来吃，是华人教他们种菜的。

问：在缅甸的印度人和中国人，哪个人数多？

答：印度人多，到处都是，任何一个小村庄都有印度人的身影，都有印度小吃出售。华裔数量少，60 年代初期统计只有 30 多万，现在大概有多少，我还不太清楚。

问：根据我们的调查，在缅印度人的第一语言出现了转用，很多人都说缅语了。

答：对。印度本身是一个有 200 多个民族、200 多种语言或方言的国家，而且仍然保留古代的种姓制度，等级区分很森严。现在在缅的印度人，富裕的只是一小部分，大多还处在社会的中下阶层。为了生活，转用缅语也是很正常的。不过，像我这个年龄的印度人，不会讲缅语的也多得是，尤其是妇女。她们比较保守，经常待在家里。年轻的一代，跟华侨一样，都不会讲自己的母语了，都使用缅语了。

问：您了解仰光人的英语应用能力吗？

答：仰光人的英语很好，连蹬三轮车的都能从 1 数到 10。因为它曾经是英国人的殖民地，即便是没上过学的人，耳濡目染也懂了。缅甸独立以前，英语是国家的官方语言。缅甸独立后，特别是 1962 年军政府上台后，把英语的地位降低了，那段时期的英语教育走了下坡路，人们的英语水平普遍不高，这也是英语教育的一个断层。

问：现在英语用得如此广泛，有没有人担心英语会冲击到缅语的地位？

答：政府为了跟国际接轨，加快现代化进程，必须推广普及英语教育啊！

问：那么缅甸的英语教学情况怎样？

答：公立学校的英语教师也是满堂灌式的教学方式，注重词汇和语法讲解，听力和口语的练习少。

问：郑老师对自己的经历感到很知足吧？

答：怎么说呢，算是无怨无悔吧！我年轻时做过很多工作，种菜、养猪、电工、木匠、做生意等，我是十把菜刀每一把都很锋利呢！我教中文是 1988 年之后，当时李先念总理捐赠给缅甸的国家剧场开始筹建动工了，缺少中文翻译，我的一个叔公曾经是我的小学老师，对我说："你去应征吧。你木匠也做过，电工也做过，土建方面的词你都懂。"我就去应征了，一共有 64 个人去面试，录取 8 个，我也被录取了。从此，我就接触到了汉语教学的边缘。

问：能具体谈谈您从教的经历吗？

答：1990 年左右，缅甸和中国合资的公司已有不少。我应征的那个项目结束后，又应聘去另一家缅中公司当翻译，干了 9 个月，发现自己一点兴趣都没有，整天就是数钞、数钞、数钞。我问自己，一辈子就在这里数钞吗？虽然老板对我很好，我还是硬着头皮辞职了。后来，他听说我在教中文，就把三个子女都送给我教，现在他们都在澳洲了。

我还去过一家海南和马来西亚在缅投资的公司，在那里当翻译，书面的、口头的都有。公司闹分裂后，我必须另找出路。我的一个表妹跟我说："表哥，你的中文比我好得多，我都在教中文，你就更没问题啦！"她给我找学生，从那以后我就步入了这个行业。1999 年至 2000 年，我到一家比较有名的英语学校教中文，当时掀起一股中文热嘛。教了几个月后，学校负责人让我吃薪水，我说做不来，我还有其他事情。第二学期教了三个月后，我就不想再在学校教了，原因是事倍功半。五六岁的孩子，怎么记得过来中文，都是搞形式而已，我教的没有成就感，于是也硬着头皮离开了。从此，我就开始了挨家挨户的汉语家庭教育。

我的学生，从学龄前到 77 岁，五十几岁的也不少，数量之多我都数不过来了，走在街上也认不出来。到 2012 年 3 月，我就跟这个工作脱离关系了，来到这里休养身体。不过，就像跟你说过的一样，现在我很希望免费教点中文，让更多的人会说汉语。

问：郑老师，天色不早了，与您的谈话让我非常受教，谢谢您！
答：好的，好的。能够相遇并交流，这是难得的缘分，再相见不知何年何月了。我们这一代人，看到中国人就当是自己人。

三　仰光东方语言与商业中心董事长访谈录

访谈对象：仰光东方语言与商业中心董事长曾圆香
访谈时间：2014 年 2 月 7 日上午
访谈地点：仰光东方语言与商业中心会议室
访谈整理者：杨媛媛

问：曾董事长，您是怎么来缅甸的？
答：我在这里已经 65 年了，祖籍福建永定。父亲逃难来到了缅甸，我 5 岁的时候跟随过来的。

问：您还会讲闽南话吗？
答：会讲闽南话。

问：请董事长给我们介绍一下华文教育的经历。
答：缅甸 20 世纪五十年代，共有 300 多所华文学校。大概在晚清时期 1902 年，有一些华侨移居到缅甸，他们认为要想和家乡的亲人保持联系就要会写汉字，想了解世界也要有文化知识，所以他们纷纷办起了华文学校。我是福建女子师范学校毕业的，我的母校有 140 多年的历史，华侨中学也有一百多年的历史。

那时候缅甸的华文学校很红火，整个东南亚的华侨子弟都来缅甸学中文。那时的华文学校都是三语学校，教中文、缅文和英语。这种情况一直持续到 1962 年。像我们这些 60 岁以上的人当时都受过华文教育。

军政府一上台就把华文学校都收归国有，不准办正规学校。所以正在上学的孩子们就只能转到缅甸学校。近 10 年以来，美国、英国、新加坡纷纷来到缅甸办起了英文学校。很多华侨把孩子送到了英文学校学习英文。

反华运动以后华侨的生存很艰难。我们自己都不敢说自己是中国人，只能说是缅甸人。不敢讲中文和家乡方言。每天穿纱笼。我们初中毕业后就没有机会上高中了，只能靠家庭补习的方式学习汉语。前辈老师们就用家庭补习的方式把中文延续了下来。我们的孩子完全没学过中文。近 10 年来情况才好转，华文补习班、会话班、写字班等都重新开办了起来。在仰光有二十多个大大小小的华文补习学校，我们东方语言商业中心是规模最大、最规范的华文学校。

我们得到了大使馆的帮助，使用的教材都是他们免费赠送的。反华初期，缅北地区的政策比较宽松，中国台湾的课本输送到缅北，所以缅北地区比缅南地区学得多，我们缅南地区就没有教材、没有老师。现在的课本都是大使馆提供的。

问：反华时期怎么度过的？

答：生活在边区的华侨被烧杀抢掠。市场附近有个教师联合会，有 30 多位教师被砍死了。当时的情况真的很困难，华文教师就是这样顶着艰难把华文教育坚持了下来。他们去学生家里上课，有几个孩子就给几个孩子上课。缅南地区全靠家庭教师们才把华文教育延续下来。黄校长和他先生在学校被收归国有后，逃到缅北地区。他们把学生分开，租人家的牛棚和稻草棚，在背面搭起简易的教室，教汉语。没经历过的人没有办法想象。

2012 年 5 月我们组建了仰光汉语教师协会，我任会长，黄校长任副会长。我们和几位老前辈把家庭教师们组织起来，在仰光周边地区把华文教育重新办起来，辐射缅南地区。缅南的小城镇只要有几十户华侨就会有一间华文学校。

问：你们的孩子会说汉语吗？

答：我们从这么艰难的夹缝中生存，把华文教育进行下来，很不容易。我们的孩子辈就没接触过汉语，我们的孙子辈又到华文学校来学习。他们只能利用周末和课余时间来学习。孩子们的压力很大，缅文学校放学后才能来学。缅北的孩子就很了不起，天不亮就出来上学，再去缅文学校。仰光城市比较大，从一个学校到另一个学校耗时较长，所以不能像缅北那样。但最主要的原因是华侨家长不让孩子接触中文。中国富强了才意识到中文的重要性，现在中文与英文并进。我们是传统的家庭，像我的儿子、儿媳妇汉语讲得很好，但他们不会写汉字，只会写拼音。以前很多家长都想把孩子送到西方国家去，所以仰光人重视学习英文。

问：现在家长们支持华文教育吗？

答：支持，近 10 年来意识到了华文教育的重要性。开始的时候并不支持，我们去当家教的时候要说服家长让孩子学中文。现在祖国富强了，学习汉语的热潮遍布全球。缅甸与中国往来频繁，所以家长们都希望孩子学习中文。

问：办学经费没有问题吧？

答：现在可以自足了。2002 年我们学校成立，当时只有几十个孩子，教师的薪水不够，全靠董事会捐款。现在有 800 多个学生，董事们比较轻松。国侨办、大使馆、领事部免费赠送我们课本，我们就卖给孩子一本一千块（缅币），当作学校的基金。仰光的华校都是这样的。

我们从 1 楼开始办起，逐渐增大到 2 楼、3 楼，现在又租下了 9 楼。我们的学制比较规范，从幼儿园一直上到高中，学习的课程比较系统。

问：你们教简体字还是繁体字？

答：我们教简体字。仰光有一所学校教繁体字。我们小时候只教繁体字，我两种都可以写。现在年轻人就只可以写简体字。

问：听说总理来过你们这里？

答：李克强总理和刘延东副总理都来过。刘延东副总理来了以后，我们在 2013 年 12 月 13 日挂牌"孔子课堂"。我们学校有汉语、地理、历史、社会与道德等课程，其中汉语包括拼音、写作等课程。仰光其他学校基本只有汉语和会话课程。我们的课程全面、系统。我们尽量保持着中国学校的氛围，办壁报，举行文化活动，尽量保存中国文化。

问：学校最初是如何创办的？

答：我们学校是 2002 年 8 月由仰光 8 个社团共同协商筹办起来的，主要有云南会馆、广东会馆、福建同乡会、缅华妇女协会、南洋中学校友会、华侨学中校友会等，至今已有 12 年历史。刚办的时候困难重重，当时大使馆和侨胞给予大力支持。经费都来自侨胞的支持。泰国等地有政府的支持，我们只依靠华侨企业家的支持。边学习边成长，逐渐规范化，现在学生已增加到 800 名。

因为这边的情况和其他地区不同，所以办学要符合实际情况。有外派教师来到我们学校，进步是有的。现在我们东方语言学校在仰光有一定的知名度，今天就有很多小朋友去云南会馆彩排节目。我们没有运动场，但我们出钱去租缅甸学校的运动场为学生们举行小型的运动比赛，丰富学生的课外生活，锻炼身体。去年我们已增加了电脑课，在仰光有很多学校教授如何用英文和缅文上网，用中文的很少，我们就专门从侨办请了一位电脑老师教学生们用中文上网。

我们学校也承办海外教师培训，利用家教老师们的空闲时间进行培训。人数最多的时候有 300 多名。由国内派来的教师、专家讲学。

我们成立了教师协会以后，成为缅南地区的示范教学点，很多缅甸华校派老师来我们学校学习，最近两年对缅南地区的贡献比较大。汉语水平考试 HSK，考场就在我们这里，每一期都有 100 多名学生参加考试。我们学校的学生名列前茅。

问：你们和内地哪几所学校合作？
答：孔子课堂是与云南师范大学合办的。我们准备派我们全校的老师，利用 4 月泼水节的长假，去云南师范大学参加培训。时间是 4 月 10 日到 4 月 22 日。

问：曾董、黄校长，请介绍一下你们的个人学习经历
答：黄校长在南洋中学读到高中 2 年级。学校被收归国有以后到密支那从事华文教育工作。我从福建女子师范学校毕业后，留校当了一年幼儿教师。排华后当家庭教师。我们都到过缅北去教书，那时候很艰难，经常要躲躲闪闪。1996 年华文学校复办以后，我们都在妇女协会主办的幼儿园当老师。后来我当了 13 年的文教组的负责人，黄校长当幼儿园园长。我因为身体原因休息了 2 年，又被派到东方语言学校当董事长。我们一直是很好的搭档。我们这里是女人当家，做事都比较细致。

问：谢谢你们的详细介绍。
答：不客气，欢迎你们再来。

第四节　其他地区访谈录

一　缅甸来华留学生秦玲菊（EI THAZIN）访谈录

访谈对象：秦玲菊（EI THAZIN），24 岁，女，缅甸华裔，克钦邦密支那人。原是缅甸密支那大学经济学学士，现在中央民族大学攻读汉语国际教育硕士

访谈时间：2013 年 12 月 28 日

访谈地点：中央民族大学留学生公寓

访谈、整理者：王玲

问：请问你家住在哪里？

答：我住在八莫城，隶属于缅甸北部的克钦邦，距离密支那大约 5 个小时的车程，挨着中国瑞丽（大约 3 个小时车程）。

问：你住的地方什么民族多？

答：缅族最多，其次是克钦、华人，还有回族（印度人）、傣族等。

问：请介绍一下你的个人及家庭情况吧！

答：我家都是华人，现在有 8 口人：父亲、母亲、大姑、五姑、我、妹妹，还有两个弟弟。我们家是爷爷那一辈从中国云南腾冲搬来到这里的。爷爷那时候是做玉石生意的。我父亲现在 60 岁，出生于缅甸，读了 8 年级，现在玉矿做生意。我母亲 40 多岁，家庭主妇，出生于缅甸。我总共有 5 个姑姑，现在大姑和五姑跟我们住，未婚（都不想嫁人），大姑现在 56 岁，小姑 40 多岁；二姑和三姑已出嫁，四姑去世了。妹妹 19 岁，大二，就读于八莫大学英语系。大弟弟 15 岁，读 10 年级，二弟 13 岁，读 8 年级。

我于 2013 年 9 月来到中央民族大学国际教育学院攻读汉语国际教育专业硕士。我大学是在密支那大学读的，学经济学。我 5 岁时进入缅文学校。汉语方言从小跟奶奶和父母习得，普通话是 9 岁时在八莫佛经学校学习的。高中毕业后在八莫佛经学校任教两年，之后到福庆华文学校接受华文培训，考过 HSK 六级后，申请来中国读硕士（中国招生规定，具有 HSK 五级、高中水平的可以申请来华读本科；具有 HSK 六级、本科水平的可以申请硕士）。

问：谈谈你的家庭成员语言使用情况。

答：爷爷奶奶那一辈只会汉语，不会说缅语。父母都是在缅甸出生的，会讲汉语和缅语（汉语好于缅语），父亲还能用克钦语交流。到我们这一辈，会讲缅语和汉语（缅语好于汉语）。再下一辈，像我哥哥的孩子基本只会说缅语了。自己在家跟父母一般讲汉语，跟兄弟姐妹们讲缅语较多。年轻人缅化的现象越来越严重。

我先学会汉语方言，是跟我的奶奶和父母学的；5 岁时入缅文学校习得缅语；9 岁时去华文学校学会汉语普通话。由于在当地汉语不常用，所以现在我的缅语好于汉语。

但我姨家的表兄不太重视汉语，汉语基本不会，所以他也没有刻意鼓励自己的孩子去学汉语。我曾经劝他让孩子去华文学校读书，但他说上课时间和缅文学校冲突，孩子也不想早起，所以就没学。

问：你在缅甸用什么语言多一些？
答：用缅语较多。但在华文学校说普通话多些。

问：你所在城市的华人都还会汉语吗？
答：整体上看，因为城市里的华人一般是杂居的，所以他们的汉语不是很好。而像农村或聚居区的华人，他们一般只用汉语交流。

问：你怎么看华人不会说汉语？
答：我们这一代对此现象觉得很正常，但祖辈和父辈对此很有意见，觉得我们忘本了。

问：缅甸愿意学汉语的人多吗？
答：多。华裔学汉语当然有民族感情的因素在里边，但近些年考虑到实用的因素会更多点。中国逐渐强大，他们知道了汉语的重要性。非华裔学汉语当然要考虑到工作、学习的需要。

问：缅甸的语言政策、民族政策怎样？
答：缅甸政府没有相应的语言政策，对各种语言持放任自流，自生自灭的态度。我们的通用语是缅语，但从高中开始到大学，教材都是用英文编写，而授课语言则是缅语翻译解释英文。大学里不会开设民族语的课程，对民族语言的研究几乎没有。

问：华人跟其他民族通婚的多吗？

答：不多。即使是缅化了的华人，他们的父辈或者祖辈也坚决反对跟其他民族通婚，因为思想不能沟通，信仰也不同。我认为，华人不跟其他民族通婚，可能更多考虑到自己汉族血统的因素，在民族感情上接受不了。

问：你学的是繁体字吗？
答：读书时学的是繁体字，在华文学校任教时学了简体字。现在常用简体字。

问：你上过华文学校吗？为什么选择到中国读书？
答：我在八莫佛经学校学过华文，9 岁时开始学，爸爸让我去的。我到中国读书，一是为了提高汉语水平，二是想学习更多中国的文化和习俗。

问：缅甸华人和非华人来中国读书的人多吗？
答：华人来中国大陆读书的不多，因为来大陆读书的渠道不多。他们一般去中国台湾、新加坡，每年都有去台湾上学的各种考试。近几年到大陆读书的逐渐增多，需要汉考 5 级或 6 级和汉语口语考试。其他民族，像傣族、缅族去新加坡读书的最多，近几年去日本、韩国的也非常多，去俄罗斯、美国的也较多。他们大多不选择来中国大陆读书，因为中国大陆离缅甸太近，没有海归的感觉，回国后不会太让人羡慕。

问：你现在有奖学金吗？
答：有孔子学院奖学金。住宿、学费全免，每月生活费 1700 元。

问：你们在缅甸过什么节日？过中国的传统节日吗？
答：我们自己家过中国的节日，像春节、元宵节、清明节、端午节、农历七月半祭祖、中秋节、重阳节，还有小年二十三等。

问：怎么过春节？
答：非常隆重。大年二十三那天就开始为初一准备给客人吃的食物，如饵丝等。年三十早上贴春联，晚上祭祖，饭菜也很丰盛，全家一起吃年夜饭，给压岁钱，初一一大早开彩门，之后走亲戚、拜年。初二走舅家，互相串亲戚。

问：你觉得华人缅化的速度现在加快了吗？
答：缅化的速度越来越快，主要在语言和传统节日、习俗方面。特别是在城市里的华人，汉语不会讲，也不重视中国的传统节日，只简单过一下春节。

问：你觉得缅甸城乡差距大吗？

答：贫富差距较大。有钱人中，华人占了一大半。像曼德勒，几乎所有的有钱人都是华人。华人一般进不了政府，他们做生意，所以比较有钱，而缅族人要么是政府官员，要么是苦力，政府人员虽然待遇很好，但是没有做生意的有钱。

问：你所在的城市除了缅族以外，还知道其他民族吗？

答：有汉族、克钦、回族、克伦等。

问：在缅甸哪些职业比较受欢迎？

答：医科比较热门，然后是理工科、航空、法律、教师等。

问：请简单介绍一下缅甸的教育政策。

答：现在缅甸比较重视教育。从 2012 年开始，学费减少很多，从 2013 年开始，小学到高中的学费全免，只收课本费，大学费用很低。政府会调查家里是否有满 5 岁的小孩，鼓励他们上学。

问：华文教育和英语教育哪一个发展更好？会英语的人多还是会汉语的人多？

答：英文教育更受欢迎，华文教育还没有合法化。大部分华文学校是以佛教学校或其他名义存在，政府睁只眼闭只眼。过去学生去学校上学时需要带佛经和汉语教材，政府来检查时就把佛经盖在课本上面。佛经是用汉语写的，汉语课只在大学课堂里合法，但课时不多。也就是说，华文学校可以存在，但不能过分。

问：缅甸高考情况怎样？

答：20 世纪八九十年代以前全国统考；2000 年后，各省出题，政府回收试题，打乱后随机发给各省考试。这样做，有它的弊端。各省出题的难易程度不同，试卷又是随机发放，所以存在不公平因素。近几年来，高考实行改革，又开始全国统考，这样做比较公平。

问：你觉得缅甸的民族关系怎么样？

答：缅甸的民族关系较好，不存在小民族受歧视的现象。虽然克钦人口多，实力大点，但也不会经常闹事。若开族是小民族，有自己的语言，但也慢慢被缅化了。缅甸人与印度人多有冲突，主要是宗教信仰引起的，但总的来说还算和平。

问：在缅甸，华人的民族认同感怎样？

答：在心理上多少会有点不同。华人会在内心深处认为自己是中国人，但这种认同感逐渐淡薄。祖辈会 100%认可，父辈可能只有 80%认可，而到了我们年轻这一代，可能只有 50%了，华人被缅化的程度越来越深，民族认同感越来越淡，更倾向于认为自己是缅甸人，缅甸是自己的祖国。但因为自己是汉族的血统，所以内心深处还是不会忘本的。部分华人父母对孩子的汉语学习还是很严格的，经常教导他们说，"不学汉语不吃饭"，"你是汉族人，就得学汉语"。

问：华人都信仰佛教吗？

答：大多信仰佛教，一小部分信仰基督教，基本上没有信伊斯兰教的，还有很少部分是无神论者。

问：缅甸各民族的结婚、丧葬等风俗习惯怎样？

答：云南、广西、福建等地的华裔共同在自己居住的城市中心建造大寺庙，节日婚礼一般都在这边举行。华人青年队、华人妇女会等团体是公益性的组织，在节日和婚丧嫁娶的活动中会去义务帮忙。华人的婚礼都在寺庙举行，部分缅族人结婚也会借用华人的寺庙。缅甸政府对丧葬没有硬性规定，城市里一般火葬，因为土地紧张；而农村一般土葬，不同民族的墓地一般是分开的。

问：缅甸英语学校多吗？

答：私人的英语学校很多，以前是培训班性质的，现在政府已给予承认。比如，英文学校从小学一年级到四年级用英文授课，部分用缅文，在这里上到四年级的孩子可以直接进入缅文五年级学习。

问：缅甸政府承认华文学校的学历吗？

答：不承认，也没有证书，一般都是私下学的。

问：华人聚居区孩子受教育情况怎样？

答：华裔聚居区一般有几百人聚居的华人村庄，或者从山上下来种菜的汉人聚居在一起，称为"菜园"，他们的汉语很好，一般说云南方言，缅语不怎么会说，缅文也不会。由于学校都用缅文授课，他们的孩子听不懂，所以觉得上学很难，考学也困难，一般上到 8 年级后就辍学了，而城市里被缅化的华人中大学生非常多。

问：华文学校使用什么教材？

答：比较早的教材是新加坡版的，后来又出现了中国台湾版的，现在用的都是中国大陆人教版的。我个人认为，台湾版教材，文学色彩较浓，如诗歌、文言文等，对写作和文学水平提高有利。大陆版教材多从日常交流入手，更注重实用价值，多训练口语。

问：缅文学校的体制是怎样的？

答：小学阶段：幼儿园至 4 年级（一般 5 岁入学）。初中阶段：5 年级至 8 年级。高中阶段：9 年级至 10 年级。10 年级高中毕业，参加高考，全国统考。缅文学校全都是缅语授课。

问：简单介绍一下缅甸大学的情况。

答：缅甸大学分文科、理科和工科学校，所有的系第一年都要开设缅语和英语课程，其中英语开设 4 年，其他科目的教材都用英文编写。英语授课过程中出现的难点会用缅语解释。不能考异地的学校。大学没有一本和二本之分。硕士或博士毕业生要通过政府公务员考试（每年两次到三次）才能进入大学当老师，职称晋升跟中国差不多。私立学校教师待遇较好，公立学校待遇较低，总体上说，教师工资不高。缅甸的大学一般都按专业建校，如医科大学、牙科大学、护士大学、计算机大学、外国语大学等。密支那大学是英国殖民地时期建立的，建筑风格很古老，校园很大。八莫大学是 90 年代新建学校，建筑风格现代化，校园很漂亮。

问：缅族和迁入缅甸的其他民族在户籍制度上是否有区别？

答：从身份证上就能看出来，永久居住的缅甸人的身份证是粉红色的，暂住人只能拿到绿色的暂住证。缅甸华人想进入缅籍，审查会很严格。如果祖辈和父辈都已入缅籍，那么孙辈入籍比较方便；如果祖辈或父辈中有人没有取得缅甸身份证，就会影响孙辈入缅籍的手续，甚至要掏很多钱。

问：是否所有的华人都愿意入缅籍？

答：除了极个别老人因为民族感情的因素不想入缅籍外，大部分人想进入缅籍的愿望还是很强烈的，这是为了生活、工作的方便，也为了找到归属感。比如我自己，在来到中国之前，虽然缅族人称我们"这些中国人"，但我很自豪；到了中国后，中国人却称我们"这些缅甸人"，所以我心里感觉很委屈：我到底是哪国人？甚至有时会抱怨自己的父母为什么要搬到缅甸，或者说他们为什么不是土生土长的缅族人！

问：好，就谈到这里吧，谢谢你给我谈了很多缅甸的情况！
答：不用谢！如果还想了解其他信息，给我打电话！

二　缅甸来华留学生林长福访谈录

访谈对象：林长福（AUNG MIN OO），男，30 岁，缅族，缅甸德林达依省（Thanintharyi 省）丹老市（Myeik）人，大学本科，地质学专业
访谈时间：2013 年 12 月 28 日
访谈地点：中央民族大学留学生公寓
访谈语言：缅甸语
访谈、整理者：曹美爱

问：您是哪里人？家住城市还是农村？可以自我介绍一下吗？
答：我的家乡在德林达依省（Thanintharyi 省）丹老市（Myeik），它位于缅甸最南部，是一座海滨城市，所以绝大部分人都以渔业为生。
我们家里有 6 口人。爸爸、妈妈、我、一个妹妹和两个弟弟。爸爸做水产生意。妹妹是大学老师，老三是军官，老四大学刚毕业。我一直在家乡，直到 2002 年高中毕业后，才到仰光 DAGON 大学上学。2005 年大学毕业，专业是地质学。2006 年当了警员，2008 年通过升官考试，当了少尉。2009 年在实皆省任职，2010 年在若开省任职，2013 年在内比都任职。

问：您有华人血统吗？你们家里说什么语言？
答：听我的阿姨们说，曾祖父是从中国来做生意的时候，见到曾祖母（缅族），他们结婚后定居在缅甸的。我的奶奶有一半的华人血统，她跟她的兄弟姐妹讲的时候会讲中国话，也会讲丹老话（Ban Sagar）。奶奶是缅甸人和华侨的混血儿，爷爷是缅甸人。我的父亲就只有四分之一的华人血统了。我的妈妈是缅甸人和克伦人的混血。我们家里就是说丹老话（Ban Sagar）。

问：您所在的城市除了有缅族以外，还有什么民族？

答：丹老市（Myeik）不能说是某一个少数民族聚居之地，在这里居住的民族很多。丹老市（Myeik）是由很多岛屿组成的，岛上也有很多少数民族。比如说，Sa Lone 族是居于岛上的民族。我知道的还有缅族、茵达族（傣族）、Sa Lone 族、华侨和印度人等。

丹老市（Myeik）多民族杂居的情况可能是跟历史有关。据说，缅甸贡榜王朝的开国皇帝雍籍牙（缅名阿郎帕耶）统一四分五裂的缅甸的时候，从上缅甸一直打到丹老市（Myeik）。之后，曾经在这儿扎营备战，攻打泰国的阿瑜陀耶市。战争结束、返回缅甸时，雍籍牙让各地的一些少数民族留下来，建城让他们定居于此。

问：丹老话有没有文字？丹老市（Myeik）使用最普遍的语言是什么？各民族的语言使用情况如何？

答：在丹老市（Myeik）居住的人，一般都统称为丹老人（Myeik Thar）。丹老人（Myeik Thar）说的缅语就叫丹老话（Ban Sagar）。实际上，丹老人（Myeik Thar）用的就是缅文，说的也就是缅甸话。但说话的语速比较快，语调和语音也不太一样，跟掸邦的茵达话很像。在这里使用最普遍的语言是缅甸语方言丹老话（Ban Sagar）。我们听得懂东枝（Tonggyi）人说的话，孟话也听得懂一点。

我们说的话，缅甸人有些听不懂。我们也说惯了丹老话（Ban Sagar），所以说缅语标准语时就不标准了，感觉有些别扭。岛屿居民在岛上生活，说自己的民族语比较多。华侨在家说丹老话（Ban SaGar）的比较多，也有些人会讲普通话和方言。

问：您什么时候开始学汉语？为什么想学汉语？

答：我从 2013 年 4 月的时候开始学汉语。只学了三个月，2013 年 11 月 16 日就来北京了。现在中国经济很发达，在缅甸跟中国公司合资的比较多，我觉得汉语越来越重要了。在缅甸英语是第一外语，我选择学习汉语不单单是为了社会需求，还因为我自己对汉语特别感兴趣。另外，我有一点中国血统。我曾经跟我妈妈说，我来中国的时候要去找我的亲戚。但我们和中国的亲戚都失去联系了。

问：您的小孩将来也会去学汉语吗？缅甸人学汉语的人多吗？

答：如果他们对汉语感兴趣的话，我想让他们学汉语。汉语是国际语言之一，应该学一学。现在跟以前比起来，学习汉语的缅甸人多了。

问：您所在城市的华侨都会汉语吗？

答：在丹老市（Myeik），有一些华人寺庙里教汉语。有的华侨会讲汉语，他们说的都是方言，不是普通话。我也见过不会说汉语的华侨，父母会说方言但是子女不会说，只是会听一点而已。

问：您觉得国家的语言政策、民族政策怎么样？有没有保护民族语言的意识？

答：这一方面主要是文化部负责。国家有保护民族语言和文化的意识。现在，也开始实施保护民族语言的措施。比如说，政府现在开设地方电视台，允许用少数民族语言播放新闻。至于有没有少数民族自己的创办用少数民族语教学的学校我倒不知道。

问：华人跟其他民族通婚的多吗？

答：华人跟其他民族通婚的也有。当地的华人跟缅甸人很和谐，互相都没有排斥或者歧视。华人一般跟缅甸人结婚的比较多，但没听说过跟印度人或者穆斯林结婚的。我想可能是因为当地华侨都信仰佛教，华人跟其他民族的通婚情况可能跟宗教信仰是否相同有关系。

问：您学过繁体字吗？

答：没有学过繁体字。

问：您在华文学校读过书吗？为什么选择到中国读书？您现在有奖学金吗？

答：小的时候我在华人寺庙学过一点。今年公安部招培训生的时候我报了名，才有机会在曼德勒外国语大学学习汉语，然后被派到中国学汉语。我们是执法联络员培训项目的学生，属于奖学金生。能来中国学习是让非常我高兴的事儿，在中国学习汉语是沉浸式的学习，在这儿我能听到纯正的汉语，也能学到纯正的汉语。中国人很热情。我在这里过得很开心，现在都不想回去了，还想继续学习。

问：你们在缅甸过什么节日？过中国的传统节日吗？

答：在缅甸有泼水节、点灯节和一些跟佛教有关的节日。过缅甸重大的节日泼水节和点灯节的不只是缅甸人，还有其他少数民族、华人和印度人。我们家还过春节、清明节和端午节。

问：您觉得现在华人缅化的速度加快了吗？

答：我觉得华人或者印度人都还能保留他们的传统文化。他们过自己民族的传统节日，也过缅甸的传统节日。全部缅化的倒是还没见过。

问：您觉得缅甸城乡差距大吗？

答：大城市和小城市都有差距的，我家乡是边境城市，所以教育方面没有受到重视。

采访者结束语：今天能跟您做这次访谈，我们感到很高兴。谢谢您！

附录一 缅甸四种语言的音系

音系一：缅甸语仰光话音系

缅甸语主要分布在缅甸，是缅甸联邦的官方语言，约有 3200 万使用人口。在孟加拉国、马来西亚、泰国、美国等国也有少量分布。缅甸语属于汉藏语系藏缅语族缅语支，跟同语支的阿昌语、载瓦语比较接近。缅甸语分五大方言：东部方言、南部方言、西部方言、北部方言和中部方言。仰光话属于缅甸语中部方言。中部方言分布在缅甸中部伊洛瓦底江流域的平原地区和三角洲地区，主要包括仰光话和曼德勒话，是缅甸语的主体部分。仰光话是现代缅甸语的标准语。以下是对现代仰光话音位系统的具体描写。

发音人是曹美爱，女，27 岁，在仰光出生的华侨，第一语言是缅语，汉语是后来学的。她在缅甸主要使用缅语，并熟练使用缅文。在家庭内也以缅语为主。现在中央民族大学攻读语言学博士，并在北京外国语大学兼任缅语课。本音系曾与在京的多位在仰光土生土长的缅甸人核对过，证明他们之间的语音是一致的。

一 声母

仰光话的声母主要有以下几个特点：1. 塞音、塞擦音清浊对立严整，擦音多数有清浊对立。2. 鼻音、边音上有清化、非清化的对立。3. 腭化音主要出现在双唇音上。4. 齿间音只有一个tθ。5. 擦音s有送气与不送气的对立。

仰光话的声母共有 37 个，其中外来声母有f、v 两个。声母根据发音部位和发音方法分为不同的类别，具体如下表：

发音方法 \ 发音部位			双唇		唇齿	齿间	舌尖前	舌尖中	舌面前	舌根
			非腭化	腭化						
塞音	清	不送气	p	pj				t		k
		送气	ph	phj				th		kh
	浊	不送气	b	bj				d		g

续表

发音方法 \ 发音部位		双唇 非腭化	双唇 腭化	唇齿	齿间	舌尖前	舌尖中	舌面前	舌根
塞擦音 清	不送气				tθ			tɕ	
塞擦音 清	送气							tɕh	
塞擦音 浊	不送气							dʑ	
擦音 清	不送气			f		s		ç	x
擦音 清	送气					sh			
擦音 浊	不送气			v		z		ʐ	
边音	非清化							l	
边音	清化							l̥	
颤音								r	
鼻音	非清化	m	mj				n	ȵ	ŋ
鼻音	清化	m̥j					n̥	ȵ̥	ŋ̥
半元音		w							

声母例词：

p	po^{33}丝绸	pa^{33}薄
ph	pho^{33}公公	pha^{33}青蛙
b	bo^{52}驼峰	ba^{31}什么
m	mo^{33}雨	ma^{31}硬
m̥	m̥o^{31}蘑菇	m̥a^{31}嘓咐
pj	pjo^{31}倒塌	pja^{31}烟灰
phj	phjo^{31}拆	phja^{31}席子
bj	bjɔ^{52}哎 (应答声)	bjɔ^{33}两面鼓
mj	mjo^{33}种类	mja^{33}多
m̥j	m̥jo^{33}吞咽	m̥ja^{33}箭
f	kɔ^{31}fi^{31}咖啡	fi^{33}（çi^{52}dɛ^{31}）感觉（舒服）
v	vi^{31}di^{31}zo^{31}电影	vi^{31}si^{31}di^{31} 影碟
tθ	tθo^{33}绵羊	tθa^{33}儿子
s	so^{31}湿	sa^{33}吃
sh	sho^{31}唱	sha^{33}盐巴
z	zõ^{33}勺子	za^{31}网状布
t	to^{33}挤	ta^{33}阻拦

续表

th	tho³³（用拳）打	tha³³放
d	do⁵²咱们	da³³刀
l	lɔ³³急	la³³骡子
l̥	l̥ɔ³¹划（船）	l̥a⁵²漂亮
n	no³³醒	na³¹痛
n̥	n̥o³³使醒	n̥a³¹鼻子
tɕ	tɕo³³绳子	tɕa³³老虎
tɕh	tɕho³³折	tɕha³¹差
dʑ	dʑo³³锅巴	dʑa³³中间
ɕ	ɕo³¹山沟	ɕa³³罕见
ʑ	ʑo³³老实	ʑa³³痒
n̠	n̠o³¹棕色	n̠a³¹欺骗
n̠̥	n̠̥o³³枯萎	n̠̥a³¹忍让
k	ko³³九	ka³³车
kh	kho³³偷	kha³³腰
g	go³³球门	gɔ³¹铲子
x	xo³¹那儿	xa³³哈（笑声）
ŋ	ŋo³¹哭	ŋa³³鱼
ŋ̊	ŋ̊ɛʔ⁴³鸟	ŋ̊a³³借
w	wo³³tɔ̆³¹ᐟ³³wa³³朦胧	wa³³竹子

声母说明：

（1）f、v只出现在外来借词中。

（2）r多用来拼读外来借词，颤动较弱，且舌尖略上翘，似[z]。如：rui³¹di³¹ʑo³¹"收音机"。固有词上出现的r，可以和ʑ自由变读，如rə³¹khai³¹"若开族"也可以读成ʑo³¹khai³¹。但外来借词大多只能读r，如 rɛʔ⁴³pa³¹"嘻哈"（英语借词）。老借词有的也能变读为ʑ，如 ra⁵²ᐟ³³tθa⁵²"文化精髓"（巴利语借词），也能变读为ʑɔ̆ ⁵²ᐟ³³tθa⁵²。

（3）带j的腭化声母pj、phj、bj、mj有的专家看成复辅音声母，本文视为单辅音声母。

（4）有的清化鼻音在连读中丢失，变为非清化鼻音。如：n̥eʔ⁴³"二"中的n̥，在n̥eʔ⁴³ᐟ³¹shɛ³¹"二十"中读为n。

（5）浊塞音b、d、g有的人读成带浊流的清音pɦ、tɦ、kɦ。如：bu³³"（一）盒（药）"读成pɦu³³，du³³"膝盖"读成tɦu³³，pɔ̆³¹gã³¹"（一）碗（饭）"

读成pə̌³¹kfiã³¹。

（6）tθ是一个不典型的齿间塞擦音。其发音的主要特征是舌位在齿间，但闭塞后的摩擦不明显，接近塞音，仅从听感上难以分辨出与t的区别。但从图1中能够看到二者的区别。

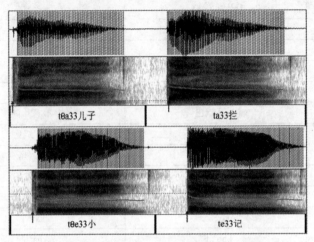

图1　tθ和t的语图（箭头位置表示冲直条）

由图1可见，左例中的tθ冲直条与元音衔接不紧密，紧挨箭头后的浅色空隙显示出tθ有轻微摩擦，是不典型的塞擦音；而右例中的t冲直条与元音衔接紧密无空隙，显示出t是塞音。

（7）清擦音分不送气和送气两套，即s和sh。但大部分的送气音已听不出送气成分，而且在语图上也看不出送气和不送气音的区别。如图2上的

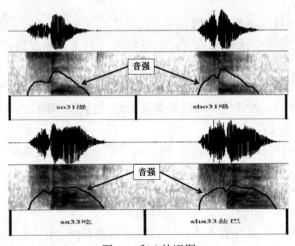

图2　s和sh的语图

so³¹ "湿" 和sho³¹ "唱"，二者的语图基本相同，能量也没有明显区别（平均音强67dB）。日常交流中还保留有很少一部分的送气擦音。如图2下的sa³³ "吃" 和sha³³ "盐巴"，二者的语图差别不很明显，唯一有差别的是二者在能量的强弱上，sha³³ "盐巴" 的平均音强为70dB，sa³³ "吃" 的平均音强为66dB，与听感一致。据缅甸语母语人介绍，平时口语中如果缺乏上下文语境，有时候会出现理解上的偏差。可见，擦音的送气特征可能是逐渐丢失了。

二　韵母

从韵母构成情况分析，现代缅甸语仰光话的韵母分为单元音韵母、复合元音韵母和带辅音尾韵母三类。

（一）单元音韵母

仰光话单元音韵母有11个，分鼻化和非鼻化两类。即

非鼻化：i、e、ε、a、ɔ、o、u

鼻化：ĩ、ẽ、ɛ̃、õ

非鼻化元音在舌位图上的分布情况具体见图3：

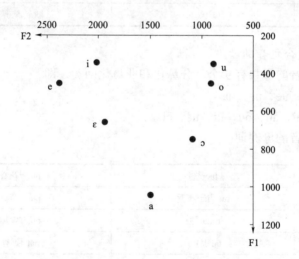

图3　缅语基本元音频率图（单位：赫兹/Hz）

图3显示，F1表示舌位的高低，舌位的高低与F1成反比；F2表示舌位的前后，舌位的前后与F2成正比。F2与嘴唇的圆展也有关系，圆唇可以使F2降低一些。图中的e比i舌位靠前，与听感一致。

在弱化音节中还出现央元音ə，在来源上是由其他元音弱化而成的，标

音时在ə元音上加ˇ表示。缅文中用不同的元音拼写，反映了原来的读音。弱化音节只出现在双音节词的前一音节或多音节词的前几个音节。如：pǎ³¹ʑĭ³³"蜻蜓〟、phǎ³¹ʐa³³"佛〟。由于ə只出现在弱化音节上，故本文不将其纳入音位系统。

单元音韵母例词：

i	pi³³完成	phi³³梳（头发）
e	pe³³给	me³³问
ɛ	pɛ³³豆	phɛ³³扑克牌
a	pa³³腮巴	pha³³青蛙
ɔ	pɔ³³便宜	phɔ³³水肿
o	po³³虫	pho³¹雄性
u	pu³³黏在一起	phu⁵²疙瘩
ĩ	pjĩ³¹修改	mjĩ³³马
ẽ	pẽ³¹棵	nẽ³¹你
ɛ̃	sɛ̃³³试	pɛ̃³³花
õ	tõ³¹鸡叫	kõ³³槟榔

（二）复合元音韵母

复合元音韵母共有9个，分鼻化和非鼻化两类，即

非鼻化：ue、uɛ、ua

鼻化：ãi、ãu、õu、ũi、uɛ̃、ẽi

复合元音韵母例词：

ue	tue³³想	pue³¹花心
uɛ	tuɛ³³lɛ³³下垂	puɛ³³节日
ua	tθua³³去	pua³³增加
ãi	tãi³¹柱子	pãi³¹拥有
ãu	tãu³¹山	pãu³¹大腿
õu	tθõu³³三	põu桶
ũi	tθũi³³（放）进去	pũi⁵²（一）朵（花）
uɛ̃	luɛ̃³³思念	suɛ̃³³有能力
ẽi	tẽ i³¹云	pauʔ⁴³sɛ̃ i³¹斧头

（三）带辅音尾韵母

缅甸语仰光话的辅音韵尾只有一个喉塞音韵尾-ʔ。带喉塞音尾-ʔ的韵母分为两类：1. 单元音带喉塞音韵尾，有 eʔ、ɛʔ、oʔ 三个。2. 复合元音带喉塞音韵母，有 aiʔ、auʔ、ouʔ、uɛʔ、eiʔ 五个。举例如下：

eʔ	kheʔ⁴³朝代	teʔ⁴³一
ɛʔ	khɛʔ⁴³难	tɛʔ⁴³上去
oʔ	poʔ⁴³擦	phoʔ⁴³蜥蜴
aiʔ	paiʔ⁴³抱	taiʔ⁴³楼
auʔ	pauʔ⁴³铲	phauʔ⁴³打洞
ouʔ	pouʔ⁴³腐烂	phouʔ⁴³烤
uɛʔ	puɛʔ⁴³沸腾	phuɛʔ⁴³藏
eiʔ	peiʔ⁴³布	pheiʔ⁴³邀请

韵母说明：

1. 带 u 的复合元音也可以处理为声母的圆唇化 w，写成 pw、tw、sw、kw、gw 等。但这样处理会增加大量的声母，不如作为元音 u 来处理，就只增加 6 个复合元音。

2. 鼻化元音（包括单元音和复合元音）都伴随鼻音韵尾。根据听感和语音实验，鼻音韵尾大致有两类，一类是与前元音结合的，韵尾发音靠前，接近-ɲ；另一类是与后元音结合的，韵尾发音靠后，接近-N。由于鼻音尾是鼻化的伴随现象，所以音系中都统一标鼻化，不标鼻音尾。

图 4 是伴随不同鼻音韵尾的鼻化元音的语图。从图中可见，每一音节的尾部都有浊音横杠。该浊音横杠即是鼻音的特征，单从该特征并不能区分出是前鼻韵尾还是后鼻韵尾，还需要结合音征来判定元音后面的辅音。音征是辅音对元音产生影响的征象，是听觉上感知辅音的非常重要的信息，反映在语图上是音轨，即元音与辅音连接处的第二或第三共振峰的走势。图中明显可以看到音节结尾第二共振峰 F2 和第三共振峰 F3 的走势变化（黑色箭头）：韵母为前元音的音节，其 F2 和 F3 的尾部是下倾趋势；而韵母是后元音的音节，其 F2 和 F3 的尾部是上扬趋势。由此可以看出，前、后元音的伴随韵尾是有区别的，与前元音结合的韵尾靠前，接近-ɲ，与后元音韵尾结合的韵尾靠后，接近-N。

3. 有的人在发 õu 时，鼻化成分丢失，读为非鼻化的 ou。

4. 鼻化复合元音韵母 ũi 中的韵尾 i，发音时舌位略低，接近 ɪ。例如：pũi⁵²（一）朵（花）的实际音值为[pũɪ⁵²]。

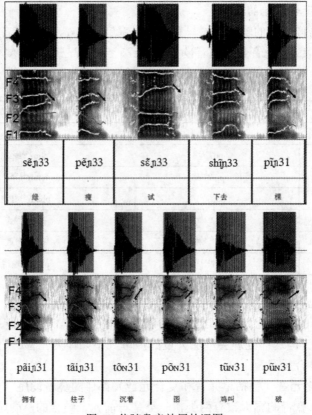

图 4　伴随鼻音韵尾的语图

注：为便于区分语图，图中把相应的伴随鼻音韵尾标出。

5. ɛ̃ 和 εʔ，发音时元音 ε 的舌位偏后，接近半低央元音 ɐ。例如：pεʔ⁴³ "泼（水）" 的实际音值是[pɐʔ⁴³]，pɛ̃³³ "花" 的实际音值是[pɐ̃³³]。

6. 少量英语借词新增了带-l尾的韵母。如：al³¹ka³¹li³¹ "碱"。由于数量少，不列入韵母系统。

7. eʔ位于舌尖中音t、th、d后时带有介音i，如：teʔ⁴³ "一" 实际发音是[tieʔ⁴³]；theʔ⁴³ "卡住" 的实际发音是[thieʔ⁴³]；deʔ⁵⁴ "卡口" 实际发音是[dieʔ⁴³]。

三　声调

缅甸语仰光话的声调有区别词汇意义和语法意义的功能。着眼整个音位系统，结合听感和实验分析结果，仰光话的声调系统可描写如下：52、31、33、43。具体声调格局见图5。

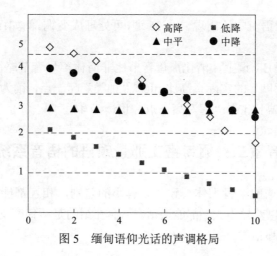

图 5 缅甸语仰光话的声调格局

声调例词：

52	31	33	43
ka^{52}跳舞	ka^{31}挡	ka^{33}车	kɛʔ^{43}贴
n̩a^{52}晚上	n̩a^{31}骗	n̩a^{33}结为夫妻	n̩ɛʔ^{43}钳
sa^{52}开始	sa^{31}文字	sa^{33}吃	sɛʔ^{43}辣
wa^{52}胖	wa^{31}黄色	wa^{33}咀嚼	wɛʔ^{43}猪

声调说明：

1. 从声调格局图上可以发现，52 调比 43 调的起点略高。二者的主要区别是，43 调比 52 调急促，43 调一般只出现在促声韵上。由于促声韵的作用，其音节实际音程很短，所以声调也显得急促陡降。图 6 是 52 调和 43 调的语调曲线图，可以看到喉塞部分能量较强，音高升高。在听感上特别显著的喉塞特征，有时在语图上的特征并不十分明显。

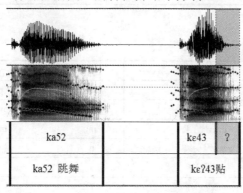

图 6 52 调与 43 调的在语图上的表现

2. 在连续语流中还出现一个 35 调，可处理成变调。例如：mɲi $^{33/35}$pauʔ^{43}"马驹"。

3. 在中平 33 调上，清化声母音节比非清化声母音节略高，读为 44，如：m̥jo^{33}"吞咽"的实际音高比mjo^{33}"种类"高一点，读为 44；ŋ̊o^{33}"使醒"的实际音高比no^{33}"醒"高一点，也读为 44。

音系二：缅甸密支那景颇语的语音系统

缅甸景颇语的语音大体一致，只有小的差别，相互都能通话。与中国景颇语相比，也差异不大，都能通话。下面介绍的是缅甸密支那景颇语（以下简称"密支那话"）的语音系统。

一　声母

密支那话的声母有 27 个。列表如下：

发音方法＼发音部位		双唇	唇齿	舌尖前	舌尖中	舌叶	舌面前	舌根
塞音	不送气	p　pj　pʒ			t			k　kj　kʒ
	送气	ph phj　phʒ			th			kh khj khʒ
塞擦音	不送气			ts		tʃ		
	送气							
鼻音		m　mj			n			ŋ　ŋj
边音				l				
擦音	清			s		ʃ		
	浊					ʒ		
半元音		w					j	

声母例词：

p	po^{33} 头		pj	pjo^{33} 融化	
pʒ	pʒu^{33} 出		ph	phaŋ^{33} 后	
phj	phjaŋ^{55} 丧失		phʒ	phʒaŋ^{31} 削	
m	mun^{33} 毛		mj	mjiʔ^{31} 眼睛	
w	wa^{731} 猪		ts	tsai^{33} 野	
s	sai^{33} 了		t	tat^{31} 放	
th	that^{31} 厚		n	nat^{31} 烧	
l	lat^{31} 开头的		tʃ	tʃat^{31} 加	

续表

ʃ	ʃat³¹　饭	ʒ	ʒa²³¹　要
j	ja²⁵⁵　现在	k	ka⁵⁵　土
kj	kja³¹　软	kʒ	kʒa³¹　略微锋利
kh	kha³¹　缺	khj	khja³¹　压服
khʒ	khʒa³¹　直至	ŋ	ŋai³³　我
ŋj	ŋjau³³　猫		

声母说明：

1. 发音部位分双唇、舌尖前、舌尖中、舌叶、舌面前、舌根 6 类。双唇音和舌根音的声母又各分 2 类：颚化音声母、卷舌化音声母。

2. 盈江话因借用汉语借词增加了送气的塞擦音声母tsh、tʃh和唇齿音f、舌根音x四个声母，而密支那话里没有这四个音位。

3. 中国盈江景颇话里的一些弱化音节在密支那景颇语里没有弱化，有些词既可变为弱化音节也可不变弱化音节。例如：

盈江话	密支那话	汉义
pă⁵⁵lam⁵¹laʔ⁵⁵	pji⁵⁵lam⁵¹laʔ³¹	蝴蝶
khă³³kjin³³	khu³³kjin³³	蚂蚁
mă³¹wa³¹	mji³¹wa³¹a³¹mju⁵⁵/mă³¹wa³¹a³¹mju⁵⁵	汉族

4. 盈江话的舌叶清擦音ʃ，在密支那部分词里发舌尖前清擦音s。例如：

盈江话	密支那话	汉义
ʃă³³pʒe̝³³	să³¹pe̝³³	黄豆
ka⁵⁵lă⁵⁵si⁵¹（ka⁵⁵ʃă³³pʒe̝³³）	ka⁵⁵să³³pe̝³³	花生

二　韵母

密支那话的韵母有 89 个。分单元音韵母（10 个）、复合元音韵母（9 个）、带辅音韵尾韵母（70 个）三类。塞辅音韵尾有-p、-t、-k、-ʔ四个，鼻音韵尾有-m、-n、-ŋ。元音分松元音和紧元音两套。

（一）单元音韵母：10 个。

i̠		e		a		o		u
i̠		e̝		a̠		o̝		u̠

例词：

i	tsi³³　苗条	i̠	tsi̠³¹　药
ə	tʃe³¹　越（好）	e̠	e̠ tʃe³³　会
a	ka³¹　话	a̠	ka̠³³　写
o	po³³　头	o̠	po̠³³　拔
u	pu³¹　穿（裤）	u̠	pu̠³¹　肠子

（二）复合元音韵母：9个。

ai　　　　au　　　　ui　　　oi　　　iu
a̠i　　　　a̠u　　　　u̠i　　　o̠i
例词：

ai	tai³³　那	a̠i	ta̠ i³³　个位
au	tʃau³³　早	a̠u	tʃa̠ u⁵⁵　倒是
ui	tui³¹　甜	u̠i	tʃu̠ i³³　缝
oi	koi³¹　公鸡	o̠i	ko̠ i³¹　躲避
iu	lǎ³¹ŋjiu⁵¹　手指		

（三）带辅音韵尾韵母的韵母：70个。

ip	it	ik	i ˀ	im	in	iŋ
i̠ p	i̠ t	i̠ k	i̠ ˀ	i̠ m	i̠ n	i̠ ŋ
ep	et	ek	e ˀ	em	en	eŋ
e̠ p	e̠ t	e̠ k	e̠ ˀ	e̠ m	e̠ n	e̠ ŋ
ap	at	ak	a ˀ	am	an	aŋ
a̠ p	a̠ t	a̠ k	a̠ ˀ	a̠ m	a̠ n	a̠ ŋ
op	ot	ok	o ˀ	om	on	oŋ
o̠ p	o̠ t	o̠ k	o̠ ˀ	o̠ m	o̠ n	o̠ ŋ
up	ut	uk	u ˀ	um	un	uŋ
u̠ p	u̠ t	u̠ k	u̠ ˀ	u̠ m	u̠ n	u̠ ŋ

例词：

ip	kjip^{55} 狭窄	i̱p	kji̱p^{31} 瘪
it	tit^{31} 钉	i̱t	ti̱t^{31} 饱的
ik	tik^{31} 极	i̱k	ti̱k^{31} 就要
iʔ	tiʔ^{231} 锅	i̱ʔ	tʃi̱ʔ^{255} （火）着
im	tsim^{31} 安静	i̱m	tsi̱m^{33} 潜（水）
in	tin^{33} 穿（鞋）	i̱n	ti̱n^{33} 急
iŋ	tiŋ^{31} 密	i̱ŋ	ti̱ŋ^{31} 瘀（血）
ep	tʃep^{55} 检查	ẹp	kă^{31}tʃẹp^{55} 拥挤
et	tset^{31} 勤快	ẹt	tsẹt^{31} 一擦而过
ek	thek^{55} 弹	ẹk	kjẹk^{31} 惨叫
eʔ	keʔ^{255} 凝结	ẹʔ	kẹʔ^{255} 凹陷
em	tem^{31} 照相	ẹm	tẹm^{31} 干脆
en	ten^{33} 搏斗	ẹn	tẹn^{33} 时间
eŋ	deŋ^{33} 千米	ẹŋ	tẹŋ^{31} 真实
ap	gap^{31} 借（工具）	a̱p	ʃă^{31}ka̱p^{31} 下巴
at	pat^{31} 往返	a̱t	pa̱t^{55} 堵
ak	jak^{31} 困难	a̱k	ta̱k^{31} 猜
aʔ	waʔ^{231} 猪	a̱ʔ	ta̱ʔ^{255} 手
am	tam^{33} 串（门）	a̱m	ta̱m^{33} 找
an	wan^{31} 火	a̱n	tsa̱n^{33} 远
aŋ	maŋ^{33} 尸体	a̱ŋ	ma̱ŋ^{33} 紫色
op	kop^{31} 隐蔽	ọp	kọp^{31} 凉
ot	pot^{31} 喂	ọt	pọt^{31} 生气
ok	kok^{31} 房间	ọk	kok^{55} 罐子
oʔ	loʔ^{255} 够	ọʔ	kọʔ^{255}si^{33} 饿
om	tsọm^{31} 漂亮	ọm	lọm^{55} 参加
on	tʃon^{31} 骑	ọn	tʃọn^{33} 勤快
oŋ	poŋ^{33} 商量	ọŋ	pọŋ^{33} 磅
up	tụp^{55} 齐	ụp	tup^{55} 稍秃的
ut	tut^{31} 卖	ụt	tụt^{55} 经常
uk	puk^{31} 本	ụk	pụk^{55} 呼叫
uʔ	luʔ^{231} 喝（水）	ụʔ	pụʔ^{255} 疲劳
um	tum^{31} 敲（鼓）	ụm	tụm^{33} 核
un	tsun^{33} 勺子	ụn	tsụn^{33} 讲
uŋ	tuŋ^{33} 坐	ụŋ	tụŋ^{33} 大伯母

韵母说明:

1. 复元音韵母iu 在景颇语本族词里没有,也没有与之对应的紧元音,可能是从缅语lɛʔ⁴³n̥o⁵⁵ "食指" 中借来的。

2. -p、-t、-k的发音只闭塞不破裂。

三　声调

密支那话的声调有 4 个:高平、中平、低降、高降。高降调大多出现在变调中,举例如下:

高平	中平	低降	高降
kǎ³¹wa⁵⁵ 咬	wa³³ 牙	wa³¹ 回	wa̠⁵¹ 父亲
moi⁵⁵ 还	mo̠i 姑姑	moi³¹ 从前	moi⁵¹ 很久以前(加强语气)

声调说明:

1. 带塞音韵尾的音节只出现在高平、低降两个声调上。

2. 带塞音韵尾的音节出现在高平调上时,实际调值是 54。

3. 盈江中读中平调调的个别词,在密支那景颇话中读降低调。例如:

盈江话	密支那话	汉义
sum³³ʒi³³	sum³¹ʒi³³	绳子
sum³³pa̠n³³	sum³¹pa̠n³³	布
khum³³kjin³³si³¹	khum³¹kjin³³si³¹	黄瓜

音系三:缅甸掸邦东枝勃欧语语音系统

本音系是缅甸掸邦东枝北部mje³¹phju³¹jɛʔ⁵⁵kuɛʔ⁵⁵(篾普叶桂)村勃欧语在当地的语音纪实。

发音人的勃欧语名是mji⁵⁴duiʔ⁵⁵(蜜兑),缅语名是naŋ³³jiʔ⁵⁵jiʔ⁵⁵mun³¹(囊依依门),今年 25 岁,毕业于东枝大学化学系。她是在勃欧人的村寨土生土长的,勃欧语是她的第一语言。除了勃欧语外,她还熟练掌握缅语文,并能说常用的英语。

一　声母

勃欧语的声母共有 32 个。特点主要有: 1. 分清浊; 2. 分齿间音、舌尖音、舌叶音三套；3. 有带ʒ的舌叶化声母。勃欧语的声母系统见下表：

发音部位 发音方法			双唇		唇齿		齿间	舌尖前	舌尖中	舌叶	舌根		
			非腭化	腭化	非腭化	腭化					非腭化	腭化	舌叶化
塞音	清	不送气	p	pj					t		k	kj	kʒ
		送气	ph	phj					th		kh	khj	khʒ
	浊	不送气	b	bj					d				
塞擦音		不送气					tθ			tʃ			
		送气								tʃh			
擦音	清				f	fʒ		s		ʃ	x		
	浊										ʒ		
鼻音			m	mj					n		ŋ	ŋj	
边音									l				
半元音			w							ʑ			

声母举例：

p	pe³³ 小小的		pɛŋ³³ 拥有
ph	phe³³ 给		phɛŋ³³ 缺口
b	be³¹ 豆豉		a³¹bɔ³¹ 薄
m	me³³ 火		sɔ̌³¹men³³ 历史
pj	pjɔ³³ 高兴		pjaʔ⁵⁵ （给人）看
phj	phjɔ⁵⁵ 泡（茶）		phjaʔ⁵⁵ 织（席子）
bj	bjɔ³³ 水壶（古代）		bjaŋ³⁵ 掰断
mj	mjɔ³³ 蚂蟥		a³¹mjin³¹ 脓
f	fau³³ 傣族		fe³³ 买
fʒ	fʒe³³ 舌头		fʒa³³ （一）个（人）
tθ	tθue³³ 打		tθiak⁵⁵ 敲（头）
s	sa³³ 盐		se⁵³ 马
t	tan³¹ 大		ta³¹ 一
th	than³⁵ 出（去）		tha³¹ （一）拃
d	de³³ 青蛙		da³¹ 铺（床）
n	ne⁵³ 娶		na³³ 你

续表

l	la³¹　月亮	le³¹　亮
tʃ	tʃaŋ³¹　洗净	tʃa³³　（火星）燃
tʃh	tʃhaŋ³¹　象	tʃha⁵³　嫩
ʃ	ʃu³¹　杵	ʃi⁵⁵　尿
ʒ	ʒən³¹　银子	ʒet⁵⁵　唱
z	a³¹za⁵⁵　肉	zɔʔ³⁵　肿
k	kɔn³¹　山	ka³³　车
kh	tθə̃³¹khɔn³³　虾子	kheʔ³⁵　（天）黑
x	xan³⁵ni³³　今天	xɛʔ⁵⁵　叫
ŋ	ŋe⁵³　晚辈	ŋaʔ⁵⁵　笑
kj	kjaʔ⁵⁵　鬼处	kjɔ³¹　炒
khj	khjaʔ⁵⁵　挤	khjɔ³³　滑
ŋj	ŋjaʔ⁵⁵　久	ŋjɔ³³　猫
kʒ	kʒam³³　毛手毛脚	kʒɔʔ⁵⁵　刮（胡子）
khʒ	khʒəʔ⁵⁵　打鼾	khʒeʔ⁵⁵　蚊子
w	we³³脏	wai³⁵　拜

声母说明：

1. 声母系统对立不整齐。如：双唇、舌尖中的塞音有清浊对立，但舌尖前、舌叶、舌根等塞音有清无浊。在擦音上，只有舌叶音有清浊对立，其他只有清音，没有浊音。齿间音、舌尖前音各只有一个。

2. 舌叶音tʃh与ʃ在部分词上可以自由变读。如：a³¹tʃha³³～a³¹ʃa³³酸、a³¹ʃa³³～a³¹tʃha³³饲料。

二　韵母

勃欧语的韵母共有80个。韵母的主要特点是：1. 以单元音韵母为主，复合元音韵母很少。2. 元音无松紧、长短的对立。3. 韵尾有-m、-n、-ŋ、-p、-t、-k、-ʔ七个。塞音韵尾只闭塞不爆破。

（一）单元音韵母

单元音韵母有i、e、ɛ、a、ɔ、o、u、ɯ、ə 9个。例词如下：

i	di³³·　蛋	thi³¹　水
e	de³³　青蛙	e³³　屎
ɛ	tɛ³³　住（饭店）	bɛ³　¹山羊

续表

a	ta³³　挡	la³¹　月亮
ɔ	tɔ⁵⁵　农村	ŋjɔ³³　猫
o	to³³　增加	ʑo³¹　这
u	tu³³　块状	su³¹　六
ɯ	tɯ³¹　不听话	sɯ³³　跳蚤
ə	thəʔ⁵⁵（一）阶	mə⁵³　母亲

（二）复合元音韵母

复合元音韵母有 7 个。有以u起首的复合元音ue、uɛ、ua，有以a起首的复合元音au、ai，还有以i起头的复合元音韵母ia、iu。例词如下：

ue	sue³³　血	khʒue³¹　我
uɛ	kuɛ³¹sa³⁵　兔子	khuɛ³³ba³³　见面
ua	a³¹ʃua³³　长	
au	xa⁵⁵ʒau³³　早晨	dau³¹　酒
ai	pǎ³¹mai³³　谁	kam⁵³pai⁵³　鸭子
ia	tθia³³xu⁵³　筛（米）	tθð̃³¹nia³³　红
iu	paʔ³¹tʃhiu³³ʹ⁵⁵洗（衣）	

（三）带辅音尾韵母

带辅音尾韵母有 64 个。例词如下：

im	tim³³　（烧）香	kim³³
in	tin³³　吉他	mjin³³　名字
iŋ	a³¹khiŋ⁵⁵　时间	liŋ³³　欺骗
em	bɯ⁵³em³¹ʹ⁵³糯米饭	
en	men³³　正确	
eŋ	neŋ³³　年	a³¹beŋ³³　鳞
ɛm	khʒɛm³¹　庹	sɛm⁵³　随身带
ɛn	ken⁵³　讽刺	sɛn³³　裂
ɛŋ	tθð̃³¹kɛŋ³³　弯	sɛŋ³³　回
am	kham⁵³　雨	ŋam⁵³　害怕
an	a³¹khan³³　房间	phan⁵³　分

aŋ	khaŋ³³ 脚	phaŋ³³ 带去	
ɔm	ʒɔm³¹ 攒钱	sɔm³¹ 三	
ɔŋ	kɔŋ³¹ 山	sɔŋ³¹ 助	
ɯm	tʃɯm⁵³ 油渍	kɯm³³ 热闹	
ɯn	sɯn⁵⁵ 肝	dɯn³¹ 厚	
ɯŋ	thɯŋ⁵³ 蚂蚁	pɯŋ⁵³ 挂	
əm	kəm⁵³ 不舒服	nəm³³ 闻	
ən	ʒən³¹ 银	ŋən³³ 脖子	
əŋ	phəŋ³³ 锅	thəŋ³³ 站	
om	kom³³ 臀部	thom³³ 握（紧）	
on	kon³³ 货	khon³¹ 皇帝	
oŋ	koŋ³³ 帽子	doŋ³¹ 村寨	
um	kum³³ 足够	sum³³ 赌输	
un	thun³³ 柱子	sun³³ 蘑菇	
uŋ	phuŋ³³ 打破	tʃuŋ³³ （一）双	
ip	lip⁵⁵ 扭（筋）	kip³¹ 夹	
it	lit³⁵ 四	lit⁵⁵ 旋转	
ik	lik⁵⁵ 文字	pik⁵⁵ʑa³³ 布	
iʔ	khji ʔ⁵⁵ŋa³³ 能够		
ep	kep³⁵ 收（捐钱）	me⁵⁵khʒep⁵⁵火柴盒	
et	xet⁵⁵ （鼻）翘状	khjet³⁵ 掏（耳屎）	
eʔ	fʒeʔ⁵⁵ 肠子	deʔ³⁵ 翅膀	
ɛp	ɛp⁵⁵ 盒子（放槟榔）	dɛp³⁵ 蘸（吃）	
ɛt	kɛt³⁵ 打分	pɛt⁵⁵ （饭）烂	
ɛk	kɛk⁵⁵ 划算	thɛk³⁵ 蹦蹦跳跳	
ɛʔ	ɛʔ⁵⁵ 撕开	ʑɛʔ⁵⁵ 蚯蚓	
ap	thap⁵⁵ 屎（在肚中）	kap⁵⁵ 供（佛）	
at	ŋat³⁵ 五	tθə̌ ³¹wat³⁵ 蜜蜂	
ak	sak⁵⁵ 岁月		
aʔ	saʔ³⁵ 生命	kaʔ³⁵ 穿	
ɔp	kɔp⁵⁵nau³³maʔ⁵⁵所以	nɛŋ³⁵khɔp⁵⁵年收成	
ɔt	pɔt⁵⁵刷（牙）	phɔt³⁵ 打扫	

续表

ɔk	kə̆³¹nɔk³¹脑	ŋɔk³¹　点（头）
ɔʔ	khɔʔ⁵⁵　叠（被）	sɔʔ³⁵　放入
op	op⁵⁵　说（背后话）	top⁵⁵打　（一拳）
ot	xot³⁵　抓痒	mot³⁵　（动物）抓痒
ok	sok³⁵　（胡子）旺	bok⁵⁵　水杯
oʔ	xoʔ³⁵　肚子	doʔ³⁵　盖（盖子）
əp	nəp³¹tʃhən⁵⁵胡子	
ət	bət³⁵　凉拌	mət⁵³　黑黝黝
ək	tək⁵⁵　断	mək⁵⁵　野性
əʔ	tə̆³¹nəʔ⁵⁵　发抖	khʒəʔ⁵⁵　长不大
ɯp	dɯp³⁵　擦（桌子）	sɯp⁵⁵　水管
ɯt	nɯt³⁵　七	mɛʔ⁵⁵lɯt³⁵　对眼
ɯk	tɯk⁵⁵　箱子	lɯk⁵⁵ʒue³³　挑（号）
ɯʔ	dɯʔ³⁵　后面	phɯʔ³⁵　扶（起）
up	up⁵⁵　钵	sup⁵⁵　连接
ut	kut³⁵　九	a³¹tʃhut⁵⁵　骨头
uk	thak⁵⁵khjuk⁵⁵便秘	tʃhuk⁵⁵　调皮
uʔ	tʃuʔ⁵⁵　积攒	kuʔ⁵⁵so³³　丧事

还有少量复合元音带塞音尾的韵母。如：

uak　　　　khuak³⁵冷

iak　　　　liak⁵⁵舔

uaʔ　　　　a³¹khuaʔ³⁵　冷

三　声调

勃欧语的声调有 5 个。其调值、例词如下：

高平 55（54）	中平 33	低降 31	高降 53	高升 35
ka⁵⁵下巴	ka³³车	ka³¹（一）步	ka⁵³贵	ka³⁵运气
phaʔ⁵⁵同龄	pha³³灰	pha³¹父	pha⁵³宅	phaʔ³⁵切（水果）
tθə̆³¹wa⁵⁵年（当和尚）	wa³³丈夫	wa³¹棉花	wa⁵³鸟	wa³⁵竹子

声调说明：

1. 高平调出现在舒声韵上的是 55 调，出现在促声韵上的是 45 调。如：

ka⁵⁵下巴、kaʔ⁵⁵⁽⁵⁴⁾呢。tθɔ̆ ³¹wa⁵⁵年（当和尚）、waʔ⁵⁵／⁵⁴倒下。

2. 连音中的变调主要有前一音节变调和后一音节变调两种。后一音节变调的如：

mɔŋ⁵⁵khʒɔŋ³¹／⁵³ 蒸笼	mɛ⁵⁵ŋa³¹／⁵³ 脸
mɯ⁵⁵xa³¹／⁵³ 晚上	bɯ⁵³em³¹／⁵³ 糯米饭
we⁵⁵kho³¹／⁵³ 哥哥	

前一音节变调的如：

me³³／³⁵kim³³ 火钳	si³³／³⁵kǎ ³¹lu³³ 辫子
lɔŋ⁵³／³⁵tu³³石头	thɔm⁵³／⁵⁵khuaʔ²³⁵骑
sɯn⁵⁵／³¹sɔ³³肺	saʔ²³⁵／³¹ʒa³³ 心脏

两个音节都变调的如：
sɯn⁵⁵／³⁵thi³¹／⁵³胆

四 弱化音节

勃欧语有弱化音节。所谓"弱化音节"，是指部分双音节词的前一音节，读得轻而短，构成一个半音节。弱化音节的元音为ɔ̆（˘表示弱化），其声母主要是tθ，还有少量的p、k。如：tθɔ̆ ³¹dɔŋ⁵³梯子、tθɔ̆ ³¹phu³¹路、tθɔ̆ ³¹nat⁵⁵枪、tθɔ̆ ³¹lɔk³⁵鬼、pɔ̆ ³¹si³³铁、kɔ̆ ³¹tu³³头、kɔ̆ ³¹nɔk³¹脑髓。

五 勃欧语与克伦语的比较

勃欧语接近克伦语。经初步比较，在基本词汇中与克伦语有部分同源词。下面列出一些与克伦语（克伦邦巴格瑙阿果地区月村的克伦语为例）的同源词：

勃欧语	克伦语	汉义
moʔ³⁵	mu⁵⁵kho³¹	天
la³¹	la̰ ⁵⁵	月亮
tθɔ̆ ³¹li³³	gǎ ³¹li³³	风
me³³	mḛ ³¹	火
thi³¹	thi⁵⁵	水
tθɔ̆ ³¹sa³³	i⁵⁵tθa ³¹	盐

续表

勃欧语	克伦语	汉义
mɛʔ⁵⁵	mi³³khlj ⁵⁵	眼
na³⁵la³⁵	na³¹	耳
thɔʔ³⁵	thǫ ⁵⁵	猪
thue³³	thui³¹	狗
a³¹thɔ³¹	thɔ⁵⁵	高
a³¹bue³¹	buɛ³³	满

在语音系统上，勃欧语与克伦语有同有异，但异大于同。相同的是：
1. 二者在塞音上都有清浊对立；2. 有齿间音tθ；3. 有弱化音节。不同的是：
1.克伦语有带-l的复辅音声母。如pl、ml、kl、gl等；但勃欧语没有。2. 勃欧语有腭化声母和带ʒ化音的声母，如pj、phj、mj、kj、khj、ŋj、kʒ、khʒ等，但克伦语没有。3. 克伦语有松紧元音对立，勃欧语没有。4.勃欧语有带-m、-n、-ŋ、-p、-t、-k、-ʔ韵尾的韵母，克伦语没有。

基本词汇中还有不少异源词。例如：

勃欧语	克伦语	汉义
moʔ³⁵e³³	da³¹ɣ ³¹	云
kɔŋ³¹	gǎ ³¹dzo³¹kho³¹	山
tθɔ̃ ³¹phu³³	klɛ ⁵⁵	路
sai³³	mǫ ⁵⁵	沙
xam³⁵	hɔ³¹kho³¹	土
kham³³	thu⁵⁵	金子
pǎ ³¹si³³	tha⁵⁵	铁
doŋ³¹	tθǎ ³¹wɔ ⁵⁵	村子
kǎ ³¹tu³³	kho³¹tθa³¹	头
fʒɔŋ³³	kho³¹bu³³	嘴
ŋən³³	kho³¹dze³³	脖子
sum³⁵/³¹sɔ³³	gǎ ³¹tθǫ ³¹	肺
a³¹mjin³¹	a³¹phɯ⁵⁵	脓
lo³³	bua³³	人
pha³¹fʒa⁵³	phi⁵⁵bo³³khua⁵⁵	爷爷
pho⁵³	glɔ³¹	黄牛

续表

勃欧语	克伦语	汉义
gã̱^{31}tθe̱^{31}	se^{53}	马
ke^{31}	bɔ̱^{33}tθo^{31}	老虎
zoʔ^{53}	da^{31}u̱^{55}	猴子
wa^{53}	tho^{33}bɔ̱^{55}	鸟
thaʔ^{55}pe^{33}	na^{31}	鱼
tθɔ̃^{31}wat^{35}	gã^{31}ne̱^{55}	蜜蜂
seŋ^{33}mu^{53}	tθe^{31}	树
kau^{35}	phɔ^{55}	花
a^{33}tan^{31}	do̱^{31}	大
a^{31}dəŋ^{33}	phɯ^{31}	短
a^{31}tʃhoŋ^{53}	jɔ^{31}	深
a^{31}fʒɛŋ^{53}	a^{31}tθu̱^{55}	黑
a^{31}bua^{31}	a^{31}wa̱^{55}	白
a^{31}thɯ^{33}	xø^{55}	重
a^{31}tʃgəʔ^{35}	ma̱^{55}	硬
kəʔ^{35}	buɛ^{33}	饱
phɔʔ^{55}	dzɔ^{33}	抱
am^{33}	ɔ^{31}	吃

音系四：掸邦东枝果敢话音系

　　缅甸的果敢人是缅甸的一个民族。其语言果敢话属于汉语西南官话滇西片。

　　本音系的发音人是冯洁若，现年 18 岁，出生于缅甸掸邦东枝市，没有长时间离开过家乡。果敢话是她的母语，也是她的第一语言，除此之外，她还会说汉语普通话、缅语。其父母也是果敢族。在记音过程中，其姨妈赵恬娟始终在场，对她的发音表示认可。赵恬娟现年 35 岁，是土生土长的果敢人，现为东枝市果义中学语义教师，其第一语言及母语也是果敢话，还兼用汉语普通话和缅语，但缅语水平仅为略懂。本文的记音还经缅甸掸邦东枝市果敢人杨香涤核对过。

　　下面分别对果敢话的声母、韵母、声调进行分析、描写。

一 声母

东枝果敢汉语的声母共有 21 个。其主要特点是：1. 塞音、塞擦音有送气、不送气的对立，但无清浊对立，只有清音，没有浊音。2. 擦音清浊对立的有s-z、ç-ʐ两对，f、x没有与之对立的浊音。3. 塞擦音、擦音只有舌尖前音、舌面前音两套，没有舌叶音和舌尖后音。果敢话的声母见下表：

发音方法＼发音部位		双唇	唇齿	舌尖前	舌尖中	舌面前	舌根
塞音	不送气	p			t		k
	送气	ph			th		kh
塞擦音	不送气			ts		tç	
	送气			tsh		tçh	
擦音	清		f	s		ç	x
	浊			z		ʐ	
鼻音		m			n		ŋ
边音					l		

声母例词：

p	pa³¹ 爸	pa⁵⁵ 坝
ph	pha³¹ 耙	pha⁵⁵ 怕
m	ma³¹ 麻	ma⁵⁵ 骂
f	fa²² 发	faŋ⁵⁵ 饭
ts	tsɔŋ³³ 中	tsau³¹ 早
tsh	tshɔŋ³³ 虫	tshau³¹ 草
s	sau³¹ 嫂	saŋ³¹ 伞
z	zau³¹ 绕	zaŋ³¹ 燃
t	tiau⁵⁵ 钓	tɤ⁵⁵ 肚
th	thiau⁵⁵ 跳	thɤ⁵⁵ 吐
n	nu⁵⁵ 怒	naŋ³¹ 难
l	lu⁵⁵ 路	laŋ³¹ 兰

续表

tɕ	tɕiŋ³³ 晴	tɕiaŋ³³ 将
tɕh	tɕhiŋ³³ 青	tɕhiaŋ³³枪
ɕ	ɕiŋ³³ 心	ɕiaŋ³³ 香
ʑ	ʑiŋ³³ 鹰	ʑaŋ³³ 秋
k	kau³³ 高	kuai⁵⁵ 怪
kh	khau³³ 敲	khuai⁵⁵ 快
x	xau³¹ 好	xuai⁵⁵ 坏
ŋ	ŋɔ³¹ 我	

声母说明：

1. 舌尖前音ts、tsh、s与后元u、o、ɔ、ɣ结合时，舌面略抬起，带有舌叶音的特点。如：suaŋ³³双、tsɔ³¹左。

2. ŋ出现频率很低。

二　韵母

果敢话的韵母共有 33 个。其主要特点是：1. 单元音韵母以舌面元音为主，舌尖元音只有一个前元音，没有舌尖后元音。2. 复合元音韵母有二合的，也有三合的。三合复元音韵尾只出现在齐齿呼和合口呼韵母上。3. 辅音韵尾只有 1 个后鼻音韵尾-ŋ。

开口呼	齐齿呼	合口呼	撮口呼
ɿ	i	u	y
ɛ	iɛ		yɛ
o			
ɔ			
a	ia	ua	
ə		uə	
ai		uai	
ei		uei	
au	iau		
ou	iou		
		un	

举例如下：

ɿ	tsɿ³³资	tsɿ³³支
a	pa²²八	sa²²杀
ə	pə²²百	sə²²舌
i	i³¹椅	tɕi⁵⁵记
y	y³¹雨	tɕy⁵⁵锯
u	ku³³菇	pu⁵⁵布
o	lo⁵⁵路	ko³³孤
ɔ	xɔ³¹火	tɔ³³朵
ai	mai⁵⁵卖	tsai³¹宰
ei	mei⁵⁵妹	phei³¹赔
au	sau³¹嫂	xau³¹好
ou	sou³¹手	xou³¹喉
iɛ	tɕie⁵⁵借（钱）	ɕie³⁵斜
ia	tɕia⁵⁵架	ɕia²²瞎
iau	tɕhiau³¹桥	niau³¹鸟
iou	tɕiou³¹酒	tɕiou⁵⁵旧
ua	kua³¹寡	ua³³蛙
uə	lau³¹kuə³³老头儿	
uai	kuai⁵⁵快	xuai⁵⁵坏
uei	kuei⁵⁵贵	xuei⁵⁵会
yɛ	yɛ²²月	tɕhyɛ³¹脐
un	sun³³孙	tshun村
aŋ	kaŋ³³干	saŋ³³三
oŋ	koŋ³³弓	soŋ³³松
əŋ	kəŋ³³根	səŋ³³生
iŋ	tɕiŋ³³间	piŋ³³兵
iaŋ	niaŋ³³娘	liaŋ⁵⁵亮
ioŋ	ɕioŋ³³胸	tɕhioŋ³¹穷
uaŋ	kuaŋ³³关	suaŋ³³酸
uoŋ	uoŋ³³温	uoŋ³³翁
uəŋ	uəŋ⁵⁵问	uəŋ³¹闻
yŋ	ɕyŋ³¹选	tɕhyŋ³¹全

韵母说明：

1. 单元音中的u，实际音值是[v]。发音时上齿轻触下唇内侧，气流摩擦而过。如：thu³¹"土"的实际音值是[thɣ³¹]，mu³¹"母"的实际音值是[mɣ³¹]。

2. y发音时后带有不明显的e尾音。如：y³¹"雨"的实际音值是[ye³¹]。

三　声调

果敢话有平、上、去、入4个声调（不包括轻声）。平声为中平调，调值为33；上声为中降调，调值为31；去声为高平调，调值为55；入声为低平调，调值为22。列表如下：

平声 33	上声 31	去声 55	入声 22
ko³³哥	ko³¹果	kɔ⁵⁵个	ko²²割
tsʉ³³猪	tsʉ³¹煮	tsʉ⁵⁵柱	tsʉ²²祖
tɕi³³鸡	tɕi³¹己	tɕi⁵⁵记	tɕi²²急
pa³³芭	pa³¹爸	pa⁵⁵坝	pa²²八

声调说明：

1. 22调有时念成223。

2. 入声与上声的发音非常接近，差异不太明显，但耳听仍有细微差异。

附录二 缅甸四种语言的 400 个基本词总表

序号	汉义	缅语仰光话	密支那景颇语	东枝勃欧语	东枝果敢汉语
1	天	kãu³³kĩ³¹	lă³³mu³¹	moʔ⁵⁵	thiŋ³³
2	太阳	ne³¹	tʃan³³	mɯ⁵³	thai⁵⁵ʑaŋ³¹
3	月亮	la⁵²	ʃã³³tạ³³	la³¹	ye²²liaŋ⁵⁵
4	星星	tɕɛ³¹	ʃã³³kạn³³	tʃha³³	ɕiŋ³³ɕiŋ³³
5	云	tẽi³¹	să³³mui³³	moʔ³⁵e³³	yŋ³¹
6	风	le³¹	n³³puŋ³³	tθă³¹li³³	foŋ³³
7	雨	mo³³	mă³³ʒaŋ³³	kham⁵³	y³¹
8	火	mi³³	wan³¹	me³³	xɔ³¹
9	（火）烟	mi³³kho³³	wan³¹khut³¹	me³¹lui³¹	（xɔ³¹）ʑiŋ³³
10	气	le³¹	n³³saʔ³¹	tθă³¹li³³	tɕhi⁵⁵
11	山	tãu³¹	pom³¹	kɔŋ³¹	san³³
12	洞	a³¹pauʔ⁴³	khu³³	a³¹tθo³¹	toŋ⁵⁵
13	井	ʑe³¹tũi³³	khaʔ³¹thuŋ³³	thi³¹ɔŋ³³	tɕiŋ³¹
14	路	lɛ̃³³	lam³³	tθă³¹phu³¹	lo⁵⁵
15	土	mje³¹tɕi³³	ka³³	xam³⁵	thu³¹
16	水田	lɛ³¹	khau³³na³¹	lai⁵³	thiŋ³¹pa⁵⁵
17	石头	tɕauʔ⁴³tõ³³	n³³luŋ³¹	lɔŋ³³/³⁵tu³³	sɿ²²thou³¹
18	沙子	tθɛ³³	sai³¹pʒu³¹	sai³³	sa³³tsɿ²²
19	水	ʑe³¹	khaʔ³¹	thi³¹	suei³¹
20	金子	çue³¹	tʃa³¹	kham³³	tɕiŋ⁵⁵tsɿ³³
21	银子	ŋue³¹	kəm³¹phʒo³¹	ʒən³¹	ʑiŋ³¹tsɿ³³
22	铜	tɕe³³	mă³³kʒi³³	tθɔŋ³³	thoŋ³¹
23	铁	tθɛ̃³¹	phʒi³¹	pă³¹si³³	thie³¹
24	盐	sha³³	tʃum³¹	tθă³¹sa³³	ʑiŋ³¹
25	村子	ʑua³¹	mă³³ʒe³³	doŋ³¹	tsai⁵⁵tsɿ³³

序号	汉义	缅语仰光话	密支那景颇语	东枝勃欧语	东枝果敢汉语
26	桥	ta³¹ta³³	mă³³khʒai³³	tθă³¹tha⁵³	tɕhau³¹
27	坟	ouʔ⁴³gu³¹	lup³¹wa³¹	mok⁵⁵	fən³¹
28	身体	khɛ̃³¹na³¹ko³¹	khum³¹khʒaŋ³¹	nam⁵³	sən³³tsɿ³³
29	头	gãu³³	poŋ³³	kă³¹tu³³	thou³¹
30	头发	zɔ̌³¹pĭ³¹	kă³³ʒa⁵⁵	kă³¹lu³³	thou³¹fa²²/³⁵
31	辫子	tɕeʔ⁴³sa³¹m̩i³³	ka³³ʒa⁵⁵ʃim³¹ket³¹	si³³kă³¹lu³³	piŋ⁵⁵tsɿ³³
32	眼睛	mjɛʔ⁴³si⁵²	mji⁷³¹	mɛʔ⁵⁵	ʑiŋ³¹tɕiŋ³³
33	鼻子	n̩ɔ̌³¹khãu³³	la³³ti⁵¹	ni⁵⁵phu⁵³	pi³¹tsɿ³³
34	耳朵	na³³ʐue⁴³	na³³	na⁵⁵la³³	ə³¹tɔ³³
35	脸	mjɛʔ⁴³na³¹	ni⁷³¹man³³	mɛ³³a³¹	liŋ³¹
36	嘴	pɔ̌³¹zɛʔ⁴³	n³¹kup³¹	fʒoŋ⁵³	tsuei³¹
37	脖子	lɛ³¹pĭ³³	tu⁷³¹	ŋən³³	pɔ³¹tsɿ³³
38	肩膀	pɔ̌³¹khɔ̃³³	lă³³pha⁷³¹	pă³¹leŋ³¹	tɕiŋ³³paŋ³¹
39	背	tɕɔ³³	ʃiŋ³¹ma³³	ŋaŋ⁵⁵oŋ³³	pei⁵⁵
40	肚子	baiʔ⁴³	kan³³	xo⁷⁵⁵	tu⁵⁵tsɿ³³
41	肚脐	tɕhɛʔ⁴³	ʃă³³ai³³	pă³¹de⁵³	tu⁵⁵tɕhye³¹
42	脚	tɕhe³¹dauʔ⁴³	lă³³koŋ³³	khan³⁵	tɕɔ²²
43	手	lɛʔ⁴³	lă³³tă̩⁷⁵⁵	tʃu³¹	sou³¹
44	手指	lɛʔ⁴³tɕhãu³³	liŋ³¹niu³¹	tʃu³¹non³¹	tsɿ²²thou²²
45	指甲	lɛʔ⁴³tθɛ³³	lă³³mjan³³	tʃu³¹mi⁵⁵	tsɿ²²tɕa²²
46	血	tθue³³	sai³¹	sui³³	çye²²
47	筋	a³¹tɕɔ³³	lă³³sa⁵⁵	a³¹fʒi³³	tɕiŋ³³
48	脑髓	õ³³nauʔ⁴³	po³³nu⁷⁵¹	kă³¹nɔk³¹	nau³¹suei³¹
49	骨头	a³¹ʐo³³	n³³ʒa³³	a³¹tʃhut³⁵	ku²²thou³³
50	肋骨	nɛ̃³¹ʐo³³	kă³³ʒep³¹n³³ʒa³³	să³¹aŋ³¹ʒɛ³³tʃhut⁵⁵	tɕiŋ³³kuə³¹
51	牙齿	tθua³³	wa³³	tθă³¹ŋa³³	ʐa³¹tsɿ³³
52	舌头	ça³¹	ʃiŋ³¹let³¹	fʒe³³	sə²²thou³³
53	喉咙	lɛ³¹dʐãu³³	ju⁷³³khʒoŋ³³	kă³¹thoŋ³³	xou³¹lɔŋ³¹
54	肺	a³¹sou?⁴³	sin³¹wop⁵⁵	suɯ⁵⁵/³⁵sɔ³³	fei⁵⁵
55	心脏	n̩ɔ̌³¹lõ³³	să³³lum³³	sa⁷³¹ʒa³³	çiŋ³³tsaŋ⁵⁵
56	肝	a³¹tθɛ³³	sin³¹	suɯ⁵⁵	kaŋ³³

序号	汉义	缅语仰光话	密支那景颇语	东枝勃欧语	东枝果敢汉语
57	胆	tθe³³tɕhe³¹	ʃã³³kʒi³¹	sum⁵⁵/³⁵thi³¹/⁵³	taŋ³¹
58	肠子	u³¹	pu̱³¹	fʒe²⁵⁵	tshaŋ³¹tsʅ³³
59	屎	mɔ̌³¹sʅ³¹/i³³	khji⁵⁵	e³³	sʅ³¹
60	尿	tθe³³/shi³³	tʃit³¹	ʃi⁵⁵	ɕye³³
61	汗	tɕhue³³	sǎ³³lat³¹	kǎ³¹so³³	xaŋ⁵⁵
62	鼻涕	n̥ɛʔ⁴³tɕhe³³	lǎ³³ti³¹khi³³	ni⁵⁵phu⁵³e³³	phi³¹tɕhi⁵⁵
63	眼泪	mjɛʔ⁴³ze³¹	mji²⁵⁵pʒu̱ i³³	mɛ²⁵⁵thi³¹/⁵³	ziŋ³¹lei⁵⁵
64	脓	pji³¹	mǎ³³tsu̱ i³³	a³¹mjin³¹	noŋ³¹
65	尸体	a³¹lãu³³	maŋ³³	lo³³si³¹/⁵	sʅ³³thi³¹
66	汉族	xɛ̃³¹lu³¹mjo³³	mji³¹wa³¹mju³³	xan³¹lo³³mjo³³	xaŋ⁵⁵zəŋ³¹
67	人	lu³¹	mǎ³³ʃa³¹	lo³³	zəŋ³¹
68	小孩儿	ka³¹le³³	ma³¹kǎ³³ʃa³¹	lo³¹pe³³	ɕau³¹ua³³
69	老头儿	a³¹pho³³o³¹	tiŋ³¹la³³	pha³¹fʒa⁵³	lau³¹kuɜ³³
70	老太太	a³¹phua³³o³¹	tiŋ³¹kai³³	mɔ³³/⁵³fʒa⁵³	lau³¹ma³³ma³³
71	姑娘	kãu³¹ma⁵²le³³	neŋ³³kǎ³¹ʃa³¹	lo³³mu⁵⁵pe⁵⁵	ku³³niaŋ³³
72	士兵	seʔ⁴³tθa³³	phjen³³la³¹	tʃe⁷³¹sa⁵³	sʅ⁵⁵piŋ³³
73	巫师	m̥ɔ³¹shɔ̌³¹za³¹	tum³¹sa³³	ʒe³³ja⁷⁵¹tʃhǎ³¹ʒa³³	u³³sʅ³³
74	贼	tθɔ̌³¹kho³³	lǎ³¹kut³¹	tθǎ³¹khun³³	tsei³¹
75	朋友	tθɔ̌³¹ŋɛ³¹tɕhĩ³³	mǎ³³naŋ³³	sua⁷³⁵	phoŋ³¹zou³¹
76	瞎子	mjɛʔ⁴³ma³¹mʃĩ³¹	mji⁷³¹mu²⁵¹	mɛ²⁵⁵khe³³	ɕa²²tsʅ³³
77	主人	ɛ̃³¹ɕi³¹	n³³tam³¹tu⁷³¹	lam³³sa⁵³; lam³³bue³³	tsu³¹zəŋ³¹
78	客人	ɛ⁵²tθe³¹	mǎ³³nam³¹	thin³³	khɜ³¹zəŋ³¹
79	爷爷	a³¹pho³³	tʃi³³tui³¹	pha³¹fʒa⁵³	a³³kɔŋ³³
80	奶奶	a³¹phua³³	a³³tui³¹	mɔ³³/⁵³fʒa⁵³	a³³nai³¹
81	父亲	a³¹phe³¹	a³³wa̱⁵¹	pha³¹ba⁵³	pa³¹pa³¹/³⁵
82	母亲	a³¹me³¹	a³³nu̱⁵¹	mɔ⁵³	ma³³ma³³
83	儿子	tθa³³	kǎ³³ʃa³¹	po³¹kho³¹	ə³¹tsʅ³³
84	女儿	tθɔ̌³¹mi³³	kǎ³³ʃa³¹nam³³ʃa³¹	po³¹mu⁵⁵	ku³³niaŋ³³
85	女婿	tθɔ̌³¹mɛʔ⁴³	kǎ³³khʒi³¹	ma²⁵⁵	ku³³zɛ³³
86	孙子	mje³³	kǎ³³ʃu⁵¹	li³³	sun³³tsʅ³³
87	哥哥	a³¹ko³¹	kǎ³³phu⁵¹pa³¹	we⁵⁵kho³¹/⁵³	a³³kɔ³³

序号	汉义	缅语仰光话	密支那景颇语	东枝勃欧语	东枝果敢汉语
88	姐姐	a³¹ma⁵²	kǎ³³na̱³³pa³¹	we⁵⁵mu⁵⁵	a³³tɕe³¹
89	嫂子	ma³¹ʑi³³	kǎ³³ʔat⁵⁵	mə⁵³/³⁵tan³¹/⁵¹	a³³sau³¹
90	亲戚	shue³¹mjo³³	tʃiŋ³¹khu²³¹	phu³³we⁵⁵/⁵³	tɕhiŋ³³tɕhi³³
91	岳父	ʑau⁴³kǒ³¹thi³³	kǎ³³tsa̱⁵¹pa³¹	phu³¹	ʑɔ³¹fu⁵⁵
92	岳母	ʑauʔ⁴³khǒ³¹ma⁵²	kǎ³³ni̱³³	phi³¹	ʑɔ³¹mu⁵⁵
93	丈夫	khî³¹põ³³	mǎ³³tu²³¹wa³³	wa³³	xaŋ⁵⁵tsɿ³³
94	妻子	za³¹ni³³	mǎ³³tu²³¹tʃan³³	ma³¹	ɕi³¹fu⁵⁵
95	寡妇	mouʔ⁴³sho³³ma⁵²	kai³¹ta⁵⁵num³³	mɛ³³mai⁵³	kua³¹fu⁵⁵
96	孤儿	mi⁵²ba⁵²mɛ⁴³	tʃã³³khʑai³³	lo³³tθǎ³¹ʃɯ⁵⁵	ko³³ə³¹
97	牛	nua³³	tum³¹su³³	pho⁵³	niou³¹
98	黄牛	nua³³	tum³¹su³³	pho⁵³	xuaŋ³¹niou³¹
99	水牛	tɕuɛ³³	ŋa³³	pǎ³¹na⁵³	suei³¹niou³¹
100	犄角	u³³dʒo³¹	n³³ruŋ³³	a³¹noŋ³³	tɕhi²²tɕɔ²²
101	毛	a³¹m̥ue³³	mon⁵⁵	a³¹tʃʰən³³	mau³¹
102	尾巴	a³¹m̥i³³	mai³¹	a³¹me⁵³	uei³¹pa³³
103	马	mjî³³	kum³¹ʒa³¹	se⁵³	ma³¹
104	绵羊	tθo³³	sǎ³³ku⁵¹	tθǎ³¹so³³	miŋ³¹ʑaŋ³¹
105	山羊	sheiʔ⁴³	pai³¹nam³³	bɛ³¹	saŋ³³ʑaŋ³¹
106	猪	wɛʔ⁴³	wa²³¹	thɔ²³³	tsu³³
107	狗	khue³³	kui³¹	thue³³	kou³¹
108	猫	tɕãu³¹	ŋja̱u³³	ŋjɔ³³	mau³³
109	兔子	ʑõ³¹	pʒaŋ³¹ta̱i⁵⁵（傣）	kuɛ³¹sa³³	pə²²thu⁵⁵
110	鸡	tɕɛʔ⁴³	u³¹	tʃha³¹	tɕi³³
111	公鸡	tɕɛʔ⁴³pha⁵²	u³¹la³¹	tʃha³¹thi⁵³	kɔŋ³³tɕi³³
112	翅膀	a³¹tãu³¹pẽ³¹	siŋ³¹kɔ³³	a³¹de²³⁵	tshɿ⁵⁵paŋ³¹
113	鸭子	bɛ³³	khai³³pjḛk⁵⁵（傣）	kam⁵³pai⁵³	za³¹tsɿ³³
114	鹅	ŋẽ³³	khjaŋ³³ma³³	kam⁵³pai⁵³ŋan³⁵	ɔ³¹
115	鸽子	klɯ³¹	u²¹ʒaƒ⁶	wa⁵³/³⁵kɯ⁵³	kɔ²²tsɿ³³
116	老虎	tɕa³³	ʃe³³ʒoŋ³³	ke³¹	lau³¹fu³¹
117	龙	na³¹ga³³	pǎ³³ʒen³¹	na²⁵⁵ka³³	lɔŋ³¹
118	猴子	mjauʔ⁴³	we³³	jo²⁵⁵	xou³¹tsɿ³³

续表

序号	汉义	缅语仰光话	密支那景颇语	东枝勃欧语	东枝果敢汉语
119	象	$ʃĩ^{31}$	$mă^{33}kui^{33}$	$tʃhaŋ^{31}$	$ɕaŋ^{55}$
120	熊	$wɛʔ^{43}õ^{31}$	sap^{55}	$tham^{31}$	$ɕɔŋ^{31}$
121	野猪	$tɔ^{33}wɛ^{43}$	$wan^{ʔ31}tu^{31}$	$thɔ^{ʔ55}mi^{33}$	$ʐɛ^{31}tsu^{33}$
122	麂子	$da^{31}ʑɛ^{31}$	$tʃã^{33}khji^{33}$	$ʒui^{55}$	$tɕi^{31}tsɿ^{33}$
123	老鼠	$tɕuɛʔ^{43}$	ju^{55}	ju^{53}	$lau^{31}tshu^{31}$
124	鸟	$ŋɛʔ^{43}$	$u^{ʔ31}$	wa^{53}	$niau^{31}$
125	老鹰	$tθẽ^{33}ŋɛʔ^{43}$	$kă^{33}laŋ^{33}$	$le^{ʔ55}$	$lau^{31}ʑiŋ^{33}$
126	猫头鹰	$zi^{33}kuɛʔ^{43}$	$u^{31}khu^{55}mi^{31}wo^{ʔ55}$	$wu^{ʔ55}khʒɔŋ^{33}$	$mau^{33}thou^{31}ʑiŋ^{33}$
127	麻雀	$sa^{31}gɔ̆^{31}le^{33}$	$u^{31}tsă^{33}la^{31}$	$wa^{53/35}tʃam^{31}fʒɔ^{33}$	$ma^{31}tɕhɔ^{33}$
128	孔雀	$dãu^{33}$	$u^{31}to̤ŋ^{33}$	$wa^{53/35}tθɔŋ^{33}$	$khɔŋ^{31}tɕhɔ^{33}$
129	蛇	mue^{31}	$lă^{33}pṵ^{33}$	$ʒu^{53}$	$sə^{31}$
130	青蛙	pha^{33}	$ʃu^{ʔ31}$	de^{33}	$tɕhiŋ^{33}ua^{33}$
131	鱼	$ŋa^{33}$	$ŋa^{55}$	$tha^{ʔ55}pe^{33}$	ye^{31}
132	鳞	$tɕe^{33}khõ^{31}$	$tsep^{31}$	$a^{31}beŋ^{31}$	$liŋ^{31}$
133	虫	$po^{33}kãu^{31}$	$khʒɔŋ^{33}kă^{31}no^{31}$	$tθă^{31}sa^{53}$	$tshoŋ^{33}$
134	跳蚤	$tθẽ^{33}$	$tsi^{ʔ33}$	$suɯ^{33}$	$sə^{22}tsɿ^{33}$
135	苍蝇	$ʑi^{31}kãu^{31}$	$tʃi^{31}no^{31}$	$wui^{ʔ55}thu^{33}$	$tshan^{33}ʑiŋ^{33}$
136	蚊子	$tɕhĩ^{31}$	$tʃi^{31}kʒɔŋ^{31}$	$khʒe^{ʔ55}$	$uəŋ^{31}tsɿ^{33}$
137	蚯蚓	$ti^{31}kãu^{31}$	$kă^{33}tʃin^{3351}tʃai^{33}$	$jɛ^{ʔ55}$	$tɕhyɛ^{31}saŋ^{55}$
138	蚂蟥	$m̥ɔ^{52}$	wot^{31}	$mjɔ^{ʔ33}$	$ma^{31}xuaŋ^{31}$
139	蚂蚁	$pɔ̆^{31}ʑuɛʔ^{43}shei^{ʔ43}$	$ho^{31}kjin^{33}$	$thəŋ^{53}$	$ma^{31}ʑi^{33}$
140	蜜蜂	pja^{33}	$lă^{33}kat^{31}$	$tθă^{31}wat^{35}$	$mi^{22}fɔŋ^{33}$
141	蝴蝶	$lei^{ʔ43}pja^{31}$	$pi^{55}lam^{51}la^{ʔ55}$	$tʃɔŋ^{53}phɛŋ^{33}$	$xu^{31}tiɛ^{22/35}$
142	树	$tθe^{ʔ43}pĩ^{31}$	$phun^{55}$	$sɛŋ^{33}mɯ^{53}$	su^{55}
143	根	$a^{31}mje^{ʔ43}$	$a^{33}ru^{31}$	$a^{31}ʒue^{53}$	$kəŋ^{33}$
144	叶子	$a^{31}ʑuɛʔ^{43}$	$a^{33}lap^{31}$	$a^{31}la^{55}$	$ʐɛ^{31}tsɿ^{33}$
145	花	$pẽ^{33}$	$nam^{31}pạn^{33}$	kau^{35}	xua^{33}
146	水果	$a^{31}tθi^{33}$	$a^{33}si^{31}$	$a^{31}ʒa^{33}$	$suei^{31}kɔ^{31}$
147	松树	$thĩ^{33}ɕu^{33}pĩ^{31}$	$mă^{33}ʒau^{33}phun^{55}$	$ŋo^{31}mɯ^{53}$	$sɔŋ^{33}su^{55}$
148	竹子	wa^{33}	$kă^{33}wa^{55}$	wa^{35}	$tsu^{22}tsɿ^{33}$
149	藤子	$tɕẽ^{31}$	$ʒi^{33}$	$ʒue^{53}$	$thəŋ^{31}tsɿ^{33}$

序号	汉义	缅语仰光话	密支那景颇语	东枝勃欧语	东枝果敢汉语
150	刺儿	a³¹ʃu³³	tʃu⁵⁵	a³¹ʃu⁵⁵	tsʅ⁵⁵
151	梨	tθeʔ⁴³tɔ³¹tθi³³	mǎ³³kok³³si³¹	tθǎ³¹pai³⁵	liɛ³¹
152	芭蕉	ŋɛʔ⁴³pjɔ³³tθi³³	lǎ³³ŋo³³si³¹	thaʔ⁵⁵thi³³	pa³³tɕau³³
153	甘蔗	tɕɛ̃³¹	kom⁵⁵ʃu⁵⁵	tɔŋ³⁵lai³¹	kaŋ³³tsʅ³³
154	核桃	tθeʔ⁴³tɕa³³tθi³³	po⁵¹khʒop⁵⁵si³¹		xə²²thau³³
155	水稻（大米）	ʃẽ³¹zɚ³¹pa³³	mam³³ku³³	bɯ³¹	suei³¹tau⁵⁵
156	糯米	kauʔ⁴³ʑi³³	m̩³³po³³	bɯ³¹ɛn³¹	nɔ⁵⁵miɛ³¹
157	种子	mjo³³ze⁵²	n̩³³li³³	a³¹khʒui³¹	tsɔŋ⁵⁵tsʅ³³
158	秧	pjo³³pĩ³¹	n̩³³li³³phun³¹	a³¹khʒui³¹mɯ⁵³	ʐaŋ³³
159	穗	zãu⁵²/ʃu³³tɕhõ³¹	tʃum³³sen³¹	a³¹ʃu⁵⁵a³¹na⁵³	xuei⁵⁵
160	稻草	kauʔ⁴³zo³³	jiʔ⁵⁵khu⁵⁵	be³¹phu³¹	tau⁵⁵tshau³¹
161	玉米	pjã̃u³³phu³³	khai⁵⁵nu³³	pǎ³¹lɔŋ³³	ye⁵⁵miɛ³¹
162	棉花	wa³¹gõ³³	pǎ³³si³¹	phai³¹	miŋ³¹xua³³
163	辣椒	ŋa³¹ʑouʔ⁴³tθi³³	mǎ³³tʃap⁵⁵	khɛn³⁵	la²²tsʅ³³
164	葱	tɕɛʔ⁴³tõ³¹	ʃǎ³³kau⁵⁵	bok⁵⁵bo³³	tshɔn³³
165	姜	gĩ³³	ʃǎ³³nam⁵⁵	eŋ³¹	tɕaŋ³³
166	南瓜	çe³¹phaʔ³¹zõ³¹tθi³³	ka³³khom⁵¹si³¹	xan³⁵nun⁵³si³¹	miŋ⁵⁵kua³³
167	黄瓜	tθa³¹khua³³tθi³³	khom⁵¹kjin³³si³¹	tθǎ³¹tue⁵³	xuaŋ³¹kua³³
168	黄豆	pɛ³³wa³¹	sǎ³³pe⁵⁵	ba³³tθǎ³¹si³¹	xuaŋ³¹tou⁵⁵
169	花生	mje³¹pɛ³³	ka⁵⁵sǎ³³pe⁵⁵	be³¹xam³⁵	xua³³sən³³
170	芝麻	n̥ɛ̃³³	tʃi̠ŋ⁵⁵nam⁵¹	nam³¹	tsʅ³³ma³³
171	草	mjɛʔ⁴³	tsi̠ŋ³³	thaʔ³¹ji³³	tshau³¹
172	蘑菇	m̥o³¹	mǎ³³ti̠⁵¹(地上的); kǎ³³mu³³(树上的)	sun³³	mɔ³¹ku³³
173	木耳	tɕuɛʔ⁴³nɚ³¹ʑuɛʔ⁴³	ma³³kʒa̠ t⁵⁵	sun³³na⁵⁵la³³	mə³¹ə³¹tɔ³³
174	米	ʃẽ³¹	n³³ku³³	xu⁵³	miɛ³¹
175	饭	tha³¹mĩ³³	ʃat³¹	dɛm³¹	faŋ⁵⁵
176	粥（稀饭）	ʃẽ³¹pjouʔ⁴³	phaʔ³¹	dɛm³¹ɓep⁵⁵	çi³³faŋ⁵⁵
177	肉	a³¹tθa³³	a³³ʃan³¹	a³¹ja³³	zu³¹
178	花椒	ŋɚ³¹ʑouʔ⁴³kãu³³phju³¹	mǎ³³tʃaŋ³³si³¹		xua³³tɕau³³

序号	汉义	缅语仰光话	密支那景颇语	东枝勃欧语	东枝果敢汉语
179	（鸡）蛋	(tɕɛʔ⁴³)fu⁵²	u³¹ti³¹	(ʃa³¹) di³³	(tɕi³³) taŋ⁵⁵
180	酒	a³¹zɛʔ⁴³	tsa²⁵¹	dau³¹	tɕou³¹
181	茶	la³¹phɛʔ⁴³	pha³¹kha⁵⁵	nɛŋ⁵³	tsha³¹
182	药	she³³	tsi̩³¹	tă³¹si⁵⁵/³³	zɔ²²
183	线	tɕo³³	sum³¹ʒi³³	tθă³¹fʒi³³	ɕiŋ⁵⁵
184	布	peiʔ⁴³	sum³³pa̩n³³	pik⁵⁵ja³³	pu⁵⁵
185	衣服	ẽ³³dʑi³¹	pă³³loŋ³³	tʃhɛŋ³³	ʑi³¹saŋ³³
186	裤子	bãu³³bi³¹	lă³¹pu³¹	kən³³	khu⁵⁵tsʅ³³
187	头帕	gãu³³pãu³³	puŋ³¹khoʔ⁵⁵	phɔk⁵⁵wa³³	thou³¹pha⁵⁵
188	帽子	u⁵²thouʔ⁴³	kup³¹tʃo̩ p⁵⁵	koŋ³³	mau⁵⁵tsʅ³³
189	鞋	phɔ̌³¹nɛʔ⁴³	khep⁵¹tian⁵⁵	kham³⁵pha³³	xai³¹tsʅ³³
190	戒指	lɛʔ⁴³suʔ⁴³	ta̩ʔ⁵⁵tʃo̩ p⁵⁵	tʃu³¹sə⁷³⁵	sou³¹ko²²/³⁵
191	手镯	lɛʔ⁴³kauʔ⁴³	lă³³khon⁵¹	tʃu³¹khɛn⁵³	tsɔ²²thou³³
192	枕头	gãu³³õ̃³³	puŋ³¹khum⁵⁵	mən³¹	tsən³¹thou³¹
193	房子	ẽ³¹	n³³ta⁵¹	lam⁵³	faŋ³¹tsʅ³³
194	墙	na³¹zɛ̃³¹	ʃa³³ku̩ m⁵¹	tθă³¹tʃhɛŋ³³	tɕhaŋ³¹
195	柱子	ta̩ i³¹	ʃã⁵⁵toŋ⁵⁵	tθă³¹thun³³	tsu⁵⁵tsʅ³³
196	门	tɔ̌³¹ga³³	tʃi ŋ³³kha³³	tθă³¹kha³¹	mən³¹
197	窗子	pa³¹fi̩³³pauʔ⁴³	khu²⁵⁵wo⁷⁵¹	pă³¹tiŋ³³pɔ⁷⁵⁵	tshuaŋ³³mən³¹
198	园子	pẽ³³tɕhẽ³¹	nam⁵¹pan⁵⁵sun⁵⁵	kau³⁵khʒam³¹	yŋ⁵⁵tsʅ³³
199	桌子	zɔ̌³¹puɛ³³	ʃa³³ku⁵¹	khuŋ⁵⁵	tsɔ²²tsʅ³³
200	镜子	m̥ẽ³¹	pa̩ t⁵⁵	tθă³¹mun⁵⁵	tɕiŋ⁵⁵tsʅ³³
201	扫帚	tɔ̌³¹mjɛʔ⁴³si³³lɛ³³	tun⁵⁵je⁵⁵je⁵⁵	tθă³¹phət³⁵	thiau³¹tsu²²
202	盖子	a³¹phɔ̌³³	mă³³kap³¹	a³¹do³⁵	kai⁵⁵tsʅ³³
203	蒸笼	pãu³³jãu³¹	puŋ³¹khʒoŋ³³	mɔŋ⁵⁵khʒoŋ⁵³	tsəŋ⁵⁵tsʅ³³
204	刀	da³³	n³³thu³³	na⁷⁵⁵	tau³³tsʅ³³
205	勺子	zɔ̃³³	tʃo⁵⁵	tʃo⁵³	thiau³¹kəŋ³³
206	三脚架	tθõ̃³³tɕhãu³³dauʔ⁴³	khʒa³¹	phəŋ³⁵/⁵⁵si³³	saŋ³³tɕɔ²²/³⁵tɕa⁵⁵
207	火钳	mi³³ŋ ɛ⁴³	lă⁵⁵ka̩ p⁵⁵	me³³/³⁵kjim³³	xɔ³¹tɕhiŋ³¹
208	钱（货币）	paiʔ⁴³sɛ̃³¹	kəm³¹phʒo³¹	pɛk⁵⁵ʃam³¹；ʒən³¹	tɕhiŋ³¹
209	针	ɛʔ⁴³	tsʅ⁵⁵mjit⁵⁵	tha³⁵	tsəŋ³³

序号	汉义	缅语仰光话	密支那景颇语	东枝勃欧语	东枝果敢汉语
210	梯子	ļe³¹ga³³	lǎ³³kaŋ³³	tθǎ³¹doŋ⁵³	lou³¹thi³³
211	船	tθi³³mɔ³³	tshaŋ⁵⁵pho⁵⁵	saŋ³⁵pho³³	tshuaŋ³¹
212	斧头	pauʔ⁴³sẽi³¹	niŋ³¹wa³³	khua³¹	fu³¹tsŋ³³
213	锤子	tu³¹	som³¹tu³³	tθui⁵³	tshuei³¹tsŋ³³
214	锯子	ļua⁵²	tsiŋ³¹ʒet³¹	ʒua³³	tɕy⁵⁵tsŋ³³
215	锄头	gɔ³¹pja³³	ko³³pja⁵⁵	gɔ³¹pja³³（缅）	tshɔ³¹thou³³
216	绳子	tɕo³³	sum³³ʒi³³	tθǎ³¹fʒi³³	sɔ³¹tsŋ³³
217	臼	ŋ̌ɔ³¹ʑouʔ⁴³sõ³¹	ke³³thum³¹	tʃhom³³	ʑiŋ³¹tɕou⁵⁵
218	杵	ŋ̌ɔ³¹ʑouʔ⁴³tɕi³¹pue⁵²	ke³³laŋ⁵⁵	ʃu³¹	ʑiŋ³¹paŋ⁵⁵
219	枪	tθɔ̌³¹nɛʔ⁴³	sǎ³³nat⁵⁵	tθǎ³¹nat⁵⁵	tɕhaŋ³³
220	弓	le³³	n³¹tan³³	khʒi⁵³	kɔŋ³³
221	箭	m̥ja³³	n³¹tan³³ pǎ³³la⁵⁵	pla³³	tɕiŋ⁵⁵
222	书	sa³¹ouʔ⁴³	lai³¹ka³³	lik⁵⁵wuk⁵⁵	su³³
223	话	zɔ̌³¹ga³³	ka³¹	ŋau³⁵	xua⁵⁵
224	故事	põ³¹pĩ³¹	mau³¹mui³¹	a³³loŋ³³	ko⁵⁵sŋ⁵⁵
225	鼓	bõ³¹	tʃiŋ³³	thoŋ³¹	ko³¹
226	锣	mãu³³	pau³¹	mɔŋ⁵³	lɔ³¹
227	鬼	tθɔ̌³¹zɛ³³	nat⁵⁵	tθǎ³¹lɔk⁵⁵	kuei³¹
228	灵魂	weʔ⁴³z̃i³¹	num³¹la³³	wek⁵⁵ŋjen³³	liŋ³¹xɔŋ³³
229	力气	ĩ³¹a³³	n³¹kun³¹	a³⁵ʒeŋ³³	li³¹tɕhi⁵⁵
230	礼物	lɛʔ⁴³sãu³¹	kum⁵⁵phaʔ⁵⁵	lak⁵⁵tʃhɔn³³	li³¹u²²
231	名字	na³¹mɛ³¹	a³³mjiŋ³³	mjin³³	miŋ³¹tsŋ³³
232	梦	ẽi³¹mɛʔ⁴³	jup³¹maŋ³³	thǎ³¹beŋ³³maŋ⁵³	mɔŋ⁵⁵
233	中间	a³¹lɛ³¹	kǎ³³aŋ³³	a³¹ken³¹	tsɔŋ³³tɕiŋ³³
234	旁边	be³³	mǎ³³kau³³	a³¹sɔŋ³¹	phaŋ³¹piŋ³³
235	左	be³¹	pai³³	tʃe³³	tsɔ³³
236	右	za³¹	khʒa⁵⁵	thue³¹	zou⁵⁵
237	前	a³¹ɕɔ⁵²	ʃɔŋ³³	khaʔ³¹ŋa⁵³	tɕhiŋ³¹
238	后	a³¹nouʔ⁴³	phaŋ³³	khaʔ³¹khja⁵³	xou⁵⁵
239	今天	di³¹ne⁵²	tai³³ni⁵⁵	xan³⁵ni³³	tɕiŋ³³thiŋ³³
240	昨天	ma³¹ne⁵²	mǎ³³ni⁵⁵	ma³¹xa³¹ni³³	tsɔ³¹thiŋ³³

序号	汉义	缅语仰光话	密支那景颇语	东枝勃欧语	东枝果敢汉语
241	明天	ma³¹nɛʔ⁴³phɛ̃³¹	phot⁵⁵teʔ⁵⁵	mɯ⁵⁵ʒau³³ni³³	miŋ³¹thiŋ³³
242	早晨	ma³¹nɛ⁵³	tʃă³³phot⁵⁴	mɯ⁵⁵ʒau³³kho⁵⁵	tsau³¹saŋ⁵⁵
243	晚上	ʑa⁵²	ʃa³³naʔ⁵⁵	mɯ⁵⁵xa³¹/⁵³	uaŋ³¹saŋ⁵⁵
244	月	la⁵²	ʃă³³tạ³³	la³¹	ye²²
245	年	n̥eʔ⁴³	ʃă³³niŋ³³	neŋ³³	nie³¹
246	今年	di³¹n̥eʔ⁴³	tai³¹niŋ³³	xa³¹neŋ³³	tɕiŋ³³nie³¹
247	去年	ma³¹n̥eʔ⁴³	mă³³niŋ³³	neŋ³³xa³¹	tɕhy⁵⁵nie³¹
248	明年	nauʔ⁴³n̥eʔ⁴³	thă³³niŋ³³	neŋ³³le⁵³/l̥e⁵³	miŋ³¹nie³¹
249	从前	a³¹ʑi³¹tõ³³ga⁵²	ʃoŋ³³eʔ³¹	kă³¹ʒi⁵³kha³¹	tshoŋ³¹tɕhiŋ³¹
250	现在	a³¹khu⁵²	ja⁵⁵	jo³¹kha⁵³	ɕiŋ⁵⁵tsai⁵⁵
251	一	teʔ⁴³	lă³³ŋai⁵¹	tθa³¹（书面语），tθă³¹ba³³（口语）	ʑi²²
252	二	n̥eʔ⁴³	la³³khoŋ⁵¹	ni³¹	ə⁵⁵
253	三	tθõ³³	mă³³sum³³	sɔm³¹	saŋ³³
254	四	le³³	mă³³li³³	lit⁵⁵	sı⁵⁵
255	五	ŋa³³	mă³³ŋa³³	ŋat⁵⁵	u³¹
256	六	tɕhauʔ⁴³	kʒu⁵⁵	su³¹	lo²²
257	七	khõ³¹n̥eʔ⁴³	să³³nit³¹	nɯt³⁵	tɕhi²²
258	八	ɕeʔ⁴³	mă³³tsạt⁵⁵	sət³⁵	pa²²
259	九	ko³³	tʃă³³khu³¹	kut³⁵	tɕou³¹
260	十	tă̆³¹shɛ³¹	ʃi³³	tθă̆³¹ʃi³¹	sı²²
261	百	ʑa³¹	sạ³³	tθă̆³¹ʒia³³	pə²²
262	千	thãu³¹	khjiŋ³³（傣）	tθă̆³¹ʒeŋ³¹	tɕhiŋ³³
263	万	tθãu³³	mun³¹（傣）	(tθă̆³¹)sɔŋ³³	uaŋ⁵⁵
264	（一）堆（粪）	i³³tθ̆ə̆³¹põ³¹	(khi³³)pum³¹(lă³³ŋai⁵¹)	(tθă̆³¹)pun³³	(ʑi²²/⁵³)tuei³³(fəŋ⁵⁵)
265	（一）双（鞋）	ʑɛ̃³¹	tsu⁵⁵mi⁵⁵	(tθă̆³¹)tʃuŋ³³/khuŋ³³	(ʑi²²/⁵³)suan³³(xai³¹tsı³³)
266	（一）庹	(tθ̆ə̆³¹)lɛ̃³¹	lă³³lam⁵¹(mi)⁵⁵	(tθă̆³¹)khʒem³¹	(ʑi²²/⁵³)phai³¹
267	我	ŋa³¹/tɕõ³¹tə³¹/tɕõ³¹ma⁵²	ŋai³³	khui³¹	ŋɔ³¹
268	我们	ŋa³¹do⁵²/tɕõ³¹tə³¹do⁵²/tɕõ³¹ma⁵²do⁵²	an⁵⁵the³³	ni³¹	ŋɔ³¹məŋ³³

序号	汉义	缅语仰光话	密支那景颇语	东枝勃欧语	东枝果敢汉语
269	你	nĩ^{31}/mĩ^{33}/khɔ̃^{31}mja^{33}	naŋ^{33}	na^{33}/si^{31}	ni^{31}
270	他	tθu^{31}	ʃi^{33}	we^{33}	tha^{33}
271	自己	mi^{52}mi^{52}	ŋai^{33}ŋai^{33}	khui^{31}nam^{53}	tsɿ^{55}tɕi^{31}
272	这	di^{31}	n^{33}tai^{33}	jo^{31}	tsɿ^{55}kɔ^{55}
273	（近指）那	xo^{31}	o^{35}ʒa^{51}	o^{33}su^{33}	na^{55}kɔ^{55}
274	谁	bɛ^{31}tθu^{31}	kǎ^{33}tai^{33}	pa^{31}mai$^{33/31}$; pǎ^{31}mai$^{33/31}$	na$^{31/35}$kɔ^{55}
275	哪里	bɛ^{31}na^{33}	kǎ^{33}ʒa^{31}	mai^{33}ko^{53}	na^{31}tiɛ^{33}
276	大	tɕi^{33}tθo^{33}	kǎ^{33}pa^{31}e^{33}	tan^{31}; a^{31} tan^{31}	ta^{55}
277	小	ŋɛ^{31}tθo^{33}	kǎ^{33}tʃi^{31} e^{33}	pe^{33}; a^{31}pe^{33}	ɕau^{31}
278	高	mʃi^{52}tθo^{33}	tso̩^{31} e^{33}	a^{31}tho^{31}	kau^{33}
279	长	ɕe^{31}tθo^{33}	kǎ^{33}lu^{31} e^{33}	a^{31}ʃua^{33}	tshan^{31}
280	短	to^{31}tθo^{33}	kǎ^{33}tun^{31} e^{33}	a^{31}dən^{33}	tuan^{31}
281	远	we^{33}tθo^{33}	sa̩ n^{33} e^{33}	a^{31}ŋja^{33}	yŋ^{31}
282	近	ni^{33}tθo^{33}	ni^{31} e^{33}	a^{31}bɔ^{735}	tɕiŋ^{55}
283	厚	thu^{31}tθo^{33}	that^{31} e^{33}	a^{31}dɯm^{31}	xou^{55}
284	薄	pa^{33}tθo^{33}	pha^{31} e^{33}	a^{31}bə^{31}	pɔ^{22}
285	深	nɛʔ^{43}tθo^{33}	suŋ^{31} e^{33}	a^{31}tʃhuŋ^{53}; a^{31}jo^{33}	sən^{33}
286	满	pje^{52}tθo^{33}	phʒiŋ^{55} e^{33}	a^{31}bue^{31}	maŋ^{31}
287	弯（的）	kue^{33}kauʔ^{43}tθo^{33}	mǎ^{33}ki^{31}mǎ^{33}ko^{731}rə^{33}e^{33}	tθǎ^{31}kɛŋ^{33}tθǎ^{31}kɔŋ^{33}	uaŋ^{33}
288	黑	a^{31}mɛ^{33}	tʃa̩ ŋ^{33} e^{33}	a^{31}fʒɛŋ^{53}	xə^{22}
289	白	a^{31}phju^{31}	ǎ^{33}phʒo^{31}	a^{31}bua^{31}	pə^{22}
290	红	a^{31}ni^{31}	ǎ^{33}khjeŋ^{33}	a^{31}tθǎ^{31}nia^{33}	xoŋ^{31}
291	黄	a^{31}wa^{31}	ǎ^{33}thoi^{31}	a^{31}tθǎ^{31}si^{53}	xuaŋ^{31}
292	绿	a^{31}sẽ^{33}	ǎ^{33}si̩ t^{31}	a^{31}khju^{31}	lu^{22}
293	重	le^{33}tθo^{33}	li^{33} e^{33}	a^{31}thɯ^{33}	tsoŋ^{55}
294	轻	pɔ^{52}tθo^{33}	sa̩ ŋ^{33} e^{33}	a^{31}phui^{31}	tɕhiŋ^{33}
295	快	mjẽ^{31}tθo^{33}	lǎ^{33}wan^{33} e^{33}	a^{31}mən^{31}	khuai^{55}
296	锋利	thɛʔ^{43}	ta̩ i^{55} e^{33}	thaŋ^{31}	khuai^{55}
297	（猪）肥	wa^{52}tθo^{33}	phum^{33} e^{33}	a^{31}pǎ^{31}ləŋ^{33}	fei^{31}、phaŋ^{55}
298	瘦	pẽ^{31}tθo^{33}	lǎ^{33}si^{31} e^{33}	a^{31}jəŋ^{31}	sou^{55}

续表

序号	汉义	缅语仰光话	密支那景颇语	东枝勃欧语	东枝果敢汉语
299	干	tɕhau^{243}tθɔ^{33}	khʒo^{755} e^{33}（自然）干；kḁ^{33}（晒、烤、烘）干	a^{31}sɛŋ^{31}	kaŋ^{33}
300	湿	so^{31}tθɔ^{33}	mă^{31}ti^{33} e^{33}	a^{31}tʃau^{33}	sʅ^{22}
301	硬	ma^{31}tθɔ^{33}	tʃa^{731} e^{33}	a^{31}tʃhə^{735}	əŋ^{55}
302	错	m̥a^{33}tθɔ^{33}	ʃut^{55} e^{33}	a^{31}ma^{33}	tshɔ^{55}
303	新	a^{31}tθeʔ^{43}	niŋ^{31}nan^{33}	a^{31}tθă^{31}sa^{53}	ɕiŋ^{33}
304	旧	a^{31}xãu^{33}	tiŋ^{31}sa^{31}	a^{31}ja^{755}	tɕiou^{55}
305	好	kãu^{33}tθɔ^{33}	kă^{33}tʃa^{33} e^{33}	a^{31}xau^{31}	xau^{31}
306	坏	sho^{33}tθɔ^{33}	ă^{33}tʃa^{33} e^{33}	a^{31}kai^{31}	xuai^{55}
307	（价钱）贵	ze^{33}tɕi^{33}	phu^{33} e^{33}	a^{31}ŋo^{33}ka^{53}	kuei^{55}
308	热	pu^{31}	kă^{31}thet^{31}	a^{31}lia^{53}	zɔ^{22}
309	冷	e^{33}	kă^{31}tsi^{33}	kă^{31}thet^{31}	ləŋ^{31}
310	酸	tɕhĩ^{31}	khʒi^{33}	kă^{31}thet^{31}	suan^{33}
311	甜	tɕho^{31}	tui^{31}	a^{31}nə^{53}	thiŋ^{31}
312	苦	kha^{33}	khup^{55} e^{33}	a^{31}kha^{35}	kho^{31}
313	辣	sɛʔ^{43}	tʃap^{55} e^{33}	xat^{55}	la^{22}
314	穷	shĩ^{33}ʑe^{33}	mă^{33}sḁn^{31}	tʃhaŋ^{33}ʒe^{33}	tɕhoŋ^{31}
315	好吃	sa^{33}kãu^{33}	ʃa^{55}mu^{33}	am^{33}wui^{33}	xau^{31}tshʅ^{33}
316	耙（田）	lɛ^{31}thõ^{31}	kho^{35}na^{31}thu^{31}	thai^{31}	lɔ^{55}pha^{31}
317	饱	wa^{52}	khʒu^{31}e^{33}	xo^{31}kə^{35}	pau^{31}
318	抱	phɛʔ^{43}tθi^{31}	a^{33}phu^{33}me^{33}	phɔ^{755}	pau^{55}
319	病	zɔ^{33}ga^{31}	ă^{33}na^{51}	ʒo^{755}ka^{33}；tθă^{31}xə^{53}pa^{33}	piŋ^{55}
320	擦（桌子）	(zə̆^{31}puɛ^{33}) tθouʔ^{43}	kă^{33}tsṵt^{55}	dət^{35}	tsha^{22}
321	踩	nĩ^{33}tθi^{31}	kă^{33}pje^{731}e^{33}	jam^{53}	tshai^{31}
322	唱	sho^{31}tθi^{31}	khon^{55}e^{33}	ʒət^{55}	tshaŋ^{55}
323	炒	tɕɔ^{31}tθi^{31}	kă^{33}ŋo^{31}e^{33}	kjɔ^{31}	tshau^{31}
324	吃	sa^{33}	ʃa^{55}	am^{33}	tshʅ^{22}
325	舂	thãu^{33}	thu^{31}	thoŋ^{31}	tshɔŋ^{33}
326	抽（出）	phɛ^{31}thouʔ^{43}	ʃă^{33}li^{31}e^{33}	thu^{55}tho^{33}	tshou^{33}
327	出去	thuɛ^{52}tθua^{33}	pʒu^{33} mat^{55}e^{33}	than^{35}tho^{33}	tshu^{22}khə^{55}

序号	汉义	缅语仰光话	密支那景颇语	东枝勃欧语	东枝果敢汉语
328	穿（衣）	(ē³³dʑi³¹)woʔ⁴³	phun⁵⁵	ka³⁵	tshuaŋ³³
329	吹（喇叭）	(n̥ɛ³³)m̥ou?⁴³	kǎ³³wut⁵⁵	wu²⁵⁵	tshui³³
330	打（人）	ʑaiʔ⁴³tθi³¹	kǎ³³jat³¹e³³	tθue³³	khau³³，ta³¹
331	掉（下）	tɕa⁵²tθi³¹	khʒat³¹e³³	thɛ²⁵⁵	tiau⁵⁵
332	钓(鱼)	(ŋa³³) m̥ja³³tθi³¹	ton⁵⁵e³³	tθǎ³¹khue⁵³tha²⁵⁵	tiau⁵⁵
333	叠（被）	(sauŋ³¹) khauʔ⁴³tθi³¹	kǎ³³thap³¹e³³	khɔ³¹	tsə²²
334	懂	na³³lɛ³¹	tʃɛ³³na³¹e³³	se⁵³na³³	toŋ³¹
335	读	phɛʔ⁴³tθi³¹	thi⁵⁵e³³	dɔ³³	tu²²
336	（线）断	(tɕo³³)pjɛʔ⁴³tθi³¹	ti⁷³¹e³³	tək⁵⁵	tuaŋ⁵⁵
337	饿	baiʔ⁴³sha³¹tθi³¹	kɔ⁷⁵⁵si³³e³³	xo⁷³¹kho⁵³	ɔ⁵⁵
338	发抖	tō̃³¹ʑi³¹	kǎ³³ʒi⁷⁵⁵	tθǎ³¹nə³⁵	fa²²/³⁵tou³¹
339	飞	pjɛ̃³¹	pjɛ n³³e³³	kuaŋ³³	fei³³
340	分（东西）	(pǒ³¹si³³) khue³³	ka⁷³¹	pha⁷³⁵	fəŋ³³
341	缝	tɕhouʔ⁴³	tʃu i³³	tʃha⁷³⁵	fəŋ³¹
342	给	pe³³	tʃo⁷³¹	phe³³	kə³¹
343	害羞	ɕɛʔ⁴³	kǎ³³ja⁷³¹	waŋ³³sa⁷³⁵	xai⁵⁵ɕou³³
344	害怕	tɕauʔ⁴³	khʒit³¹	ŋam⁵³	xai⁵⁵pha⁵⁵
345	换	lɛ³³l̥ɛ³¹	kǎ³³lai⁵⁵	lai³³	xuan⁵⁵
346	回	pjɛ̃³¹	wa³¹e³³	sɛŋ³³	xuei³¹
347	嚼	wa³³tθi³¹	mǎ³³ja⁵⁵e³³	tʃai³¹	tɕiɔ²²
348	教	tθĩ³¹tɕa³³	ʃǎ³³ʒin⁵⁵	sən³¹	tɕiau³³
349	结婚	mĩ³¹ga³¹la³¹shāu³¹	nəm³³khiŋ³¹ʒan⁵⁵	maŋ³³ka³³(kǎ³³) la³³tʃhɔŋ³³	tɕiɛ²²/³⁵xoŋ³³
350	借（借钱）	(paiʔ⁴³shɛŋ³¹)tɕhe³³	khoi³¹	thu³³la²⁵⁵借进； phe³³la⁷⁵⁵借出	tɕiɛ⁵⁵
351	借（工具）	ŋa³³	ʃap³¹	thu³³la²⁵⁵	tɕiɛ⁵⁵
352	开（门）	dǒ³¹ga³³	pho⁷³¹	bəŋ³¹	khai³³
353	看	mʃĩ³¹	mǎ³³ta³¹e³³	thi³³	khaŋ⁵⁵
354	看见	mʃĩ³¹tθue⁵²	mu³¹e³³	thi³³ba³³	khaŋ⁵⁵tɕiŋ⁵⁵
355	咳嗽	tɕhāu³³sho³³	tʃǎ³³khʒu³¹	tθǎ³¹xe⁵³	khə²²
356	渴	ʑe³¹ŋɛʔ⁴³	kha³¹phaŋ³¹ kǎ³³ʒa⁷³¹	xo⁷⁵⁵kho⁵⁵thi⁵³	khə²²
357	哭	ŋo³¹	khʒap³¹	ŋə⁵³	kho²²

序号	汉义	缅语仰光话	密支那景颇语	东枝勃欧语	东枝果敢汉语
358	累	pĩ ^{31}pɛ̃ ^{33}	pu^{31}pa^{55}	pam^{35}pam^{33}	lei^{55}
359	骂	shɛ^{33}sho^{31}	mǎ ^{33}tsa̰ ^{33}mǎ^{33}wa^{31}	khun^{53}	ma^{55}
360	埋	mjou?^{43}	lʊp^{31}	lo^{ʔ35}	mai^{31}
361	买	wɛ^{31}	mǎ ^{33}ʒi^{33}	fe^{33}	mai^{31}
362	卖	z̃au^{33}	tut^{31}	tʃa^{31}	mai^{55}
363	摸	sɛ̃ ^{33}	mǎ ^{33}sop^{31} e^{33}	kʒam^{33}（不看）；khɯm^{31}tʃim^{33}（看着摸）	mɔ^{33}
364	呕吐	ɔ^{52}ɛ̃ ^{31}	mǎ ^{33}ton^{33}	fʒɔ^{ʔ35}	thu^{55}
365	跑	pje^{33}	phʒuŋ^{33}	phaŋ^{53}	phau^{31}
366	欺骗	lɛ̃ ^{31}z̧a^{31}	mǎ ^{31}su^{ʔ31}	liŋ^{33}	phiŋ^{55}zən^{31}
367	骑	khua^{52}si^{33}	tʃon^{31} e^{33}	thɔm$^{53/35}$khua^{ʔ35}	tɕhi^{31}
368	扫(地)	(tǎ ^{31}pjɛ?^{43}) si^{33}l̥ɛ^{33}	tʂun^{33}je^{55}je^{55}	phət^{35}	sau^{31}
369	杀	tθɛ?^{43}	sat^{31}	ma^{33}si^{53}	sa^{22}
370	筛（米）	(shɛ̃ ^{31}z̃ ^{31}ka^{31}) tɕha^{52}tθi^{31}	kǎ^{33}sap^{31}e^{33}	tθia^{33}xu^{53}	sai^{33}
371	晒（衣服）	(ɛ̃ ^{33}dzi^{31})l̥ɛ̃ ^{33}tθi^{31}	lam^{33}e^{33}	lo^{31}	sai^{55}
372	（饭）熟	(tha^{31}mĩ ^{33})tɕɛ?^{43}	khut^{31}e^{33}	mjin^{31}	su^{22}
373	数（数）	dz̧e^{31}tuɛ?^{43}	thi^{55}e^{33}	tθuak^{55}	su^{55}
374	睡	ei?^{43}	jup^{55}	bɛŋ^{33}	khau^{55}
375	说	pjɔ^{33}	tsu̧ n^{33}	dɔ^{ʔ35}	sɔ^{22}
376	躺	l̥ɛ^{33}l̥au^{33}	kǎ ^{33}leŋ^{31}	tθǎ^{31}lua^{33}；oŋ^{31}lua^{33}	khau^{55}
377	舔	z̧ɛʔ^{43}	mǎ ^{33}ta̧ ^{ʔ55}	liak^{35}	thiŋ^{31}
378	挑选	z̧ue^{33}tɕhɛ^{31}	lǎ ^{33}ta̧ ^{ʔ55}	lɯk^{55}ʒue^{33}	ɕyŋ^{31}
379	跳舞	ka^{52}khõ ^{31}	kum^{31}thon^{31}	kju^{55}	thiau^{55}u^{31}
380	听	na^{33}thãu^{31}	mǎ ^{33}tat^{31}	na^{33}	thiŋ^{33}
381	听见	tɕa^{33}tθi^{31}	na^{31}e^{33}	xun^{53}	thiŋ^{33}tɕiŋ^{55}
382	停止	z̧ɛʔ^{43}na^{33}	khʒiŋ^{31}sa^{31}	oŋ^{31}pǎ^{31}tʃha^{53}	thiŋ^{22}
383	偷	ko^{33}	lǎ ^{33}ku^{55}	thu^{55}khun^{33}	thou^{33}
384	吞	mjo^{31}	mǎ ^{33}u^{31}	mjo^{55}	z̧iŋ^{55}
385	（蛇）蜕皮	mue^{31}a^{31}z̧e^{31}khõ^{31}	lǎ^{33}pu^{31}tsǫ p^{31} kǎ ^{33}lai^{33}	lai^{33}a^{31}bɛŋ$^{33/55}$	thɔ^{22}phi^{31}
386	挖	tu^{33}	thu^{31}e^{33}	khu^{33}	ua^{33}

序号	汉义	缅语仰光话	密支那景颇语	东枝勃欧语	东枝果敢汉语
387	忘记	me⁵²	mă³³lap³¹	au³⁵phen³³	uaŋ⁵⁵tɕi⁵⁵ᐟ³³
388	闻（嗅）	çu³¹	ă³³nam³³e³³	nəm³³	uəŋ³¹
389	问	me³³mjɛ̃³³	ka³¹san⁵⁵	ʑi³¹	uəŋ⁵⁵
390	洗（衣）	çɔ³¹	khʒut³¹	pa⁷³	çi³¹
391	笑	ʑi³¹	mă³³ni³³	ŋa⁷⁵³	çau⁵⁵
392	痒	ʑa³³ʑɛ̃³¹	kă³³ja⁵⁵	pă³¹sa⁷³⁵	ʑaŋ³¹
393	咬	kaiʔ⁴³	kă³³wa⁵⁵	ɛŋ³³	ʑau³¹
394	站	mɛʔ⁴³tɛʔ⁴³ʑɛ⁴³	saᵬp⁵⁵e³³	oŋ³¹thəŋ³³	tsaŋ⁵⁵
395	蒸	pãu³³	kă³¹po³³	mɔŋ³⁵khʒɔŋ³¹	tsəŋ³³
396	织	ʑɛʔ⁴³kɛ̃³³ʑɛʔ⁴³	ta⁷³¹ta⁷³¹	tha⁷³¹lu³³	tsɿ³³
397	煮	tɕhɛʔ⁴³pjouʔ⁴³	ʃa³³tu³³	də³³	tsu³¹
398	坐	thãi³¹tθi³¹	tuŋ³³e³³	oŋ³¹tθɛŋ³¹	tsɔ⁵⁵
399	做	louʔ⁴³tθi³¹	kă³³lo³³e³³	ma³³	tsɔ⁵⁵
400	做（梦）	(ɛ̃i³¹mɛʔ⁴³)mɛʔ⁴³tθi³¹	maŋ³³e³³	beŋ³³maŋ⁵³	tsɔ⁵⁵

附录三　工作日志

2013 年 2 月 20 日

"缅甸的民族及语言"课题开始酝酿并实施。

该课题是教育部"十二五"规划重点课题"中国跨境语言研究"子课题之一。2012 年 2 月 20 日开始酝酿、准备。

在戴庆厦的指导下，朱艳华、曹美爱、王玲三人开始记录缅甸仰光话的语音和词汇，并初步整理出语音系统，对一些语音特征做了语音实验。

2013 年 6 月 30 日

向缅甸留学生李福到（缅族，AUNG KO HTICK）、黄小孟（孟族，SOE MIN AUNG）、杨玉（THET YU NWE）、AUNG KHAING（若开族）了解了缅甸民族、社会及语言情况。

2013 年 11 月 20 日

"缅甸的民族及语言"课题组成立。

2012 年 7 月完成"哈萨克斯坦共和国维吾尔族语言使用现状调查"子课题之后，课题组就着手酝酿、筹备去缅甸做实地调查，继续完成新的子课题——"缅甸的民族及语言"。

课题组就缅甸的民族、语言、文化、历史、教育和宗教等方面的问题，广泛收集了文献资料。

2013 年 11 月 26 日

举行第一次课题组会议。

课题组负责人戴庆厦就课题的调查目的、内容及大纲做了说明，并初步分了工。参加会议的有戴庆厦、朱艳华、乔翔、李春风、曹美爱、杨媛媛。

2013 年 11 月 27 日—12 月 23 日

课题组成员按分工收集、复印有关资料。

这期间，先后通过在北京的缅甸留学生瞿玉蕾、秦玲菊（EI THAZIN）、龙威（HTICK LWIN KO）、朱东明（SOE TUN MIN）、林长福（AUNG MIN OO）等人了解了缅甸的社会文化及语言情况，并调查了曼德勒、东枝、八莫等方言的语音特点。

2013 年 11 月 29 日

缅甸曼德勒福庆孔子课堂校长李祖清发来邀请函，邀请课题组到曼德勒地区调查汉语和少数民族语言，并与该校进行教学研究等方面的经验交流。信中说，"缅甸如同贵国一样，是一个多民族多语言的国家。语言是文化的一个重要部分，是人类发展的资源。我们有必要合作研究两国的语言，以发展各民族的文化教育事业"。

2013 年 11 月 29 日

缅甸庆福宫华文学校校长杜子明发来邀请函，邀请课题组到他们学校进行访问和交流。

2013 年 12 月 3 日

东枝兴华中学校长尹正昌发来邀请信，邀请课题组到缅甸掸邦东枝地区调查汉语和少数民族语言。

2013 年 12 月 24 日

课题组举行第二次会议。参加会议的有戴庆厦、朱艳华、乔翔、曹美爱、彭茹、王玲、杨媛媛等。会上戴老师宣布课题组成员的最终确定名单：中央民族大学的戴庆厦、乔翔、曹美爱、王玲、杨媛媛，北京语言大学的朱艳华、彭茹，云南民族大学的岳麻腊，洛阳解放军外国语学院的蔡向阳，共 9 人。并确定赴缅调查的时间是 2014 年 1 月 15 日—2014 年 2 月 10 日。

会上，特别强调了这次调查的意义和价值，并指出与以往不同的调查难点和重点。还进一步充实了原定的调查提纲，并对分工做了调整。

2013 年 12 月 26—27 日

戴庆厦和王玲整理 2000 词分类词表。词表内容包括英语和英文、缅语和缅文、景颇语和景颇文、载佤语和载佤文等语言。

2013 年 12 月 28 日

戴庆厦、朱艳华、曹美爱、彭茹、王玲等，分别对在京的缅甸留学生龙威（HTICK LWIN KO）、朱东明（SOE TUN MIN）、林长福（AUNG MIN

OO）、赵紫荆（KHIN KHIN TUN）秦玲菊（EI THA ZIN）5 人进行调查和访谈。除了记录他们本人及家族的语言使用情况外，还了解了他们所在地区的社会、文化、语言等情况。

访谈过程中被访谈人谈到了"缅甸华人的身份认同"、"缅甸身份证的办理"、"缅甸的华文学校"等内容。秦玲菊说："在缅甸，他们说你们中国人，不把我们看成缅甸人，我们也觉得我们是中国人，为自己是中国人感到骄傲，我一直认为是中国人。我们到底是哪国人？哪里是我的祖国？"龙威认为："在缅甸的华人可能搞错了'祖国'和'祖籍国'的区别……"

戴庆厦、朱艳华还向龙威调查了曼德勒音系。王玲对龙威的声调录了音，对其喉塞等语音特征进行了语音实验分析。

2013 年 12 月 29 日
戴庆厦、彭茹、王玲 3 人对缅语调查 2000 词表重新进行了调整。

2013 年 12 月 30 日
戴庆厦、杨媛媛对缅甸留学生瞿玉蕾进行访谈，记录她本人及家族的语言使用情况，了解缅甸掸邦地区的社会、文化、语言等情况。

2013 年 12 月 31 日
戴庆厦、朱艳华、彭茹、王玲 4 位课题组成员听取中国社会科学院民族学与人类学研究所副研究员陈国庆（中国佤族）介绍缅甸掸邦佤族特区的社会、文化、语言等情况。陈国庆对当地的情况比较熟悉，他介绍的情况对课题组了解缅甸的国情很有帮助。

2014 年 1 月 1—9 日
按分工做行前准备工作。

2014 年 1 月 10 日
戴庆厦、朱艳华、曹美爱、彭茹、王玲 5 人对缅甸留学生龙威的曼德勒话、曹美爱的仰光话、林长福的南丹话等语音系统进行了记录整理，王玲对音系词汇进行了录音和实验分析。根据语音实验区分了这三种话的语音差异。

2014 年 1 月 11 日
调研组举行出发前最后一次会议。领队戴庆厦谈到了目前工作的进展情况，以及此次调研的亮点、难点，和必须注意的事项。戴老师指出此次调查任务重，人员少，要求队员全力以赴，团结互助，认真思考如何完成课题的问题。同时对调查提纲进行了调整。

2014 年 1 月 15 日

凌晨 5:00 在京的课题组成员驱车赶往首都机场，7:45 登机，经过 3 个多小时的航程，到昆明长水机场，与云南民族大学的岳麻腊老师会合。下午 1:30 左右登上飞往曼德勒的飞机，经过 1 个多小时的飞行，于下午 2:00（缅甸时间，下同）到达曼德勒机场，3:30 左右到达 SEIN SEIN HOTEL（盛盛宾馆）。队员们稍事休息之后就集中开会，研究工作任务和行程。

晚上 6:30，云南省德宏州贸易商会驻曼德勒代表处主任李其贵先生盛情款待了课题组，并热心帮助我们联系克钦族协会会长协助我们调查。

2014 年 1 月 16 日

早上 8:30 福庆语言与电脑教学中心（即福庆华文学校、福庆孔子课堂）的秘书李瑞文（缅甸人，原中央民族大学国际教育学院的博士毕业生）来接我们到福庆语言与电脑教学中心参观学习。走近学校，就感觉出浓浓的中国文化气息：汉字、对联、福建同乡会馆……。李祖清校长见到我们就情不自禁地说："作为华裔，能够接待祖籍国的教授和博士感到很荣幸"，戴老师把队员一一介绍给李校长。之后，李校长带课题组成员参观了学校的教学楼、办公楼及"缅中文化展览室"等。展览室展出的缅甸古代的牛车、乐器、金丝屏风……件件都是真品。参观完博物馆后，在学校的会议室李校长给我们介绍了学校的情况和办学经验等，还简单介绍了缅甸华文学校的发展概况。

随后，戴庆厦、朱艳华、彭茹、王玲对果敢学生进行了语言使用情况的调查。戴庆厦和王玲又对该校的幼儿园教师和可爱的孩子们进行了采访和交谈，了解缅甸学龄前儿童的语言教育。

午饭在一个傣族风味餐厅用餐。饭后朱艳华、乔翔分别对餐厅老板娘（华裔）和她的女儿（汉语教师）进行了语言使用情况的调查。

下午 3:30 课题组成员到德宏州贸易商会驻缅甸曼德勒商会代表处，了解缅甸克钦族的社会情况和语言使用情况，商会主任李其贵先生热情接待了我们，并介绍我们认识了缅甸克钦浸礼会曼德勒分会会长 NHKUN NAW TAWNG 和曼德勒克钦文化学会秘书长 L, YAWNG HTANG。秘书长向我们简单介绍了这里的克钦族情况后，岳麻腊和朱艳华对学会秘书长 L, YAWNG HTANG 进行采访，彭茹和曹美爱采访向 NHKUN NAW TAWNG 了解克钦族风俗文化等情况，王玲对商会主任李其贵先生进行了访谈，杨媛媛对缅甸曼德勒商会办事处工作人员杜玉玲进行采访。

晚上开会总结一天的收获。大家觉得今天收获颇丰,与缅甸克钦族文化会秘书长的谈话加深了对景颇族的深层认识,特别是缅甸景颇族语言使用及宗教信仰的变化值得关注。

2014 年 1 月 17 日

早上 8:00 调查组来到福庆语言与电脑教学中心,朱艳华、彭茹对李祖清校长,曹美爱、杨媛媛对吕子态副校长,王玲对中方主任何林,乔翔对李瑞文秘书等,进行专访,岳麻腊还听了果敢学生的缅文课,一些成员还对缅文班的果敢学生进行了语言使用情况的调查,获得了许多有用的新材料。

下午全队整理资料。晚上去福庆华文学校听李祖清校长关于缅甸宗教信仰的讲座。

17 日缅华网报道了课题组访问曼德勒福庆孔子课堂的新闻,题目是《中国语言学专家学者团到访曼德勒福庆孔子课堂》。报道的内容如下:"以北京中央民族大学教授、汉藏语研究中心主任、云南师范大学汉藏语研究院院长戴庆厦为团长的中央民大、北京语言大学的语言学家一行 8 人,16 日上午 8:30 时,到访曼德勒福庆孔子课堂。在福庆学校校长、孔子课堂中方主任、副校长教师等带领下,代表团一行首先参观了孔子课堂教学楼、办公楼及'缅中文化展览室',学者们对展出的缅甸文化十分感兴趣,纷纷赞扬'文化展'的魅力。随后于'集思阁'会议室举行座谈会。李校长介绍了福庆孔子课堂的办校方针。他说,福庆不仅将汉语教学国际化影响力推广辐射至整个缅北,同时还将由普通教学模式转向研究型与社会功能型,为促进缅中友好关系添砖加瓦,做最大的努力。戴庆厦教授高度赞扬了福庆的发展模式,并介绍了此次访缅的主要目的,即是对汉藏语系语言进行考察研究的同时,将对缅甸文化的方方面面,进行深入了解研究。戴教授说中缅两国是唇齿相依的友好邻国,许多跨国的民族文化即证明了这一点。此次语言学者赴缅团一行,将以缅甸语言文化研究作为课题,对中缅友好关系的发展,做好理论的基础。学者团的目的与福庆孔子课堂主要办校方针及宗旨相吻合,因此相信此次语言学者一行,定能碰撞出一些成果之火花。据悉,学者团还将走访东枝、仰光等地。"

2014 年 1 月 18 日

受缅甸曼德勒克钦文化会秘书长 L, Yawng HTang 的邀请,课题组上午来到曼德勒景颇族基督教教堂参加一个克钦族婚礼,这是一次具体了解缅甸景颇族的难得机会。

下午，我们又来到缅甸克钦浸礼会中心参观调查。克钦浸礼会曼德勒分会会长 NHKUN NAW TAWNG 和中心秘书 RE.MARAM AWONG GAM 带领我们参观了景颇族创制文字百年纪念碑、纪念景颇文创制 100 周年木瑙桩遗址，以及正在建设中的教学楼等。参观之后我们又应邀到中心秘书家中做客。我们不仅了解了浸礼会会长和秘书家的语言使用、缅甸克钦人的生活、教育、历史等情况，还获得了一些珍贵的缅甸克钦人的景颇文资料，包括基督教协会的专刊、小学课本、初中课本等。

随后，我们又返回教堂，调查曼德勒克钦大学生的语言情况。每个周末，他们都会来这里参加由基督教协会主办的景颇语、礼仪、生活、经商、农业等义务培训课程。学生们得知我们是从北京来的，纷纷表示愿意去中国学习深造。之后课题组向 30 余位学生进行了语言使用情况的调查。

2014 年 1 月 19 日

上午，岳麻腊、朱艳华对密支那的克钦族大学老师进行访谈。其他队员整理资料。下午，戴庆厦、岳麻腊、王玲对该老师的景颇语 400 词和 70 个句子进行测试并录音。彭茹去福庆华文学校调查华人的语言使用情况。晚上整理材料。

2014 年 1 月 20 日

岳麻腊上午去福庆宫福庆同乡会，与前理事长李璜珀先生及现任理事长黄鹏飞先生访谈，对其做了语言使用情况、华人迁徙史等调查。下午跟两位景颇族老师核对问卷材料，随后又访谈了密支那克钦人、华人的一些情况。

朱艳华、曹美爱上午在宾馆整理材料，下午向两位景颇族老师核对问卷材料。晚上继续核对材料，随后朱艳华做了克钦族大学生协会的访谈。

乔翔上午前往福庆学校找了 9 名缅族青少年做了语言使用情况调查，并向青少年了解学习汉语的心得体会。随后，访谈了福庆学校幼儿园园长徐雪玉女士，了解了幼儿园的学生民族成分、课程安排。傍晚再次前往福庆学校，在成人会话班访谈缅族学生关于其学习汉语的目的，并填写了 20 份家庭语言使用入户调查表。

彭茹上午去福庆宫福庆同乡会，与前理事长李璜珀先生及现任理事长黄鹏飞先生访谈，并对其做了语言使用情况调查。下午继续与同乡会前理事长李璜珀先生和现任秘书长林天生先生了解福庆宫的历史、任务，曼德勒华人的迁徙史，以及他们在缅甸的生活情况，并对现任秘书长以及成人会话班的学生进行了语言使用情况的问卷调查。

王玲上午在宾馆整理材料。下午对曼德勒的两位华裔（中央民族大学在读留学生）的缅语 400 词和音系进行了录音，发现他们年轻的一代在语言变异上的一些有趣现象。

杨媛媛上午在宾馆整理材料，下午去福庆宫福庆同乡会，与前理事长李璜珀先生及秘书长林天生先生了解福庆宫的历史、任务，曼德勒华人的迁徙史，以及他们在缅甸的生活情况和华文教育的历史。

戴庆厦上午去福庆华文学校调查福建同乡会的建会情况，以及华人的迁徙史和语言使用情况。下午在宾馆写材料。晚上总结近期工作。戴老师说，工作进行比预期顺利，收获也比预期丰富。把语言的复杂性和各支系的情况进行了详细描写，把了解到的新情况详细描述，能够把缅甸的民族问题、语言问题做一些科学的分析。主线是多元化和一体化的抗争。这种抗争在缅甸有什么特点，怎么去写。他指出，这个课题要论述好三大块的关系：1. 汉语和缅语的关系。2. 缅语和少数民族语言的关系。前十多年，少数民族语言还可以进学校，现在没有了。这引起少数民族的不满意。3. 缅语和外语的关系。目前，英语的推广没有困难，但水平并不高。

2014 年 1 月 21 日

上午，彭茹去福庆华文学校对李祖清校长进行语言使用情况调查。戴庆厦、朱艳华和曹美爱去福庆宫对一名印度人进行了语言使用情况的访谈。其他人在宾馆整理材料。上午 10 点左右，王玲和岳麻腊一起整理景颇语弱化音节并录了音。下午和晚上整理材料。

2014 年 1 月 22 日

全天所有成员在宾馆集中精力整理、修改、补充材料。

2014 年 1 月 23 日

早上 5:30 去机场，8:45 在曼德勒机场起飞。半个小时后到 HEHO 机场，东枝兴华学校李祖韬副董事长和陈进安秘书长到机场接我们，一个小时后到达东枝宾馆住下。车上，我们向李董简单了解了东枝的语言、民族、华文教育等情况。

晚上与兴华学校谢兴流董事长、李祖韬副董事长、陈进安秘书长、尹正昌校长共进晚餐。大家相谈甚欢，感觉非常亲近。吃饭过程中，我们向校长和董事长简单了解了华文学校的性质、历史、生源、师资等情况。当问到他们当初为什么要办华文学校时，他们说"为了更好传承中华文明……"。李董说，现在这里学习汉语的人越来越多了，电器商场里如果没有中国生产的电器，这个商店一定会倒闭的。最后戴老师发自肺腑地说："国家兴，语言兴……"

缅甸东枝兴华学校是云南联谊互助会于1980年创办。全校现有班级：高中4班、初中6班、小学17班、幼稚班7班、幼儿3班，共37个半。小学、初中已有31届；高中自1995年创办，至今已毕业11届。

2014年1月24日

课题组到勃欧族生活区了解勃欧人、勃欧语的情况。上午先到勃欧人的集市了解勃欧人的日常生活、人文状况、语言情况等。过去，一些人认为勃欧语属于侗语，但是在了解了其基本词汇之后，发现该语言与藏缅语关系较近。通过和勃欧族导游员依蒙女士的交谈，了解到了他们族群的传世神话，她认为勃欧族可能与藏族有关系。接着，我们来到塔林，了解了塔林的历史，以及与缅甸人、勃欧人、印度人的关系。中午在勃欧人餐厅吃了正宗的勃欧族饭菜。

下午，课题组深入勃欧人村寨，入户调查了两家人的语言使用、日常生活和教育情况等，看到他们把自己民族的领袖作为神供奉。还了解到他们的孩子出家当小沙弥地位像王子一样，以及十分隆重的小沙弥仪式。访问的一家，住的是两层的竹楼，与中国南方的吊脚楼相似。经济状况较差，还用不上电，用的是锂电子电池供电，家里基本没有几样像样的家具。另一家经济状况较好，房子的主体是砖，地板是木板，铺着有颜色的胶布作为地毯，已用上电，有电视。

在路上，听李祖韬董事长讲他办华文教育的经历。20世纪80年代，他的父辈已经开始筹备华文教育，办好华文教育的心情非常迫切，特别担心下一代华人孩子忘本，忘记自己是炎黄子孙，忘记自己的语言。到了他这一代，从父辈手里接下了这个重任。

2014年1月25日

戴庆厦、彭茹、王玲、曹美爱四人对勃欧人的语言进行记录，初步感觉该语言与克伦语比较接近，可能属于克伦语支。

乔翔和杨媛媛对李祖韬董事长进行了关于东枝华文教育情况的访谈和整理。

上午，岳麻腊对勃欧族的两个年轻人进行了关于其民族情况的访谈。下午，岳麻腊参与记录整理勃欧人语言。戴庆厦和朱艳华对果敢人的汉语方言进行了音系整理。

2014 年 1 月 26 日

上午，课题组全体成员去参加东枝兴华学校"高中第 11 届、初中小学第 33 届毕业暨颁奖典礼"。全校师生欢聚一堂，唱校歌、毕业歌，之后，李祖韬副董事长致辞，对我们代表团的到访表示热烈欢迎，并邀请戴庆厦教授在典礼上致辞。戴庆厦教授说："缅甸东枝兴华高级中学历届董事会、校领导和教师为了中华文化世代相传，不让自己的民族之根丢失，为了保持和发展中缅胞波的情谊，在极其困难的条件下坚持华文教育，学生从最初的三四百人发展至现在的一千多人，教学质量不断提升，对外影响不断扩大。兴华学校是一面光彩夺目的旗帜，其文明助人之心、勇敢创业之精神，不惧困难之意志，值得中国人认真学习。"他还表示一定会把兴华学校领导和师生的道德、成绩、经验带到北京、昆明，作为中华的美德加以传播。最后，戴庆厦教授对学校和学生提出了殷切期望，欢迎他们到祖籍国继续深造，到北京、昆明等地施展自己的智慧和才能！还代表课题组向学校赠书和捐款，表达课题组对华文教育的关心和支持。

中午，学校宴请了课题组。午饭之后，在李祖韬副董事长、尹正昌校长、陈进安秘书长等领导的陪同下，参观了学校办公室、图书馆和电脑室。

下午，全体成员在宾馆整理材料。

2014 年 1 月 27 日

上午 9:00 去东枝果文中学参观学习。赵秀兰校长介绍了学校的建校历史和师资情况。她说，东枝果敢中学由果敢文化会于 1985 年建立，总校在腊戍，全称"果敢汉族语文学校"，东枝果文学校是分校。东枝果文学校现在校学生 965 人，教师 26 人。随后又参观了果敢文化会。文化会成立于 1970 年，会员 180 多人，总部在腊戍，属于民间组织性质，政府认可，负责与政府打交道，参与政府活动。之后，果敢文化会的歌舞队还特意为课题组表演了果敢人的"打歌舞"。中午，由果敢文化会副主席周立强先生宴请课题组。

下午课题组在校长的陪同下深入东枝郊区的果敢村寨——德庞碧村，了解果敢人的生活状况和语言状况，还去了寨子的小学——果光小学校参观。该校有 80 多个学生，1—6 年级，4 个老师。校舍简陋，教室不够，不同班级共用一个教室。晚上，由果文学校校长赵秀兰女士宴请课题组。

晚上开会总结一天的调查。

2014 年 1 月 28 日

上午，曹美爱、彭茹、王玲记录勃欧语。戴庆厦、岳麻腊、乔翔、杨媛媛参观学习东华中学。朱艳华记录果敢话。

下午，曹美爱、王玲继续记录勃欧语。朱艳华记录果敢话。乔翔、杨媛媛在宾馆整理材料。岳麻腊、彭茹对掸族人进行访谈，了解其社会和语言使用情况。

晚上，李祖韬副董事长和陈进安秘书长宴请课题组。

2014 年 1 月 29 日

戴庆厦、岳麻腊、曹美爱继续记录勃欧语。朱艳华、王玲对果敢话的音系、400 词和对话进行录音。乔翔、杨媛媛在宾馆整理材料。果敢话材料录完之后，王玲、曹美爱对勃欧语 400 词进行录音、核对，午饭后，三人继续录音核对勃欧语。

下午，岳麻腊、彭茹继续对掸族人进行访谈。戴庆厦、王玲修改调研日志。其他人在宾馆整理材料。

晚上，课题组宴请李祖韬副董事长、董副理事长、陈进安秘书长等领导。

2014 年 1 月 30 日

课题组成员在李祖韬副董事长的陪同下去茵达人村寨调查茵达人的社会、文化及语言，并欣赏了茵莱湖美丽壮观的风景。

茵莱湖是缅甸的一个内陆湖泊。南北长 22.5 千米，东西宽 6.5 千米，总面积 145 平方千米。湖水入萨尔温江支流南邦河。湖上居民的活动包括和尚化缘、小孩上学都以船代步。划船的办法靠单脚踩桨，别具一格。湖上漂浮着一片片水上菜园——"浮岛"。大浮岛上建起一块块细长的农田，种植瓜果蔬菜或粮食，还盖起两三层的浮房。茵莱湖中央的人工岛上筑起了一座佛塔，湖上居民常年前来朝拜。茵莱湖有一万多户居民，大部分属于茵达人。他们多以捕鱼为生，也有一些人在浮岛上从事蔬菜种植、养蚕、纺织、打铁、制作金银手饰等工作。随着旅游业的发展，不少茵达人从旅游业中得到实惠。

据初步考察，茵达人的语言属于缅甸语，族群似是缅族的一个分支。

晚上，全体成员在宾馆看中国春节联欢晚会过除夕。

2014 年 1 月 31 日

大年初一，上午戴庆厦、曹美爱和勃欧语发音合作人在一起整理音系。其他人在宾馆整理材料。

快中午时，李祖韬副董事长携全家十多人来到宾馆向我们课题组成员拜年，带来新年的问候，并给未婚成员送了压岁钱。同胞情意绵绵。

下午，戴庆厦、岳麻腊、朱艳华、曹美爱、王玲与勃欧发音人整理音系并录音。其他成员在宾馆整理材料。

2014 年 2 月 1 日

大年初二，课题组成员上午和下午都在宾馆整理修改材料。

下午 4:30，果敢文化会派两辆车接我们到果敢文化会馆参加新春联欢会，以贵宾的礼遇接待我们。由果敢文化会主办、果文中学承办的一年一度的春节联欢晚会在果敢文化会馆礼堂隆重举行。掸邦政府的领导人和各个华人同乡会的领导都前来共度佳节。晚会上，演出了果敢族、掸族、勃欧族、克钦族、克伦族等各民族舞蹈，并在广场上燃起了熊熊篝火，体现了各民族之间的友好关系。

2014 年 2 月 2 日

课题组离掸邦东枝去仰光完成最后阶段的工作。上午 9:30，兴华华文学校李祖韬副董和陈进安秘书长专程到 Taunggyi Hotel 接我们去机场。先到东枝葡萄园，与谢兴流董事长和尹正昌校长会合，谢董事长设宴为我们送行。在欢送会上，兴华学校四位领导赠送我们木雕牛车，祝愿课题组成员行万里路，工作顺利。谢董说，临近春节，事情比较多，要到领事馆等各处拜年，所以照顾不周，但今天我一定要亲自把你们送到机场。午宴过后，四位领导派三辆车亲自把我们送到 HEHO 机场。在欢送会和去机场的路上，谢董和尹校长还向我们介绍了很多关于缅甸的情况。

他们认为，缅甸的华文教育发展比较好。表现在，1. 能在艰苦的条件下坚持办学，如在排华时期，只要看到汉字，就要被查，但是他们还坚持以佛经作掩护办补习班。2. 能够坚持华文教育薪火相传，子承父业，那些华侨都自己捐钱出资，盖校舍，买教材。3. 以开放、包容之心把中国台湾、大陆的教育模式引进自己的课堂。基本经验：1. 坚持中国心。不忘中国人的根，祖祖辈辈继承中华文化，宣扬中华文化。2. 人情味。只要尊重他们、帮助他们，他们都感激不尽，他们对中国同胞真心帮助，对自己学校老师的管理也充满人情味。

下午 3:00 左右到达仰光，住进 SWEET HOTEL。下午 4:30 课题组开会，商量在仰光的具体工作。戴老师说，在仰光由三大任务，一是把前两段调查未成稿的继续完稿；二是选择几个重点，进一步深入调查语言使用情况；三是最后确定书的提纲，所有材料汇集合稿。争取离开仰光前拿出初稿。

2014 年 2 月 3 日

课题组成员在宾馆整理材料。晚上去曹美爱家做客，并了解缅甸华侨的语言生活。曹美爱三兄妹及父母的语言使用情况和变迁，是缅甸华人语言生活的一个缩影。

2014 年 2 月 4 日

课题组成员全天在宾馆整理、修改材料。

2014 年 2 月 5 日

上午，戴庆厦、岳麻腊、朱艳华、曹美爱去仰光克钦浸礼会教堂了解仰光的克钦族社会、历史、语言等情况。教会主席 JABU、教授 LAHPAI ZAU LAT、秘书长 TU MAI、教会牧师 K.D. TU LUNM、副主席 LAHPAI ZAU HKUN 接待了大家，介绍了许多仰光克钦族的情况，包括历史来源、语言使用、族际婚姻、支系语言使用等情况。随后又带领我们参观了礼拜大厅、报告厅、图书室。又到幼儿园参观，了解了克钦儿童和其他儿童的语言使用情况。还购买了景颇语的词典、图书、音像资料。课题组其他成员在宾馆整理材料。

下午，全体整理材料。

2014 年 2 月 6 日

上午，彭茹、曹美爱、王玲对仰光的华裔学生进行了语言使用情况的访谈，并填写了调查问卷。其他课题组成员在宾馆整理材料。

下午，岳麻腊、乔翔、曹美爱、杨媛媛分别去若开人、克伦人家里，了解他们的社会、历史、语言使用等情况。其他课题组成员在宾馆整理材料。

晚上，戴老师向大家谈了书稿的最终目录，请大家讨论讨论是否合适。并检查了各章节的完成情况和存在的问题。

2014 年 2 月 7 日

上午，大使馆朱斌秘书和张秘书把我们送到缅甸东方语言与商业中心参观学习。曾圆香董事长（中国 2013 "中华之光" 年度个人奖）和黄校长带领大家参观了学校的教室、幼儿园、图书馆、电脑室。随后，两位领导热泪盈眶地向我们讲述了华文学校的艰难发展历程。她们说，我们是跟缅甸华文教育同甘共苦过来的。在最艰难的岁月里，前辈们为了中华文化的继承，克服各种艰难困苦办华文教育，曾经在牛棚里、草垛后面的草棚里给孩子们上课。但随着中国的富强，汉语成了国际语言，家长们也认识到了学习汉语的重要性，越来越多的人愿意学习汉语。这里的华文教育发展现状还是乐观的，学校师资和学生人数不断扩大。

东方语言与商业中心创办于 2002 年 8 月，是由仰光华人华侨界八个侨团联合筹办的非营利华文教育服务机构。该中心现有幼儿园教学班 4 个，幼儿 100 多人，教师 12 人，保育员 4 人。汉语部设有从小学到初中、高中共计 22 个教学班，学生 600 多人。专任教师 23 人，全体教职员工共 58 位。学校的硬件设施有 4 层教学楼，包括教室、游乐场、琴房、电脑室、图书室、医务室等。

下午，课题组到仰光福建同乡会的福星孔子课堂，苏一新副理事长和江琪英副校长带我们参观了校舍，之后与中国 10 多名汉语教师志愿者一起座谈。两位领导向我们介绍了办学经历和目前面临的最大困难。课题组成员与志愿者们进行了热情交谈。

座谈会结束后，苏理事长和我们一起来到庆福宫华文学苑，前殿是观音庙，后殿是教室。在这里，杜子明校长和学校其他董事、理事、教师一起向我们讲述了当年华文教育的辛酸历程，并向我们展示了最初的课本——佛经，还有当时的试卷。晚上，福建同乡会在仰光的全聚德设宴款待我们，张家荣理事长、苏一新副理事长、杜子明校长等都参加了晚宴。宴席上，大家相谈甚欢。这些老先生们都是学识渊博的智者，有的已经七八十岁，但都精神矍铄，身体健康，心情乐观，他们为华文教育奉献出了毕生精力。

乔翔老师向缅甸华侨邹丽冰（曾经在中央民族大学留学，现任仰光地球村汉语学校校长）了解了这里的华文教育和英语教育情况。

2014 年 2 月 8 日

上午 10:00，中华人民共和国驻缅甸大使馆文化参赞王瑞青先生在大使馆与课题组交谈。先由领队戴庆厦汇报了这次来缅甸调查的任务和目的，并介绍了课题组成员。双方就如何发展缅中友谊和文化交流交换了意见。王参赞对如何认识缅甸社会、文化、语言的问题发表了见解，对课题组很有启发。

下午，各成员继续整理、修改材料。

2014 年 2 月 9 日

上午 6:30，课题组去大金塔参观学习，了解缅甸人的宗教、文化、日常生活等情况。上午 11:00—下午 5:00，课题组去仰光昂山市场调查参观，了解了市场的语言、社会、文化等情况。

晚上，整理材料，收拾行李。

2014 年 2 月 10 日

结束缅甸的调查。队员分两批走，彭茹、王玲、杨媛媛 3 人上午 10:00（缅甸时间）从宾馆出发去机场，于北京时间 11 日凌晨 4:00 左右到达北京首都机场；中午 12:00（缅甸时间），戴庆厦、岳麻腊、朱艳华、乔翔 4 人从宾馆出发去机场，于北京时间 10 日晚上 12:00 左右到达北京首都机场。

2014 年 2 月 11 日—6 月 14 日

改稿及核对语料。

2016 年 3 月 5 日

全书定稿，送中国社会科学出版社。

附录四　参考文献

一　中文部分

1　北京大学东方语系缅语教研室. 缅汉词典. 北京：商务印书馆，1991.

2　白保罗. 汉藏语言概论. 乐赛月，罗美珍译. 北京：中国社会科学院民族研究所，1984.

3　波巴信貌丁昂. 缅甸史. 陈炎译. 上海：商务印书馆，1965.

4　蔡向阳. 论缅甸语复辅音的演变. 解放军外语学院学报，1995（6）.

5　蔡向阳. 缅甸语言问题研究. 广州：世界图书出版广东有限公司，2011.

6　陈康. 彝缅语塞音韵尾演变轨迹. 民族语文，1993（1）.

7　陈孺性. 模范缅华大辞典. 仰光：缅甸集美印务公司，1962.

8　陈小红. 缅甸东枝地区汉语教育发展状况调查报告［MA］. 中央民族大学硕士学位论文，2011.

9　戴庆厦. 藏缅语族松紧元音研究. 藏缅语族语言研究. 云南民族出版社，1990.

10　戴庆厦，马学良. 藏缅语族辅音韵尾的发展. 语言文字学论文集·庆祝王力先生学术活动五十周年. 北京：知识出版社，1989.

11　戴庆厦，刘菊黄. 藏缅语族某些语言的搭配规律. 民族语文，1984（2）.

12　戴庆厦. 藏缅语个体量词研究. 藏缅语研究. 北京：民族出版社，1997（6）.

13　戴庆厦，蒋颖. 藏缅语的反响型名量词. 中央民族大学学报，2005（5）.

14　戴庆厦，蒋颖. 从词源关系看藏缅语名量词演变的历史层次. 语言学论丛. 北京：商务印书馆，2006（34）.

15　戴庆厦，邱月. OV 型藏缅语连动结构的类型学特征. JOURNAL OF CHINESE LINGUISTICS. Vol. 29 No. 1.

16　戴庆厦，傅爱兰. 藏缅语的形修名语序. 中国语文，2002（4）.

17　戴庆厦，傅爱兰. 藏缅语的是非疑问句. 中国语文，2000（5）.

18　戴庆厦，朱艳华. 藏缅语选择疑问范畴句法结构的演变链. 汉语学报，2010（2）.

19　戴庆厦，刘菊黄，傅爱兰. 关于我国藏缅语族系属分类问题. 云南民族
　　学院学报，1989（3）.

20　戴庆厦. 中国藏缅语描写语言学的现状及展望. 民族语文，1989（4）.

21　戴庆厦. 藏缅语鼻冠声母的来源及发展——兼论彝缅语语音演变的
　　"整化"作用. 民族语文，1992（1）.

22　戴庆厦. 缅彝语的结构助词. 语言研究，1989（2）.

23　戴庆厦，崔霞. 从藏缅语语法的演变层次看独龙语和景颇语亲缘关系的
　　远近. 中央民族大学学报，2009（3）.

24　戴庆厦. 载瓦语使动范畴的形态变化. 民族语文，1981（4）.

25　戴庆厦. 载瓦语的声调. 中央民族学院学报，1989（1）.

26　戴庆厦，徐悉艰. 浪速语初探. 语言研究，1983（2）.

27　戴庆厦. 浪速语研究. 北京：民族出版社，2005.

28　戴庆厦，李洁. 勒期语概况. 民族语文，2006（1）.

29　戴庆厦，李洁. 勒期语研究. 北京：中央民族大学出版社，2007.

30　戴庆厦. 勒期语的长短元音——藏缅语形态发展中的一种语音补偿手
　　段. 东亚语言和历史. 日本，1988（1）.

31　戴庆厦，傅爱兰，刘菊黄. 波拉语概况. 民族语文，1985（6）.

32　戴庆厦，孔志恩. 波拉语研究. 北京：民族出版社，2007.

33　戴庆厦. 藏缅语族语言研究. 昆明：云南民族出版社，1990.

34　戴庆厦. 藏缅语族语言声调研究. 学术论文集. 北京：中央民族学院出
　　版社，1998.

35　戴庆厦. 语言接触与语音恢复——以缅甸话的浊音演变为例. 民族语
　　文，2011（2）.

36　戴庆厦，刘菊黄. 独龙语的弱化音节. 云南民族学院学报，1987（1）.

37　戴庆厦. 克伦语初探. 中央民族学院学报，1987（6）.

38　丁椿寿. 汉彝缅语比较研究. 贵阳：贵州民族出版社，1991.

39　方积根，胡文英. 缅甸汉语报刊史略. 东南亚，1988（1）.

40　龚煌城. 龚煌城汉藏语比较研究论文集. 台北："中央研究院"语言研究
　　所，2011.

41　郭熙. 华文教学概论. 北京：商务印书馆，2007.

42　郝志刚. 缅甸华人华侨华文教育. 东南亚研究，1997（4）.

43　贺圣达. 当代缅甸. 成都：四川人民出版社，1993.

44　贺圣达，李晨阳. 缅甸的民族种类和各民族现有人口. 广西民族大学学
　　报，2007（1）.

45　贺圣达. 八十年来（1925～2005）的缅甸史研究. 缅甸历史论集. 北京：社会科学文献出版社，2009.

46　黄布凡主编. 藏缅语族语言词汇. 北京：中央民族学院出版社，1992.

47　黄树先. 汉语缅的音节问题. 民族语文，2002（3）.

48　黄树先. 汉缅语比较研究. 武汉：华中科技大学出版社，2003.

49　黄树先. 汉缅语长短元音比较. 南阳师范学院学报，2002（1）.

50　黄树先. 汉语缅语的形态比较. 民族语文，2003（3）.

51　计莲芳. 骠缅语文关系浅析. 民族语文，1996（6）.

52　蒋颖. 从藏缅语反观甲骨文、金文的反响型量词. 汉语与少数民族语言语法比较. 北京：民族出版社，2006.

53　蒋颖. 藏缅语、汉语自主范畴语法形式的特征及其演变. 云南师范大学学报，2012（5）.

54　江荻. 藏缅语言元音的上移和下移演化. 民族语文，2001（5）.

55　江荻. 缅甸语复合元音的来源. 民族语文，2002（3）.

56　李永燧. 缅彝语声调比较研究. 民族语文，1992（6）.

57　李永燧. 论缅彝语调类及其在彝南的反映形式. 民族语文，1995（1）.

58　李永燧. 缅彝语调类：历史比较法的运用. 民族语文，1996（5）.

59　李祖清. 缅甸华人汉语教学现状研究. 华中师范大学. 2010. 5. 32～33.

60　李祖清. 缅甸汉语教学的本土化与国际化（二）. 载缅甸报纸《金凤凰》，2013 年 12 月 16 日华文教育版 B05 页.

61　潘悟云. 缅甸文元音的转写. 民族语文，2000（2）.

62　瞿霭堂. 论藏缅语言的声调. 民族语文，1993（6）.

63　瞿霭堂. 汉藏语言声调起源研究中的几个理论问题. 民族语文，1999（2）.

64　曲永恩. 实用缅甸语语法. 沈阳：辽宁民族出版社，2000.

65　曲永恩. 缅语同义词浅析. 北京：军事谊文出版社，2001.

66　薮司郎. 在捧语中的缅语同源词. 第 34 届国际汉藏语言学会议论文. 2001.

67　孙宏开. 藏缅语若干音变探源. 中国语言学报，1982（1）.

68　孙宏开. 我国藏缅语动词的人称范畴. 民族语文，1983（2）.

69　孙宏开. 藏缅语动词的互动范畴. 民族语文，1984（4）.

70　孙宏开. 原始藏缅语的构拟问题. 民族语文，1989（6）.

71　孙宏开. 论藏缅语语法结构类型的历史演变. 民族语文，1992（5）.

72　孙宏开. 论藏缅语中的反身代词. 民族语文，1993（6）.

73　孙宏开. 再论藏缅语中动词的人称范畴. 民族语文，1994（4）.

74　孙宏开. 藏缅语人称代词格范畴研究. 民族语文，1995（2）.

75　孙宏开. 藏缅语疑问方式试析——兼论汉语、藏缅语特指问句的构成和来源. 民族语文，1995（5）.

76　孙宏开. 原始汉藏语的复辅音问题. 民族语文，1999（6）.

77　孙宏开. 原始汉藏语的介音问题. 民族语文，2001（6）.

78　田静. 藏缅语性别后缀产生的途径和历史层次. 语言科学，2010（6）.

79　田静. 藏缅语名词性别意义的表达方式. 中央民族大学学报，2011（4）.

80　王子崇. 汉缅大词典. 昆明：云南教育出版社，1989.

81　王德仙. 缅甸语教学情况的问卷调查与统计分析——立足于保山学院的缅语教学调查. 保山学院学报，2010（1）.

82　王德仙. 缅甸语亲属称谓语的外化用法初探. 保山师专学报，2009（1）.

83　汪大年. 缅甸语中辅音韵尾的历史演变. 民族语文，1983（2）.

84　汪大年. 缅甸文字的起源和发展. 东方研究论文集. 北京：北京大学出版社，1985.

85　汪大年. 论缅甸语声调. 东方研究，1986（6）.

86　汪大年. 妙齐提碑文研究（一）——十二世纪初缅甸语音初探. 民族语文，1986（4）.

87　汪大年. 缅甸语中的弱化音节. 东方研究论文集. 北京：北京大学出版社，1987.

88　汪大年主编. 缅汉词典. 北京：商务印书馆，1990.

89　汪大年. 缅甸语概论. 北京：北京大学出版社，1997.

90　汪大年. 仰光话和土瓦方言比较研究. 民族语文，2000（1）.

91　汪大年. 缅甸语丹老方言与仰光话比较研究. 语言学研究，2006（4）.

92　汪大年. 缅甸语东友方言. 民族语文，2007（3）.

93　汪大年. 缅甸语与汉藏语系比较研究. 北京：昆仑出版社，2008.

94　汪大年. 缅甸语汉语比较研究. 北京：北京大学出版社，2012.

95　西田龙雄. 罗罗——缅语言比较研究中的问题. 民族语文研究情报集，1983（1）.

96　肖家成. 阿昌族亲属称谓结构及其社会文化背景. 民族语文，1992（5）.

97　许清障. 缅甸语语法. 北京：北京外国语大学出版社，1996.

98　徐悉艰. 瓦语的量词. 民族语文，1993（4）.

99　徐世璇. 彝缅语言塞擦音声母初探. 民族语文，1991（3）.

100　徐世璇. 彝缅语几种音类的演变. 民族语文，1995（3）.

101　熊琪、张小克. 缅甸汉语教学概况. 世界汉语教学概况，2006（3）.

102 杨长源，许清章、蔡祝生. 缅甸概览. 北京：中国社会科学出版社，1990.

103 岳麻腊. 十二世纪以来的缅甸语语音研究. 北京：民族出版社，2010 年.

104 余成林. 藏缅语"有/在"类存在动词研究. 民族语文，2011（3）.

105 袁焱. 阿昌语的述宾结构. 民族语文，2002（4）.

106 《国际彝缅语学术会议》论文编辑委员会. 原始彝语、原始缅语、纳西语、景颇语中促声韵的声调对应证明了声调起源的多元性. 彝缅语研究. 成都：四川民族出版社，1997.

107 曾晓渝，陈平. 从妙齐提碑文溯缅语声调之源. 民族语文，2000（2）.

108 张铁英. 缅甸的成语谚语及其修辞特点. 缅甸的语言问题研究. 广州：世界图书出版广东有限公司，2011.

109 郑张尚芳. 上古缅歌《白狼歌》的全文解读. 民族语文，1993（1），（2）.

110 钟智翔. 缅甸语复辅音辨——与蔡向阳先生商榷. 解放军外语学院学报，1996（6）.

111 钟智翔. 论缅甸语声调的起源与发展. 民族语文，1999（2）.

112 钟智翔. 论古缅语复辅音的变迁. 解放军外国语学院学报，1999（1）.

113 钟智翔. 论古缅甸语长短元音的形成与发展. 解放军外国语学院学报，2002（2）.

114 钟智翔. 缅甸语音的历史语言学研究. 上海：上海复旦大学出版社，2010.

115 邹丽冰. 缅甸汉语传播研究. 中央民族大学博士学位论文，2012.

二 外文部分

116 缅甸教育部高等教育局. 郴牙王朝、阿瓦王朝时期的缅文碑铭. 大学出版社，1979.

117 萨耶道伦. 缅语文字学（缅文）. 仰光：尼迪书局，1972.

118 蒲甘、阿瓦、贡榜王朝时期缅文碑铭字体，1986.

119 ［苏］瓦西里耶夫. 缅甸史纲. 北京：商务印书馆，1975.

120 吴埃貌. 蒲甘碑文选. 仰光，1958.

121 吴达棉. 孟—缅字母史（缅文）. 仰光，1954.

122 吴达妙. 孟缅文字史（缅文）. 仰光：尼迭书局，1956.

123 吴达吴. 茵达方言和德努方言音系比较研究（缅文）. 缅文研究所杂志，1997（2）.

124 吴达吴. 茵达方言和德努方言音系比较研究（缅文）. 缅文研究所杂志，1997（2）.

125 吴登乃. 缅甸文字学. 曼德勒妙甘达文学出版社，1968.

126 吴宁貌. 古代缅文碑铭（上、下册）. 文化部考古局印刷出版公司，1972.

127 吴钦埃. 缅甸语中的反义词（缅文）. 缅文研究所杂志，1997（2）.

128 吴通明. 巴利转缅甸语词典. 仰光：大学出版委员会，1968.

129 吴英貌. 古代缅文碑文集（缅文）（第 2 集）. 1982.

130 吴英貌. 古代缅文碑文集（缅文）（第 3 集）. 1983.

131 吴英貌. 古代缅文碑文集（缅文）（第 4、5 集）. 1998.

132 吴侯盛. 缅语巴利语词典（缅文）. 仰光：乾达瑶松书局，1999.

133 西田龙雄. 缅甸馆译语の研究（日文）. 京都：松香堂. 1972.

134 A. Judson. A Dictionary of the Burman Language，with Explanations in English. CALCUTTA，1826.

135 F. Carey. A Grammar of the Burman Language.

136 D. Bradley. Proto-LoLoish. London：Curzon Press Ltd，1979.

137 Francis Buchanan. A Comparative Vocabulary of Some of the Language Spoken in the Burma Empire. Asiatic Reserches. Vol. 5. 1799.

138 G. E. Harvey，History of Burman，From the Earliest Times to March 1824，The Beginning of the English Conquest，London，1925.

139 JOHN OKELL. The Yaw Dialect of Burmese. South East Asian linguistics：essays in honour of Eugénie J A Henderson（School of Oriental and African Studies）：199-217. 1989.

140 JOHN OKELL. Three Burmese Dialects. Southeast Asian Linguistics. no. 13：Studies in Burmese Languages（Pacific Linguistics）：1-138. 1995.

141 KATO，Atsuhiko，KHIN PALE. The Myeik（Beik）Dialect of Burmese. Journal of Asian and African Studies，No. 83. 2012.

142 LILIAS E. Armstrong，Pe Maung Tin. A Burmese Phonetic Reader. London，1925.

143 Maran Laro. Burmese and Jingpho：A Study of Tonal Linguistic Processes. Urbana，Illinois，U. S. A. 1971.

144 Yoshio，Nishi. Four Papers On Burmese：Toward the History of Burmese. Tokyo：Institute for the Study of Language & Cuktures of Asia，1999.

145 P. K. Benedict. Sino-Tibetan：A Conspectus. Cambridge University Press，1972.

146 P. K. Benedict. Rhyming Dictionary of Written Burmese. 1941.

147 R. F. St. A. St. John. Hon. Burmese Self-Taught. London，1911. Rudolf

A. Yanson. A List of Old Burmese Words From 12th Century Inscriptions. Medieval Tibeto-Burman Languages：Proceedings of a Symposium Held in Leiden，June 26，2000，at the 19th Seminar of the Internation Association of Tibetan

附录五　照片

一　缅甸名胜古迹、风土人情

曼德勒古都皇宫一角

曼德勒古城护城河

仰光大金塔前的晨拜

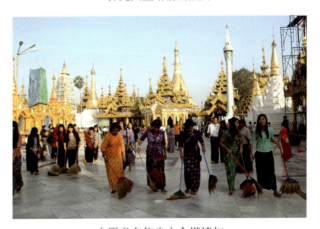

志愿者在仰光大金塔清扫

小和尚清晨上街化缘

茵莱湖渔民单脚划船捕鱼

茵莱湖渔民单脚划船捕鱼

德庞碧村寨的果敢人家

东枝果文中学教室

仰光市区

仰光唐人街一角

仰光市区的小公交车

曼德勒市区的人力车

二　缅甸的民族

勃欧族新居

东枝各民族 2014 年春节联欢晚会

勃欧族在集市上

勃欧族领袖在东枝 2014 年各民族春节联欢会上

傈僳族和阿昌族

旅日克钦族

旅英克钦族

孟族青年

密支那克钦人

三　调查工作照

调查组在仰光庆福宫受到张家荣理事长等的热情接待

调查组在福庆语言与电脑教学中心与校长李祖清等领导座谈

离开东枝时谢兴流董事长等设宴为调查组饯行

调查组在仰光小吃店调查克钦青年的语言能力

岳麻腊（右一）在向克钦浸礼会曼德勒分会秘书长了解克钦族的宗教信仰情况

彭茹（右一）等在勃欧族火塘边调查勃欧人的语言使用

乔翔（右）在访谈华文教师李瑞文

王玲（左一）、朱艳华（右二）在录制果敢话

杨媛媛（左）在调查果敢人的语言生活

戴庆厦、曹美爱在曼德勒福建同乡会调查印度人的语言使用

朱艳华（右二）、岳麻腊（左二）在调查东枝果敢人的语言使用

本书作者在缅甸东枝合影（2014.2.2）

（从左至右：乔翔、王玲、彭茹、岳麻腊、戴庆厦、朱艳华、杨媛媛、曹美爱）

后　记

缅甸是我向往的土地、民族、语言、风情！

1953 年，我刚上大学二年级的时候，学校就把我们这批年轻学子送去云南瑞丽景颇山寨学习景颇语。我们住的边寨离缅甸很近，但可望而不可即。由于我所从事的语言学专业与缅甸有密切的关系，所以，后来我一直想能有机会去缅甸调查那里的民族和语言。缅甸的语言丰富复杂，对汉藏语研究有重要价值。那里有缅语、克伦语、钦语、景颇语、日旺语、阿昌语等我们感兴趣的语言，还有那里的风土人情、自然风光，都富有吸引力。但由于各种原因，一直未能去缅甸调查语言，总觉得是件遗憾的事。

2007 年，我们中央民族大学"985"工程"跨境语言研究"立项，2011 年我们又有幸获得国家语委"十二五"科研规划 2011 年度重点项目"中国跨境语言研究"（项目编号：ZDA125-6），使得我们有条件到实地去开展跨境语言研究，探索语言研究的未知领域。

我们的课题组先后去了泰国、老挝、哈萨克斯坦、蒙古、不丹等国，调查了阿卡语、拉祜语、克木语、维吾尔语、蒙古语、藏语等跨境语言，已获取了大量过去不曾知道的知识和信息，大开了眼界，真可谓是"天外有天"。"缅甸的民族及其语言"是我们"中国跨境语言研究"课题计划最后要完成的一个项目。

2013 年 10 月，我们正式成立了"缅甸的民族及其语言"课题组。经过一段时间的筹备，12 月 15 日课题组从北京出发直飞曼德勒市。一踏进国门，我们就被缅甸的异国风光所吸引。人们说，缅甸"寺庙多、和尚多"，但我们感到要加一多，是"人情多"。因为在缅甸短短的二十多天里，我们领略了善良而忠厚的缅甸人的"人情"。

缅甸国家并不富裕，一般大众过的生活也很简单，但他们的幸福指数很高，觉得凭自己的努力够吃够穿也就满足了。他们对人友善，乐于帮助别人，不会因为自己的利益去伤害别人。我们观察到，在仰光、曼德勒、东枝等城市，街道上虽然红绿灯不多，但络绎不绝的汽车、摩托车，却能流水般地畅行，据长期在缅甸的居民说，交通事故是比较少的。靠的是什么，靠的是相互谦让、互相照顾。漫步街头巷尾，没有见到有吵架的，相互摩擦的。我们不论是在宾馆、饭店，还是出外调查采访，遇到的各行各业、不同民族的缅甸人，都是非常友好地帮助我们。我们见过的缅人、华裔缅人、克钦人、勃欧人、掸人、茵达人、果敢人，都是一见如故，他们都很热情地愿意与我们交谈。比如在曼德勒，我们遇到一位素不相识的印度祖籍的缅甸人，他在一所学校当杂工，能说一口流利的缅甸语。出于好奇，我们想向他了解缅甸印度人的语言文化情况，他立即满足了我们的要求，非常热情地把他一家三代人的语言使用情况都告诉了我们。临走时，我们给他留点报酬，但他执意不收，说我们与他有这份友谊是最可贵的。至今，他那和蔼、善良的面容还清晰地留在我们的记忆中。

缅甸是一个历史悠久、有文明文化底蕴的古国。传统的历史文化和宗教文化陶冶了人们的心灵，使他们世代坚守着行善助人的人间道德，多做善事、不做坏事成为大众们的做人准则。这是何等宝贵的精神财富！

今年我们又是在国外过春节。因为我们都是高等学校的教师和博士生，教学和学习任务在身，所以只能在寒暑假出国做较长时间的语言调查。除夕夜晚，李祖韬（东枝兴华学校副董事长）、陈进安（东枝兴华学校副董事长、秘书长）担心我们在国外过年会思念故乡，主动在一个福建餐馆陪我们过年。大年初一，李祖韬带着全家十几人来宾馆给我们拜年，还给课题组的年轻人发了压岁钱。多珍贵的同胞情啊！至今，我们还念念不忘这位把自己一生献给华文教育的朋友！

25 天的缅甸跨境语言调查，我们的心一直与华人坚韧不拔的爱国之心牵系在一起，与缅甸各民族和善的心连在一起。虽然过去不曾相识，但人类共有的天性使我们似曾相识。我们在缅甸度过了难忘的、不可复得的 25 天。

《缅甸的民族及其语言》一书已基本完稿。在即将付梓的时刻，我们全体课题组成员，从心底里感谢在缅甸期间各方人士对我们的大力支持和帮助。没有他们的支持和帮助，不会有这本书的问世。

他们是（按课题组与他们见面的先后次序排列）：李其贵（云南省德宏州贸易商会驻曼德勒代表处主任）；李祖清（福庆语言与电脑教学中心（孔子课堂）校长）；吕子态（福庆语言与电脑教学中心（孔子课堂）副校长）；何林（福庆语言与电脑教学中心（孔子课堂）中方主任；李瑞文（福庆语言与电脑教学中心（孔子课堂）秘书；李璜珀（福庆宫福庆同乡会前理事长）；黄鹏飞（福庆宫福庆同乡会理事长）；Nhkum Naw Tawng（缅甸克钦浸礼会曼德勒分会会长）；L, Yawng Htang（曼德勒克钦文化学会秘书长）；谢兴流（东枝兴华学校董事长）；李祖韬（东枝兴华学校副董事长）；陈进安（东枝兴华学校副董事长、秘书长）；尹正昌（东枝兴华学校校长）；赵秀兰（东枝果文中学校长）；周立强（果敢文化会副主席）；Ja Bu（仰光克钦浸礼会教会主席）；Lahpai Zau Lat（仰光克钦浸礼会教会教授）；Tu Mai（仰光克钦浸礼会教会秘书长）；K.D. Tu Lum（仰光克钦浸礼会教会牧师）、Lahpai Zau Hkun（仰光克钦浸礼会教会副主席）；曾圆香（缅甸东方语言与商业中心董事长、中国 2013 "中华之光"年度个人奖)；黄校长（缅甸东方语言与商业中心校长）；张家荣（仰光福建同乡会理事长）；苏一新（仰光福建同乡会副理事长）；杜子明（缅甸庆福宫华文学苑校长）；江琪英（福星孔子课堂副校长）；邹丽冰（仰光地球村汉语学校校长，曾经在中央民族大学留学）。

我们还要感谢中华人民共和国驻缅甸大使馆王瑞青参赞，张秘书和朱斌秘书。他们像亲人一样帮助我们做好工作。

缅甸的语言、文化非常丰富而且复杂，值得我们长期去调查研究。我们等待不久能有机会重返缅甸调查，进一步加深对缅甸语言文化的认识。祝缅甸国泰民安，生活一天比一天好！

本书是课题组成员共同努力完成的。共有 7 所大学的 9 位教师和博士生组团参加这次调查和编写工作，还分担了审稿的工作。朱艳华副教授担任了课题组的责任编辑。大家在共同完成这一课题的过程中，加深了友谊，留下了难忘的回忆。

戴庆厦

2014 年 3 月 20 日于春城昆明